科学出版社"十三五"普通高等教育本科规划教材

中药文献学

第 3 版

张 丽 主编

丁安伟 主审

科学出版社
北京

内 容 简 介

本书是一部系统介绍中药文献学理论和应用知识的教科书。其内容是在《中药文献学》（第1、2版）的基础上进行了全面的修订和更新，包括中药文献学基础知识、古代中药文献、现代中文中药文献、外文中药文献、国外重要出版社全文数据库及文献的应用等。书后附录将重要的网站域名、中药文献数据库及 SCI 收录国内外药学相关核心期刊目录等收录其中，可供便捷查阅。

本书可供高等院校中药学类、药学类及中医学、针推等相关专业本科生和研究生使用，也可作为成人教育、自学考试相关专业教师和学生以及广大中医药从业人员和业余爱好者的教学和参考用书。

图书在版编目（CIP）数据

中药文献学 / 张丽主编 . —3 版 . —北京：科学出版社，2016.8
ISBN 978-7-03-049539-6

Ⅰ . ①中… Ⅱ . ①张… Ⅲ . ①中药学 – 文献学 – 医学院校 – 教材
Ⅳ . ①G257. 36

中国版本图书馆 CIP 数据核字（2016）第 187176 号

责任编辑：王 鑫 郭海燕 / 责任校对：鲁 素
责任印制：赵 博 / 封面设计：陈 敬

科学出版社 出版
北京东黄城根北街 16 号
邮政编码：100717
http://www.sciencep.com
北京富资园科技发展有限公司印刷
科学出版社发行 各地新华书店经销
*
2003 年 8 月第 一 版 开本：787×1092 1/16
2016 年 8 月第 三 版 印张：20
2025 年 1 月第十七次印刷 字数：430 000
定价：49.80 元
（如有印装质量问题，我社负责调换）

《中药文献学》编委会

前　言

文献学的基础知识和文献检索、查阅的基本技能是本科教育阶段不可缺少的内容，"中药文献学"作为本科中药学类专业的必修课，越来越受到普遍重视。该学科知识和技能在医药领域的实际工作中也越来越显示出其特殊的重要性。21世纪高等医药院校教材《中药文献学》第1版自2003年发行以来，历经两版，多次印刷，深受高等院校师生和社会各界好评，至今仍为全国唯一的一本集理论与实践于一体的中药文献学本科教材。

近年来，中药学的学科发展在全球范围内呈现了前所未有的良好态势，科学研究取得了一系列重大进展，中医药产业已成为新兴的阳光产业，充满了生机和活力。与此同时，与中药学有关的信息量迅速增长，社会各界对中药文献的需求和依赖性日益增加，查阅渠道和检索方法也日益多样化，尤其是网络文献的发展和计算机检索的普及，使得文献的获得更为快速便捷，文献的查阅效率得以大幅提高。

本次科学出版社"十三五"普通高等教育本科规划教材《中药文献学》在保持21世纪高等医药院校教材《中药文献学》(第1、2版)内容科学性、系统性、逻辑性与准确性的基础上，根据近年来中药文献的最新发展状况，进行了全面的修订和充实，对全书的编写提纲进行了较大调整，将中药文献的计算机检索根据文献分类归属各章。同时对现代中药文献、外文中药文献做了较大的更新，对中药文献的网络检索和国内外重要的中药文献数据库做了更为详尽而直观的介绍。在中药文献的应用部分举例力求联系学习、研究和生产实际，以保持和加强该书的先进性和实用性。附录部分则进行了较大更新，体现了近年来文献领域的新陈代谢。本版教材强调尊古纳新，进一步加强了中药文献学科体系的科学性、完整性和系统性；同时注意紧密衔接执业药师知识结构的中药文献学知识体系，以强调文献应用为导向，着力培养学生的实践能力。

本教材由南京中医药大学等13所中医药院校、2所综合性大学的17名专家通力合作编写而成。参编人员均具有较长期中药学学科和中药文献学的教学、研究及实践经历，在文献的查阅和应用方面累积了丰富的经验，从而使得该书具有较高的学术价值和实际应用价值。全书编写分工如下：第一章张丽，第二章李玉清、张超，第三章刘斌、汪琼、程铭恩、殷志琦、管家齐，第四章张水国、杨建、宋坤、张艳丽、李文林，第五章冯春来，第六章蒋淼，附录由单鑫、邵帅编写。本书的统稿、定稿工作由主编和副主编共同完成，学术秘书程芳芳老师承担了大量联系校对工作，全书由21世纪高等医药院校教材《中药文献学》（第1、2版）主编、著名中药文献学专家丁安伟教授担任主审，以保证教材质量。

在本书的编写过程中，参考、引用了大量文献资料，并受到参编学校众多专家和中医药研究人员的大力支持。科学出版社的专家和编审人员严谨的科学精神和辛勤劳动更为该书增色，在此一并表示衷心感谢。对本书的不足之处，敬请读者批评指正。

张　丽

2016 年 6 月于南京中医药大学

目　　录

第一章 绪 论

中医药学是中国古代科学的瑰宝，也是打开中华文明宝库的钥匙，迄今已有数千年的发展历史。中华民族五千年光辉灿烂的文明史为人类贡献了浩如烟海的各类文献，其中包括海量的中药学文献。这些中药学文献不仅是我国劳动人民长期与疾病斗争的经验总结与理论概括，也是中药学术继续发展的基础。在当今"回归自然"的世界性潮流中，中药作为中华文化宝库中一颗璀璨的明珠，备受世人青睐和关注。因此，学习和研究中药学的各类文献，汲取精华，启迪灵感，推进中医药现代化，推动中医药走向世界，切实把中医药这一祖先留给我们的宝贵财富继承好、发展好、利用好，将具有十分重要的历史价值与现实意义。

一、中药文献与中药文献学

中药文献是指记录有中药知识的一切载体，它是巨大文献宝库的组成部分。中药文献涉及的范围极广，可延及文献的各个方面，包括：中医药学专著、综合性类书中所含的中药文献、综合性丛书中所收的中药文献、史籍记载的药事文献、经传记载或援引的药学文献、诸子百家载录的药学文献、小说笔记载录的药学文献、《释藏》及《道藏》收录的药学文献、文史工具书中收载的药学文献、出土文物中的药学文献，以及现代国内外各种、各类医药文献中与中药有关的内容等。凡专属中医药学知识的载体，或其他文献载体中含有的中药知识部分，均当属于中药文献的范围。

中药古代文献，是指辛亥革命以前记录有中药知识的一切载体。从其载体形式而言，除以纸质为载体的手抄本和现存的诸多线装本古籍外，还有河南安阳出土的殷商甲骨文献、铸造或雕刻在钟鼎或玉石上的金石文献、刻录在竹简或木牍上的竹木医药学文献（如近年长沙马王堆和甘肃武威出土的竹简）、记录在缣帛等丝织品上的缣帛文献（如长沙马王堆汉墓出土的帛书《五十二病方》）等。

中药现代文献，是指辛亥革命以后记录有中药知识的一切载体。现代中药学文献载体，除仍以纸为主要载体外，随着科学技术的发展，作为知识的载体，已发展到利用声、光、电等现代科学技术，进行摄影、录像、录音及电脑储存，如缩微胶卷、缩微平片、录像带、电影片、电视片、幻灯片、磁带、软盘、光盘等，附载古今中药学知识者，均属中药文献之列。

中药文献学，是以中药文献的整理及其历史和发展为研究对象的一门学科。中药文献学作为文献学的一个分支，它是在一般文献学的基础上，结合中医药学的专业特点，分化出来的一种专业文献学。该学科运用一般文献学中带有普遍性的理论、知识、原则和方法，来研究和阐明中药文献领域的有关问题，探讨中药文献的分布、检索、内容的内在联系及其使用方法和利用价值。

二、中药文献学的研究内容

中药文献学,作为一门专业文献学,是近些年新兴起的一门学科,其研究对象包括古典中药文献和现代中药文献两大部分。就古典中药文献而言,其研究内容主要为以下几个方面。

(1)结合历史学知识,说明中药文献发展的源流及其一般规律。

(2)根据古代文献体式的情况,说明中药文献的体式与结构。

(3)借助目录学、版本学的知识,说明中药文献著录及其载体情况。

(4)利用古代文章学和文字学的有关知识,说明中药文献的文体及文字方面的有关问题。

(5)借助文献整理研究及方法学方面的知识,说明中药文献的校勘、注释、辨伪、辑佚等有关问题。

(6)通过对古典中药文献的整理和研究,进行本草考证、辨误,了解中药炮制沿革和临床组方遣药演变规律,发掘新的药用资源和临床用药依据。

现代中药文献由于其载体种类繁多,文献数量增长迅猛,学科交叉渗透,文种语言各异,由此给现代中药文献的研究带来许多新的课题,其研究内容主要为以下几个方面。

(1)根据一般文献学的研究方法和原则,探讨现代中药文献的性质、特点及其一般规律。

(2)现代中药文献的分布、文种、载体及其检索方法。

(3)现代中药文献的结构、编排、格式、索引等。

(4)中药文献的撰写、积累、查新、开发与利用。

(5)网络文献的特点,检索方法及其发展方向。

三、中药文献学的作用及学习方法

古今中外,凡有成就的学者和伟人,无不在阅读大量文献的过程中,汲取前人的经验和教训,获得知识创新和学术发展的灵感与动力,得以走向成功和辉煌。司马迁的《史记》、李时珍的《本草纲目》、马克思的《资本论》的完成,皆遵循此道。今天,阅读文献、研究文献,不仅仅是为了了解过去,更重要的是要从文献中汲取精华,以史为鉴,启迪灵感,为继续发展提供基础与借鉴。近两个世纪以来,现代西方医药学的出现与进步,给中医药学带来了冲击和挑战,但同时也为中医药的发展造就了一个更为广阔的空间。随着人类生活水平的不断提高,对中药学也提出了一系列新的更高要求。将传统中药的精髓、特色与现代科学技术相结合,可有效地推进中药的现代化,使中药学在现代医药学的理论和实践中体现出巨大的优势,在保障人类健康和提高人类生活质量的努力中发挥更重要的作用,而这一切的实现都离不开中药文献的有效使用。

在学习中药文献学的过程中,应充分重视文献学的基础知识、一般规律和该学科的自身特点,掌握正确的学习方法。此外,还须重点注意以下问题。

1. 重视古籍,继承创新 中华民族研究和使用中药已有数千年历史,对古代文献的学习、研究和利用显得尤为重要。为此,必须了解和掌握古典文献的基本知识及其检索途径和方法。

2. **掌握方法、目标明确** 国外中药文献名目繁多，数量巨大，且各学科间相互渗透，而我们所需要的对某一课题有价值的文献往往只是沧海一粟。在此种情况下，若不能熟练地掌握查阅文献资料的方法，并在实际工作中加以有效运用最佳手段，则较难很快得到所需文献。即使能够获得一部分文献，也会因不够全面而贻误研究工作的进展及其先进性。

平时一般性地阅读和积累各类中药文献，首先应当确立具体目标，给自己提出明确的任务，明确要解决什么问题，要获得什么知识，有了明确的目标，还要有相应的计划，要明确哪些要精读，哪些供浏览，哪些要做文摘等。

3. **去粗取精、去伪存真** 各国的科技工作者，由于各自所掌握的材料不同、观察事物的角度不同、研究的方法不同，以及哲学观点的不同，凡此皆有可能导致结论的千差百异。古代中药文献在流传和辑录的过程中亦可能出现各种偏差。因此，我们在查阅国外科技文献时，既要承认前人所创造知识财富的巨大价值及现代有关文献的先进性和可靠性，同时也要善于发现一些错误的观点、片面的认识，不可以盲从，不可以采取单纯的拿来主义，尤其对于一些商业性的宣传要持慎重态度，要将之与实际的科研成果区别开来。

4. **综合分析、掌握动态** 要善于通过对国内外中药文献的全面了解和综合分析，看出本学科或本行业的发展趋势，从而制定出合理的研究规划，采取可行的行动方案，使自己在飞速发展且竞争日趋激烈的科技领域中处于领先地位。

5. **勤于动手，不断实践** 中药文献学是一门实践性极强的学科，学以致用是最高宗旨，要通过学习和实践，掌握实际检索和利用文献的能力，包括对外语的应用及对计算机和网络的操作能力。

21世纪是科学技术瞬息万变、人类社会全面进步的大数据时代，知识与信息正在取代资本与能源成为创造财富的主要资产。知识经济已成为这一时代的主要特色，对前人已累积知识的获取、了解、掌握和大数据的挖掘利用将变得越来越重要。目前，中药文献已与现代科学技术同步，对国内外中药文献的学习和研究，可使我们开阔眼界，增长知识，了解最前沿的研究状况和最新的发展信息。

第二章　中药文献学基础知识

第一节　文献学基础知识

一、文献

（一）文献的概念

"文献"二字，从一般词语的提出，到后世作为概念的使用，经历了一个逐渐发展的历史过程。

"文献"一词，首见于《论语·八佾》："子曰：夏礼吾能言之，杞不足徵也；殷礼吾能言之，宋不足徵也。文献不足故也。足，则吾能徵之矣。"对于"文献"含义的解释，何晏《论语集解》云："献犹贤也。我不礼成之者，以此二国之君，文章、贤才不足故也。"朱熹《论语正义》注："文谓典策，献谓秉礼之贤士大夫。"由此可知，"文"是指典籍，"献"是指贤士大夫。"文"与"献"各有所指，含义不尽相同。

元代马端临对"文"与"献"进行了区别使用，并对其含义做了更为明晰的解释。《文献通考·自序》云："凡叙事则本之经史，而参之以历代会要，以及百家传记之书，信而有徵者从之，乖异传疑者不录，所谓文也；凡论事则先取当时臣僚之奏疏，次及近代诸儒之评论，以至名流之燕谈，稗官之记录，凡一话一言，可以订典故之得失，证史传之是非者，则采而录之，所谓献也。"马氏明确指出，"文"是泛指一切书本上的记载，"献"则泛指诸贤士名流的议论及稗官之记录。故其《文献通考》中，凡是"文"都顶格书写，凡是"献"都低一格书写，以此表示"文"与"献"两种资料的来源不同。

随着社会的发展和文献整理研究工作的深入开展，"文献"一词不再被区别对待，而是作为一个概念被广泛使用，并不断被赋予新的含义。张舜徽提出古代实物上的文字材料应属"文献"研究的范围，这与马端临相比，又有了新的发展，扩大了文献的范围。

在图书情报中，"文献"一词的含义，泛指一切记录知识的印刷型与非印刷型的出版物，如图书、期刊、报纸与特种文献。

现代广义文献所包含的范围则更为广泛。凡以文字、图像、符号、声频、视频等手段记录下来的一切知识载体，如图书、期刊、报纸及各种视听资料（如幻灯片、胶片、录像带、录音带等），均属文献的范围。

有人将文物与文献混同，把除古籍之外的凡具有历史价值的古迹、古物、模型、碑石、绘画等，也统称之为历史文献。对此，张舜徽《中国文献学》认为："'文献'既是一个旧名词，自有它原来的含义和范围。我们今天既要借用这一名词，便不应抛弃它的含义而填入别的内容。近人却把具有历史价值的古迹、古物、模型、绘画，概称为历史文献，这便推广了它的含义和范围，和'文献'二字的原意，是不相符合的。当然，古代实物上载有文字的，如龟甲、金石上面的刻辞，竹简、缯帛上面的文字，便是古代的书籍，是研究整理历史文献的重要内容，必须加以重视。至于地下发现了远古人类的头盖骨或牙齿，那是古生物学的研究范围；在某一墓葬中出土了大批没有文字的陶器、铜器、漆器等实物……这些都是考古学家的职责，和文献自然是有区别的。"说明文物与文献是有区别的，两者不可等同视之。

现代学者对"文献"的概念，有多种不同的界定，分类复杂。为了确切表述"文献"的含义，国家标准局于 1985 年 1 月 31 日公布了国家标准，将文献定义为 "文献是记录有知识的一切载体。"

（二）文献的类型

由于文献类型的划分标准和依据不同，其分类也是多种多样的。我国国家标准局于 1983 年 1 月 29 日发布了我国第一个有关文献类型的国家标准——GB3469-83《文献类型与文献载体代码》。该标准将文献类型分为：专著、报纸、期刊、会议录、汇编、学位论文、科技报告、技术标准、专利文摘、产品样本、中译文、手稿、参考工具、检索工具、档案、图表、古籍、乐谱、缩微胶卷、缩微平片、录音带、唱本、录像带、电影片、幻灯片、其他（如盲文）等 26 类。目前，比较常用的划分方法有以下几种。

1．按文献的出版形式划分

（1）图书：又称书籍，是指以印刷和手抄方式单本刊行的出版物，包括专著、汇编、类书、丛书等，是文献中最古老的一种出版形式。图书的特点是系统地论述某个专题，内容全面、深入、成熟、可靠，是了解某问题的基础知识和系统掌握专业、专题内容的基本工具。图书的缺点是由于编著和出版的周期较长，所论述的知识内容与期刊论文等文献相比，有 2～5 年的时差，因而信息的传递速度较慢。根据内容和用途的不同，图书可分为供读者阅读的图书和供读者查阅的工具书。前者如专著、教科书、论文集、类书、丛书等；后者如目录、索引、手册、辞典、字典、年鉴、百科全书等。

（2）期刊：又称为杂志，是指具有固定的编辑部和固定统一的刊名，定期和不定期出版，每期有一定的序号，刊登众多作者新著的出版物。因其有周期和连续出版、有固定的栏目和幅页、封面在 1 年内保持相同等特征，因而取名为"期刊"。由于作者众多且内容广泛，故又名"杂志"。期刊比图书出版周期短，信息量大，内容新颖，发行量大，影响面广。科技论著中所引用的论据，约有 65％来源于期刊。因此，期刊已成为科技人员最主要的情报信息源。

期刊的分类方法很多。按其出版周期（或刊期），有周刊、旬刊，半月刊、双周刊、月刊、双月刊、季刊、年刊之分；按其语种，有中文、外文之分，外文又有英文、俄文、日文等之分；按其新旧和是否装订，有现期期刊（简称现刊）、合订本期刊之分；按纸张印刷质量和出版订购渠道，又有原版、影印期刊之分。

核心期刊是指一批能经常报道最新的科学技术研究成果、文摘率和引用率高、发行量大的专业期刊。经常阅读核心期刊，可以花较少的时间，获取较多最新的科学成果信息。

测定核心期刊的依据是文摘率和引文率。

连续出版物是指连续编写的期刊、不定期但有期号的汇编、会议论文等。它也是快速获取医药研究信息的重要来源之一。

（3）特种文献：是指图书和期刊之外的其他出版物。如会议文献、学位论文、专利文献、产品样本、标准文献、科技档案、政府出版物等。

2. 按文献载体的类型划分

（1）手写型文献：是指在印刷技术尚未问世的古代和后世没有付印的手写文稿。它以手写或刻写为记录手段，将知识内容记录在纸或甲骨、金石、简帛等其他载体上。手写文献中，不乏有重要史料价值的古代医药学文献。其缺点是文献分散、容易失传。

（2）印刷型文献：是指以纸张为主要载体，以印刷为记录手段而产生的一种文献形式，包括石印、铅印、胶印等。它是目前最主要的中医药文献类型之一，有各种书籍、报刊、图表等。这种文献形式符合人们的传统阅读习惯，便于阅读和利用，且成本较低。其缺点是存贮信息密度低，分量重，占用空间大，易受虫蛀、水蚀，难以长期保存和管理。

（3）缩微型文献：是指以感光材料为载体，以缩微摄影为记录手段而产生的一种文献形式。它包括缩微胶卷、缩微胶片和缩微平片，统称为缩微复制品。这是 20 世纪 50 年代后发展起来的新型文献。随着激光和全息照相术的应用，倍率可以缩小到 1/22 500，一张全息胶片可以存贮 20 万页文献。缩微型文献的优点是存贮信息的密度高，体积小，重量轻，便于传递和保存。但它必须借助缩微阅读机才能阅读，故而查检和利用不太方便。

（4）声像型文献：又称视听型文献或直感资料，是指以磁性材料或感光材料为载体，以特殊机械直接记录声音和图像所产生的一种文献形式。主要有幻灯片、唱片、碟片、录音带、录像带、科技电影等。其优点是声像并茂，能直接表现那些难以用文字描述的事物，如细菌的繁殖、外科手术等，可以长期保存，反复录制和播放。其缺点是必须借助先进的设备才能利用。

（5）机读型文献：全称计算机可读型文献，是指以磁性材料（磁盘、磁带等）、光盘载体或网络平台，需应用计算机阅读的一种文献形式，亦称电子出版物，主要包括网络版电子出版物、光盘版电子出版物、软盘版电子出版物等。其该类型文献优点是存储信息量大且密度高，存取速度快而准，对所记录的信息可以进行更新、增减、转存、检索、传递、输出等处理，是一种极有发展前途的文献类型。其缺点是必须投入较多经费购置配套的技术设备。

3. 按文献的加工形式划分 文献按其内容性质的演变过程和加工深度的不同，可以分为三类。

（1）一次文献：又称原始文献，是指科研人员以自己的工作经验或科研实践为依据撰写并公开发表或公布的文献。一次文献直接阐述本人的科学发现、学术观点、技术创新，或产品发明，不管作者在撰写过程中是否参考或引用了他人的资料，也不管其文献载体或出版形式如何，均属于一次文献。它包括期刊论文、会议资料、学位论文、专利说明书、专著，也包括不成熟的手稿、铅印稿、复制件等。一次文献是基础性资料，具有创新性和原始性，情报价值最高，情报信息也最完整，是文献检索的主要对象。

（2）二次文献：是指对数量庞大、发表分散的一次文献进行收集、整理、分类、加工、提炼、浓缩，并按一定的系统结构和组织方式编辑而成的工具性文献。这是对资料信息的二次加工，故称二次文献。按加工程度和编制内容的不同，二次文献又可分为目录、索引和文摘等。它所揭示的重点不是一次文献的学术内容，而是帮助读者全面、快速、准确地查到一次文献的线索。二次文献克服了一次文献的分散性、无系统性的缺点，具有汇集性、系统性和工具性的特点。

（3）三次文献：是指利用二次文献所提供的线索，对某个学科或专题的一次文献的内容进行收集、整理、分析、综合，在此基础上编写出来的文献。其主要包括两类：一类是将大量发展成熟且长期有用的知识系统化，供人们学习、查找和利用的参考工具书，如教科书、辞典、年鉴、百科全书、手册、指南等；另一类是就某些具体研究课题的当前情况和发展趋势进行分析和评述，如论文综述、专题评论等。

三次文献具有很强的资料性和应用指导作用。它是以一次文献为研究对象，二次文献为研究工具，并通过各种情报研究方法而产生的更高层次的情报研究性文献。三次文献具有综合性、价值性和针对性较强的特点。

4．按文献的著述年代划分 根据中国历代分期断代的一般规定，以辛亥革命为界，可将文献分为古代文献和现代文献两大类。

（1）古代文献：是指辛亥革命以前的各种文献。古代记录文献的载体，除了纸张之外，还有甲骨、金石、简牍、缣帛等材料，形成了甲骨文献、金石文献、简牍文献、缣帛文献、纸质文献等。

（2）现代文献：是指辛亥革命以后的各种文献。现代文献，除仍以纸为主要载体外，随着现代科技的发展，记录文献的手段和载体更加多样化，如以文字、图像、符号、声频、视频等手段将其记录于纸张、胶片、磁带、感光片等载体。

二、文献学

（一）文献学的概念

文献学是在文献整理研究的基础上，逐步发展起来的一门新兴学科。文献学虽产生于近代，但作为文献的整理研究，则由来已久。若从西汉刘向、刘歆父子校书算起，至今已有二千余年的历史。在此之前，还有孔子对《诗》、《书》等古典著作的考订整理。前人在文献整理研究的进程中，积累了宝贵的经验，创造了许多方法，概括了不少理论。如宋代郑樵《通志·校雠略》，对古书的存亡、类例、编次、注释、校雠等问题，均有所论述。但是，在我国古代尚无文献学之称，只有从事历史文献整理研究的学者，被称之为校雠学家。因此，校雠学无异成了文献学的别名。

文献学产生于近代。近代出现了许多以"文献学"命名的书籍或论文，其主要内容都是对文献及文献整理研究的有关问题，进行综合性论述；或就文献学的学术体系及框架结构，进行理论上的探讨。

就文献学专著而言，有 1928 年郑鹤声、郑鹤春编纂的《中国文献学概要》，20 世纪 50 年代末王欣夫编写的《文献学讲义》，1981 年吴枫编写的《中国古典文献学》，1981 年张舜徽编写的《中国文献学》，1990 年倪波编写的《文献学概论》及王余光的《中国历史文献学》等。综合诸家所论，将文献学的概念归纳如下：所谓文献学，是指以文献整理的各方面及其历史为研究对象的一门学科。具体地说，就是要研究文献整理的对象、整理的内容和方法，以及文献整理的历史。

（二）文献学的基本任务

文献学的基本任务，包括以下三个方面。

（1）研究文献整理的对象：文献整理的对象即是文献本身。一个文献整理家，如果不对文献有所了解，那么整理工作是难以开展的。文献学不仅要将每一篇文献作为一个单体材料，来研究其来源、编者过程、体裁、体例、内容及其价值，而且还要把它作为一个文化实体，去研究揭示其产生和发展的原因、过程，以及各个时期文献的特点及前后的继承性，从而为文献的整理工作提供坚实的科学基础。

（2）研究文献整理的内容和方法：前人文献整理的内容和方法，主要有辨伪、版本、校勘、辑佚、标点、注释、翻译、书目、索引等。文献整理主要解决三个问题：一是要实证文献的真实性、原本性与完整性，这就有了辨伪、版本、校勘、辑佚等方法，称之文献的实证；二是要解释文献的语言、内容，这就有了标点、注释、翻译等，称之为文献的解释；三是要解决文献的排列顺序，为人们认识和研究文献提供方便，或将文献按一定的规则和类例编成书目，或把一些分散的资料、论文及书籍中的相关内容编成索引，使之达到一种井然有序的状态，这就有了书目和索引，称之为文献的整序。上述三者是相互关联的。通过文献整理，可以使人们准确地获得可靠的、易于理解的文献。

（3）研究文献整理的历史：这主要是考察我国古代文献整理的发展过程，总结前人文献整理的方法和经验，为今天的文献整理实践服务。

三、目录学的基本知识

文献学的内容，涉及范围极广，诸如版本、目录、校勘、训诂、文字、音韵等，后皆分化出专门之学，内容丰富。在此仅就其基本理论和基本知识，做一简要介绍。

（一）目录与目录学

1. **目录** "目录"一词，始见于汉代。有文献记载，刘向《别录》中有"列子目录"，刘歆《七略》中有"《尚书》有青丝编目录"等语。此后，"目录"一词沿用至今。

目录是目和录的总称。目，指篇名或书名而言。录，指叙录而言，又名书录、序录。录是对目的说明和编次，即对某篇或某书有关的作者生平、学术内容、后世评价、刊刻经过、校勘情况等内容进行简要介绍，并按一定的次序加以编排。《汉书·艺文志》言刘向校书 "每一书已，辄条其篇目，撮其旨意，录而奏之"。刘向父子所著《别录》、《七略》，开创了文献目录的先河。

目录，有"录"、"略"、"志"、"簿"、"书目"、"书录"、"解题"、"考"、"提要"等许多不同的名称,诸如刘向《别录》、刘歆《七略》、班固《汉书·艺文志》、荀勖《晋中经簿》、李充《晋元帝四部书目》、毋煚《古今书录》、陈振孙《直斋书录解题》、马端临《文献通考·经籍考》、纪昀《四库全书提要》等。

目录有一书目录、群书目录之分。一书目录是指书籍正文前所载的目次。群书目录是指将多种书名汇集在一起,按书的性质进行分类编排的目录,又名书目。目录学中所言的目录,主要指后者,即书目。

目录(即书目,群书目录)将一批相关的文献,按照一定的次序著录于一处,能起到提示与报道文献的作用,为读者快速、准确地获取知识提供方便。随着文化典籍数量的增加,编修目录已成为纲纪群籍的社会需要,历代不断有官修或私撰的目录书问世。

2. **目录学** 是研究图书分类和考辨学术源流的学科。它是学者读书治学的门径,是打开图书这座人类知识宝库的金钥匙。故清代学者王鸣盛称"目录之学,学中第一紧要事,必从问途,方能得其门而入"。

目录学的作用,主要表现在两个方面:

(1)读书治学的门径:目录学是图书分类之学。它将图书按一定的方法进行分门别类,能起到"纲纪群籍,簿属甲乙"的作用,为读者寻检图书提供便利。借助于分类和每类前的小序,使读者对某一部类或流派的学术渊源与发展有一个整体的认识,能起到"辨章学术,考镜源流"的作用。借于书目中的提要性目录,可以使读者对书籍的内容梗概有所了解,知道哪些书应该精读,哪些书应该粗读,能起到"指示要籍,提要勾玄"的作用。

(2)科学研究的指南:任何科学研究都是建立在学习和继承前人研究成果的基础之上,具有一定的继承性和连续性。阅读文献,占有资料,往往是科研工作的第一步。要搜集资料,则可借助于目录学知识的帮助。通过目录,因类求书,快速查找所需资料,节省查阅时间。利用目录学知识,学会使用各类书目或期刊索引、文摘所提供的资料,及时掌握学术发展的最新动态,开拓视野,活跃思维。

(二)目录的基本结构

目录的基本结构,包括前言、目次、正文、辅助资料四大部分。四者俱备,则是一部完整的目录。

1. **前言** 主要介绍目录编制的目的、性质、用途、收录文献的范围、文献的编排方法、目录的使用方法等内容,是目录中必不可少的组成部分。使用目录之前,应首先阅读其前言,以便提高利用效率。

2. **目次** 主要介绍目录结构。通过阅读目次,可以使读者对目录内容有大概的了解。

3. **正文** 由著录、提要、小序三大部分组成,是书目的主体。

(1)著录:又名篇目,主要记载每一部书的外部特征。其内容包括书名、作者名、成书年代、篇卷、版本情况、存佚情况、著作方式等。以上各项,有的全部著录,有的则只著录其中的几项。

(2)提要:又名解题、叙录、书录,主要揭示每一部书的内部特征。旨在向读者介绍书籍的内容梗概,帮助读者鉴别和选择图书。撰写提要,是我国古代目录学的优良传统,始创于西汉刘向《别录》。

根据取材内容和撰写方法的不同，可将提要分为三类：

1）叙录体提要：首创于西汉刘向的《别录》。主要内容包括三个部分：一是叙录校勘的情况，说明该书的校勘原委，审定和鉴别图书版本的过程；二是评价作者的生平事迹及其学术思想；三是介绍书籍的内容，包括对其学术内容与价值的议论与批评。后世许多目录书仿此体例，《四库全书总目提要》即属此类。

2）传录体提要：首创于南北朝王俭的《七志》。此类提要，仅简要介绍作者的生平事迹、内容梗概，不述作者的著作旨意。与叙录体提要相比，内容过于简略，故对后世影响不大。

3）辑录体提要：首创于元代马端临《文献通考·经籍考》。其内容是广泛辑录与该书有关的资料，以揭示和评价图书内容。辑录的材料，来源于官修目录、史志目录、私家目录，另外还有传记、原书序跋、笔记、语录、诗话、文集内的议论等。目的正如《文献通考·自序》所言，用以"纪其著作之本末，考其流传之真伪，订其文理之纯驳"。

（3）小序：又名类序，是指各种分类编排的书目中的部序和类序。小序是与总序相对而言的。总序和小序，均起源于刘歆的《七略》。总序是介绍说明整部书目的情况，有的书目无总序，而以凡例代之。小序是介绍说明每一类书目的情况，其内容包括对某一部类图书的学术流派、演变和特点的概括说明，对图书分类的沿革及类目变更的说明等，故可起到考辨学术源流、阐明编目者思想观点的作用。

4．辅助资料　是附在书目正文之后的各种资料。一般包括人名索引、书名索引、作者生平、著译年表等内容，便于读者检索。

（三）目录的类型

我国目录学家从不同角度，对古代书目进行了分类。目录的类型不同，反映了人们研究文献的不同目的和需要。

1．按纂集机构和撰者身份划分

（1）官簿：即官修目录，是由朝廷组织修纂的国家藏书目录。如西汉刘歆的《七略》、西晋荀勖的《晋中经簿》、东晋李充的《晋元帝四部书目》、唐代元行冲的《群书四部录》、宋代王尧臣的《崇文总目》、明代杨士奇的《文渊阁书目》、清代纪昀的《四库全书总目提要》等，都是比较有名的官修目录。

（2）史志：是由史学家编撰的各代正史中的《艺文志》、《经籍志》及地方志中的《艺文略》。史志包括两类：

1）正史目录：班固《汉书·艺文志》创史书目录之先例，后世修史者多仿此而作。我国正史二十六部中，原修有"艺文志"或"经籍志"者，只有7部，即《汉书·艺文志》、《隋书·经籍志》、《旧唐书·经籍志》、《新唐书·艺文志》、《宋史·艺文志》、《明史·艺文志》、《清史稿·艺文志》。余者均为后人增修。

2）方志目录：方志按其记事范围和行政区域划分，可分为一统志、省志、府志、州志、县志、乡镇志等不同类别。许多方志的编撰，亦仿正史的体例，设有艺文志或经籍志，记述本区域内的藏书及著述，可补充正史艺文志的不足或遗漏，很有参考价值。

（3）私录：属私人编撰的藏书目录。自宋代发明印刷术以后，书籍数量大增，私人藏书成风，私人藏书目录也随之产生。比较有名的有：南宋晁公武的《郡斋读书志》、尤袤的《遂初堂书目》、陈振孙的《直斋书录解题》，明代高儒的《百川书志》、毛晋的《汲古阁秘本书目》，清代钱谦益的《绛云楼书目》、钱曾的《读书敏求记》、瞿镛的《铁琴铜剑楼藏书目录》、陆心源的《皕宋楼藏书志》、丁丙的《善本书室藏书志》等。

2．按目录的旨趣划分

（1）目录学家之目录：重在分类，目的是纲纪群籍，簿属甲乙。

（2）史学家之目录：重在辨章学术，考镜源流。通过大序、小序，提供学术史方面的资料。

（3）藏书家之目录：重在著录版本，考证版本，辨别真伪，校雠异同。著录内容以善本、孤本为主。

（4）读书家之目录：重在提要。通过提要，向读者介绍推荐图书，指示要籍，提要勾玄。

3．按目录结构的特点划分

（1）书名、小序、解题俱备的目录。此类目录，体例完备，质量较高。如《四库全书总目》。

（2）有书名、小序，无解题的目录。此类目录，重在"辨章学术，考镜源流"。如《汉书·艺文志》。

（3）有书名，无小序、解题的目录。此类目录，仅著录图书，目的是便于图书的分类寻检。如《通志·艺文略》、《书目答问》。

现代目录学家对目录的类型，又有不同的划分方法。

（1）按书目的编制目的和社会职能不同，将其分为5类：①登记书目；②科学通报书目；③推荐书目；④专题书目；⑤书目之书目。

（2）按书目收录文献的内容范围不同，将其分为4类：①综合性书目；②专科书目；③地方文献目录；④个人著述书目。

（3）按书目反映文献收藏情况不同，将其分为2类：①馆藏目录；②联合目录。

（四）目录学的分类方法

要想正确使用目录查找图书，首先必须对图书的分类方法有所了解。了解图书分类的重要性，郑樵曾说："类书犹持军也，若有条理，虽多而活；若无条理，虽寡而纷"，"学之不专者，为书之不明也。书之不明者，为类例之不分也……类例既分，学术自明"。

我国的图书分类，由来已久。据考证，河南殷墟出土的甲骨，已有分坑储存的初步分类意识。春秋时期，朝廷已分设史官对图书进行分类保管。《周礼·春官·宗伯》云："大史掌邦之六典，小史掌邦国之志，内史掌书王命"，"外史掌书外令，掌四方之志，掌三皇五帝之书，掌达书名于四方"。西汉时期，我国出现了比较严密的图书分类法，即刘歆的《七略》分类法。

1．《七略》分类法 汉代刘歆的《七略》，开创了图书分类法的先河，为我国目录学建立起一套比较系统的图书分类方法。《七略》将图书分为"六艺略"、"诸子略"、"诗赋略"、"兵书略"、"术数略"、"方技略"六大类，另有"辑略"为六略之总序。自刘歆的《七略》

问世以来，对后世影响很大，效仿者众多。如班固《汉书·艺文志》、王俭《七志》、阮孝绪《七录》等多沿用此法，或在此基础上略有修改补充。目录学家此将系列的分类方法称之为七分法。

2. 四部分类法 始创于西晋·荀勖《晋中经簿》。自汉至晋，我国的图书典籍发生了很大变化，文学和史学书籍的数量显著增加，而兵书、阴阳和术数书籍则相对减少，使得《七略》的分类方法不能满足图书分类的需要。所以，《晋中经簿》将《七略》的六略分类改为四部分类法，开创了四分法之先例。其分类内容如下：

甲部：纪六艺、小学等书。即"六艺略"的内容。

乙部：纪古诸子家、近世子家、兵书、兵家、数术。即"诸子略"、"兵书略"、"数术略"、"方技略"的内容。

丙部：纪史记、旧事、皇览簿、杂事。收录新兴的史书和类书。

丁部：纪诗赋、图赞、汲冢书。即"诗赋略"的内容。

东晋李充在《晋中经簿》的基础上，撰修《晋元帝四部书目》，仍然使用四部分类法，但将史书改作乙部，子书改作丙部，足见其对史书的重视。《隋书·经籍志》又将甲、乙、丙、丁四部改史为经部、史部、子部、集部。从此，四部的排列次序和名称便固定下来，一直沿用至今。前者均已亡佚，《隋书·经籍志》便成为我国现存最早的一部以四部分类法分类的目录。

七分法和四分法，是我国古代目录分类的两大体系。七分法在汉至南北朝时期占统治地位，隋以后则以四分法为主。

宋代以后，又出现了一些分类方法。如南宋郑樵《通志·艺文略》的十二分法，将图书分为经类、礼类、乐类、小学类、史类、诸子类、天文类、五行类、艺术类、医方类、类书类、文类。明代官修目录《文渊阁书目》的二十分法、孙星衍《孙氏祠堂书目》的十二分法等。这些图书分类方法，虽在历史上未形成体系，但对目录学的发展都起到了一定的推动作用。

近现代学者根据不同的目的和需要，又创立了许多新的图书分类方法。1971年，北京图书馆联合全国36个单位共同编写了《中国图书馆分类法》。该分类方法，1981年被正式批准为国家标准图书分类法，在全国广泛使用。

《中国图书馆分类法》将图书分5大部22大类。具体部类名称如表2-1所示。

表2-1 《中国图书馆分类法》图书分类

5 部	22 类
马克思主义、列宁主义、毛泽东思想	A. 马克思主义、列宁主义、毛泽东思想
哲学	B. 哲学
社会科学	C. 社会科学总论 D. 政治、法律 E. 军事 F. 经济 G. 文化、科学、教育、体育 H. 语言、文字 I. 文学 J. 艺术 K. 历史、地理
自然科学	N. 自然科学总论 O. 数理科学和化学 P. 天文学、地球科学 Q. 生物科学 R 医学、卫生 S. 农业科学 T. 工业技术 U. 交通运输 V. 航空、航天 X. 环境科学
综合性图书	Z. 综合性图书

（五）常见中医药专科书目

中医药专科书目较早者，当属明代李濂的《李嵩诸医书目录》，共 4 卷，惜已亡佚。现存最早者，是明代殷仲春的《医藏目录》。在此仅选择几种常见中医药专科书目简介如下：

1. **《医藏目录》**　明代殷仲春撰。成书于明万历四十六年（公元 1618 年）。该书不分卷，共著录古医籍 500 余种，皆为殷氏亲见者，资料可靠。全书按佛经《如来法藏》的分类方法，分为 20 大类，称 20 函。类目标题，亦取自《如来法藏》。每类前有小序，介绍该函的内容。该书的不足之处是，著录过于简略，仅记书名、卷数和作者，没有内容提要。分类也过于牵强，且时有重复者。

2. **《中国医籍考》**　［日］丹波元胤撰。成书于 1826 年。该书 80 卷，著录了秦汉至清代道光以前的古医籍 2878 种，包括存、佚、未见书在内。该书前有目录、目次，后有"书名索引"、"人名索引"等内容，正文内容丰富，广泛收载了各种医药书的序跋，且考证详尽，是现存中医书目水平较高的一部。《中国医籍考》对于研究古医籍、学习中医药学者，有重要的参考价值。

3. **《医学读书志》**　清代曹禾撰。成书于清咸丰二年（公元 1852 年）。该书以历代名医为纲，将史志所载及所见书目罗列于各医家之下，注明出处。每家书目之后，附以著者简述，考订源流，提要钩玄。

从近代至今，还出现了不少的中医书目，如［日］冈西为人的《宋以前医籍考》，丁福保等的《四部总录·医药编》、《历代医学书目提要》，郭霭春的《中国分省医籍考》，严世芸的《中国医籍通考》，中国中医研究院编的《全国中医图书联合目录》等。

四、版本学的基本知识

（一）版本与版本学

1. **版本**　"版"与"本"二字，古时多单独使用。"版"，指简牍；"本"，指策、帛书、写本。二字连用，则是在雕版印刷术兴盛之后。

"版本"一词，盛行于宋代，是雕版印刷术发展的结果。《宋史·邢昺传》云："景德二年（公元 1005 年）……上幸国子监阅库书，问昺，经版几何？昺曰：国初不及四千，今十余万经传正义皆具。臣少从师业儒时，经具有疏者百无一二，盖力不能传写，今版本大备。"《宋史·崔颐正传》也有"咸平初（公元 998～1005 年）……诸经版本多舛误，真宗命择官详正"。这说明宋代初年，"版本"一词已经连用不分。自雕版印刷术发明以来，人们习惯用"版本"二字作为印本的代称，使"版本"一词成为当时区别于写本的特称。

不过，清代叶德辉仍认为版与本是有区别的，他说："雕版谓之版，藏本谓之本。藏本者，官私所藏未雕之善本也。"说明"版本"一词中，不仅包括了雕版印刷的书籍，也包括了未印刷的各种稿本、抄本等写本。

综合以上各家所言，可见"版本"的含义有广义与狭义之分。广义的版本，是指各种文字载体形式、各种文字书写、刻印手段而流传下来的书籍。狭义的版本，专指雕版印刷发明以后，刻印而成的书籍，即版本是指一书经过多次传写或印刷而形成的各种不同本子。

2. 版本学　是研究书籍物质形态的特征和差异，鉴别其真伪和优劣的一门学问。也就是说，是研究书籍的各种写本、历代刊本、传抄本、批校本、稿本，乃至纸张、墨色、字体、刀法、藏书印记、版式行款、装潢式样等内容，探讨一书的雕版源流、传抄源流的一门综合学问。

版本学始于南宋，至清代乾嘉时期最盛。宋代尤袤的《遂初堂书目》是最早有关版本学的书目。陈振孙《直斋书录解题》、叶梦得《石林燕语》等书，均对版本学研究有所帮助。王国维《两浙古刻本考》和《五代两宋监本考》、郑德懋《汲古阁刻版存亡考》、叶德辉《书林清话》、李济煌《古书源流》、孙毓修《中国雕版源流考》、张元济《中国版本学》等书，都是研究古籍版本的专著。

（二）版本的类别与名称

我国的书籍，大约有3500年的历史。从最初的简策、缣帛，到后来的卷轴、线装书，直至今天的各种印本，书籍的款式随着历史的发展而不断得到改进，版本的名称和类型也就越发多种多样。

1. 非印刷类

（1）简策：是我国最早的书籍形式。按其物质形态命名，又分为竹简、木牍。竹简是古人用以写书的竹片，木牍是古人用以写书的木板。20世纪70年代出土的简策有武威汉简、睡虎地秦简、银雀山汉简等。

（2）缣帛：系丝织品，缣为细绢，帛为丝织品的总称。用缣帛书写文字，早在先秦时已有记载，两汉时尤盛。用缣帛书写的文献，又通称为"帛书"。1973年长沙马王堆汉墓出土的帛书，约12万字。其中有《足臂十一脉灸经》、《阴阳十一脉灸经》、《五十二病方》（此书名皆系整理小组所定）等医学文献10余种。

（3）卷轴：用纸写成的卷轴，又称"卷子本"。纸的价格较帛低廉，且便于书写与保存，成为晋至隋唐时期的主要书籍形式。按其形成时期或出土地，有六朝卷子、唐卷子、敦煌卷子、新疆卷子、日本卷子等类别。

（4）稿本：是图书版本的最初形态。稿本又有几种不同称谓：

1）按写稿时间分：初稿本、修改稿、定稿本。为与后世一切传抄、传刻本相区别，有时将此三者均称为原稿本。

2）按著述形式分：著述稿、笺注稿、编纂稿。

3）按刊行情况分：已刻稿、未刻稿。

（5）抄本：又称"写本"，是指抄写的书。习惯上，人们把唐以前抄写的书籍称为"写本"，唐以后抄写的书籍称为"抄本"。抄本又有"旧抄本"、"近抄本"、"新抄本"、"精抄本"、"抄校本"之分。旧抄本，指唐以后至清嘉庆以前的抄本；近抄本，指晚清抄本；新抄本，指民国以来的抄本；抄校本，指经过了认真校勘的抄本。一般以旧抄本和精抄本为贵。

（6）金石拓本：是用摹拓的方法，拓印刻于金石上的文字。用墨色拓印者，称为黑拓本；用朱色拓者，称为朱拓本。最初拓印的本子，称为初拓本。

2. 印刷类 是我国的四大发明之一。一般认为，雕版印刷术始兴于唐代，历经五代，至宋而大盛。宋庆历年间（公元 1042～1048 年），布衣毕升又创活字印刷术，即以胶泥刻字，火烧令坚，排版印刷。元代又创木活字，后又相继出现了铜活字、锡活字、铅活字，以及油印、石印等。随着现代科学技术的发展，又出现了静电复印、胶印、照相、激光照排等新的印刷技术，从而形成了各种各样的版本。

（1）木刻：在活字印刷术发明和广泛应用之前，木刻是古籍版刻的主流。按其刊刻的时代、地区、出版机构、墨色等情况，可分为诸多不同的类别和名称。

1）按时代分：有唐刻、五代刻、宋刻、元刻、明刻、清刻。若一块雕版上带有宋、元、明三朝修补的痕迹，由此刊刻出来的版本，则被称为三朝本。如《五代史》三朝本。

2）按地区分：历代的刻书中心有所移迁，宋代以成都、浙江、福建为中心，金元时期以山西平阳府为中心，明代以福建、江苏为中心，清代以江苏、安徽为中心。故有蜀本、浙本、闽本、平阳本等不同称谓。蜀本又细分蜀大字本、眉山本，浙本有杭州本、衢州本、婺州本、台州本之分，闽本有建宁本、建阳本、麻沙本的不同。

3）按出版机构分：有官刻本（包括中央官刊和地方官刊）、家刻本、坊刻本的区别。

4）按刻工质量分：有通行本、精刻本、写刻本、邋遢本等。

5）按雕版先后分：有祖本、原刻本、重刻本、初印本、后印本等。

6）按墨色分：有墨印、朱印、套印。

7）按内容完整程度分：有足本、残本之分。

8）按内容增删程度分：有增注本、增订本、删节本、批点本。

（2）活字印刷：在清代称为聚珍板、摆印本，日本又称"植字本"。据文献记载，共有5 种活字版，即：泥活字、木活字、铜活字、铅活字、锡活字。

（3）石印：奥地利人施纳费尔特于 1796 年发明了石印技术，1835～1876 年传入我国。因其成本低，很快成为印刷古籍的重要手段。民国年间出版的医书，多为石印本。

（4）油印：即蜡版印刷。早在北宋绍圣年间（公元 1094～1098 年），即有用此法印刷状元报子者。因其油墨模糊，多为非正式出版的刊物。

此外，还有静电复印、照相等手段印制的书籍，多用于稿本、孤本的复制。现代图书的印刷与出版，多利用计算机技术，使用激光照排等手段印制。

（三）版本的利用

图书版本众多，良莠不齐。如何在众多的版本中选择好的版本进行阅读或研究呢？这就要求我们必须具备识别版本的能力。要想达到这一目的，一要对古今版本研究的一般情况有所了解，以便有所遵循；二要大量阅读和接触古籍，以提高鉴别版本的能力；三要了解古今善本的概念，以便择善而从。

至于善本标准，各家说法不一。南宋叶德辉《石林燕语》云："唐以前，凡书籍皆写本，未有模印之法，人以藏书为贵，人不多有，而藏者精于雠对，故往往皆有善本。学者以传录之艰，故其诵读亦精详。"此以校雠的好坏，作为确定善本的标准。清代张之洞认为善本之义有三：一曰足本，二曰精本，三曰旧本。即无残无缺无删的本子、精校精注的本子、旧刻旧抄的本子。丁丙认为善本之义有四：一曰旧刻、二曰精本、三曰旧抄、四曰旧校。

全国古籍善本书目编辑部将"善本"定义为：凡是具有历史文物性、学术资料性、艺术代表性的古籍，具三者之一者，均可认为是善本。

善本医书的确定标准为：①出土或传世的简、帛、卷子医书；②根据古卷子刻印的最早影刊本；③宋金元明刊本，明清内府本；④宋本残卷；⑤原刻本；⑥孤本、刊刻虽晚而部数少的本子；⑦精刻、精校的医书，虽为清末，亦属善本；⑧经名家圈点批校或序跋题记的本子；⑨稿本、手写本或精校本；⑩有名家钤记的版本。

阅读或利用古医籍之前，一定要注意版本的选择。选择好的版本，是保证我们顺利阅读古籍的重要条件。

五、校勘学的基本知识

（一）校勘与校勘学

1. 校勘　是指同一书籍，用不同版本和有关资料，通过比较核对和分析推理，发现并纠正古籍在流传过程中发生的文字错误。

"校"与"勘"二字，古时多单独使用。校，有考核查对之义。《汉书·食货志上》："京师之钱累百巨万，贯朽而不可校。"后考核查对文字也称校，如骆宾王《帝京篇》有："校文天禄阁"。勘，有复核审定之意。《玉篇》："勘，复定也。"

"校勘"一词连用，首见于南北朝时期的梁代。如沈约《沈休文集》云："选史传学士谙究流品者，为左民郎、左民尚书，专典校勘。"此指广义的校勘，包括今之目录、版本、校勘等内容。唐宋以后，校勘一词应用渐广，其含义专指校正文字而言。如宋代欧阳修《文忠集·春秋繁露》云："予在馆中校勘群书，见有八十余篇，然多错乱重复。"

2. 校勘学　是研究古籍校勘理论和方法的一门学科。研究内容包括校勘的历史、校勘的内容与方式、校勘的依据和条件、校勘的态度和方法、校勘记的书写与体例等。

古籍在流传的过程中，由于多次传抄或翻刻，书中文字多有衍脱误倒之处，各种版本之间往往有文字上的出入，以致产生多歧之惑。因此，在对古籍进行整理、研究和阅读之前，必须先对古籍加以校勘，改其错讹，补其脱漏，删其衍文，正其倒置，恢复古籍的原本之貌，使其文通字顺，以便读者更好地阅读和利用古籍。

校勘的目的和意义可以概括为三点：一是古籍整理的基础，二是文献研究的前提，三是阅读古籍的先导。校勘是整理、研究和阅读古籍不可缺少的重要手段之一。

（二）校勘的内容与方式

1. 校勘的内容　校勘的主要目的在于订正讹误，即指出和改正古书中出现的各种文字错误。要想知道校勘的内容，则必须熟悉古书致误的原因。一般说来，古书致误的原因不外乎以下几个方面：

（1）误字：是古书在传抄或翻刻的过程中产生的错字，又称"误文"或"讹文"。导致误文的原因很多，有因不识古字、隶书、草书、俗字而致误者，有因不识文字假借而致误者，有因形近而误者等情况。正如《抱朴子·遐览篇》所云："书三写，鱼成鲁，虚成虎。"

（2）脱文：是指古书在传抄或翻刻过程中，脱落了部分文字。一般将数字脱失而以方框标识者，称为阙文；整篇、整章或整段脱失者，称为佚文；简册古籍脱落者，称为脱简。

（3）衍文：是指古书在流传过程中，比原文多出的文字。多系传抄时误将注文混入正文而衍。

（4）倒文：指古书字词位置上的颠倒。一般多系上下两字颠倒，倒错的位置不甚相远。若是倒错位置较远，或一篇错入他篇，或一篇之内段落文句互错，一般称为错简。

（5）异文：指古籍在流传过程中，各版本之间出现的文字差异。一般应辨其是非，予以勘正。若是非难辨，则应出校并存。

（6）误读：指古籍断句标点上的错误。古书多原无标点符号，一篇文字连贯写刻，后人为便于阅读而予以圈点。但因不明文义，或不懂专业知识，或缺乏文史知识，常常会出现误读，以致影响了读者对古书原文的理解。

（7）避讳：指古代在言语或书写之时，若遇君父之名，常须加以回避。避讳的常用方法有三：一是改字，二是空字，三是缺笔。后人若不明避讳之例，常会对古籍误解误读。因而需要校勘工作者予以处理或明示。

2．校勘的方式　校勘的方式，因校勘的目的不同而异。一般说来，校勘主要有四种方式：

（1）存真式：又名"存古式"，主要是收藏家和鉴赏家所采用的校勘方式。他们将所收集到的某一古本或善本与其较晚的刻本进行校勘，不仅记录其文字的差异，也记录该书的行款、版式、字画和纸质的不同，甚至记录其图点与收藏图章，但对其内容的讹误与否不予考证。目的在于让读者了解曾有过这样的一个善本或古本，以提高自己的收藏价值。此所谓"存古本之真"。

（2）求真式：主要是研究者所采用的校勘方式。目的是对作者原书中的错误加以勘正。此即段玉裁《经韵楼集》所说的"断其立说之是非"。对原作者错误的纠正，一般不宜直接改动原书内容，而只能在校勘记中注出，并说明其致误的原因和正确的结论，以避免误改原文，使后人以讹传讹。

（3）校异式：主要是古代校勘家采用的校勘方式。把一书不同版本中的歧异之处，全部罗列出来，而不评判其是非，让读者自己判断其正误。

（4）订讹式：是古今校勘家使用最多的一种校勘方式。该方式根据一书的不同版本或相关资料，校出书中的歧异之处，然后判断其正误，并订正书的错误，出校说明。

随着时代的进步，古本的保存可通过影印技术来实现，故存真式的校勘已不再使用。目前使用较多的是后三者，且多综合运用，以提高校勘水平。

（三）校勘的方法

前人在校勘的实践中，创造和总结出了许多校勘的方法。叶德辉在《藏书古约》将校勘方法归结为"死校"、"活校"两种方法，"死校者，据此本以校彼本，一行几字，钩乙如其书，一点一画，照录而不改，虽有误字，必存原文。顾千里广圻、黄荛圃丕烈所刻之书是也。活校者，以群书所引，改其误字，补其阙文。又或错举他刻，择善而从，版归一式。卢抱经文弨、孙渊如星衍所刻之书是也"。近人陈垣通过详校《元典章》，对前人的校勘方法进行了全面总结，归纳出《校法四例》，得到学术界的公认并被广泛采用。下面介绍一下陈垣的"四校法"。

1. **对校法**　是在广备众本的基础上，用同一部书的各种不同版本进行相互校勘的方法。《校法四例》云："一人为对校法。即以同书之祖本或别本对校，遇有不同，则注于其旁。刘向《别录》所谓一人持本，一人读书，若怨家相对者，即此法也。此法最简便，最稳当，纯属机械法。其主旨在校录异同，不校是非。故其短处在不负责任，虽祖本或别本有讹，亦照式录之。而其长处则在不参己见。得此校本，可知祖本或别本之本来面目。故凡校一书，必须先用对校法，然后再用其他校法。"

对校法的前提和关键是，要考察版本的源流及优劣，鉴别、确定底本与校本。一般说来，必须选择善本为底本。对校法的主旨在于校其异同，而不校是非。它是校勘工作的第一步。

2. **本校法**　是将本书文字互证，比较其异同，从而判断其书中的错误。《校法四例》云："本校法者，以本书前后互证，而抉择其异同，则知其中之谬误。吴缜之《新唐书》纠缪，汪辉祖之《元史》本证，即用此法。此法于未得祖本或别本以前，最宜用之。予于《元典章》曾以纲目校目录，以目录校书，以书校表，以正集校新集，得其节目讹误者若干条，至于字句之间，则循览上下文义，近而数页，远而数卷，属词比事，牴牾自见，不必尽据异本也。"

本校法的前提条件是，书籍应是出自同一作者之手，资料来源必须相同，才可选用本校法，否则不宜使用。

3. **他校法**　是利用不同书籍中的相同内容进行相互校勘的方法。《校法四例》云："他校法者，以他书校本书。凡其书有采自前人者，可以前人之书校之。有为后人所引用者，可以后人之书校之。其史料有为同时之书所并载者，可以同时之书校之。此等校法，范围较广，用力较劳，而有时非此不能证明其讹误。丁国钧之《晋书》校文，岑刻之《旧唐书》校勘记，皆此法也。"

他校法的前提条件是，必须弄清本书与他书的关系。一般而言，与本书有关的他书，一是本书所引前人之书，二是本书为后人引用之书，三是与本书内容相同或相近的同时之书，四是同一作者的他书，或由同一著作分化出来的他书。对他书必须有所选择，尤其是他书的版本，应以善本为妥。

4. **理校法**　是据理推测正误的校勘方法。《校法四例》云："段玉裁曰：校书之难，非照本改字，不讹不漏之难，定其是非之难。所谓理校法也，遇无古本可据，或数本互异而无所适从之时，则须用此法。此法须通识为之，否则卤莽灭裂，以不误为误，而纠纷愈甚矣。故最高妙者此法，最危险者亦此法。昔钱竹汀先生读《后汉书·郭太传》'太至南州过表奉高'一段，疑其词句不伦，举出四证，后得闽嘉靖本，乃知此七十四字为章怀注引谢承书之文。诸本皆羼入正文，惟闽本独不失其旧。今《廿二史考异》中所为某当作某者，后得古本证之，往往良是，始服先生之精思为不可及。经学中之王、段（按：此指王念孙、王引之父子及段玉裁）亦庶几焉。若《元典章》之理校法，只敢用之于最显然易见之错误而已，非有确证，不敢籍口理校而凭臆见也。"

这说明运用理校法进行校勘，必须谨慎，以事实为根据，不能凭空臆断。这就要求校勘者，必须要精通古汉语知识，精通本专业的知识，才能发现并正确处理问题。

　　校勘方法虽有对校、本校、他校、理校之分，但在实际工作中，常常需要将四种方法综合运用，多方求证，方可达到目的。

（四）校勘记的常例

　　校勘记是校勘内容和成果的文字记录，又称"校记"。校书，从不写校记到写校记，体现了校勘学术的发展和提高。校勘者将其校勘的成果，逐条以校记的形式记录下来，收入古书内，对后人学习和阅读古籍有极大的帮助作用。
　　校勘记的书写，虽无特定的公式，但习惯上也有常行的成例。我们在阅读和利用古籍之前，应对此有所了解，以便更好地利用前人的这些研究成果。
　　1. **校勘记的体裁**　　校勘记常见的体裁，主要有：①置于全书之后；②置于卷后；③置于篇后；④置于段落之后；⑤置于句后；⑥置于字词之后；⑦置于当页之末等形式。校勘记采用哪种体裁，一般应视具体情况而定。有些古籍的校勘记与注释混杂，使用时应注意区分。
　　2. **校勘记的书写常例**
　　（1）误字例：①凡底本误字，据校本改正者，可记："某，原误作'某'，据某本或某书某卷某篇改。"②凡底本的一般笔画小误，字书所无，显系误刻者，可迳改，不写校勘记。③凡底本疑有误，而校本与底本同，别无所据者，可记："某某，诸本同。疑为'某'字之误。"④凡原文前后不一，有明显矛盾或错误者，当据一处改正，可记："某某，原误作'某某'，据本书某卷某篇改。"⑤凡作者见解上的错误，或引用具体史实及人、地、年代的错误，原文不改，可于校记中加以说明。
　　（2）脱文例：①凡属明显脱字，当据校本增补者，可记："某，原脱，据某本或某书某卷某篇补。"②凡校本比底本字多，而疑底本有脱文者，可记："某，此后某本或某书某卷某篇有'某'，疑脱。"③凡校本比底本字多而无法判断底本是否有脱文者，可记："某，此后某本或某书某卷某篇有'某'。"④凡底本原缺文，用虚缺号"□"表示，而又无法证实为何字者，可记："□□，原缺文。"
　　（3）衍文例：①凡属明显衍文，当据校本删者，可记："某，此后原衍'某'字，据某本或某书某卷某篇删。"②凡底本比校本字多，而疑为衍文者，可记："某，某本或某书某卷某篇无，疑衍。"③凡底本比校本字多，而无法判断底本是否有衍文者，可记："某，某本或某书某卷某篇无。"
　　（4）倒字例：①凡底本字倒，当据校本乙转者，可记："某某，原作'某某'，据某本或某书某卷某篇乙转。"②凡底本文句前后倒置，当据校本改正者，可记："某某，原在'某某'句下，据某本或某书某卷某篇改。"③凡底本与校本字句互倒，而无法判断是否底本为倒置者，可记："某某，某本或某书某卷某篇作'某某'，疑倒。"
　　（5）异文例：①凡底本与校本不一，而无法判断异文孰是孰非，可记："某某，某本或某书某卷某篇作'某某'。"②凡底本与校本不一，难以定论，但校本义长，能提出一定倾向性意见者，可记："某某，某本或某书某卷某篇作'某某'，义胜。"③凡原文前后文稍异而义同者，可不校。如文中有矛盾而难以判断是非者，可记："某某，本书某卷某篇作'某某'。"④凡引文与原书虽不一致，但文义无出入，文理亦通，属义引、节引、缩引者，可不校。

六、训诂学的基本知识

（一）训诂与训诂学

1. 训诂 就是用语言解释语言。即以今语解释古语，以通语解释方言，以通俗的语言解释难懂的语言。总之，训诂是解释古书中以词义为核心的一切疑难。

"训诂"一词起源很早，但最初多单称为"训"，或单称为"诂"，"诂"亦作"故"。前人认为"训"与"诂"的意义是有差别的。对于训与诂的含义，前人有多种不同解释。一种是将训与诂均作名词解，认为"训"指字意和句意，"诂"指古代语言（故言）。如张揖《杂字》"训者，谓字有意义也。""诂者，古今之异语也。"《尔雅》有"释训"、"释诂"篇等。另一种是将训与诂均作动词解，认为"训"指对形容写貌之词或理义的解释、对古书逐句的解释，"诂"指对古语的解释。如《说文解字》："训，说教也"，"诂，训诂言也"。唐代孔颖达《毛诗正义》："训者道也，道物之貌以告人也"，"诂者古也，古今异语，通之使人知也"。

由此可知，前人对"训"与"诂"的解释和使用，兼有动词、名词两种用法。正如洪诚先生《训诂学》所言，"故言谓之'故'，解释故言亦谓之'诂'。解说谓之'训'，解说的词语亦谓之'训'。《尔雅》的诂、训均为名词，《毛诗》的诂、训均为动词。"

虽然"训"和"诂"在析言时，有以上诸家所指出的区别，但在实际运用上，训和诂常可以相互代替，对语言的解释可以单言"诂"、"故"，或单言"训"，如《汉书·艺文志》中注释《诗经》的有《鲁故》、《韩故》、《齐后氏故》、《齐孙氏故》等，扬雄《苍颉训纂》，贾逵《尚书训》等。在此，训与诂均为解释之义，特别是汉以后，"训"与"诂"逐渐合成一个词，就纯然是解释的意思了，成为我们今天所说的学科名词术语。

训与诂两个字的连用，最早见于汉代毛亨《毛诗故训传》。也就是说，从汉代起，训诂一词就成为传统语言学的专用名词。

训诂的对象，是古代文献中的语言，即古代书面语言。训诂的任务是解释古代文献中的语言，其中核心任务是解释词义。

2. 训诂学 对于训诂学的含义，现代学者为其下定义的人很多。如陆宗达先生的《训诂简论》、殷孟伦先生的《训诂学的回顾与前瞻》、洪诚先生的《训诂学》等书中，均有论述。综合诸家所论，可将其概括为：训诂学，是研究对我国各个时期的文献进行注释的方法和规律的一门学科。

训诂学的研究对象，是历代的训诂实践。历代的训诂实践，主要体现在两个方面：一是对古代书面语言的注释，如《毛诗故训传》、《黄帝内经素问》的王冰注等各种注释类书籍；二是训诂专著，如《说文解字》、《尔雅》等。

训诂学的任务有四个方面：①分析古代书面语言的语义；②总结前人的注释经验；③阐明训诂的原则和方法，以指导后人的训诂实践；④研究训诂的产生、发展和今后的方向。

学习训诂学的基础理论，了解并掌握有关训诂的知识和方法，学会如何阅读和使用前人的注释，有助于提高阅读、理解古代医药典籍的能力。

（二）训诂的内容

训诂的内容，涉及各个时代的整个语言现象。凡是指今人或一般读者不易通晓之处，皆是训诂解释的对象。因而，训诂的内容就包括解词、解句、分析篇章、阐述语法、说明修辞手法及典章制度、考证名物习俗等诸多方面。其中以解释词义为核心内容。

1. **解词**　是对客观存在的词义进行解释说明。将解词作为训诂的核心内容，理由有二。其一，从词在语言中的地位来看，词是语言中最小的表意单位，也是构成句子的基本单位。要理解句义，首先必须从理解词义入手。其二，从语言发展的规律来看，在语言的三大要素语音、词汇和语法中，词汇是变化最快的一个要素。词汇的变化，主要表现在旧词旧义的逐渐消失和新词新义的不断产生。词和词义的变迁，是造成古今语言隔阂的主要原因。因此，要完成沟通古今方域，消除语言隔阂，使人们能够更好地理解语言和运用语言的任务，就必须将解释词义作为核心任务。

语音作为语言的内在形式，与语义之间有着十分密切的关系。这就要求人们在读书识字之时，首先必须明其读音。因此，为难字、僻字注音，也就成了解词的主要内容之一。注音的方法很多，主要的有譬况、读若、直音、反切、拼音等。这些方法，在古医籍的注释中，均可见到。

2. **解句**　包括分析句读、解释句意。由于古籍中没有句读（没有标点符号），因此，解句工作首先是给古籍断句，分析句读。解释句意常用的方法有：翻译、串讲、说明原因、点明含义。翻译，是把古语译为今语，又名"今译"。串讲，是把句意连贯起来，作概括的讲述，可以针对一个句子，也可针对一群句子。说明原因，即不直接解释句义，而是说明产生正文情况的原因。点明含义，即不解释句子的字面意义，只是点明句子的深层含义，所谓"言外之意"。

3. **分析篇章**　文章有篇、章、句等结构层次。早在汉朝，人们对此就已有所认识。如东汉王充《论衡·正说》："文字有意以立句，句有数以连章，章有体以成篇，篇则章、句之大者也。"分析篇章，对篇章进行解释，或说明篇题取名的理由，或概括介绍文章的思想内容或故事情节。

4. **阐述语法**　语法，是指语言的结构规律。对语法的解释，有助于帮助读者对文义的理解。虽然我国语法学方面的著作问世较晚，甚至有人认为："在我国，清末马建忠《马氏文通》以前，可以说没有真正的语法学著作。"但是，这并不等于我们的古人就根本没有语法观念，没有语法内容的解说。在古代各种注释书或训诂专著中，虽对语法的分析比较粗疏、零散，但却贯穿着对语法的理解、对句子的语法分析等，从而形成了我国独有的"训诂式的语法学"。

5. **说明修辞表达**　修辞，就是运用各种语言材料、各种表现手法，力求把内容表达得准确、鲜明而生动的一种手段。古医籍行文中，所用的修辞手段和表达方式，是多种多样的。在训诂的过程中，多用指明比喻、指明借代、指明避忌等方式，予以解释。

6. **说明典章制度、名物习俗等古代文化状况**　古代文献反映着古代丰富的社会生活，其中自然有许多关于社会制度及民间习俗、器物名称等记载。随着时间的流逝，这一切也都在不断地发生着变化。对于前代的名物制度等，后人会感到越来越陌生，并影响到对古籍的阅读和对文义的理解。因此，解释典章制度、名物习俗，也就成了训诂学的内容之一。

（三）训诂条例

训诂条例，是指前人在训诂实践中沿习使用，并不断发展的一套训诂方法、方式、常用术语及行文格式等，它是训诂学的核心内容。由于词义的训释与研究，在训诂与训诂学中占有重要的地位。因此，在谈训诂条例的时候，也以词义为核心，着重介绍解释词义的方法、解释词义的方式、解词词义常用的训诂术语。

1. 解释词义的方法

（1）以形说义：是指通过对字形的分析来推求和解释词义的训诂方法，又名"形训"、"以形索义"、"据形说义"。汉字是以象形文字为基础发展起来的表意文写，其形体结构通常与其意义有着直接的关系。汉字六书中的象形字、指事字、会意字、形声字，均可使用此法。但用字有本字、假借字之分，字义有本义、引申义之别，字形有笔势、笔意的不同。一般说来，形训方法适用于分析本字字形，分析笔意，探求本义。

（2）因声求义：是根据词与词之间的声音关系来推求词义的训诂方法，又名"声训"、"音训"。即用音同或音近的词释词义的方法。因为由同一语根派生的词，往往音相近，义相通，形成同源词。同源词之间，存在着音近义通的现象。此外，古人在用字上，还存在着音同或音近而假借的情况。假借字与本字之间，虽然语义没有关系，但在声音上却存在着音同或音近的关系。因此，可以借助于声音的线索，推求其义或其本字。声训的主要对象，就是同源词和假借字。

（3）据文证义：是利用语言环境来确定词义的一种训诂方法，又名"义训"。这是一种不借助于字音和字形，而是直接解释词义的释义方法。它所依据的是语言环境，也就是根据文意来推求词义。

汉语中的词，有单义词、多义词之分。一词同时具有多个义项，是指词在辞书字典里的义项而言。当词进入具体的语言环境时，由于受到上下文的内容和语法关系的制约，它的词义就只能是唯一的、具体的。也就是说，无论该词有多少个义项，但就某一文句来说，则只有一个义项在起作用。那么，在解词之时，如何从词的多个义项中找出符合文意的一个义项，我国古代训诂学家很早就注意到这个问题。他们认为，在解释词义之时，应注意从上下文的联系中，从词与词的搭配中，去理解词义、解释词义，这是解释词义必须遵循的一个原则。清儒把它称为"因文立解"、"依文立解"。

上述三种解词方法，虽然各有侧重，但在训诂实践中常常需要综合运用，注意形、音、义的密切关系，多方取证，这样作出的解释才会是可靠的，令人信服的。

2. 解释词义的方式

前人解释词义的方式，是多种多样的。了解这些方式，对于我们利用旧注和工具书阅读古书很有帮助，现概要介绍如下。

（1）同义为训：是利用词与词之间的同义关系来解释词义的方式。常用的有四种方式：①直训，即直接用一个词去解释另一个词。可以表示为："甲，乙也。"②同训，是用同一个词去解释几个意义相同或相近的词。可以表示为："甲、乙、丙，丁也"，"甲，丁也；乙，丁也；丙，丁也"。③互训，是用两个义词相互训释的释义方式。可以表示为："甲，乙也"，

"乙，甲也"。④递训，是用三个以上的同义词辗转相训的方式。可以表示为："甲，乙也。乙，丙也。丙，丁也。丁，甲也。"

（2）反义为训：是指用反义词来解释词义的释词方式，又名"反训"。如《尔雅·释诂下》云："乱，治也。"这是由于一词兼有正、反两方面的意义。正面意义，即词的常用义；反面意义，即词的不常用义。训诂学家在用其反面意义的具体文句中，便用反义词去解释它，指出了它的反面意义。实际上这也是同义词相训。所谓反训，只不过是错觉罢了。

（3）描写：是对词所表示的客观事物的形状性质、特征等加以描述的释词方式。一般用来解释名物，能使读者对被释词产生具体形象的认识。

（4）义界：是用一句话或几句话来阐明词义的界限，对词所表示的概念的内涵作出阐述或定义的释词方式，又称界说、下定义。

（5）譬况：是用比喻的方式来说明词义内容。有些词表示的内容，用描定或义界的方式表达困难，且不易使人明了，便用一个人们熟知的类似事物加以比拟，以说明被释词的词义。

（6）举例和插图：举例和插图这两种方式，虽然不是直接释义，但可以帮助解释词义。举例，一般是在释义之后，再列举例证予以说明，帮助理解。插图的方法，描摹出实物的图像，可以省去很多笔墨，也使读者很快就能对事物产生直观、形象的认识。

3. 常用的训诂术语　　训诂术语是训诂学中的专门用语，它产生于前人的训诂实践中。在解释词义时，它们表达着特定的含义。要想顺利地阅读和理解前人的注疏，就必须掌握常用的训诂术语，这也能为我们将来借助于前人的注文来阅读和理解古籍奠定基础。在此主要介绍一些常用的训诂术语。

（1）谓之、曰、为：这组术语的共同特点有二：一是均为释词时使用，二是被训释词都放在术语之后。基本形式是：乙曰甲，乙为甲，乙谓之甲。

（2）谓、言：这两个术语的训释范围较广，既可解词、又可解句。就其功能而言，又各有侧重。在解词时，"谓"的使用比"言"广；在解句方面，"言"的使用比"谓"广。

（3）犹：是解词的术语，相当于现代汉语的"如同"、"等于说"。其表达形式为：甲，犹乙。甲是被训释的词。用"犹"表示解释词与被解释词的词义本无关联或关联很小，通过各种关系，如文字通假借、文字古今、词义的引申等，而使其关联起来。

（4）读曰、读为：是一组以本字解释借字的训诂术语。以本字释借字，又称之为"破字"、"破读"、"读破"。

（5）读若、读如：这组术语的主要功用是注音，此外有时兼有明假借的作用。

（6）之言，之为言：是用来表示声训的术语。凡用此术语解释的词，释词与被释词之间往往有一定的声音联系（即音同或音近）。用之言、之为言的目的是"以音通义"，即顺着声音的线索探求词义。基本形式是：甲之言乙也，甲之为言乙也。

（7）当为、当作：主要用来纠正误字的。

（8）貌、之貌：这两个术语，表示被释词的性质或状态，有描写作用。相当于现代汉语"……的样子"。被释词，多为形容词、副词和动词，其中迭音词和带语尾"然"等的词尤多。

（9）散文、对文，统言、析言：这两对术语，都与辨析近义词有关，强调的是词与词意义上的区别与联系。

对文，指同一句中或相近的几个句子中，同一语法地位上处于相对应位置上的几个近义词意义有别。作者将几个近义词如此使用，意在强调其别。散文，指文献中单独使用一组近义词中的一个来表述这组近义词的类义，上下文中没有与这个词对举、比较的近义词。这时，作者所强调的是该词与其他近义词相同的含意，而这往往又是这一组近义词的类义。为了表以近义词在使用上的差异，前人创立了对文、散文这一对术语。在训诂学著作中，"对文"与"散文"常常并举，其作用在于辨析近义词。

统言，又称浑言、通言，指一组近义词具有共同的类义，可以互相通用，互相训释。"统言"由"散文"发展而来，但它不再是仅就某个特定文句中的近义词的使用进行诠释，而是脱离开具体的语言环境，对近义词进行客观的归纳比较，有较强的理论性。析言，又称"细言"、"别言"，就是分析而言。与"统言"相对，是指一组近义词之间各有自己的特点，并不完全等义。"析言"由"对文"发展而来，但它不再是仅就上下文相对应位置上的几个近义词随文而释的注解，而是脱离开具体的语言环境来对词义进行细微的辨析，显示出较强的理论性。

第二节　中药文献检索的基础知识

一、现代中药文献的类型

中药文献的类型与一般文献的分类基本相同。按文献的出版形式可分为图书、期刊和特种文献。按文献的载体形式可分为手写型文献、印刷型文献、缩微型文献、声像型文献和电子型文献。按文献的加工形式可分为一次文献、二次文献和三次文献。按文献的著述年代则可分为古代文献和现代文献等。现对图书、期刊和特种文献的概况作一介绍。

1. **图书**　是品种最多、数量最大的出版物之一，是中药科技情报来源中不可缺少的一部分。图书内容范围较广，大多为二次和三次文献，既包括对某一专题的专门论述（如专著），也有对某一学科的广泛讨论（论文集、会议录等），还有介绍某一学科基本知识的教科书，以及各种工具书。科技图书一般都经过著者的选择、组织、鉴别、核对写成，因而对某一学科或问题的论述比较系统、全面、成熟。不少图书还包括著作的研究成果及创见。其不足之处是有时在报道知识的速度上比定期期刊和特种文献慢。

（1）教科书：一般说来，教科书是专为学生学习该门学科而编写的书籍，具有严格的科学性、系统性和逻辑性，论点比较成熟且为多数人承认，论据是在实践中反复验证而且可靠的，叙述方法多是综合总结式的。大多数教科书是按教学系统和学生实际需要编写的，因而所收内容也是最基本的，与一般的讲授系统差不多。因为教科书的内容比较成熟和定型，且经过编者的选择、核对、鉴别和融会贯通而写成。若想对范围较广的问题获得一般知识，或对某一问题获得初步了解，应先查阅有关的教科书。

（2）专著：专著往往是由一个人或同一学派的几个专家编写，主要是介绍某一专题的发展史及其现状、实验方法和结果、观察（或调查）的资料、存在的问题和发展方向、不同学派的见解和讨论、著者自己的研究工作成果和探索等。最后，往往还附有许多参考文献和书目。虽然专著的作者在材料的取舍和对问题的分析评价上，常常有所偏爱，但大多都是在著者本人的研究基础上编写的，同时又吸收了其他学者的材料和观点，因此，专著中许多内容都具有一级文献的价值。通过对有关专著的查阅，可以帮助读者全面深入地认识这项专题研究的概况和发展趋势，对于从事科学工作的人员来说，往往具有重大的指导意义。

（3）论文集：通常有两种形式，将某一学者的全部科学论文集编成一卷或若干卷出版，称为全集。若选择某学者较重要的作品集编成一卷或数卷，称为选集。一些专门研究机构也常常把他们分散发表的科学论文汇编成一册或数册，称为某某研究院或研究所的"著作集"。论文集或著作集为一级文献。

（4）会议文集：是某学术团体专题讨论会上的报告和论文的汇编，每篇论文都是某学者或某些学者在数年内对该专题的某一个方面专门研究的总结。有的论文后面，常常附有别的学者的评语或补充发言。这种文集汇集了不同角度、不同流派的总结性论文，这就使读者对该专题各个方面的研究情况有个总的概念。

（5）工具书：包括百科全书、辞典、手册、指南、年鉴、书目、目录等。工具书一般可为文献的研究和使用提供辅助功能，但有时也可直接提供大量的科技信息。

2. 期刊　包括杂志、学报、通报、公报、快报、会讯、记录、文摘、索引杂志、评论杂志等，其内容涵盖了一次文献、二次文献、三次文献。

期刊可按报道内容的学科范围，将其分为综合期刊和专业性期刊；按期刊的出版单位将其分为学术团体期刊、大学期刊、政府机构期刊、商业出版社期刊、公司企业期刊等；也可按期刊的内容性质，将其分为以下几类。

（1）学术性、技术性期刊：这类期刊主要刊登科研和生产方面的学术论文、技术报告、会议论文、实验报告等原始文献，因此亦称为"原始论文期刊"。其学术性、技术性很强，具有很高的情报价值。我们通常所说的科技期刊，主要是指这类性质的期刊。其出版机构很广泛，但以学术团体、大学、研究所出版者为多。另外还有由商业出版社，政府机构和公司企业等出版的。

（2）资料性期刊：即作为资料而使用的期刊。这种期刊不登载研究论文和技术文章，只刊登一些实验数据、统计数据、技术规范、规章制度、条例法令等。所以，这类期刊使用面较小。

（3）快报、简讯性期刊：随着信息的日益增多，常造成稿件积压。为此，出版者除了缩短期刊出版间隔（即增加出版期次）外，还采用"快报"和"简讯"之类期刊的办法。这类刊物专门登载有关最新研究成果的短文，预登将要发表的论文摘要。此类期刊文章，有的是由作者或编辑人员将计划在另一学术性刊物上发表的较重要的原始论文压缩成短文，有的是将还没来得及写成较成熟完整文章的某一研究和实验成果，先写出一篇简短的初步文章，在"快报"、"简讯"上先期发表，以完成研究成果的速报。

（4）综述、评论性期刊：这类期刊，也可算作学术性、技术性期刊中的一种。其发表的综述、评论性文章，对当前某一学科在一定时期内的进展情况与成就进行综合叙述或评论，分析当前的动态，并进而预测未来的发展趋势，可使读者较全面地了解该学科当前的水平与动向。

（5）检索性期刊：一般包括目录、题录和文摘 3 种。这类期刊往往附有年度的、或 5

年、10 年的累积检索，具有一定程度的累积作用。这类累积索引是检索若干年文献的重要工具。

（6）行业性期刊：行业期刊是 19 世纪 70 年代随着工商业的发展，从一般商业性期刊发展而来的。厂商为了推销产品，在该类期刊中简要说明各种产品的规格、性能、特点、用途与使用说明，同时也透露一些技术内容，可补专利说明书之不足，而且有些产品还不一定能在专利说明书中找到，故而有一定参考价值。

（7）厂刊：是国内外工业、商业和公共服务等企业出版的一种期刊，是起宣传和推广作用的一种文献形式。厂刊常分为对外的厂刊（house journal）和对内的厂刊（house magazine）两种。前者即为我们日常见到的厂刊，后者是企业的内部发行物，相当于企业的新闻快报。

（8）科普性期刊：这类期刊大多以普及科学技术知识为目的，以学生或业余科技爱好者为对象。

3. 特种文献　大多指图书、期刊以外的所有非书非刊文献资料。诸如专利文献、科技报告、会议文献、政府出版物、技术标准、学位论文、产品标本、科技档案等。

二、文献检索概述

科学研究具有连续性和继承性的特点，任何一项科学研究工作，都是建立在前人的研究成果和经验的基础之上。中医药的科研工作更是如此，既要创新，也要继承。这一切均离不开对前人研究成果的利用和借鉴，需要查阅大量的文献资料。

进入 21 世纪以来，人类已经迈入信息社会和知识经济时代。随着科技文化的迅猛发展，各类文献数量剧增，用"海量"来形容，已不足为奇。要想从海量的文献之中，迅速而准确地获取自己所需的文献，就必须学习和掌握一定的文献检索知识，具备获取与利用文献的技能。因此，文献检索的作用和重要性日益受到重视。在科研工作中，文献检索已成为科研工作的重要一环。在高等教育中，在注重传授基本知识的同时，也必须教会学生如何获取和利用古今中医药文献，以提高学生自学和独立研究的能力。

1. 文献检索的概念　是利用检索工具从数量庞大的文献资料中查找所需文献的过程。广义的文献检索，则是指将文献按一定方式组织和存储起来，并根据查检者的特定要求查找出所需文献资料的过程。

2. 文献检索的类型　依据不同的分类标准，可以将文献检索的类型分为以下几种：

（1）按检索的结果划分，有线索检索、事实检索两大类。

1）线索检索：是以文献为检索对象，主要通过检索工具来查检所需文献的线索。待得到线索后，还需进一步查阅原始文献。

2）事实检索：以确定的数值性数据或具体的知识、事实等为检索对象，主要借助于参考工具书进行检索。数值性数据，如《医学常用数据手册》等人体生理检测指标、各种统计数字、人口数据、科学技术常数等。具体的知识，如整篇文章或整本图书等全部文本，可以借助于计算机进行全文检索。事实，是从原始文献中抽取的事实，并有简单的逻辑判断，用户通过检索所获得的是有关某一事物的具体答案。

参考工具书，作为事实检索的工具，可提供某一学科或学术领域的特定资料、基本概念和基本知识，而不是原始文献的线索。参考工具书的类型，主要有：①字典、辞典，如《中医难字字典》、《中药大辞典》等；②百科全书，如《中国医学百科全书》、《中国大百科全书》等；③年鉴，如《中国中医药年鉴》、《中国药学年鉴》等；④手册和指南，如《中药制剂手册》、《国家基本药物及新特药临床指南》等；⑤类书，如《医方类聚》、《古今图书集成·医部全录》等。

线索检索与事实检索的区别：线索检索利用的是各种检索工具，得到的是获取原始文献信息的"线索"；事实检索利用的是各种参考工具书，得到的是具体的文献信息。

（2）按检索的手段划分，有手工检索、计算机检索等。

1）手工检索：是利用印刷型的检索工具书、参考工具书等进行文献检索。

2）计算机检索：又有脱机检索、联机检索之分。脱机检索不需要远程终端设备和通讯网络，而是直接利用计算机对其磁盘、光盘等所储存的文献资料进行检索。联机检索，是借助于计算机和利用互联网上网络资源，查检自己所需要的文献资料。计算机检索与手工检索相比，具有省时、省力、效率高等优点，目前已逐渐成为文献检索的主要手段。

三、文献检索工具

1. **概念**　检索工具，是用于报道、存储和查找文献线索的工具，是在一次文献的基础上，经过整理、分类、提炼加工，按一定规则编排的二次文献。

2. **检索工具的作用**

（1）检索功能：是检索工具的主要作用。检索工具的编撰，主要目的是为快速而准确地查找一次文献提供便利。因此，检索工具一般都编制有两种以上的检索途径，以供读者使用，以此体现检索工具的检索功能。

（2）存储和报道功能：检索工具将大量分散的不同学科、不同类型的文献，按照一定的规则和方法进行系统排列，使之由分散变集中，由无序变有序，对一次文献的主要内容摘录汇编，从而对文献起到了存储的作用。检索工具所存储的文献，往往集中反映了某一个学科领域或某一个时段、某一个范围的文献概况和学术发展状况。因此，检索工具同时具有存储和报道文献功能。

为实现上述功能，检索工具一般应具备以下几个条件：①收录文献要全，专业面要广，报道要快，并能提供多种检索途径。②规范著录原始文献的外部特征和内部特征。文献的外部特征，主要包括书名、刊名、著者姓名、文献序号出处等内容；文献的内部特征，主要包括学科分类、文献主题、关键词等内容。③标引各种检索标识（如书名、刊名、主题词、分类号等），从而提供多种检索途径，以满足检索者的多种查检需要。

3. **检索工具的类型**

（1）按出版形式及载体划分，主要有书本式、附录式、卡片式、机读式检索工具。

1）书本式检索工具：是以书籍或期刊的形式单独出版发行的检索工具，分为单卷式、期刊式两种。①单卷式检索工具，多是按某一专题进行编制，累积多年与之有关的文献。其特点是专业性强、收录的文献比较集中、文献累积的时间较长。一般适用于回溯查检专业性较强的文献。②期刊式检索工具，一般都有统一期号，以年、卷或期为单位，定期出版。其报道的文献主要是学术论文，能及时反映出科学技术发展的最新水平和最新动向，便于对期刊文献进行综合了解和查检。

2）附录式检索工具：主要是附在图书、期刊或论文之后，以"辅助索引""引用书目""参考文献"等形式出现，供读者复核或进一步研究使用。

3）卡片式检索工具：先用卡片记录文献的有关条目，再按一定的排列方法（分类法或主题法等）将其组合起来。图书馆常设有此类检索工具。优点是编排灵活，可随时添加，随时累积组合。

4）机读式检索工具：是通过程序设计，将一批相关文献的款目，按照一定的代码和格式存储于磁盘或光盘上，供计算机阅读的检索工具。优点是储存容量大，能实现快速检索。随着网络技术的应用和普及，这种检索方式的使用者也越来越多。

此外，还有缩微式（或称胶卷式）检索工具，是将书本式的检索工具缩微成胶片或胶卷。其体积小，便于携带，但使用时需要借助于缩微放大等光电设备，目前已很少使用。

（2）按著录形式划分，有目录型、题录型、文摘型检索工具。

1）目录型检索工具：一般著录每篇文献的篇名、作者、出处、文种、内容提要等。目录型检索工具主要揭示文献的基本特征，提供图书本身的有关情况。按其编制的目的和社会功能，可分为登记目录、科学通报目录、推荐目录、专题目录、目录之目录等。按其收录文献的范围，可分为综合目录、专题目录、地方文献目录、个人著述目录等。通过目录检索，可以使读者掌握文献发展的基本状况，对人们选择和利用文献有指导性的作用。

2）题录型检索工具：题录是以出版物中的单篇文献为对象，著录其名称、作者、单篇文献所在位置等内容。

3）文摘型检索工具：也是以出版物中的单篇文献为对象，除了著录文献的主要内容提要之外，还要著录名称、作者、单篇文献所在位置等。因此，文摘对文献的揭示和报道，要比题录更深入、更全面。

4. 信息资源数据库　随着计算机存储技术和网络通讯的普及，原有以印刷版为主体的文献检索工具悄然转化为以计算机、网络为媒介的信息检索系统。信息检索系统由硬件设备、计算机软件和数据库组成，是具有选择、整理、加工、存储和检索信息功能的有序化信息资源集合体，能够满足人类社会对知识信息的普遍性需要，其核心和信息源就是信息资源数据库。

（1）数据库的类型

1）按所收录信息的学科范围划分，有综合性、专业性、专题性数据库。

A. 综合性数据库：所收录信息覆盖学科范围广，涉及多门学科，检索范围广泛。如中国知网（CNKI）、万方数据知识服务平台、Web of Science 等。

B. 专业性数据库：所收录信息仅限于某一学科领域，专业性强，用于检索特定专业文献。如中国生物医学文献数据库（Chinese BioMedical Literature Database，简称 CBM）、PubMed/MEDLINE 和 CA 等。

C. 专题性数据库：收录信息仅限于某一特定对象或专题，适用于专题检索。如中国药物专利数据库、GenBank（核酸序列数据库）等。

2）按收录信息内容的类型不同划分，有文献型、数值型、事实型、图像、多媒体数据库。

A. 文献型数据库（literature database）是指以各类文献为内容的数据库，包括全文数据库（full-text database）和书目数据库（bibliographic database）。

全文数据库是存储文献全文的数据库，包括图书全文数据库、期刊全文数据库、学位论文全文库等，是信息检索中最受欢迎的数据库。如 CNKI、万方数据知识服务平台、书生之家数字图书馆、超星数字图书馆等都拥有不同类型文献的全文数据库。

书目数据库是指存储二次文献信息的数据库，包括题录数据库、文献数据库、目录数据库等，是信息检索最常用的数据库。为检索者提供文献出处，检索结果是文献的线索而非原文如中国生物医学文献数据库（CBM）、MEDLINE 等。

B. 数值型数据库（numerical database）是存储有关科研数据、数值，包括各种统计数据、实验数据、临床检验数据等数值型信息的数据库。如中国中成药主要产品产量数据库（1999～2002 年）包含了 1999～2002 年某中成药品种当年产量、当年全国总产量、当年全国销售收入、当年全国产值等统计数据。

C. 事实型数据库（fact database）也称指南数据库（directory database），主要存储某种具体事实、知识数据的非文献信息源的一般参考性、指示性资料信息，每个条目都是对一个事实确切、完整的描述。如人物数据库、机构名录数据库、产品或商品信息数据库及指南库、术语数据库等。

D. 图像数据库（image database）是指以图像、图画、图形等为信息主体数据集合。如香港浸会大学中医药学院推出的中药材图像数据库。

E. 多媒体数据库（multimedia database）是存储数值、文字、表格、图形、图像、声音等多种媒体信息的数据库，如中医药珍善本古籍多媒体数据库。

（2）数据库的结构：数据库（database）是按照数据结构来组织、存储和管理数据的数据集合。为了便于管理和处理这些数据，就必须按照一定的数据结构和文件组织方式序化组织，使存入的数据可以为多用户反复使用，达到数据共享的目的。从用户的角度看，数据库主要由文档、记录和字段三个层次构成。数据库通常由若干个文档（file）组成，每个文档又由若干条记录（record）组成，每条记录则包含若干字段（field）。

1）文档：可以从两方面对文档进行理解。一方面，文档是数据库中一部分记录的有序集合。为了便于管理和检索，常根据年代范围或学科专业等将数据库划分为若干个文档，如在 Dialog 系统中 CA 数据库被分成 308 号（1967-1971）、310 号（1977-1981）、311 号（1982-1986）等多个文档。另一方面，从数据库内部结构来看，文档又是数据库内容组成的基本形式。一般地说，一个数据库至少要包括一个顺排文档和一个倒排文档。顺排文档是数据库的主体，又称主文档，由按顺序排列的记录组成。检索结果都来自于顺排文档。倒排文档是快速检索顺排文档的工具，如主题词倒排文档、著者倒排文档等，按索引词的顺序排列。

2）记录：是数据库中文档的组成单元，是对某一文献或一则信息的全部相关属性进行描述的结果。在文献数据库中，一条记录代表一篇文献的信息，每条记录描述了一篇文献的外部特征和内部特征。

3）字段：是比记录更小的单位，字段集合组成记录。每个字段描述文献的某一特征，即数据项，并且有唯一的供计算机识别的字段标识符（field tag）。凡可用作检索点的字段称为可检字段，是检索得以实现的基础。如 MEDLINE 数据库，按时间分成不同的文档。

文档中每篇文献是一条记录，而篇名（TI）、著者（AU）、摘要（AB）等文献特征就是一个个字段。可见，数据库的检索实际上就是通过对字段检索获得文献记录的。

5. **搜索引擎** 主要是使用一种计算机自动搜索软件，在互联网上检索，将检索到的网页编入数据库中，并进行一定程度的自动标引，同时将用户输入的检索词与数据库中的信息匹配，然后产生检索结果。目前，主流的搜索引擎有全文索引型（如 Google 和百度）、分类目录索引型（如 Yahoo 和新浪）、元搜索引擎（如 InfoSpace 和 Dogpile）3类。

四、检索语言与检索途径

检索语言是根据文献检索需要而创制的一种人工语言。在本质上就是文献的标识系统，是沟通文献存储和检索两个过程的桥梁，是文献标引者与检索者进行信息交流的工具。检索语言的基本成分是"检索词"。检索词包括表示概念的名词术语和各种代码符号。各种分类法与主题词表等都属于检索语言的范畴。

标引者和检索者在处理或检索过程存在语言描述上的差异，检索语言的作用是使文献的存储和检索这两个过程实现语言表达方式上的统一，从而使之在文献内容的描述上达到最大一致性。而检索者对检索语言缺乏认识或掌握不当，往往是导致差异的主要原因。因此，了解和熟悉检索语言，是保证快速而正确地进行检索的前提。

检索途径指检索工具提供的各种检索入口，系根据所收文献的外部特征和内容特征来编制的。

1. **检索语言与检索途径的关系** 检索语言的描述对象是文献特征，服务于文献特征的处理，是形成检索途径的基础。因此，按描述的内容不同，检索语言可分为两类：描述文献外部特征的语言，如文献名称、著者、引文、各种特殊序号等；描述文献内容特征的语言，如分类、主题等。各种检索工具正是以不同检索语言为标识，编制形成不同的检索途径，如图 2-1 所示。

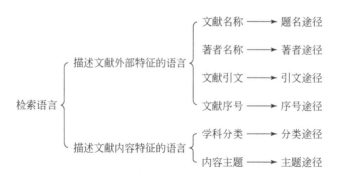

图 2-1　检索语言与检索途径关系

2. 分类语言与分类检索途径

（1）分类语言：又称分类检索语言，是使用分类方法将文献所涉及的学科内容区分、归纳形成类目体系，然后以号码为基本字符，用分类号形式表达类目体系中每一个主题概念的检索语言。其特点是揭示学科体系，按学科专业所属等级排列文献，通过分类体系（分类号）使同学科专业文献集中，提供从学科专业角度查找文献信息的途径。

分类语言有多种类型。如按其涉及的学科领域范围，可分为综合性分类法和专业分类法；按其适用的文献类型，可分为图书分类法、期刊分类法、专利分类法、资料分类法、网络资源分类法等；按其类分文献的规模，可分为大型分类法、中小型分类法等。一般来说，分类语言按照编制的原理可分为三种类型，即体系分类法、分面组配式分类法和半分面分类法。其中，体系分类法最为常见，是以学科门类为基础，根据文献的内部和某些外部特征，运用概念划分的原则，按知识门类的逻辑次序由总体到分支、由一般到具体、由简单到复杂进行层层划分，逐级展开，从而形成一个隶属派生关系明确、严格有序的线性知识门类等级体系。常用的有《中国图书馆分类法》、《中国科学院图书馆图书分类法》（简称《科图法》）、杜威十进分类法（Dewey decimal classification & relative index，DDC）、美国国会图书馆图书分类法（library of congress classification，LCC）等。

（2）分类检索途径：以分类号为标识，利用分类检索系统进行检索的途径。以文献主题内容的学科属性，按某种分类法对文献标引分类号或类名，以此为检索标识构成的检索系统即为分类检索系统。目前，国内外大多数检索工具的主体部分，均采用体系分类方法进行编排。

利用分类检索途径检索，首先要明确所查文献的学科属性，在分类表中找到相应的分类号及类名，一般需要从大类到小类，逐步缩小检索范围。其优点是能将同一学科性质的文献资料都集中到一处，检索比较方便，能满足学科的族性检索要求。不足之处是，分类法不能随时更改类目，对于一些新兴学科的文献不能及时进行归类，对涉及边缘学科、交叉学科的文献处理较为困难。

3. 主题语言与主题检索途径

（1）主题语言：又称主题检索语言，是一系列反应文献主题内容的概念标识。目前主要有标题词、叙词、关键词和单元词等多种类型。

1）标题词是一种先组式，并经规范化处理的主题语言，主要用于手工检索，在编制检索工具时，就已被选配和固定下来。在检索工具中，一般由主标题词和副标题词构成检索标识。副标题词是用来限制主标题词范畴的术语。通常主标题词表示"事物"，副标题词多表示该事物的不同"方面"或"特征"，两者结合，便实现了文献内容主题表达的专指度。因而，标题词法在检索上表现为一种单线序列逐级检阅的方式，尤其对那些内容广泛、涉及主题较多的文献，往往不能充分地揭示和表达。

【例】由标题词语言组成的主题索引示例

阿莫西林[a]　　药代动力学[b]　52857[c]　　治疗应用[b]　49571[c]　50096[c]

注：a 为主标题词；b 为副标题词；c 为文献题录的流水号

2）叙词是一种后组式主题语言，在国内亦称主题词，指从自然语言中精选并经严格规范化处理的名词术语或词组，能描述文献内容的实质，主要用于计算机文献检索。

主题词是在传统的标题词、单元词和关键词的基础上，吸收了分类语言的优点而发展起来的一种信息检索语言。因其抛弃了间接的人为号码系统，采纳通用的规范化的自然语言，所以直观易记。其还具有唯一性的特点，一个概念的多种表达形式只能用唯一一个主题词来表达，使内容相同或相近的文献更加集中、更具有专指性，避免同义词的多次检索。可以通过主题词之间的相互组配表达复杂的概念，也可以通过参照系统揭示主题词之间相互关系，如等同、包含、分支等。主题词还会不断更新以揭示和表达新的专业名词术语。因此，主题词可以满足多元检索的要求，并具有提高检索效率的优势。

主题词编制灵活，利于用户使用。利用主题词字顺表可以查找该主题词表的所有主题词，也可以利用等级结构表（将主题词按特定分类标准编制而成，能揭示主题词之间相互关系）来查看和选择适当的主题词。我国常用的主题词表有《汉语主题词表》、《中国中医药主题词表》等，美国的《医学主题词表》（MeSH）是世界医学领域最著名也是应用最多的主题词表，被著名医学检索系统 MEDLINE/PubMed 和中国生物医学文献检索数据库（CBM）用于组织其文献信息。

3）关键词是从文献题目、文摘或正文中抽取出来的具有实质意义，未经或略经规范化的能代表文献主题内容的词汇。关键词是自然语言，由于直接来源于文献，不需规范化处理，抽词简单，使用灵活，常能准确检索到含有新出现概念的文献；缺点是关键词多由作者选定，使同一概念出现形式不同、拼法不同或具有同义词、近义词等自然语言的现象，造成同一主题内容的文献可能因使用不同的关键词而被分散，从而造成漏检。如伞形花内酯、伞形酮、7-羟基香豆素是同一种化学成分，均可作为关键词，若仅选其一进行检索，就会漏掉使用其他形式表达的相关文献。因此使用关键词的检索工具虽易于使用，但应注意检索结果的全面性和准确性。目前大多数数据库均有关键词检索途径。

（2）主题检索途径：以主题语言为标识建立的检索系统即为主题检索系统，而通过这一系统查检文献的途径称为主题检索途径。采用主题途径能满足各种特性检索的要求，能够十分方便和有效地进行专业化程度很高文献的检索，尤其利于查检新的知识和学科概念。不了解分类法的检索者使用更为方便。但由于主题检索的效率和质量依赖于主题语言的选择和组配准确与否，而主题语言数量庞大，词与词之间关系复杂，故主题语言的选择和主题词的组配都有一定难度，此法不适用于内容广、范围大的多主题文献检索。

4. 题名检索语言与检索途径 描述书名、刊名、文献题目等作为检索标识的语言称为题名检索语言，由此构成的检索途径称为题名检索途径。题名一般都是在一本书刊的封面或一篇文献的最醒目之处，包括书名、刊名或文献题名。题名是按照字序法或音序法编制的，形成题名索引。这是一种用自然语言标引和检索的方法，只要知道文献的名称，即使不熟悉文献的分类法也可以通过题名进行检索。优点是简便易行，是最常用的检索途径。

题名的用词，一般简洁明了，具有特指性或专有性，便于记忆和查检。但是，随着中药科技文献数量的猛增，同名异书、同书异名的情况大量出现，书刊名称特别是文章的篇名过长，均为检索的准确性带来障碍。所以，在运用题名途径检索时，还应注意：①题名使用要准确，以防误检。②同名异书时，应根据文献的其他特征（如作者、版本、成书年代、学科类别等）进行鉴别，从中确定所需文献。③同书异名时，应检索该书的其他名称，以防漏检。

5. 著者检索语言与检索途径 描述文献著者的姓名、学术团体名与机构名为检索标识的语言称为著者检索语言，由此构成的著者索引提供的检索途径，称为著者途径。这种检索途径也是按照字序法或音序法编制的，其使用方法同题名途径。国内外主要的检索工具，都编有著者索引。

著者途径的检索较为简单，只需按著者名称的字顺或音顺在索引中查找即可。只是在著者的写法上，由于不同的国家和民族习惯不一样，因而在著者索引的编制上，国际上有一些基本的规则需加以注意：①著者姓名国内采用姓前名后的格式，欧美等国则是名前姓后，但在编制著者索引时，两者相同，均采用姓前名后的统一格式。②多个著者，只著录第一著者，其余的用"等"或"et al."表示。③著者有字、号，或多种称谓者，只采用正名，或现用名，余者通过参照引见到正式姓名下。

6. 序号检索语言与检索途径 所谓序号，是指文献在某个文献系统中的特有编号，如专利文献的专利号、标准文献的标准号、药品的审批号、会议号、文献的登记号等。序号，一般是由大类缩写字母加数码，由小到大次序排。序号在一定的文献系统中，其对文献的标识是唯一而明确的，具有排序的性质。检索时，只要按其顺序规律查找，即可找到，非常方便。

五、中药文献检索的程序

中药文献检索，是根据既定的课题，利用适当的文献检索工具，通过不同的检索途径，按照一定的检索方法和步骤来查找所需文献资料的全过程。就其检索的程序而言，主要可以概括为以下几个方面。

1. 明确检索目标 在检索之前，必须对其检索的目标和要求有清楚的了解。这就需要首先对研究课题的内容进行分析，准确把握其研究的特点，课题所属的学科或专业领域。另外，应明确对查新、查准、查全的要求，了解课题的学术背景，以便确定检索的目的、学科范围、文献类型及所需检索的文献起止年限、语种等内容。

2. 选择检索工具与方法 检索工具的选择得当与否，直接影响到文献检索的效果与检索效率。任何一种检索工具，都有一定的收录范围，都有其优劣之处。在选择检索工具之时，应根据检索目标和要求，以及现有的检索条件，择优而取，量力而行。

文献检索有多种方法，检索者可以根据课题检索要求、文献资源及检索工具的情况，选择不同的检索方法。常用的检索方法有工具检索法、引文检索法、综合法和浏览法4种。

（1）工具检索法：是利用各种检索工具来查找文献的方法，又名"常用法"、"工具法"、"工具书检索法"。该法适用于检索范围较宽，检索工具较多者。此法又可细分为：

1）顺查法：是一种按照时间顺序，由远而近进行文献查找的方法。优点是对文献的检索比较全面系统，能了解到某个课题的整个历史背景和研究发展的全过程。但顺查法耗时较多，工作量较大。

2）倒查法：是一种按照时间顺序，由近而远进行文献查找的方法。一般以查检近期文献为主。当需要了解某一课题的最新研究进展时，多采取此法。

3）抽查法：是在掌握专题文献年代分布的前提下，重点检索文献高峰期内文献的方法。任何学科的发展，都有一定的盛衰起伏变化，利用这一特点，可以对学科或课题研究发展的兴旺阶段进行详细检索，从而得到较多有用的文献资料。

（2）引文检索法：是利用作者原文所附的参考文献进行文献检索的方法，又名"追溯法"、"篇后文献检索法"、"引文法"。该法一般多利用述评、综述或专著后面所附的参考文献进行追踪查找。检索的结果有助于对该文的背景和立论依据有更深的了解，只要层层追踪，就能查到大量有用的文献，继而对某一专题的相关文献和研究状况有所了解。此法简便易行，适用于课题时间性和针对性较强，但检索工具又不齐备者。受作者引文数量所限，此法易造成漏检，有一定的局限性。

（3）综合法：是将工具检索法和引文检索法综合使用的一种检索方法，又名"分段法"、"循环法"、"交替法"。一般是先用检索工具查到一批文献后，再利用文献后的参考文献所提供的线索进行追溯查检。如此反复进行，直到满足检索要求为止。该法的优点是省时省力，检索效率高。但必须注意两法的综合运用，事先要对所查检的课题有所了解，否则易造成漏检。

（4）浏览法：是通过定期或不定期浏览新近出版的期刊、专著等文献来了解最新信息的方法。由于不同文献所蕴含知识的特点不同，浏览不同种类的文献获益也不尽相同。如浏览现刊可以及时掌握最新科研动态，获取启示与灵感；浏览专著可以系统、全面、深入地了解某一专题的知识。但由于时间有限，浏览法需要注意选取浏览对象的范围和质量，且有一定的偶然性。因此，此法适于平时的学习积累。目前，多数全文数据库提供浏览的功能，如 CNKI 中国学术期刊网络出版总库的期刊导航界面、万方数据的期刊检索的主界面均为用户提供按不同角度浏览期刊文献的功能。

上述方法，各有优劣，使用时应相互取长补短，根据检索工具的多少及检索的目的和要求，灵活选用。从检索工具的多少来说，若各种检索工具齐全，多采用工具检索法；反之，则可采用引文检索法。从检索的要求来说，若要求检索内容全面而系统，应采用综合法或顺查法；若要求查找最新文献时，应使用倒查法；若需要查找某一时段的文献，可采用抽查法。

3. 确定检索途径　检索途径的选择，原则上应以查找文献既快又准为标准。但在实际检索时，要根据课题的需要、检索工具的情况，以及自己的检索能力来决定。

在对文献内容不甚了解时，一般应充分利用文献的外部特征，以书名、著者、序号等为线索进行检索，如此既快捷又便利。待对文献内容有所了解之后，再选用其他合适的检索途径。如果检索的课题泛指性强，所需资料较多，可进行族性检索，选用分类途径；如果课题的专指性强，所需资料专深，可进行特性检索，以选用主题途径为佳。有时，还需将几种检索途径配合使用才能取得较好的检索效果。

4. 筛选、获取原始文献　通过以上步骤，就能检索到一定数量的文献线索，但并非完全满足检索需求，还需要对这些线索进行甄别、筛选。尽管所筛选的文献线索包含有一定程度的文献信息，但仍需借此线索查阅原始文献才能获得更确实的文献信息。

手工检索时获取原始文献，首先应对线索进行有序化整理，如相同出处的按期序排列，同一种期刊的按年限排列，然后再依次查找原文。若想提高手工检索获取原文的效率，应对文献存储机构及其文献收藏和排架情况非常了解。

计算机联机检索时获取原始文献主要有 4 个途径：①通过本单位图书馆收藏的文献所刊载期刊或已购买含所需期刊的全文检索系统。②通过馆际互借与文献传递的方式获取原文。③通过网上搜索引擎、期刊主页、开放获取期刊网站等方式获得免费的全文。④直接向著者索取原文，在国内无法获得而又必须得到时，可与作者直接联系，请求获得帮助。

随着网络技术的发展，特别是通过互联网，使越来越多的医药学专业信息都实现了全球资源共享，其中所包括的文献量也是前所未有的。要想在互联网上找到自己所需的文献资料，真犹如大海捞针。于是，有很多网站都通过建立专业的数据库收集资料，或者设计出相应的检索工具，以方便资料的查找。只有掌握文献检索的方法，熟练使用这些检索工具，在互联网上才能省时省力，快速而准确地找到目标，更好地利用网络资源。

第三章　古代中药文献

第一节　古代中药文献概述

一、先秦时期的主要中药文献

中国最早的药物文献可以追溯到商代。商代，人们对药物的性能及不良反应已有了一定的了解。如《尚书·说命上》曾有"若药弗瞑眩，厥疾弗瘳"的记载，这可能与当时多用大剂量不良反应较大的药物治病有关。《礼记·月令》云"孟夏月也……聚蓄百药"，说明人们已经学会在初夏季节采集与贮存药物。

至西周、春秋时期，药物品种不断增加，用药经验日益丰富。这一时期虽尚无药学专书，但在很多先秦文献中载有有关药物的资料。如《周礼·天官》所载的"五药"，汉代郑玄注："五药，草、木、虫、石、谷也。"这可能是对药物的最早分类。书中还记有用胆矾、丹砂、雄黄、磁石等炼制的外用药，这可能是我国古代使用化学药物的最早记录。

《诗经》是我国第一部诗歌总集，其创作年代大体在距今 2500 年左右的西周初叶至春秋中叶。在全书所收的三百多篇诗歌中，记载了大量的植、动物。对这些植、动物，虽未明确指出其药用价值，但被后世医药学家收入本草著作的就有百余种，如芣苢（车前）、蕡（泽泻）、葛（葛根）、薇（白薇）、芩（黄芩）、虻（贝母）、荑（茅针）、壶（葫芦）、木瓜、枣等。其次，书中也简明记载了一些植物的采集、产地及食用效果，如该书的"国风"篇云"春日迟迟，采蘩（白蒿）祁祁"、"八月剥枣"、"八月断壶"等，分别指出了白蒿、大枣、葫芦的采集季节。此外，《诗经》还明确指出了某些植物的药用功效。说明从西周初叶至春秋中叶，我们的祖先就已经掌握了丰富的中药知识。

《山海经》是我国现存最早的地理书，主要记载了我国古代传说中的名山大川及物产。其成书年代大约在春秋战国时期，秦汉期间又有所增益。书中收载了不少植物、动物和矿物药，并明确指出其性能和功效，为后世中药学的发展创造了条件。其所收载的药物数量，一般认为有 120 余种，其中动物药 67 种，植物药 52 种，矿物药 3 种，水类药 1 种，另有几种不详其类属。按其功用，可分为补药、毒药、解毒药、醒神药、杀虫药、预防药、避孕药、美容药、兽药等类。此外，还有约 60 种仅记有药名，如桂、杞、桔梗、麝、雄黄、芍药、芎䓖、术、芜、门冬、椒、桃、杏、葱、韭等。这些药都被后世的本草著作所收载，并被临床所应用。《山海经》对药物形态有详细的描述，如植物药的根、茎、叶、花、实，动物药的喙、翼、足、尾等。并在药物功效和使用方法上，也作了详细的说明。如《山海经·卷二·西山经》曰：浮山"有草焉，名曰薰草，麻叶而方茎，赤华而黑实，臭如蘼芜，佩之可以已疠。"该书对药物疗效的记载，大都是一药治一病，仅有 14 种是一药治二病，如肥遗治疬又杀虫。书中还记述了食、服、浴、佩、带、涂、抹等多种用药方法。特别值得指出的是，书中还多处提到药物的预防作用，如"食之无疾疫"、"食之可御疫"、"食之不蛊"、"服之不狂"等。又据统计，在所记载的药物中，能用于防病的药就有 60 种。说明我们的祖先早在春秋战国时期，就已经重视到疾病的预防，我国古代的预防医学也正在形成。

《五十二病方》既是现已发现的我国最早方书，又是已知出土医书中内容最丰富的一种。它成书年代大约在春秋时期，而抄写年代却不晚于秦汉之际，并于 1973 年年底在长沙马王堆三号汉墓出土。该书出土时原无书名，因其目录列有 52 种病名和在这些病名之后有"凡五十二"字样，故整理者将其命名为《五十二病方》。全书约 15 000 多字，记载病名 100 多个，涉及内科、外科、妇产科、儿科、五官科等；收载方剂 280 余首，涉及药物 240 余种，动、植、矿物应有尽有。其中，植物药有草、谷、菜、木、果等类，动物药有兽、禽、鱼、虫等类，矿物药则有雄黄、水银等。所记载药物的功效和适应病证，很多都与后世医药文献和临床实践相吻合，如乌喙、续断镇痛，石韦、葵种利尿等。所使用的剂型有丸、饼、曲、酒、油膏、药浆、汤、散等，其中丹剂在中国医药史上是首载。此外，书中还记述了一些方剂的煎煮法、服药时间、次数、禁忌，以及药物的采集、收藏方法等。

《黄帝内经》，简称《内经》，是我国现存最早的医学典籍。该书是由许多医药学家编著而成，大约成书于战国时期，也包括一些秦汉之作，后经隋唐及宋代医家逐步补充丰富。全书共 18 卷，包括《素问》、《灵枢》各九卷八十一篇。书中的内容包括阴阳五行理论、脏腑理论、经络理论、病因病机理论、四诊八纲及制则、养生等。它的问世，不但开创了中医学独特的理论体系，而且也为中药学奠定了理论基础。书中虽然只载了 13 个药方、26 味药，但对中药学的基本理论，包括四气五味、升降浮沉、有毒无毒等均有了纲领性的阐述。如《素问·脏气法时论》云："辛酸甘苦咸，各有所利，或散或收，或缓或急，或坚或软，四时五脏，病随五味所宜也。"《素问·至真要大论》云："寒者热之"，"热者寒之"；"治热以寒"，"治寒以热"；"劳者温之"，"损者温之"；"咸味涌泄为阴，淡味渗泄为阳"。《素问·阴阳应象大论》云："阳为气，阴为味"；"阴味出下窍，阳气出上窍"；"辛甘发散为阳，酸苦涌泄为阴"。从该书可看出秦汉以前我国医药学的发展状况，标志着中医药学由单纯积累经验阶段发展到理论总结阶段，为中药学的发展提供了理论依据，具有极其重要的文献和研究价值。

二、秦汉时期的主要中药文献

秦汉时期，本草学已初具规模，中药学专著问世，中药文献日渐丰富。

（一）本草文献

《神农本草经》，简称《本经》或《本草经》，是我国现存最早的药物学专著。书名冠之以"神农'，除了古代曾有"神农尝百草"发现药物的传说外，也与汉代盛行尊古托古之风有关。至于称之为"本草"，是因其所载药物虽源于植、动、矿物等各类，但以草木类植物为主。正如东汉许慎《说文解字》所说："药，治病草也。"五代韩保升所说："药有玉石、草木、虫兽，而直云本草者，为诸药中草类药最多也。"由此可知，古代所谓的"本草"就是药物的代名词，并一直流传至今。《神农本草经》与《内经》一样，并非一时一人之手笔。它约是秦汉以来许多医药学家，通过对药物学资料的不断收集整理，直至东汉才最后编撰成书。该书问世后，除见载于梁代的《七录》、《隋书·经籍志》外，《旧唐书·经籍志》也载有该书。南朝梁代，陶弘景编纂《本草经集注》时，将其进行系统整理并全部收入。至唐初，该书单行本已失传。唐、宋本草著作，如《新修本草》、《证类本草》及明代《本草纲目》等，都是在转引前代本草著作所载的《本经》内容，而非原著。现今世面上流传的单行本，是明清以后的学者根据唐、宋、明等历代本草文献进行整复辑佚，重新出版刊行的，因而称之为《神农本草经》辑复本。它是我国现存最早的药物学典籍，系统地总结了秦汉以来本草学发展成就和民间用药经验，为中药学的发展奠定了坚实的基础（具体内容见第三章第二节）。

《雷公药对》原书已佚。现存注明出自《药对》的文字，基本上是《嘉祐本草》所引的徐之才《药对》。其中有可能含有古本《药对》的内容，但现已无法将之与徐氏增补的内容分别开来。

（二）方书中的中药文献

《伤寒杂病论》，简称《伤寒论》，是东汉名医张仲景在《内经》理论指导下撰写而成。全书共 16 卷，成书后不久即散佚。至西晋，经医家王叔和搜集整理，将其分编成《伤寒论》和《金匮要略》二书。该书汇集了东汉前历代医家的临证经验，以六经论伤寒，以脏腑论杂病，提出了包括理、法、方、药在内的辨证论治原则，使中医学的理论基础与临证实践紧密结合起来，成为我国临证医学发展的重要里程碑。书中共载方剂 375 首，其中《伤寒论》载方 113 首（实为 112 首），《金匮要略》载方 262 首。除去重复的，实际收方 269 首，使用中药 214 味，基本概括了临床各科的常用方剂。这些方剂立法严谨，用药精当，疗效可靠。如治肠痈的大黄牡丹皮汤和薏苡附子败酱散，至今仍用于临床。书中对方剂的君臣佐使及方剂的加减化裁，显示了较高的水平。如以治疗伤寒表实证的代表方剂麻黄汤为基础，随证加减变化而成麻黄加术汤、麻杏苡仁汤、大青龙汤等。特别是在《金匮要略》中，著者对每一病证皆列有专方、专药。这些专方、专药均具有显著的针对性，如治黄疸的茵陈蒿汤、治下血的黄土汤、治胸痹心痛的瓜蒌薤白白酒汤等专方，以及黄连、白头翁为下利脓血之主药，茵陈是退黄之专药，常山为截疟之首选药，半夏为止呕之圣药等。专方专药的应用，使在辨证论治原则指导下的临证治疗，更具特异性。又因其疗效显著，至今仍被临床所采用。

其次，该书对药物的炮炙也非常重视，书中载有多种炮炙方法。所用剂型之多，远远超过了以往医籍和简帛的记载。书中对于药物的煎服方法，亦多有论述。

从整部《伤寒杂病论》来看，实际上已经概括了中医的望、闻、问、切四诊，阴阳、表里、寒热、虚实八纲，以及汗、下、吐、和、清、温、补、消（利）八种治疗方法。该书理、法、方、药齐备，正式确立了辨证论治法则，为我国临证医学和临床中药学的发展奠定了坚实的基础。

三、魏晋南北朝时期的主要中药文献

魏晋南北朝时期，中药学有了很大发展，中药文献大大丰富。首先本草著作倍出，约有 70 多种，包括综合性本草及分论药物形态、图谱、栽培、收采、炮炙、药性、食疗等专题论著。据《隋书·经籍志》记载，除《神农本草经》外，还有《蔡邕本草》7 卷、《吴普本草》6 卷、《陶隐居本草》10 卷、《李当之本草》1 卷、《李当之药录》6 卷等。这些著作吸收了各地名医与民间的用药经验，总结了本草学的成就。其次，在药物炮炙方面，出现了炮炙专著《雷公炮炙论》，对中药炮炙的经验加以总结归纳，形成了系统的中药炮炙理论和方法。此外，因这一时期服石和炼丹风的兴盛，又出现了寒食散、炼丹家和炼丹著作，丰富了矿物药的内容，为化学制药开了先河。

（一）本草文献

1. 综合性本草文献

（1）《吴普本草》：为华佗弟子吴普在公元 208～239 年撰成。首见于梁代阮孝绪（公元 497～536 年）的《七录》和陶弘景（公元 456～536 年）的《本草经集注·序录》，全书共 6 卷，载药 441 种。该书集魏以前本草学之大成，引据了包括神农、黄帝、岐伯、桐君、雷公、扁鹊、医和、李当之等十数家本草所载内容。在《本经》基础上，又有许多补充和发展。就药物介绍体例而言，《本经》大致分为五个方面，依次是正名、性味、功用主治、别名和产地，《吴普本草》不仅在具体内容上有所增益，同时又增设了药用植物形态、药物形态、采药时间、加工炮制和配伍宜忌等五个方面，使本草学药物介绍体例日臻完备。

该书对药物的名称，既举其正名，又详列其别名。对药性介绍非常全面，特别注意到药物的毒副作用。对《本经》原载药物的功用主治，在《本经》基础上又作了补充；对新收药物，补列其药性及功用主治。对药物的产地，较《本经》叙述得更详细具体。对药用植物的生态和药物形态介绍细微。对采药时间，大多数药物都有明确规定。对药物的炮制，记载了简单的生药加工方法。对药物的配伍宜忌，具体涉及相须、相使、相畏、相恶、相杀等五个方面。对石药的毒副作用有切身的临床经验，并研究了滥服石药所致严重后果的治疗方法。

药物介绍体例的完整化，是以医疗实践的发展和对药物认识的不断深入为基础的，也是本草学发展成熟的标志。这些论述，使本草学有了进一步发展。《吴普本草》在北宋时亡佚，但其大部分内容散见于后世的本草著作、医学著作和类书中。

（2）《名医别录》：《名医别录》3 卷，首载于《隋书·经籍志》，题陶氏撰，至宋代亡佚。从宋代郑樵《通志·艺文略》开始，其作者均题为陶隐居集。它的大部分内容现存于《本草经集注》、《新修本草》、《千金翼方》、《证类本草》、《太平御览》等本草及类书中。魏晋以来，新药品种不断发现，对药物的性味、主治、异名、产地、采收时月等认识不断提高。许多名医将各自的见解，增录在《神农本草经》中，出现多种本子的《神农本草经》，载药数目各不相同，或595 种，或 441 种，或 319 种。陶弘景以载药 365

种的本子为底本，把其余本子中名医增修的内容，集中起来，称为"名医副本"。他从中选出 365 种药物，补充到载药 365 种的古本《神农本草经》中，共 730 种，加以集注。陶弘景完成《本草经集注》后，在"名医副本"的基础上，又增加了许多资料编成《名医别录》。1986 年人民卫生出版社出版了尚志钧的《名医别录》辑校本。

尚氏辑校本仍分为 3 卷，分上、中、下三品。上品载药 193 种，中品 243 种，下品 244 种，共 680 种。每品按玉石、草木、兽、禽、虫、鱼、果、菜、米谷等次序排列。《名医别录》在《本经》基础上增加了许多新的品种，补充了大量新的内容。包括对药性、功用主治及畏恶反忌的新认识和新发现，且论述的更为具体明确；对药物的异名、产地、采收时月和采收条件的详细记述；部分药物由于加工炮制方法不同，导致性味和主治的差别；部分药物的鉴别、用量与用法、剂型和制备方法等。

《名医别录》是继《神农本草经》以后，一部很有价值的本草学著作。在某种意义上说，中国本草学是在《神农本草经》和《名医别录》的基础上发展起来的。《名医别录》保存了大量原始资料，具有很高的文献学价值，可供研究中国古代医学，尤其研究秦汉至魏晋南北朝时期的本草学参考。

（3）《本草经集注》：简称《本经集注》。作者陶弘景，字通明，丹阳秣陵（今江苏句容）人。生于南朝刘宋孝建三年（公元 456 年），卒于南梁大同二年（公元 536 年）。陶弘景在系统整理研究前代本草著作基础上，以《神农本草经》为蓝本，补充 365 种《名医副品》所载药物，撰成《本草经集注》。以 365 种药物为基础，重新分类编排，《本草经集注》共 3 卷，载药 730 种。上卷为药物总论，中卷和下卷为药物各论。《本草经集注》是继《神农本草经》以后，对药物学的又一次整理提高，对药物学的发展做出了重大贡献（具体内容见第三章第二节）。

2. 中药炮制学文献　中药炮制，历史悠久，积累了丰富的知识。战国时期，《灵枢·邪客篇》在"半夏秫米汤"中，就已经明确指出半夏须经过炮炙后使用。汉代，《神农本草经》及张仲景《伤寒杂病论》虽均记载有许多关于药物的炮炙资料和炮炙方法，但尚未见有炮炙专书。

《雷公炮炙论》，简称《炮炙论》，是南朝刘宋（公元 420～479 年）人雷敩，在总结前人炮制中药经验的基础上，著作而成。该书的问世，奠定了本草学的分支学科中药炮制学的基础（具体内容见第三章第二节）。

（二）方书中的中药文献

（1）《肘后救卒方》：简称《肘后方》。作者葛洪（约 281—341），字稚川，自号抱朴子。葛氏一生的主要活动是炼丹和医学，既是一位儒道合一的宗教理论家，又是一位从事炼丹和医疗活动的医学家。现存《肘后救卒方》为 8 卷本。第 1～4 卷，即原书上卷，是"内疾"，包括中恶、心腹痛、伤寒、时气、中风、咳嗽、水病、发黄等急性病。第 5～6 卷，即原书中卷，是"外发"，包括痈疽、疮疥、耳目咽喉头面等病。第 7～8 卷，即原书下卷，是"他犯"，包括虫兽伤、中毒、百病备急丸和牲畜病等。内容涉及急救、传染病，内、外、妇、五官、精神、伤骨各科及疾病的预防、诊断、治疗等。

《肘后救卒方》对《内经》的"毒"、"疠"病因学说作了发挥和创新。采用了简单的实验手段，详尽地描述了急症的临床症状，记录了简单有效的治疗措施，运用了一系列的诊疗技术，为祖国医学急症专科的形成创造了条件。治疗急症，葛氏注重临床实践，倡导便、廉、验，对后世医家有深刻的影响。《肘后救卒方》的许多内容，在后世不断得到发展和科学验证。该书中记载的适合急救的简便疗法，至今仍被临床应用。记载的许多单验方，为后世本草学发展提供了资料。

（2）《小品方》：又名《经方小品》，共 12 卷。首见《隋书·经籍志》。公元 1985 年，在日本尊经阁文库中发现了《小品方》古卷子本的残卷第一卷。其中包括序文、总目录、用药犯禁诀等。残卷首行称"经方小品一部连药性灸法合十二卷"，说明《小品方》的原名就是《经方小品》。据考证，该书成于南北朝刘宋孝建元年（公元 454 年）至元徽元年（公元 473 年）之间。作者陈延之，为了编写此书，曾利用了《秘阁四部书目录》中的 16 种文献。原书早佚，其佚文散见于《外台秘要》及《医心方》等书中。今有重辑本行市。

（3）《刘涓子鬼遗方》：简称《鬼遗方》。晋末刘涓子著，首载于《隋书·经籍志》。因托名"黄父鬼"所遗，故名"鬼遗方"。后经南北朝齐人龚庆宣整理、编次，于南齐永元元年（公元 499 年）成书。原书 10 卷，现流传本为宋代刻本，共 5 卷。《刘涓子鬼遗方》基本上反映了魏晋南北朝时期外科方面的主要成就，是我国现存最早的一部创伤外科专书。

四、隋唐时期的主要中药文献

（一）本草文献

1. 综合性本草文献

（1）《新修本草》：又名《唐本草》。该巨著由苏颂等 23 人共同编纂而成。全书共 54 卷，包括正经 20 卷、药图 25 卷、图经 7 卷、目录 2 卷。载药 844 种（一说 850 种），按玉石、草、木、兽禽、虫鱼、果、菜、米谷、有名未用 9 类分列，较《本草经集注》新增药物 114 种（或曰 120 种）。原刊本在宋开宝年（公元 968～976 年）后，渐次亡佚。药图和图经现已无法考见，唯正经 20 卷尚有部分残存。查近人著录的五种传本中，以法国巴黎图书馆所藏敦煌残卷较为可靠。此卷犹存朱墨杂书的古态。

本书在成书 50 多年后，来我国学习的日本学者把它带到了日本，本书对日本医学产生了深远影响。该书也同时传到朝鲜等邻邦，对这些国家的医药发展起了很大作用。《新修本草》不仅是我国政府颁行的第一部药典性本草著作，而且也是世界上最早的药典。比公元 1546 年问世的欧洲纽伦堡药典《科德药方书》早 887 年，在世界医药发展史上占有重要地位（具体内容见第三章第二节）。

（2）《本草拾遗》：简称《拾遗》。作者陈藏器，为唐代本草学家，生卒年代不详，四明（今浙江鄞县）人。该书约于公元 738 年著成，以收集《新修本草》遗漏的药物为主。全书共 10 卷，其中序例 1 卷，拾遗 6 卷，解说 3 卷。本书的特点是收罗广博，记载大多准确，补充了《新修本草》的缺漏，新增药物 692 种，为《新修本草》新增药物的 6 倍。不足的是，由于收罗广泛庞杂，有部分药物的主治只凭文献记载而缺乏实证。

陈藏器还在此书中，提出了著名的"十剂"之说。所谓"十剂"，即"宣可去壅，生姜、橘皮之属；通可去滞，通草、防己之属；补可去弱，人参、羊肉之属；泄可去闭，葶苈、大黄之属；轻可去实，麻黄、葛根之属；重可去怯，磁石、铁粉之属；滑可去着，冬葵子、榆皮之属；涩可去脱，牡蛎、龙骨之属；燥可去湿，桑白皮、赤小豆之属；湿可去枯，白石英、紫石英之属"。这种分类法，是建立在中医病因病机学说基础上的分类法，是对《本经》三品分类的进一步发展，对指导临床辨证用药和深化中药功效分类法具有重要的参考价值。同时也丰富了方剂学的基本法则，流传至今，被中医界所引用。由于《本草拾遗》补充了《新修本草》的缺漏，故明代著名医药学家李时珍对他大加推崇，云"其所著述，博及群书，精覆物类，绳订谬误，搜罗幽隐，自本草以来，一人而已。"

（3）《蜀本草》：原名《重广英公本草》，后世称《蜀本草》，是在《本草拾遗》问世 200 多年后，在后蜀统治者孟昶的倡导下，由韩保昇等编撰而成。成书年代大约在广政年间（公元 938～964 年）。韩氏在编著时，以唐代《新修本草》为蓝本，并参考有关文献进行增补注解，新增补药物 14 种。全书共 20 卷，本书对药品的性味、形态和产地也增加了很多新内容，尤其是图形绘制精细是其特点，后人编纂本草时常加引用，对后世药物学的发展有一定影响。

（4）《海药本草》：作者李珣，字德润，出生于四川梓州（今四川三台），是唐末五代时的文学家和本草学家。李氏祖籍波斯，其家以经营香药为业，故有《海药本草》之编。全书共 6 卷（一说 2 卷），载药 124 种。其中大多数是从海外传入或从海外移植到中国南方，而且香药记载较多，对介绍国外输入的药物知识和补遗中国本草做出了贡献。

（二）专科本草文献

（1）《食疗本草》：作者孟诜，曾师事名医孙思邈。生于唐武德四年（公元 621 年），卒于开元元年（公元 713 年），汝州梁县（今河南临汝）人。唐氏在总结唐以前饮食疗法及搜集有补虚作用的药物的基础上，又参考有关文献，先编成《补养方》。后经其徒张鼎增补 89 条，加上原书的 138 条，共 227 条，成书 3 卷，易名《食疗本草》。原书已佚，现存有在敦煌莫高窟发现的古抄本残卷。从敦煌发现的残卷来看，本书内容精审，材料丰富，对食物的鉴定与药物的甄别，与事实相吻合，合乎科学道理。

（2）《食医心鉴》：由蜀人昝殷于公元 853 年编成。全书共 3 卷，宋代尚存，后亡佚。今本系日人从朝鲜医书《医方类聚》中辑出，共 1 卷。书中有食物药品为主组成的药方，也有以药物煮粥、制采、浸酒饮用的药方，对发展饮食疗法有一定的贡献。

（3）《食性本草》：由后唐人陈士良于公元 934 年撰成。陈氏把《神农本草经》、《新修本草》、《本草拾遗》等书中有食疗作用的药物加以分类整理，附以己见，著成该书。全书共 10 卷，对饮食疗法又一次进行了整理和总结，补记了众多食物的性味与宜忌，以及若干药物的性状鉴别，对发展饮食疗法也有一定的贡献。原书虽早佚，但佚文在后世本草及食疗书中可见。

（三）方书中的中药文献

《备急千金要方》、《千金翼方》：前者简称《千金方》或《千金要方》，后者简称《千金翼》，均为唐代名医孙思邈编著。孙氏先于永徽三年（公元 652 年）著成《备急千金要方》，30 年后又完成《千金翼方》。孙氏非常重视药物的采集时间和炮制方法，在《千金翼方·药录纂要》中说："夫药采取不知时节，不以阴干暴干，虽有药名，终无药实。故不依时采取，与朽木不殊，虚费人工，卒无裨益。"孙氏最早系统论述药物贮藏经验，并做出创造性的贡献。他重视自种药物，总结描述了 20 多种常用药物的栽培方法。他非常注意地道药材，在书中记载了当时 133 个州所产的 519 种药材。他强调辨证用药，如对虚劳，论述了用药加减的二十五法。在《千金翼方·本草》中，孙氏按照药物的自然属性，并结合具体功效进行分类，计有玉石部、草部、人兽部、虫鱼部、果部、菜部、米谷部及有名未用、唐本退等 9 部，其中还吸收了一部分从海外输入的药物，共收药 713 种。

在《千金要方·序例卷第一·合和第七》中，孙氏详细论述了方剂调处的若干重要问题，并强调方剂学的重要性。他说："若调和得所，虽未能治病，犹得安利五脏，于病无所增剧。"此外，《千金要方》搜集医方 4000 多首，《千金翼方》搜集药方 2000 多首，为后世保存了大量古方和民间验方。

五、宋金元时期的主要中药文献

宋金元时期，药物学发展迅速。首先是药物学著作丰富，种类繁多。有官修本草，有个人著述；有综合性本草，也有专科性本草；有的长篇巨制，有的内容简要。宋代本草编纂，不单纯从书本上去追求，还注意到理论联系实际，重视调查研究。其次是在药性理论研究方面取得重大突破，尤其是金元医家，在前人的基础上逐步建立了药性理论的体系，对后世产生了深远的影响。

（一）本草文献

1. 官修本草文献

（1）《开宝重定本草》：简称《开宝本草》。宋开宝六年（公元 973 年）宋廷诏令刘翰、马志和其他翰林医官等 9 人重修本草。刘翰等在《新修本草》和《蜀本草》的基础上，参考陈藏器的《本草拾遗》，增加新药，勘正名称而著成《开宝新详定本草》。开宝七年（公元 974 年），宋廷又一次诏令刘翰、马志等详定而著成《开宝重定本草》。全书共 20 卷，外有目录 1 卷，载药 983 种，新增药物 133 种，分为玉石、草、木、禽兽、虫鱼，果、菜、米、有名无用等 9 类。每味药分正文和注文两类。正文印成单行大字，注文为双行小字。正文出于《本经》者印成白字，出于《别录》者为黑字，出于《新修本草》者文尾加注"唐附"，《开宝本草》新增者，文尾加注"新附"。注文出于《本草经集注》者前冠以"陶隐居"，出于《新修本草》者冠以"唐本注"，《开宝本草》所注者冠以"今按'或"今注"。层次分明，古今有别。

（2）《嘉祐本草》：全称《嘉祐补注神农本草经》。宋仁宗在嘉祐二年（公元 1057 年）诏令掌禹锡、林亿、苏颂等，在《开宝本草》的基础上重新修订本草，3 年后即公元 1060 年完成，赐名《嘉祐补注神农本草经》，并于次年 12 月刊印颁行。全书共 21 卷，收载药物 1082 种，其中新增 99 种。其分卷、分类、编写体例、文献出典标记皆仿照《开宝本草》。书中附有《蜀本草》、《日华子本草》、《药性论》等书的内容。新增注文很多，内容丰富，引用文献约 50 多种。本书对保存医药资料有一定贡献。原书已亡佚，但其内容尚散见于《证类本草》和以后的本草著作中。

（3）《本草图经》：又名《图经本草》。公元 1058 年宋政府在组织专家编纂《嘉祐本草》的同时，又下令向全国征集各州郡所产药物标本及实图，并注明开花结实、收集季节及功用；凡进口药材则询问收税机关和商人，辨清来源，选出样品，送交京都。这是一次由政府组织的全国规模的药物大普查，苏颂等在此基础上，将集中起来的药物标本和药图加以研究整理，于嘉祐六年（公元 1061 年）编撰成本书。

全书共 20 卷，另有目录 1 卷，载药 780 种，其中增加民间草药 103 种。每味药有药图和注文两部分。在 635 种药名下共绘制 933 幅药图（有的一味药有几幅不同的图）。这是中国现存的第一部刻板药物图谱。注文内容丰富，对药物的历史、别名、性状、鉴别、采收、炮制、产地、功用等都有论述。把辨药和用药结合起来，还收载了大量单方验方。特别是在药用植物的描述方面，起着承先启后的作用。参考文献 190 多种。受到后世博物学家、本草学家及植物学家的重视。如被李时珍《本草纲目》转引的药物有 98 种，引用的内容达 1000 多处。此外，明代朱橚的《救荒本草》、清代吴其濬的《植物名实图考》等也都受到该书的影响。原书已佚，主要内容尚保存在《证类本草》中。

2. 民间本草学文献

（1）《经史证类备急本草》：简称《证类本草》。在宋代民间本草学著作中，最突出的就是这部《经史证类备急本草》。该书由名医唐慎微一人所著，唐氏将《嘉祐本草》与《本草图经》合在一起，约于公元 1082 年编成此书。全书共 32 卷，达 60 余万言，载药 1558 种（一说 1746 种），新增 476 种。该书代表了宋代本草学的最高成就，在中国药学史上占有重要的地位。《证类本草》刊行后，受到官方重视。医官艾晟根据宋徽宗的诏令，对《证类本草》加以修订，于公元大观二年（公元 1108 年）完成，并改名为《大观经史证类备急本草》（简称《大观本草》），颁行全国。政和六年（公元 1116 年），宋廷诏令曹孝忠等将《大观本草》重新合并为 30 卷，定名为《政和经史证类备用本草》（简称《政和本草》）。绍兴二十九年（公元 1159 年），宋廷诏令王继先等再次校订增补，重新分列为 32 卷，并定名为《绍兴校定经史证类备急本草》（简称《绍兴本草》）。淳祐九年（公元 1249 年），金人张存惠又将寇宗奭《本草衍义》的全文分条增入，定名为《重修政和经史证类备用本草》（简称《重修政和本草》），共 30 卷，载药 1746 种。此书流传 500 余年，一直为本草学的范本（具体内容见第三章第二节）。

（2）《本草衍义》：作者为宋代药学家寇宗奭。寇氏为采买药材的专职人员，在长期的实践中，他发现《嘉祐本草》与《本草图经》两书还有许多的疏误，遂考诸家之说，并亲自搜集求访 10 余年，于政和六年（公元 1116 年）撰成本书。全书 20 卷，分为序例和药物两大部分。序例 3 卷，主要内容为纠正前代本草的错误，论述祛病疗疾当以保养、预防为主的道理；说明治病应先明八要，即虚、实、冷、热、邪、正、内、外；提倡高尚的医德。药物部分 17 卷，列药目 467 条，载药 570 余种，分为玉石、草、木、兽禽、虫鱼、果、菜、米谷等 8 类。本书旨在补充过去本草未备之言，对于药物的产地、形态、采收、鉴别、炮制、制剂、性味、功效、主治、禁忌等各方面都有论述。补充了《嘉祐本草》与《本草图经》之不足；纠正了前人记述中的一些错误。本书还强调应根据疾病的新久虚实辨证用药，药宜对证，用量相当。用药必须择州土所宜者，即选用地道药材，如上党人参、川蜀当归、齐州半夏、华州细辛等。对后世影响较大。

（3）《宝庆本草折衷》：简称《本草折衷》，由南宋医家陈衍编撰。宝庆三年（公元1227年）初稿成，名为《本草精华》。之后，陈氏又不断收集资料，反复考证，至淳祐八年（公元1248年）定稿，定名为《宝庆本草折衷》。全书20卷，现亡佚卷4～9，仅存14卷。原载药789种，今存523种。陈氏不但医疗经验丰富，而且治学十分严谨。他吸取了历代编纂本草的经验与教训，取材慎重，编述简要。本书着重讨论药性，以疗效作为归纳药性的依据。书中记有"六陈歌"、"十九反歌"，书末载有"群贤著述年表"，列举本草著作21种等，具有较高的实用和文献价值。

3. 专科本草文献　《饮膳正要》，作者为元代饮膳太医忽思慧，书成于天历三年（公元1330年）。全书共3卷。卷一论述养生避忌、妊娠食忌、乳母食忌、饮酒避忌、聚珍异馔等。卷二罗列汤煎、服饵、食疗等饮膳方238个。卷三收载食物药230种，分为米谷、兽、禽、鱼、果、菜和料物7类，分别介绍食物药的性味、良毒、功效主治、宜忌等，并附图168幅、版画20多幅。该书较多地反映了食疗、饮食制作和饮食宜忌等内容。从健康人的实际饮食需要出发，以正常人饮食标准立论，制订了通用的饮食卫生法则。还提到有关食物中毒的防治，列举了许多有效的解毒方法。对各种食品的制作和烹调也作了详细介绍。书中收载有西域其他民族食品内容，拓广了食疗的领域。其为中国现存第一部完整的饮食卫生与食疗的专书，也是古代一部有价值的食谱。

4. 中药药性理论类文献　宋金元时期，中药升降浮沉学说已形成较为系统的理论。张元素继承《内经》的理论，在《珍珠囊》中以药味的气味阴阳厚薄来阐述升降浮沉，认为药味升降的原因是由其气味厚薄参合而定。而且药物的升降浮沉与其质地和种类有关，并可随配制或配伍改变其趋向，以适应临床复杂的病证。李东垣的《用药法象》和王好古的《汤液本草》对张元素的论述进一步阐发。李东垣认为药物的升降浮沉之性与四时气节的更替是相应的，并总结出凡气味辛甘温热之药及味之薄者性主升浮；气味酸苦咸寒及淡味渗湿之品性主沉降。王好古认为味薄者其性升，气薄者其性降，气厚者其性浮。

其次，归经学说初步确立。宋代医药学家寇宗奭、钱乙等，都已认识到药物作用部位具有选择性，开始探讨归经理论。金元时期归经学说逐步确立。张元素认为取各药性之长使之各归其经，则力专效宏；若不明归经，无的放矢，则很难中病祛邪。总结出归经规律，指出"凡药之五味，随五脏所入而补泻，亦不过因其性而调之"。在其著作《珍珠囊》和《医学启源》中，已明确列出100余味药物的归经，或云其入某经，或云其为引经药。并发现因药物的炮制方法不同，其归经也随之发生变化，主治疾病也相应不同。还认为某些药物不仅本身能作用于某经，且配入方中尚能引导它药进入该经，从而在归经学说的基础上又创立了引经报使学说。之后，李东垣、王好古师承张氏理论，并在他的基础上又充实发展了归经学说。

再次，对气味理论进行了发挥。宋代，《圣济经》提出气臭学说，认为四气五味尚不足以准确地解释药物的作用机理，有时须用气臭学说解释才更完整。金代，张元素总结五味的作用为"辛能散结、润燥，苦能燥湿、坚软，咸能软坚，酸能收缓，甘能缓急，淡能利窍"。元代，王好古又补充了"苦能泄降"、"甘能升发"。

此外，金元医家并用气味理论解释具体药物的功效。张元素在《医学启源》中对气味阴阳厚薄还进行了阐发，认为味厚为纯阴，味薄为阴中之阳；气厚为纯阳，气薄为阳中之阴。药物的气味有阴阳厚薄之不同，功效亦各有差异。

（二）方书中的中药文献

1. 官修方书文献　宋代朝廷组织编修了 3 部大型方书，即《太平圣惠方》、《太平惠民和剂局方》和《圣济总录》。

（1）《太平圣惠方》：简称《圣惠方》。刊于宋淳化三年（公元 992 年），由北宋翰林医官院王怀隐等编写。该书在广泛收集民间效方基础上，又汲取所见北宋以前各主要方书的有关内容。全书共 100 卷，分 1670 门，载方 16 834 首。卷 1～2 总论诊法及处方用药；卷 3～7 分论五脏诸病；卷 8～14 为伤寒卷；15～59 论内科杂病；卷 60～68 为外科病；卷 69～81 为妇人病；卷 82～93 为小儿病；卷 94～95 为服食及丹药；卷 96～98 为食疗及补益方；卷 99 为针经十二人形图；卷 100 为明堂灸经及小儿灸经。本书强调医生治病必须首先诊断出疾病的轻重程度、病位深浅，辨明虚实表里，再选用药。每门皆先引《诸病源候论》的理论为总论，然后汇集方药。其是一部具有理、法、方、药完整体系的方书。公元 1046 年何希彭选其精要辑为《圣惠选方》，作为教本应用了数百年，对后世复方用药及方剂学的发展影响较大。

（2）《太平惠民和剂局方》：简称《和剂局方》或《局方》。初刊最早不超过宋元丰元年（公元 1078 年），是宋政府太医局所属药局配制成药的处方本，始初曾名《太医局方》。大观年间（公元 1107～1110 年），宋政府诏令太医裴宗元、提辖措置药局陈师文等对《太医局方》加以校订，编成《和剂局方》。成为中国医学史上第一部由国家颁行的成药药典和制剂规范。但该书有些方剂药味庞杂，叙述夸张。此外，官府以之为法，医门传之以为业，患者据之以治疗，泥于"局方"，渐成流弊。对此，元代医家朱震亨著《局方发挥》加以辨驳。

书中除论述处方的功效主治、药物组成、用量方法及使用宜忌外，还列述了药物的炮制方法、成药的剂型及丸药的加工制剂技术等。其中，所列炮制方法有水飞、醋淬、镑、爁、纸煨、面煨、烧存性、煅、浸、煎、蒸、炒、火焙等。在丸药加工制剂技术上，创造了糊丸、水泛丸，以及化学丸剂等。为了防腐，丸药外挂了朱砂衣、青黛衣、矾红衣、麝香衣等多种丸衣（具体内容见第三章第二节）。

（3）《圣济总录》：又名《政和圣济总录》。成书于政和年间（公元 1111～1117 年），为北宋末年政府组织医家编著的大型方书。该书撰成不久，未及刊行，即逢金兵南侵，攻陷汴京，书稿被金人掠走。之后，金代于大定年间（公元 1161～1173 年）、元代于大德年间（公元 1297～1307 年）两次刊行。全书 200 卷，分 60 余门，方近 20 000 首，包括内、外、妇、儿、五官、针灸、正骨等多科疾病，以及杂治养生等。

2. 民间方书文献

（1）《苏沈良方》：是后人将宋代苏轼《苏学士方》和沈括《良方》二书合编而成。原书 15 卷，现流传较广的是 10 卷本，又名《苏沈内翰良方》，约刊于公元 1075 年。本书除选辑临床各科验方外，尚包括医理、本草、单方、灸法、养生及炼丹等内容。方药后或附载医案，治法多简便易行。书中首次记载了制备含有尿甾体雄激素"秋石"的完备方法，指出有阴炼、阳炼两种方法。其中阳炼法成功地应用了皂苷沉淀甾体这一特异反应，并简洁而生动地说明了秋石的药理作用。这是药学史上的重大发明创造。著名科学家李约瑟认为它是现代生物化学范畴内辉煌的和有胆识的先驱工作。

（2）《普济本事方》：又称《类证普济本事方》，简称《本事方》，为南宋人许叔微在绍兴十三年到二十年（公元 1143～1150 年）间所撰。许氏在书中辑录了平生历验之方及临床诊疗事实。全书共 10 卷，按病分类为中风肝胆筋骨诸病、心小肠脾胃病、肺肾经病等 25 门，收载方剂 373 首。每证下收载一方或数方，每方首列主治、方名、药味、药量，次录治法、服法，并详列药物的炮炙修治诸法。其中有 81 则论证和论述，大多方后附验案。书中注意辨证论治，讲究同病异治、异病同治。许氏主张脾肾并重，把调补脾胃和温肾填精之法灵活地运用于临床。方中选药恰切精当，且善用动物类、金石类药物。

（3）《济生方》：又名《严氏济生方》，为宋代医家严用和撰，稿成于宝祐元年（公元 1253 年）。该书为严氏 50 余年临证经验的总结。原书已佚，今据原书自序可知，全书分 80 门，载方 400 首。咸淳三年（公元 1267 年），严氏又撰《济生方》续集 8 卷，方论 24 篇，载方 90 首。现行版本是从明代《永乐大典》中的辑出本。清代《四库全书提要》评论该书说："议论平正，条分缕析，往往深中肯綮。"该书重视脏腑辨证，讲究脉因证治。他提出"补脾不如补肾"的主张，对明代命门学说的发展起了一定的作用。书中许多方剂，经临床长期验证，确有良效。其中归脾汤、济生肾气丸、济生橘核丸、导痰丸等至今仍被应用。

其他著名的方剂学著作还有王贶的《全生指迷方》（公元 1119 年）、张锐的《鸡峰普济方》（公元 1133 年）、陈言的《三因极一病症方论》（公元 1174 年）、杨士瀛的《仁斋直指方》（公元 1264 年）等。总之，宋金元时期，不仅医方著作空前增多，而且方剂理论也日益丰富，对方剂学做出了重要贡献。

六、明代的主要中药文献

明代本草学的突出特点是著述数量多且内容丰富，既有集大成者，又有侧重于临床应用或某一方面的描述者。可以认为，明朝本草学的发展达到了空前的高峰。在此仅择其重要著作简略介绍。

（一）本草文献

1. 综合性本草文献

（1）《本草集要》：著者王纶，明代弘治九年（公元 1496 年）撰成。全书共分三部，第一部（即卷一）为总论，主要依据《神农本草经》等前人著作，论述本草大意、汤药丸散剂型、方剂配制分量、用药之法等；第二部（即卷二至卷六）将药物分为草、木、菜、果、谷、实、兽、禽、虫鱼和人共 10 类，载药 545 种，每种分记其七情、性味、升降、有毒无毒、分经、主治功用、附方等内容；第三部（即卷七至卷八）则根据药性主治，将药物分为治气、治血、治寒、治热、治痰、治湿、治风、治燥、治疮、治毒、妇人及小儿共

12 门，每门又分成 2～4 类，如治气门分补气清气温凉药、行气散气降气药、温气快气辛热药、破气消积气药四类，每类记述各种药物的具体用途及配伍等。这种分类法，是前人按药物功效分类法的进一步深化，切合于临床实用。

（2）《本草品汇精要》：简称《品汇精要》或《品汇》。该书是明孝宗弘治年间（公元 1488～1515 年），由政府诏令编纂的本草专书。具体负责撰写的有太医院院判刘文泰、王槃等，参加编修的达 40 余人。弘治十六年（公元 1503 年）议纂，弘治十八年（公元 1505 年）完成。全书共 42 卷，目录 1 卷，载药 1815 种，彩绘药图 1358 幅，分为玉石、草、木、人、兽、禽、虫鱼、果、米谷、菜共 10 部，仿《神农本草经》体例，分上、中、下三品。每药又按二十四项分别论述，涉及药物的形态、产地、鉴定、炮制、性能功效及配伍使用等。文字简洁精要，尤以五彩实物绘图而闻名于世。该书是《证类本草》之后，《本草纲目》之前的一部集大成的本草学专书。其总结了明代弘治以前的本草学成就，反映了公元 16 世纪初我国本草学所达到的水平。但该书因宫廷斗争而未能及时刊行，故对明清时期的药物学影响甚小。

（3）《本草蒙筌》：简称《蒙筌》。著者陈嘉谟，字廷采，号月朋，安徽新安人。他根据《本草集要》次序，结合自己的经验体会加以补充，于嘉靖三十八年（公元 1559 年）开始编撰该书，七年后即公元 1565 年完稿并付梓。全书共 12 卷（具体内容见第三章第二节）。

（4）《本草纲目》：简称《纲目》。著者李时珍，该书是一部内容丰富、论述广泛、影响深远的医学巨著（具体内容见第三章第二节）。

2. 专科本草文献　　《救荒本草》：明代的专科本草当首推《救荒本草》。该书的著者朱橚，是明太祖朱元璋的第五子。他喜爱学术，笃重医药，对方药造诣颇深。为了防备灾荒，活民生命，特编成《救荒本草》一书。全书共收载可供荒年食用的植物 414 种，其中 276 种为以前的本草书所未载。每种植物按名称、产地、形态、性味、加工烹调法等次第论述。并特请画师将各药的枝干、花、叶、果实等绘图于文左。该书植物之分类除按草、木、米、谷、果、菜区分为六大部分外，还依据植物之可食部分区分为 15 小类。所收载植物绝大部分是人们日常不食用者，包括若干不见于一般本草著作的野生草木。每种植物除记述一般项目外。另辟"救饥"一项，说明其可供采集的部分、加工、消除毒性异味及调制食用方法。该书既是一部食药两用的植物学著作，又是一部植物学图谱，丰富和发展了我国的植物学、医药学和农学，具有较高的文献价值。

此书刊行后不久就曾多次被翻刻，在国内外都有一定影响。明代著名的农学家徐光启，在编撰《农政全书》时，就曾将该书的内容全部收入。大约在 17 世纪末，《救荒本草》流传到日本，当时日本的自然灾害频繁，引起了日本学者的关注，曾几度编译刊刻。到了 21 世纪 30 年代，本书又被译成英文出版，流传于国际间。

3. 地区性本草文献　　《滇南本草》：明代著名的地区性本草当首推《滇南本草》。编撰者兰茂（1397—1476），字廷秀，云南嵩明县人。他自幼酷爱本草，因母病而留心此技 30 余年，大约在正统年间（公元 1436～1449 年）编成该书。全书共分 3 卷（一说 12 卷），载药 458 种。每药又分别记述其正名、别名、性味、功效、主治，并绘有药图。有些药物还载明产地、鉴别、炮制、用法与附方等。该书是我国现存本草书籍中最早把中医药理论与民族药特色加以结合，反映云南地区用药知识和经验的地方性本草专著。今有云南省卫生厅 3 卷整理本行市。

4. **中药炮制学文献**　《炮炙大法》：明代炮制学专著当首推《炮炙大法》。著者缪希雍是明代著名的医药学家。缪氏以《雷公炮炙论》为基础，结合自己的实践经验，于明天启二年（公元 1622 年）著成该书。全书不分卷，将药物分为水、火、土、金、石、草、木、果、米谷、菜、人、兽、禽、虫鱼 14 类，简要叙述了 439 种药物的炮制方法，并述及产地、采药时节、药质鉴别、用于炮制的材料、药物炮制后的性质变化和配伍应用时的相须、相畏关系等。书末又附用药凡例，论述煎药则例、服药序次、服药禁忌、妊娠服禁等。该书是明朝颇有实用价值的中药炮炙代表著作。

（二）方书中的本草文献

明代的方剂学有很大的发展，取得了显著的成就。方书著述数量众多，内容丰富，超过前代。

1.《普济方》　由明太祖朱元璋第五子朱橚与教授滕硕、长史刘醇等编撰，约成书于公元 1406 年，刊于 15 世纪。原书 168 卷，《四库全书》将其改编为 426 卷，今仅存残本。书中广泛收集了明初以前各种医籍与方书，并整理分类条列。据《四库全书》统计，全书共分方脉总论、运气、脏腑（包括脏象及脏腑诸病候）、身形（包括头、面、耳等部位所属及身形诸病）、诸疾（包括伤寒、杂病、疮疡、外科、骨科及各种治法）、妇人（包括妇、产科）、婴儿、针灸、本草等 100 余门、2175 类。有医论 1960 论，治法 778 法，载方 61 739 首，图 239 幅。该书内容丰富，是我国现存古代最大的方剂著作，在中药方剂史上站有重要地位，具有极高的文献价值。

2.《奇效良方》　全名为《太医院经验奇效良方大全》。明代正统年间（公元 1436～1449 年），太医院院使董宿始编此书，但未就而卒。成化年间（公元 1465～1487 年），太医院院判方贤对其又进行补编，遂成该书。之后，复经御医杨文翰校正并刊行。全书共分 64 门，载方 7000 余首，大都为前人经验成方，涉及内、外、妇、儿、杂病等各科，对保存宋、金、元至明初的医方具有重要价值。

3.《医方考》　著者吴昆（1551—1620），字山甫，号鹤皋，安徽歙县人。《医方考》刊于 1584 年，选录历代常用医方 700 余首，按疾病分为中风、伤寒、感冒、暑、湿、瘟疫、大头瘟等 44 类。每类前有短叙，略述选方范畴，每方后又均列方义解说。共列证候 72 门，每列一证，先述病因，次辨诸家治法，然后汇集名方。此书对方剂之命名、药味组成、方义、功效、适应病证、加减应用、禁忌等论述扼要清楚，便于应用。但却有对前人资料筛选不严及收录某些封建迷信内容等不足之处。

七、清代的主要中药文献

（一）本草文献

1.《本草述》　撰著者刘若金（1585—1665），字云密，明末清初医家。湖北清江人，明天启五年（公元 1625 年）进士，官至刑部尚书等职。明亡后，隐居著书，研究医学，于康熙四年（公元 1665 年），撰成该书。全书共 32 卷，收载药物 691 种。该书是刘氏将《本草纲目》进行删节修订，并吸收部分宋、元医家有关本草的论述而编成。刘氏在书中根据前人的论述，虽注重以阴阳升降理论与脏腑经络的关系解释药性，但却有资料博而不精之弊端。道光七年至十二年（公元 1827～1832 年），杨时泰在不改变其药数、次序分类的基础上，删去十分之四的次要内容，重新分析整理，编成《本草述钩元》。该书刊行于道光二十二年（公元 1842 年），内容简明扼要，具有一定的文献参考价值。

2.《本草备要》　简称《备要》。著者汪昂（1615—?），字讱庵，安徽休宁人。汪氏认为《本草纲目》虽内容详备，但要点不突出，使用不便。因而取材《本草纲目》，删繁就简，并参照《本草经疏》，康熙三十三年（公元 1694 年）编成《本草备要》。全书不分卷次，首载药性总义，次将药物分为草、木、果、谷菜、金石水土、禽兽、鳞介、鱼虫及人等 8 部，载药 470 多种，附图 400 余幅。该书由博返约，对各药的性味及效用作了概括性综述，流传较广。

3.《本草从新》　简称《从新》。著者吴仪洛（约 1700—?），字遵程，浙江海盐人。吴氏对汪昂的《本草备要》进行考订补充，于乾隆二十二年（公元 1757 年）编撰成《本草从新》。全书共 18 卷，载药 720 种，内容较原书增加五分之二，特别是增收了《本草备要》中所未收载的常用药如太子参、西洋参、冬虫夏草等。此外，对药物的真伪鉴别、性味与加工炮制方法等，均有所介绍，颇有实用价值。

4.《得配本草》　由严西亭、施澹宁、洪辑庵合撰，成书于乾隆二十六年（公元 1761 年）。全书共 10 卷，附奇经药考 1 篇。该书分部析类均以《本草纲目》为准绳，分为 25 部，收药 647 种。书中除论述药物的性味、主治功用外，着重阐述药物之间的畏、恶、反、使等，尤其是对药物在治疗过程中的协同作用如得、配、佐、和，作了详细的叙述。此外，还针对药物的炮制法及禁忌作了一些介绍。由于该书是由严氏等 3 人根据临床实践，共同切磋，反复斟酌，合力编成，故颇具有实用价值。另外，在撰写过程中，编者态度比较谦虚、客观，故颇得后世医家的好评。

5.《本草求真》　简称《求真》。著者黄宫绣（1736—1795），号锦芳，抚州宜黄（今属江西省）人。乾隆三十四年（公元 1769 年）成书并刊行。全书共 10 卷，分上、下两篇。上篇为 1～7 卷，将药物分为补剂、收涩、散剂、泻剂、血剂、杂剂和食物七类，每类又据不同药性分为若干节。下篇为 8～9 卷，分论脏腑病用药及六淫病用药。卷 10 为药性总论及药物自然分类法目录，以便于检阅。全书共收载药物 521 种，卷首附有要药图，书中对每种药物均以气味形质结合医方应用作了较深入的探讨，并提出了个人见解。该书采用的按药物主要功效进行分类的方法，不仅较《本经》三品分类、陈藏器"十剂"分类更为先进，而且对当代临床中药学的功效分类亦有重要影响。

6.《本草纲目拾遗》　简称《纲目拾遗》。著者赵学敏（约 1719—1805），字恕轩，钱塘（今杭州）人，出身富有家庭。书稿初成于乾隆三十年（公元 1765 年），刊行于嘉庆八年（公元 1803 年）。在近 40 年的时间中，他查阅了 600 多种文献，广泛请教了有药物实践经验的人，并亲自栽种和尝试了某些药物，对该书进行不断地修订与补充。全书共 10 卷，载药 921 种，其中《本草纲目》所未载者 716 种。作者在书中还收载了许多疗效很好的民间药，并已认识到石斛、白术等药物在生长发展中有"变产"现象，反应了他的生物进化观点。该书纠正和补充了《本草纲目》的错误和不足，如对药物的分类取消了"人"

部，增加了"藤"、"花"二类，把"金石类"分为"金"和"石"。该书是继《本草纲目》之后，又一部内容丰富的药物学著作（具体内容见第三章第二节）。

7.《本经疏证》 简称《疏证》。著者邹澍，字润安，江苏武进人。邹氏历时6年，先后著成《本经疏证》与《本经续疏证》。现行《本经疏证》共12卷，附《本草经续疏》6卷、《本经序疏要》8卷。该书以分析《伤寒论》、《金匮要略》等医方书中药物配伍的理论来注疏《神农本草经》。其中《本经序疏要》载药173种，《本草经续疏》载药142种，共315种。《本经序疏要》是对神农《本经·序例》的注解说明。

8.《植物名实图考》 简称《名实图考》。著者吴其浚（1789—1847），字瀹斋，河南固始人。他先后参考了800多种古代文献，经过整理、总结、编著成《植物名实图考长编》（简称长编）22卷，收载植物838种。之后，在《长编》的基础上，再经修改补充，于道光二十八年（公元1848年）编著成《植物名实图考》。全书共38卷，收载植物1714种，分为谷、蔬、山草、隰草、石草、水草、蔓草、芳草、毒草、群芳、果、木共12类。书中对每种植物的形色、性味、用途、产地等叙述较详，绘图较逼真。较《本草纲目》所收载的植物增加500余种，而且记述云南、贵州的植物相当多，此外，它还较广泛地收集了民间医生的医疗经验与药物知识，纠正了以往对某些植物药的错误论述。该书是一部有实用价值、学术上影响较大的著作，受到国内外学术界的重视。

9.《药性通考》 著者不详，据书中记载系康熙末年太医所编（成书应不早于1694年），由重庆巴县医生黄清源刊刻。原书八卷，其中1~6卷为《药性考》，后二卷为《集录神效单方》及24种杂病论治及附方。论药415种，不分部类，无总论，统为直叙。前一部分简介药品性味、良毒、制法、功效、主治、药理等，论述多结合临床实际。后半部分设问答若干，解释临床用药的功效及配伍机理，对药理的认识较为深入，切合临床实用，还介绍了部分药物临床运用的经验，对临床运用较有价值。

（二）方剂学著作

清代的方剂学，由博返约，向着简明、实用的方向发展，而对每首方剂配伍及应用研究方面，论述更深入，更详细。

1.《医方集解》 著者汪昂。汪氏非常推崇吴昆的《医方考》，但又觉得吴氏仅一家之言，对于阐明蕴藏的深奥含义，或未透彻详尽。因此博采广搜，网罗群书，辑数十家之言，精心详析方剂的深奥含义，故名《医方集解》。全书搜集正方与附方各300多首，均系常用的方剂，药专效宏。所选方剂分为补养、发表、涌吐、攻里、表里、和解、理气、理血、祛风、祛寒、清暑、利湿、润燥、泻火、除痰、消导、收涩、杀虫、明目、痈疡、经产等21门，末尾附救急良方。每门开始有概述，然后每方依次叙述其适应证、药物组成、方义解释、附方加减等。而且，对于采用每方时的有关病源、脉候、脏腑、经络、药性、服法均有所论及。作者自己的意见，则以"昂按"注明。该书是一部取材得当、论述简要、有一定实用价值、应用较广的方剂学著作。

2.《成方切用》 著者吴仪洛。吴氏综合《医方考》与《医方集解》两书的内容，取长补短，于乾隆二十六年（公元1761年）汇编成《成方切用》。全书13卷，载方1180余首。卷首为制方总义及经方，卷1~12将所收方剂分为补养、涩固、表散、涌吐、攻下、消导、和解、表里、祛风、祛寒、消暑、燥湿、润燥、泻火、除痰、杀虫、经带、胎产、婴孩、痈疡、眼目、救急共 24 门。每方论明主治、组方、配伍及方义，有的方剂注明出处；选方大多切于实用，注释也较详明，可供临床参考。

第二节　具有代表性的古代中药文献

一、《神农本草经》

《神农本草经》，简称《本经》、《本草经》、《神农本经》，是我国现存最早的药物学专著。在浩如烟海的中医药典籍中，《本经》具有极高的学术地位和深远影响。

（一）作者及成书情况

《本经》作者不详，托名于神农。所谓"神农"，是远古传说中的农业和医药的发明者，一说即"炎帝"。相传"（神农）尝百草之滋味……一日而遇七十毒"（《淮南子·修务训》），就是我国古代劳动人民在长期的生活、医疗实践中发现药物和创造药物，并为此付出沉重代价的真实写照。《淮南子·修务训》云："世俗之人，多尊古而贱今。故为道者必托神农、黄帝，而后始能入说。"由此可见，《本经》冠以"神农"是汉时尊古之风的假托。

关于《本经》的成书年代，说法甚多。如《本草经集注·序录》云："此书（《本经》）应与《素问》同类，但后人多更修饰之尔。"陶弘景认为《本经》为先秦之作。马伯英《中国医学文化史》认为："《本经》作为中国第一部药物学集大成著作，应系在汉代求神仙不老之药的文化背景及原有治疗用药经验的基础上成书，以西汉成书较为有准。"梁启超《中国历史研究法》云："今所称《本草经》，《汉书·艺文志》无其目，知刘向时决未有此书。"当属东汉之作。著名本草学家尚志钧认为，《神农本草经》主体应是在秦汉一统天下后的西汉时期形成，又经过东汉医药学家的修饰、补充而成，因此该书非一时一地一人的作品，曾经历口耳相传，著成文字，形成粗坯，纂为全书的过程。高晓山《本草文献学纲要》认为："《神农本草经》最后成书，约不迟于东汉末年，三国初年。"凌一揆《中药学》认为，《本经》成书于东汉末年（公元二世纪），现多宗此说。

由于历史的变迁，前代医药著作（包括《本经》）大多佚失。诚如《本草经集注·序录》所云："汉献迁徙，晋怀奔进，文籍焚靡，千不遗一"，"今之所存，有此四卷，是其《本经》"。陶弘景"苞综诸经，研括烦省"，通过修订、整理，最后厘定了《本经》以"三品，合三百六十五为主"的基本构架和基本内容，收载于《本草经集注》之中，为保存经典文献、传承本草学术做出了巨大贡献。因此，我们现在所能见到的《本经》文献，应是梁代陶弘景搜集整理而成的。

（二）内容及特点

1. 确立了本草编写的基本框架　全书共分为三卷。卷上，"序药性之源本，论病名之形诊，题记品录，详览施用"；卷中，"玉石、草、木三品"；卷下，"虫兽、果、菜、米食三品，有名未用三品"。其中，卷上十三条，简述了中药的基本理论和基本知识。卷中和卷下按上中下三品对 365 种药物进行归类，并依次逐项进行介绍。基本形成了"总论"和"各论"的编写格局，颇为历代本草所推崇。

2. 简述了中药应用的基本理论 总论十三条，内容涉及中药的方方面面。①基本理论。如"药有酸、咸、甘、苦、辛五味，又有寒、热、温、凉四气，及有毒无毒"。②用药原则。如"疗寒以热药，疗热以寒药，饮食不消以吐下药，鬼疰蛊毒以毒药，痈肿疮瘤以疮药，风湿以风湿药，各随其所宜"。③安全用药。如"若用毒药疗病，先起如黍粟，病去即止，不去倍之，不去十之，取去为度"。④配伍法度。如"药有君、臣、佐、使，以相宣摄。合和宜用一君、二臣、三佐、五使；又可一君、三臣、九佐、使也"。"药有阴阳配合，子母兄弟，根茎花实，草石骨肉。有单行者，有相须者，有相使者，有相畏者，有相恶者，有相反者，有相杀者。凡此七情，合和视之，当用相须、相使者良，勿用相恶、相反者。若有毒宜制，可用相畏、相杀者；不尔，勿合用也"。⑤服药方法。如"病在胸膈以上者，先食后服药；病在心腹以下者，先服药而后食；病在四肢、血脉者，宜空腹而在旦；病在骨髓者，宜饱满而在夜"。⑥制药法度。如"阴干、暴干，采造时月生熟，土地所出，真伪陈新，并各有法"。⑦中药制剂。如"药性有宜丸者，宜散者，宜水煮者，宜酒渍者，宜膏煎者，亦有一物兼宜者，亦有不可入汤酒者，并随药性，不得违越"。诸如此类，叙述虽简，但内容十分重要，对后世影响深远，且不断发展。

3. 创立了中药分类的基本方法 《本经》根据药物的性能和使用目的不同，采用上、中、下三品对药物进行分类。如"上药一百二十种为君，主养命以应天，无毒，多服、久服不伤人。欲轻身益气，不老延年者，本上经。中药一百二十种为臣，主养性以应人，无毒、有毒，斟酌其宜。欲遏病补虚羸者，本中经。下药一百二十五种为佐使，主治病以应地，多毒，不可久服。欲除寒热邪气、破积聚、愈疾者，本下经"。这是我国药物学最早的分类法。

4. 记载了常用中药的基本功用 关于《本经》所载药数，据《本草经集注·序录》云："或五百九十五，或四百四十一，或三百一十九"。最终由陶弘景厘定为 365 种，今多从之。《本经》各论即卷中、卷下，为具体药物条目，药名下首述性味，次列主治、功效、别名等。如："麻黄，味苦，温。主中风伤寒头痛，温疟，发表出汗，去邪热气，止咳逆上气，除寒热，破癥坚积聚。一名龙沙"，"连翘，味苦，平。主寒热鼠瘘瘰疬，痈肿恶疮瘿瘤，结热蛊毒。一名异翘，一名兰华，一名折根，一名轵，一名三廉"。书中所记各药效用，大多朴实有验。如麻黄"发表出汗"，大黄"荡涤肠胃"，乌头"除寒湿痹"，干姜"温中"，车前子"利水道小便"；紫菀"主咳逆上气"，射干主"喉痹咽痛"，杜仲"主腰脊痛"，薏苡仁"主筋急拘挛，不可屈伸"，茵陈蒿主"黄疸，通身发黄"，葛根"主消渴"等，迄今仍为临床所常用。

（三）成就及影响

《本经》是汉以前药学知识的第一次大总结，代表了秦汉两代的药学成就，是我国现存最早的本草学专著，被奉为中医四大经典之一；其所载药性理论和药物功用，奠定了中药学的基础，对中药学的发展产生了极为深远的影响；其首创药物按三品分类法，成为后世药物按功效分类的先驱；其所记动物、植物、矿物药品很多，对于博物学和文化史领域同样具有参考价值。因此，《本经》具有极为重要的历史和实用价值。当然，书中有不少"久服延年、神仙"、"飞行千里"等荒诞叙述，但这不过是由于当时的科学技术条件所限，加之对药物的了解尚较肤浅，又掺入著述者个人的理想观念所致，并与当时的方士及服食风气有关。

【附】　流传版本

《本经》原著已于唐末宋初散佚，其内容辗转保留在历代本草著作中。现存《本经》多种版本均系南宋至明清以来的学者根据《太平御览》、《证类本草》、《本草纲目》诸书所引《神农本草经》原文辑复而成，称之为复辑本或辑本。其中，重要的《本经》辑本有南宋王炎《本草正经》，明卢代复《神农本草经》，清代孙星衍等《神农本草经》，清代顾观光《神农本草经》，清代黄奭《神农本草经》，清代王闿运《神农本草经》，清代姜国伊《神农本草经》，日人森立之《神农本草经》等。一般认为，清代孙星衍、顾观光、森立之辑本为诸辑本中较好的版本。值得注意的是，各种辑本为保持《本经》史料发挥了积极作用，可资学习和借鉴。但各种辑本与《本经》原著是有区别的，各种辑本之间亦是有差异的。因此，在参考和引用有关辑本文献时，必须注明某一种辑本，不能直呼《神农本草经》或《本经》。此外，现代尚有尚志钧《神农本草经校点》，王筠默《神农本草经校正》，马继兴《神农本草经辑注》等，都是学习和研究《本经》的重要参考书籍。

二、《神农本草经集注》

《神农本草经集注》简称《本草经集注》，是《神农本草经》最早的注释本，是魏晋南北朝时期最具学术价值的综合性本草著作，问世后被医家奉为临证用药指南，沿用百余年，直至《新修本草》问世。

（一）作者及成书情况

作者陶弘景（452—536），字通明，自号华阳隐居，后世因而也称之为"陶隐居"，又称"贞（正）白先生"，丹阳秣陵（今南京）人。史传其一生读书万卷，善琴棋、工草隶，10岁时即读葛洪《神仙传》，遂产生养生意识。陶弘景曾在南朝宋、齐两朝为官，如齐时曾任左卫殿中将军，又为诸王侍读。由于深受道家思想影响，齐武帝永明十年（492年）辞官隐居句曲山（今江苏茅山）闭门修道，晚年又皈依佛门，史云其"闭影不交外物"。梁武帝曾屡次礼聘，而其坚辞不出，但朝廷有大事则常向其咨询，因而号称"山中宰相"。陶氏曾创立道教"茅山派"。

陶弘景好读书，史云其"一事不知，深以为耻"。他精通天文历算、山川地理及医术方药。在隐居茅山期间，"以吐纳余暇，颇游意方技，览本草药性"。陶氏著述甚丰，据记载有《补缺肘后百一方》、《效验方》、《服食草木杂药法》、《断谷秘方》、《养性延命录》等数十种、二百三十卷之众。其隐居之前的著作，多为天文、地理、历算及古文诠释类，入山之后的著作则绝大部分专论医药。在隐居时期，陶弘景曾遍游名山，四处寻访仙药，积累了丰富的药物知识。

《神农本草经》问世以后，陆续有《蔡邕本草》、《吴普本草》、《李当之药录》等新的本草出现，增加了许多新药，但各书彼此孤立，缺乏系统性和全面性，而且比较简单，又错误多出。鉴于此，陶氏合《神农本草经》和《名医别录》二书，并增加药物新功用和注释，撰编了《神农本草经集注》，旨在辩驳前人错讹，厘清药物品类。正如该书序云："魏晋以来，吴普、李当之等更复损益。或五百九十五，或四百四十一，或三百一十九；或三品混糅，冷热舛错，草石不分，虫兽无辨；且所主治，互有得失，医家不能备见，则识智有浅深。"

至于《本草经集注》的成书年代，该书序云："余自投缨宅岭……今亦撰方三卷，并《效验方》五卷，又补葛氏《肘后方》三卷。"按陶弘景《补缺肘后百一方》序中云："太岁庚辰（500 年），隐居曰：余宅身幽岭，迄将十载……凡如上诸法，皆已具在余所撰本草上卷中。"依此推之，《本草经集注》成书时间必在公元 500 年之前。

（二）内容及特点

《本草经集注》以《本经》为基础，又从《名医别录》中选取 365 种药物，加上陶氏自注而成。该书分为三卷，上卷相当于总论，中卷、下卷相当于各论。其中中卷为玉石、草木三品，共 356 种药物；下卷为虫兽、果、菜、米食三品，共 195 种，另有有名未用 179 种。共载药 730 种。其特点为：

1. **促进了中药学理论体系的完善**　总论部分回顾了本草发展的概括，收载《本经》序文 13 条并逐一加以注释和发挥，补充了大量采收、鉴别、炮制、制剂及合理取量方面的理论和操作原则，还增列了合药分剂料治法、诸病通用药、解百药毒、服食忌例、凡药不宜入汤酒例、诸药畏恶七情例等内容。从而丰富了中药学理论、有助于指导临床用药。该书还介绍了药物产地、生长环境，并解释古地名所在，评述药物优劣真伪。如麝香，陶氏云："今惟得活者，自看取之，必当全真尔。"同时书中还描述了药物形态、相似品种的鉴别要点和用途区别，以及不同品种之间效应的差别等。如书中有白术、苍术（书中名"赤术"）的鉴别："术有两种：白术叶大有毛而作桠，根甜而少膏，可作丸散用；赤术叶细无桠，根小苦而多膏，可作煎用。"

2. **创新编写体例为后世历代本草典范**　为了保持原始珍贵资料，便于后人识别和掌握，陶氏采用了"朱书本经，墨书别录"，小字加注的编写体例，即：以朱（红）字抄录《本经》内容，墨（黑）字录《别录》内容；大字为药条正文，小字录陶氏自己的疏解。该书写体例可区别文献出处，不至杂糅，显示出陶氏严谨的治学态度，为后世古籍整理提供了范例。对于药性，又以"朱点为热，墨点为冷，无点者是平"，力求化繁为简。现代从吐鲁番出土的残简和敦煌藏经洞发现的《新修本草》残卷中，可窥见这种体例的原貌。

3. **提出了当时最先进的药物分类法**　《本草经集注》在药学史上首创按自然属性分类药物的方法，将药物分为玉石、草木、虫兽、果、菜、米食六类，又将一些来源不明或当时已弃用的药物归入"有名未用"类下，因而全书药物共分七类。但每一类（除"有名未用"外）仍保留着《本经》三品分类的痕迹：即各分为上、中、下三品。此分类法根据药物作为自然物本身的形态和属性归类，而不仅仅依靠功用方面的区别，显然更具科学性，较之《本经》三品分类，是一项具有革命意义的创新，在客观上由此开创了延续数百年的以药物基原为重点的药物发展格局，现代医药史学界有人将其视为我国第一部药典。

4. 开创了以病类药之先河　该书首创"诸病通用药"分类法。这是一种以病为纲，类别药物、注出药性的临床用药指南。如治风病通用药有防风、防己、芎穷、秦艽等；治水肿通用药有大戟、甘遂、泽泻、葶苈子、芫花、猪苓等；治黄疸通用药有茵陈、栀子、白鲜等。其中的"解百药及金石等毒例"，为本草中最早的解救药物中毒的专门内容。

（三）成就及影响

《神农本草经集注》对魏晋以来三百余年间的药学成就进行了全面总结，初步构建了综合性本草的编写模式；充实发展了《本经》的药学理论，开展了系统的对药物基原的考察；首创按药物自然属性分类法，一直为后世本草所沿用；以病为纲，分列了 80 多种疾病的通用药物，开创了以病类药之先河，丰富了临床用药的内容。但该书也存在着药品以南方所产为主，北方产药物收载不多；夹杂神仙、服食、辟谷等唯心主义观点等诸多不足。

【附】流传版本

《神农本草经集注》原书至北宋末年亡佚，但原文通过《新修本草》、《证类本草》等的引录被辗转保存下来，宋代问世的《太平御览》中也引有不少佚文。原书今还存两种残卷：吐鲁番出土残简一片，上有燕矢、天鼠矢等三药条文及豚卵一药的部分注文，系朱墨杂书，并未避唐讳，因而推测是唐以前抄本，原件现存德国普鲁士学院，1933 年日人黑田源次获得照片，并作了介绍；敦煌藏经洞发现卷轴本残卷，内容为该书序录一卷，卷首缺三行，卷末记有"开元六年九月十一日尉迟卢麟于都写本草一卷，辰时写了记"字样，显见系唐开元六年（718 年）写本，其文首有朱点，但无朱墨杂书。此卷被日人"橘瑞超师"掠去，民国时期罗振玉影印，收入吉石盦丛书，名为《开元写本本草集注序录残卷》。后来所看到的《本草经集注》，即是 1955 年上海群联出版社根据范行准所藏吉石盦丛书影印。近现代《本草经集注》的辑本有日人森立之等所辑《重辑神农本草经集注》和尚志钧辑本《本草经集注》。

三、《雷公炮炙论》

《雷公炮炙论》亦名《炮炙论》，是我国第一部中药炮制学专著。

（一）作者及成书情况

本书作者雷敩，虽然明代徐春甫在《古今医统》中云："雷公为黄帝臣，姓雷名敩……"之说，也有持其他看法者，如苏颂认为雷敩系隋人，甚至有认为是五代后梁人，乃至北宋人等，但现代多数人一般认为其生活于南北朝刘宋时期，是当时的药学家，擅长药物炮制技术。雷氏生平无考，据李时珍言，其在宋武帝、文帝时曾任"内究守国安正公"之职，但具体不详。其总结了前人炮制经验，使炮制系统化，形成了中国第一部炮制专著——《雷公炮炙论》。敦煌藏经洞遗书《五脏论》确信是唐以前医书，内有"雷公妙典，咸述炮炙之宜"一句，可见《炮炙论》应问世于唐以前，今人尚志钧、薛愚等亦认为该书应是刘宋时代作品。

（二）内容及特点

该书分为上、中、下三卷，共载药三百味。卷上为玉石类，卷中为草木类，卷下为兽禽虫鱼果菜米类，每类又分为上中下三品。书之序言说："其制药炮熬煮炙，不能及年月哉……某不量短见，直录炮、熬、煮、炙、列药制方，分为上、中、下三卷，有三百件名"。《雷公炮炙论》系统总结了前代的中药采集修治、加工炮炙方法，阐述详尽，其主要特点如下：

1. **载有每味药材鉴别要点** 该书在讲述药物炮制方法之前，先指出药品的特征、及与易混品种区别要点。如"茜根"条云 "凡使，勿用赤柳草根，真似茜根，只是味酸涩，不入药中用"等。有关内容可作为中药鉴定的重要参考资料。

2. **系统归纳了炮制方法** 书中所载的炮制方法全、规定细、专一性强，达 17 种之多，被后世称为"雷公炮炙十七法"。有蒸法（包括加辅料蒸）、煮法（包括加辅料煮）、炮法、煨法、炒法（包括各种辅料炒）、煅法、炼法、浸法（多种辅料浸）、洗法、飞法等多种炮制方法，被后世奉为中药炮制的经典准则。尤其广泛应用辅料，如书中不加辅料的清制品只有 51 种，另 135 种均用辅料，其中只用一次的专药专用辅料多达 40 余种，使用 2 种以上辅料的炮制品多达 32 种。从而使中药加工炮制技术日臻完善，逐渐发展成为一门完整的中药炮制学。正如敦煌出土《五藏经》所云"雷公妙典，咸述炮炙"，它对后世中药炮制事业的发展影响颇深。

3. **提炼出中药炮制的意义** 总结归纳了炮制的目的"在于便于加工粉碎，或是旨在增强疗效，或是为了减轻毒性，以及防止变性、缓和药性"等。如贝壳类质地坚硬的药物煅制以便粉碎使用；部分含生物碱成分的药物用醋处理，可使所含生物碱成盐，从而使溶解度提高，客观上使疗效增强；含蒽醌类成分的药物经蒸后可缓和泻下作用等。并提出不同加工形式对药物作用的影响，如水淘覆盆子是为了"去黄叶并皮蒂"，去山茱萸核是因为"其核能滑精"，去莘荑皮"免伤人肺，令人上气"等。

4. **详尽论述炮制的要求** 该书记载的净制、粉碎、注意事项等内容十分具体，对净选药材的特殊要求亦有详细论述，如当归分头、身、尾；远志、麦冬去心等，其中有些方法至今仍被制药业所采用；又如所记载的粉碎法就有细锉、捣细、捣筛极细、杵粉、研、酵磨、槌破等。雷氏认为火力是药材加工炮制的主要环节，并进行了文武火、文火、武火、中火等火力的划分，这一经验已被汤剂煎煮广为采用。

但同时也应看到，鉴于雷敩本人属道家，受当时炼丹服食风气的影响，书中某些炮制方法带有唯心色彩，如"夫修事朱砂，先于一静室内焚香斋沐，然后取砂，以香水浴过……"；雌黄条则云 "凡修事，勿令妇人、鸡、犬、新犯淫人、有患人、不男人、非形人、曾是刑狱地臭秽，已上并忌"等。

（三）成就及影响

该书全面总结了南北朝刘宋时期以前的中药炮制技术和经验，详细记载了药物炮制方法，并对操作过程和实验数据亦有较详细的记录，是我国最早的中药炮制方法和实验记录，是中国历史上对中药炮制技术的第一次总结，也是世界上出现最早的制药学专著。该书收载的炮制法，已具备水制、火制、水火共制等古代制药基本原则，对中药的制作和临床应用，具有开创性贡献，对后世影响极大，历代制剂学专著常以"雷公"二字冠于书名之首，反映出人们对雷氏制药法的重视与尊奉。

【附】流传版本

《雷公炮炙论》原书已亡佚,其内容散在各家本草之中,明清以后虽有钱允治《雷公炮制药性解》等书将"雷公炮制"嵌入书名,但实际非其辑本;1932年成都张骥有辑本,辑收佚文180余条;尚志钧于1983年完成油印辑本,计收载原书药物288种,校注详尽,书后附研究论文数篇;1986年王兴法辑校本(上海中医学院出版社出版)面世,将雷氏原著散落在各家本草著作中的精髓内容尽录其中,基本上较为符合雷氏原作的面貌。体例遵原著分为上、中、下三卷,卷前保留"雷公炮炙论序",卷后补上"雷敩论合药分剂料理法则"、"雷敩论宣剂"二则。所载药物268味,记载了药物的性味、炮炙、煮熬、修治等理论和方法。正文内容凡在《证类》中属上品的药物归为上卷,共97种,属中品的药物归为中卷,共85种,属下品的药物归为下卷(包括辑自《纲目》的一种),共86种,书末附有"中药药名索引"便于查阅。

四、《新修本草》

《新修本草》后世亦简称《唐本草》,是由政府组织编修并颁行的我国古代第一部具有法律效力的官修本草,被认为是世界上最早出现的药典,它比世界上有名的欧洲《纽伦堡药典》要早800余年。

(一)作者及成书情况

《新修本草》成书于公元657~659年,唐显庆2~4年,是苏敬等所编著。苏敬系湖北人氏,宋代时隐避宋太祖赵匡胤祖父赵敬之讳,在有关文献中改名"苏恭",时任"朝议郎右监门府长史骑都尉"。随着包括医药在内的唐代文化达到鼎盛时期,当时被医家奉为用药指南的《本草经集注》存在着 "闻见阙于殊方……诠释拘于独学……秋采榆人,冬收云实。谬梁米之黄白,混荆之牡蔓。异繁缕于鸡肠,合由跋于鸢尾。防葵狼毒,妄曰同根;钩吻黄精,引为连类。铅锡莫辨,橙柚不分"等问题。因此,苏氏于唐高宗显庆二年(657年)上奏朝廷,请求重新修订本草。当时朝廷采纳了该建议,并诏令赵国公长孙无忌挂衔,另有司空、英国公李勣,兼侍中辛茂将、太子宾客、弘文馆学士许敬宗,礼部侍郎中兼太子洗马、弘文馆大学士孔志约,尚药奉御许孝崇、胡子家、蒋季璋,尚药局直长蔺复珪、许弘直,侍御医巢孝俭,太子药藏监蒋季瑜、关嗣宗,太子药藏丞蒋义方,太医令蒋季琬、许弘,太医丞蒋茂昌,太常丞吕才、贾文通,太史令李淳风,潞王府参军吴师哲,礼部主事颜仁楚,以及苏敬等共同修撰,而实际由苏敬具体负责。两年后的显庆四年(659年)书成。其间长孙无忌因反对高宗册立武则天为后,武氏唆使许敬宗诬告其谋反,削职黔州后于659年自杀,书成后上表进呈时长孙无忌之名被删,改由李勣领衔,故后世有称《新修本草》为"《英公本草》"者。

(二)内容及特点

《新修本草》全书分为三个部分,即《本草》、《药图》、《图经》。《本草》即狭义的《新修本草》,或云《正经》,共20卷,另有目录1卷;《药图》25卷,也另有目录1

卷；《图经》（也被称作《本草图经》）7 卷，共 54 卷，后来，又出现将全书三部分各编 1 卷目录的传本，故亦有统计为 55 卷者。其中《本草》部分是讲药物的性味、产地、采制、作用和主治等内容，《药图》是描绘药物的形态，《图经》是《药图》的说明文。宋代苏颂《本草图经》所谓"……删定本草之外，复有图经相辅以行，图以载其形色，经以释其同异"即其写照。该书共载药 850 种（经目前统计为 851 种），计是《神农本草经》药品 361 种、《名医别录》药品 181 种、有名未用药 193 种、本书新增 115 种。所有药物分为 9 类，计是玉石、草、木、禽兽、虫鱼、果、菜、米谷、有名未用，除"有名未用"类外，其他各类又分上、中、下三品。其特点为：

1. **新增药物源流及相关注文**　该书基本保持了陶弘景《神农本草经集注》的内容和体例，即朱字《本经》、墨字《别录》、小字陶注，苏敬等编修者新增注文为小字，前冠"谨按"二字。不同出处的资料逐层分列，对了解古代药物资料的源流具有重要意义；新增 114 种药物的正文用大黑字，末尾注云"新附"。书中具体药物正文用大号字体作单行行书，主要记述各药的性、味、良毒、主治及用法、别名、产地等；正文之下，是各自的注文，用小号字体，作双行书写，内容或引自《神农本草经集注》中陶注原文，或系新增注文，后者内容中许多是对陶弘景见解的辩驳，涉及药物的形态、鉴别、产地、炮制、功效、别名等。如苏合香，陶弘景云"俗传是狮子屎，外国说不尔"。《唐本草》注云："此香从西域及昆仑来……云是狮子屎，此是胡人诳言。陶不悟之，犹以为疑也"。又如半夏，《别录》云"生槐里川谷"。陶弘景注曰："槐里属扶风，今第一出青州，吴中亦有。"《唐本草》注曰："半夏，所在皆有……问南人，说苗乃是由跋。"而陶弘景则以为"由跋乃说鸢尾"。对此，《唐本草》指出："二事混淆，陶终不识"。

2. **首创图文并茂编纂体裁**　为了便于采药和用药时的正确辩认，除传统用文字记述的《本草》外，还首创详细绘画《药图》，且以《图经》加以说明，介绍了药物形态、产地、采药等，以辨异同。编写时，朝廷下令，征集全国各地所产药材的标本，并按标本绘制药图，编写图经，是唐及其前卷帙最多、来源最丰富的彩色药物图谱。全书图文并茂，绘制考究，以实物标本描绘图形，彩色图谱与正文相对照。这也是历史上第一次以"图经"的方式撰写本草书，开创了药学著作的先例。

3. **多方考证以期博综方术**　该书对《本经》保存原貌，同时在学术上采纳群众意见，做到"上禀神规，下询众议"。该书以《神农本草经集注》为蓝本，同时在全国 13 道、133 个州范围内开展药物普查，"普颁天下，营求药物，羽毛鳞介，无远不臻；根茎花实，有名咸萃"。对药物的功用，详细探讨，多方考订，实事求是，不泥古，正如序言"本经虽阙，有验必书；别录虽存，稽之必正。"以前在《本经》中未记载的药物，只要有肯定的效果，就一定要记录。《名医别录》中有记载的那些药物中若没有实际效果，也必予改正，从而改变辗转抄录的编书陋习，具有较高的学术价值。

4. **新增药物 114 种**　由于当时正处于唐朝全盛时期，中外经济文化交流十分活跃，有不少外来药品通过贸易进入我国。因此新增的药物较多，如安息香、阿魏、龙脑香、诃黎勒、底野迦（即鸦片）、密陀僧、麒麟竭、硇砂、山楂、人中白、郁金、苏木、刘寄奴、胡椒、薄荷、紫贝等，其中的许多药物，如郁金、薄荷、鹤虱、蒲公英、豨莶、独行根（青木香）、刘寄奴、蓖麻子、旱莲草等，至今仍是临床常用药。另有如鲫鱼、砂糖、云苔（油菜）等食品。新增品条文的体例大致类同《本经》、《别录》，依次叙述味、性、良毒、主治、用法、别名、产地等，后以小字略述形态。

5. 新增炮制方法和药物新功效　在炮制方面，收载了除煨、煅、炒、蒸、煮等很多方法外，还有作蘖、作曲、作豉、作大豆黄卷、芒硝提净等方法。该书对于玉石、玉屑、丹砂、云母、石钟乳、矾石、硝石等矿物药的炮制方法均有记载，并明确提出辅料用酒"唯米酒入药"。此外，该书还介绍了如白银、银箔、水银调配成填充剂，用于补牙等新的药物功效。

（三）成就及影响

《新修本草》是由政府组织，集体编撰，内容丰富，结构严谨，具有较高学术水平和科学价值的本草著作，反映了唐代本草学的辉煌成就。该书是我国药学史上第一部官修本草，是我国，也是世界上最早的国家药典。比欧洲最早的《佛罗伦萨药典》（1498 年出版）早839 年，比 1535 年颁发的世界医学史上有名的《纽伦堡药典》早 876 年，比俄国第一部国家药典（1778 年颁行）早 1119 年，所以有世界第一部药典之称。对世界药学的发展做出了巨大的贡献；该书图文并茂，开创了药学著作编撰的先例。所以该书颁布后不久，很快流传海内外，成为当时我国和日本等国医生的必修课本。如公元 731 年日本就有此书的传抄本。日本《律令蜒喜式》记载："凡医生皆读苏敬新修本草"，"凡读医经者，《太素》限四百六十日，《新修本草》三百一十日"。这也说明该书对日本医药事业影响之深远了，不久又传到朝鲜等国。

【附】流传版本

该书原著已不全。其中，药图和图经在北宋已无存，正文部分现仅存残卷的影刻、影印本，其内容保存于《嘉祐本草》、《本草图经》等后世本草及方书中。《本草》部分的后世辑本有四种：清末李梦莹补辑本；尚志钧辑本《唐·新修本草》；日人冈西为人的《重辑新修本草》；日人小岛宝素辑本 20 卷，已亡佚，仅傅氏刊本中尚保存小岛氏所辑卷三一卷。以上辑本中较为完整的是冈西为人的《重辑新修本草》和尚志钧的《唐·新修本草》二种。

五、《食疗本草》

《食疗本草》是唐代时期记述可供食用、又能疗病的本草专著。

（一）作者及成书情况

该书原作者孟诜，增补者张鼎。孟诜（621—713），汝州梁（今河南临汝）人，曾中进士，先后出任凤阁舍人、台州司马、春官侍郎、侍读、同州刺史加银青光禄大夫等职，上元元年（公元 674 年）曾师事孙思邈。诜少时即好医药，后长于食疗、养生和方术。史载其曾谓亲近曰："若能保身养性，常须善言莫离口、良药莫离手。"80 余岁辞官，退隐故里伊阳山，从事药物及食疗研究，终年 93 岁。

唐代以前的食疗类专著，最早的当属《汉书·艺文志》所载《神农黄帝食禁》七卷，此后梁代《七录》有《食经》三种,《隋书·经籍志》有《神仙服食经》、《老子禁食经》等五种,《唐书·经籍志》及《新唐书·艺文志》有《神仙药食经》等六种;另有《扁鹊食禁》、《华佗食论》等书。孟诜撰编《食疗本草》,可能曾受到这些文献的直接或间接影响,另外,还参考了前代《神农本草经》、《名医别录》、《本草经集注》、《新修本草》等本草著作,甚至《淮南方术》、《灵宝玉符经》等道家著作的内容。

据有关史料,孟诜著作有《家祭礼》一卷、《丧服要》二卷、《补养方》三卷、《秘效方》三卷等,并无《食疗本草》一书。《新唐书·艺文志》则云孟氏尚撰有《食疗本草》三卷,而《嘉祐补注本草》所引书传曰:"《食疗本草》,唐同州刺史孟诜撰,张鼎又补其不足者八十九种,并旧为二百二十七条,凡三卷。"张鼎其人,日人渡边幸三认为可能是开元年间通医之道士。一般认为,孟诜于任同州刺史期间,约在武后长安年间撰成《补养方》;至开元时期的公元713~738年,由道士张鼎对《补养方》加以补订,并易名《食疗本草》。

(二)内容及特点

孟氏原著收药138条,张鼎增补89条,《食疗本草》共载药227条。该书所收药品均为既可食用又有医疗作用者,包括瓜果、菜蔬、米谷、鸟兽、虫鱼及加工制品等类。《食疗本草》原书系朱墨别书:药名、各方前的"又"或"又方"及隔断句段的圈点,采用朱色;其余用墨书。其特点为:

1. **增加较多附方** 在唐以前本草中,讲食治多以宜忌为主,很少载有附方。从敦煌残卷所存26味药来看,该书几乎每味药都有附方,少则一方,多则数方。如残卷中榆荚条,在"案经"前后各有三个附方,每一个附方配有药味、主治功效、用法、用量等。

2. **增加药物品类** 该书载有唐初本草中未见的食品,如鳜鱼(桂鱼)、鲈鱼、石首鱼(黄花鱼)、雍菜(空心菜)、胡荽、绿豆、荞麦等;记载了动物脏器熊胆、牛肝、牛肚、牛肾、羊肝、虎胆等,及藻菌类如海藻、昆布、菌子等的食疗作用。书中涉及的食物产地较广,如石蜜产于波斯、榆荚产于高昌等。在醋、覆盆子、杨梅等十几种药条下,还比较了南北方不同的饮食习惯,如在"醋"条,书中指出:"江外人多为米醋,北人多为糟醋";稷,书云"山东多食"等。

3. **载有某些食物的禁忌或不良反应** 如书云安石榴"多食损齿令黑";砂糖"多食令人心痛,养三虫、消肌肉、损牙齿、发疳䘌";河豚"有毒,不可食之,其肝毒杀人";干枣"生者食之过多,令人腹胀"等。

4. **注意到食物变质和不纯** 书中记述有食品因长期贮放造成的陈变,以及加工时混入杂质等问题,如"莲子"条中云:"根停久者即有紫色"。

5. **提出孕产妇及小儿饮食注意** 如藕,书云"凡产后诸忌,生冷物不食。唯藕不同生类也,为能散血之故"。同时指出了一些可能影响小儿发育或其他小儿不宜的食品,如"鸡头子"、"与莲实同食,令小儿不长大"等。

由于时代及作者思想地局限,《食疗本草》中某些内容夹杂有宗教迷信观点,如"竹实"条,谓其可"通神明,轻身益气";"吴茱萸"条,谓其"杀鬼毒尤良"等。此外还有个别错误论述。

（三）成就及影响

《食疗本草》是我国现存最早的一部营养学和饮食治疗类典籍，也是世界上现存最早的食疗专著。该书收载了同时代本草典籍中未见的具有医疗价值的食物，并且反映了食品的地域性和南北方不同的饮食习惯等内容、孕产妇及儿童的饮食宜忌，还指出了某些食物食用过量会导致的不良反应，另外还重视食品卫生。书中内容丰富，而且多数切合实用，可以认为是唐代较为全面的食疗类专著，后世多有引用，是一部研究本草文献、食疗和营养学的重要文献。

【附】流传版本

《食疗本草》原书早已佚散，现存只有英国的敦煌石窟藏本残卷。但它的内容通过《本草拾遗》、《开宝本草》、《嘉祐补注本草》，保存在《证类本草》中。另外，日人丹波康赖所著《医心方》中亦有直接引用。现有中尾万三的《〈食疗本草〉之考察》；范凤源的《敦煌石室古本草》辑本；谢海洲、马继兴的《食疗本草》辑校本。

六、《本草拾遗》

《本草拾遗》拾取《新修本草》之遗漏而得名，一般认为其学术地位在唐代仅次于《新修本草》，又名《陈藏器本草》。

（一）作者及成书情况

《本草拾遗》作者陈藏器（683—757），浙江四明（今宁波）人，今有人具体指出其为唐代浙江鄞县人。《嘉祐本草·补注所引书传》谓陈藏器曾为"唐开元中京兆府三原县尉"。

关于该书的成书年代，据《政和本草》骨碎补条引用陈藏器语："开元皇帝以其主伤折、补骨碎，故作此名耳"，可见时间应在唐开元以后。另据宋代钱易《南部新书·辛集》云："开元二十七年（739 年），明州人陈藏器撰《本草拾遗》"，可初步断定《本草拾遗》成书于唐代开元时期的 739 年。

（二）内容及特点

《本草拾遗》共 10 卷，分为序例、拾遗、解纷三个部分。如《嘉祐本草·补注所引书传》云："以《神农本草》虽有陶、苏补集之说，然遗逸尚多，故（陈藏器）别为序例一卷、拾遗六卷、解纷三卷，总曰《本草拾遗》，共十卷。" 至于《本草拾遗》所载药数，有所争议，大致有：《证类本草》所引用者有 477 种；李时珍《本草纲目》引用者为 354 种；今人尚志钧辑得 692 种。其特点有：

1. 首创"十剂"药物分类法　《本草拾遗》"序例"部分中的内容，现存有对"十剂"的说明和"五方之气"致病的原因。关于"十剂"，以往多认为系北齐时徐之才所创，现代经凌一揆考证，今存于《嘉祐本草》的"十剂"内容，应属陈藏器归纳。所谓"十剂"，即宣、通、补、泄、轻、重、涩、滑、燥、湿十种药物分类方法，书云"此十种是药之大体"。

2. **新增药物及其用法**　在前人基础上新增许多药物,如人胞(人胎盘,即今紫河车)、海马、益智仁等,仍为现代临床常用品种。又如该书最早创用乌贼墨内服以"治血刺心痛"。现代临床证明乌贼墨确是一种良好的全身性止血药,对妇科、外科、内科等多种出血疗效显著,无不良反应。

3. **新增药物临床新用法和注意事项**　增加了药物临床应用新方法,如葛根"蒸食,消酒毒,可断谷不饥。作粉尤妙"。将葛根经水磨澄取淀粉入药,味甘性寒,生津止渴的效力较干葛根为优。自从陈藏器提出了葛根"作粉尤妙"的新用法后,临床医家多用葛粉作清热除烦之用。同时,书中指出人因多食白米(精米)导致维生素 B_1 摄入不足而引起的后果:"白米,久食令人身软,缓人筋也。小猫犬食之,亦脚屈不能行;马食之足肿。"

4. **首创各类疾病新疗法**　如"硫磺主诸疮病,水亦宜然。水有硫磺臭,故应愈诸风冷为上"。提出将疮疡一类外科疾患作为温泉浴疗法的主要适应证,此后一直为古今医家所沿用。记载了独树一帜的热敷物理疗法,如"取干砂日暴,令极热,伏坐其中,冷则更易之,取热彻通汗,治风湿顽痹不仁,筋骨挛缩,脚疼冷风掣瘫缓"并配合药物及饮食补养。此外,首次采用化学方法治疗外科疾患,如"草蒿烧为灰,淋取汁,和石灰,去息肉"。

5. **参考资料广博**　从《证类本草》中统计,在冠有"陈藏器曰"的条文中,引用如史书、地志、杂记、小学、医方等共计116种,一些基本与其同时代的著作,如孟诜《食疗本草》、《崔知悌方》等书的内容也被采用。

6. **记载很多自然科学史料**　如石漆条云:"堪燃,烛膏半缸如漆,不可食……"这是对石油的记载。又如蟹膏条云:"蚯蚓破之,去泥,以盐涂之化成水"这是对盐的渗透压作用的记载。

(三)成就及影响

该书是继《新修本草》之后唐代贡献最大的民间药物学专著,是对保守的官方药物学著作的补充,所收药品中不少被后世本草引录为正品药条。另外日本医籍《和名类聚抄》、《医心方》等均有引用,证明域外医家对此书也非常重视。按今人统计,该书新增药物(692种)为《新修本草》新出药物数量(114种)的6倍,因而对中药数量的扩充做出了重要贡献。但也看到,该书选用的某些药物过于冷僻,甚至荒诞,如书中有"人肉"条,《鄞县志》记载"(陈氏云)'人肉可疗羸疾',故后之孝子多行之"。以致后人对其多有诟病,李时珍也称有人"惟诮其僻怪,宋人亦多删削"。但总体而言,李时珍对陈藏器评价甚高,《本草纲目·历代诸家本草》云:"其所著述,博极群书,精核物类,订绳谬误,搜罗幽隐,自本草以来,一人而已。"

【附】流传版本

《本草拾遗》原书佚失已久,但其内容为后世本草医籍引用者较多,如《开宝本草》、《嘉祐本草》、《本草图经》、《证类本草》、《海药本草》、《太平御览》等,此外,日本《医心方》也引有佚文。今有尚志钧《〈本草拾遗〉辑释》,该书将《证类本草》、《医心方》诸书中所辑的《本草拾遗》资料加以归类排比,对每个药物条文来源均标明出处,对于辑录中诸家文字上的增减参差作了校勘,而对古本草中较生僻的地名、物名则加以注释，弥补了佚书的空缺，而且在辑复过程中考订校正了诸书在辑录传抄中的衍误，旨在恢复原书旧貌。

七、《经史证类备急本草》

《经史证类备急本草》（《证类本草》）广辑经史百家药物资料，以证其类，故以"经史证类"名书，简称《证类本草》，是成书于宋代的一部以官修本草为基础由私人编撰的本草著作。

（一）作者及成书情况

作者唐慎微，字审元，生活年代约在宋代嘉祐至元祐年间，原为蜀州晋原（编者按：今四川崇州市）人，哲宗元祐年间为蜀帅李端伯所招迁居成都。慎微世医出身，精于经方，医术精湛，医德高尚，李时珍谓其为"宋徽宗大观时人，貌寝陋，举措语言朴讷，而中极明敏，学问赅博"。史志又云"其于人不以贵贱，有所召必往，寒暑雨雪不避也。其为士人疗病，不取一钱，每以名方秘录为请，以此士人尤喜之，每于经史诸书中得一药名、一方论，必录以告，遂集为此书……"。可见作者是通过汇集在行医过程中从众多士人中征集到的许多方药资料，方著成本书的。该书初稿完成年代约为 1082 年，此后迭经增补，定稿在 1098～1108 年。

（二）内容及特点

《经史证类备急本草》以《嘉祐补注本草》为基础，又以"图经曰"冠首，并入《本草图经》内容，汇集经、史、子、集、方书等资料编纂而成。全书共分 32 卷，载药 1558 种，附有图谱 933 幅，附方 3000 余首，图文并茂，方药兼收。第 1、2 卷为序例，以后各卷，将药物分为玉石、草、木、人、兽、禽、虫鱼、果、米谷、菜（以上又各分为上、中、下三品）、有名未用、图经外草类、图经外木蔓类，凡 13 类，叙述药物别名、药性、主治、产地、采集、炮炙、辨析、附方等。尚志钧等则指出该书药数尚有 1518、1455、1746 等数种，系因计数着眼点及所据版本不同而有别。虽则其药数较《嘉祐补注本草》多 526 种（未计《本草图经》），但其中属唐慎微新增者不过 8 种，余皆在前代本草中已有记载。其特点有：

1. **资料丰富**　该书转引了《嘉祐补注本草》、《本草图经》的全部内容，同时从其他本草及方书、经史、笔记、地方志、诗赋、佛典、道藏等多种典籍中引用大量资料，大凡药物各方面的知识，诸如药名、异名、产地、性状、形态、鉴别、炮制、性味、功效、主治、七情畏恶相反等，无不囊括其中。所引书目达 247 种之多，其中方书 80 余种，从中补充单、验方 3000 余首。鉴于这些方书大多已佚散，而其内容仍可从《证类本草》中窥见，故李时珍评述道："使诸家本草及各药单方垂之千古，不致沦没，皆其功也。"

2. **体例严密**　《证类本草》保留了《嘉祐补注本草》原体例，又用"墨盖子"标记续加内容，大字标出处，小字写注文，清晰展现了历代本草发展的脉络。这是我国历史上对长期以来手抄本草典籍的最后一次大规模整理，历代本草在其中层层连缀、次序分明、先后有序。

3. 内容广泛　唐慎微编修本书时补入《雷公炮炙论》，涉及药物 288 种，使有关炮制的内容更趋全面。同时又大大充实了附方，使其以方证药、医药结合的特点更为突出，本草与临床联系更密。另外还收载了不少饮食疗法的内容和药物，同时在药物形态、产地、采收、性味、功能主治等方面都有较为丰富的记述。

（三）成就及影响

《经史证类备急本草》资料丰富、内容广泛、药品众多、体例完备，堪称以保存古代本草资料及其旧貌为主要特征的宋代本草的颠峰，也是我国现存古代本草中年代最早的一部，在中药学发展史上起到了承前启后的作用。该书是研究古本草的重要文献来源和参考资料。故凡宋以前本草文献资料（因大多已失传），可在该书中查阅并直接引用，无需再用"《证类本草》云"或"唐慎微说"之类的表述。英国现代著名科学家李约瑟在其《中国科学技术史》称赞此书"要比 15 和 16 世纪早期欧洲的植物学著作高明得多"。

【附】流传版本

《经史证类备急本草》简称《证类本草》，原书已不存。宋大观二年（1108 年），艾晟据《证类本草》，增加《别说》44 条及林希序，校刊为《大观经史证类备急本草》，简称《大观本草》。宋政和六年（1116 年），曹孝忠据《大观本草》重加修定，改名为《政和新修经史证类备用本草》。元初（1249 年），张存惠据《政和新修经史证类备用本草》增附《本草衍义》，校刊为《重修政和经史证类备用本草》，简称《政和本草》。此外，尚有《绍兴本草》、《大全本草》等多种校刊本。其中，《大观本草》和《政和本草》是唐氏多种修订本中最佳的本子。现在通常所说的《证类本草》系指 1957 年由人民卫生出版社影印的《重修政和经史证类备用本草》。

八、《太平惠民和剂局方》

《太平惠民和剂局方》（以下简称《局方》），是宋代官药局——和剂局的成药处方配本，同时也是我国历史上首部由国家颁行的成药专书和制剂规范，书中许多方剂后世流传甚广，影响巨大。

（一）作者及成书情况

宋代政府特别重视药方的收集和整理，先是宋太宗将朝廷收藏的良方千余首托出，并于太平兴国三年（978 年）下诏，命全国各地献方，共得方万余首，982 年命医官使尚药奉御王怀隐等整理，于 992 年集为《太平圣惠方》100 卷，分 1670 门，共载方 16 834 首。至政和年间，又编成载方数达 20 000 首的《圣济总录》。但宋代对后世影响最大的方书，当推《太平惠民和剂局方》。

宋朝政府为加强医药管理，设立了翰林医官院，随后又成立太医局、御药院。1076 年，成立"太医局卖药所"，主要负责丸散膏丹等成药的国家专利制售。此后，几经变动，衍变为分别命名为"医药惠民局"和"医药和剂局"的两处机构。《太平惠民和剂局方》即是一部由太医局下属的药局编修的成药处方手册，初名《太医局方》，刊行于元丰年间，共分十卷，载方 297 首。至大观年间（1107～1110 年），经当时名医陈承、裴宗元、陈师文等增补内容，加以校订，编为《和剂局方》。又先后于 1131～1161 年（绍兴年间）、1225～1227 年（宝庆年间）、1241～1252 年（淳祐年间）多次增补重修，内容日益丰富，书名、卷数也屡作调整。在绍兴年间，因药局改名"太平惠民局"，至 1151 年经许洪校订，定名《太平惠民和剂局方》，颁行全国，成为我国历史上首部由国家颁行的成药规范专书。

（二）内容及特点

1. 来源广泛，注重实效　该书分属"治诸风"、"治伤寒"、"治一切气"、"治痰饮"、"治诸虚"、"治痼冷"、"治积热"、"治泻痢"、"治眼目疾"、"治咽喉口齿"、"治杂病"、"治疮肿伤折"、"治妇人诸疾"、"治小儿诸疾"等 14 类，共载方 788 首。每一首方剂中内容依次为：方名、主治病证、药物组成及其加工炮制、用量、用法。

这些方剂来源十分广泛，有出自前人书籍者，如出于《太平圣惠方》、《千金方》、《三因方》、《伤寒杂病论》、《外台秘要》、《博济方》、《苏沈良方》、《简易方》等，共引录医籍 41 种，亦有首见该书者。出自前人书籍的方剂数目为 243 首，而首见该书者有 526 方，充分显示出"厚古尊今"的基本倾向。虽然《局方》以前方书众多，但由于包括疾病在内的各种条件复杂变化，造成"古方今病不相能"的现象，所以医家为求疗效，或在原方基础上进行加减，或酌情另立新方，所以该书方剂多源于"鬻药之家"、"陈献之士"而少取他书。

据《读书后志》记载："《太医局方》10 卷，元丰中诏天下高手医各以得效秘方进，下太医局验试，依方制药鬻之，乃摹本传于世"。可见《局方》在最初成书之时，即通过一定的"试验"，这些足以证实《局方》是一部注重实效的方书著作。

2. 修制精细，煮服详细　《局方》修制精细，几乎每一味药都注明了修制方法，或醋制、或酒炒、或研、或飞、或去白、或去壳等。甚至不少宋前方子，修制也较原书详细。书中多次强调"修制须如法"，如书后所附指南总论中曰"炮制失其体性，筛罗粗严，分剂差殊，虽有疗病之名，永无必愈之效。是以医者必须殷勤注意，再四留心"。而且，每首方剂之制法都有详细交待，有的共研细粉，有的合捣粗末，有的为丸，有的作散，有的熬膏，有的炼丹……甚至先制某药，后入何味，怎样合和，黏合剂用什么，外衣是何物等都层次分明地一一标示。如卷之三"平胃散"：苍术须"去粗皮，米泔浸二日"，厚朴要"去粗皮，姜汁制，炒香"。

此外，该书对于煮法服法亦颇为重视，强调"凡煮药当以井花水，极令净洁，其水数多少，不得参差。常令文火小沸，令药味出，煮之调和，必须注意"又强调"服饵之法，轻重不同，少长殊途，强羸各异……若病在胸膈以上者，先食而后药；病在心腹以下者先服药而后食；病在四肢血脉者，宜空腹而在旦；病在骨髓者宜饱满以在夜"（《局方附指南总论》）。

在煎药方面，《局方》不但规定煮药"其水数多少，不得参差"，而且不厌其烦地一一说明先下何药，后投何味，何品为引等。如卷二竹叶石膏汤下云："右为粗末，人半夏令匀，每服三钱，水两盏人青竹叶生姜各五、六片，煎至一盏半，滤去滓，人粳米百余粒再煎，米熟去米温服。"

在服药方面，《局方》有"空心用温酒吞下"、"去滓食前温服"、"温酒调服，不拘时候"、"细嚼，人参汤下，不计时候"等。不仅如此，有时同一方而年纪不同、罹患疾病不同，服法也不相同。如来服丹"（成人）每服三十粒，空心粥饮吞下，甚则五十粒；小儿三、五粒；新生儿一粒；小儿慢惊风或吐利不止变成虚风抽搐，非风也，胃气欲绝故也，用五粒研碎，米饮送下；老人伏暑迷闷，紫苏汤下；妇人产后血逆上抢闷绝，并恶露不止赤白带下，并用醋汤下"。更有甚者，有方仅服法一项就有700余字，如茂婆万病丸等，可谓要言不烦。

3. 丸散为多，量轻味少　《局方》各方涉及剂型包括圆（丸）、散、丹、饮等13种，按方名统一剂型，其中以丸、散、汤为多，分别占37.32%、30%、16.64%。特别令人注目的是以"汤"命名的128方，是将方中诸药按既定要求制成粗末或细末，存以待售。病家购回后再加水煎服或沸汤点服。究其原因，主要是由于乃系供药局使用的成药专著，其剂型不仅以能大量生产和有利出售为目标且可较长时间贮藏而不变质，以汤制散较为符合此一要求。即使是激烈批评该书的朱丹溪亦坦然指出："《和剂局方》之为书也，可以据证检方，不必求医，不必修制，寻赎见成丸散，疾病便可安痊。"现代研究表明：煮散较之饮片汤剂，既方便实用，节约药材，又可提高疗效，值得推广使用。

《局方》所载方用量都很轻，全书除猪蹄汤和枳实理中丸（鸡子黄大一丸）外，都未超过一两。有的方虽属宋前之方，而用量也远轻于原书所载。如理中丸在《伤寒论》中是每服"鸡子黄许大一丸"，在《局方》中却只服一钱重一丸。

另外，《局方》所载各方之组成也很简单，全书共载方788首，除去重复、同方异名及烟熏方，还有765首。其中9味药以下方530首，占69.3%；9~11味药方114首，占15%；12味及12味以上药方只有121首，占15.7%。说明，《局方》简约精炼，基本符合《素问·至真要大论》所述"君一臣二，制之小也；君一臣三佐五，制之中也；君一臣三佐九，制之大也"的组方规律。

4. 配伍形式，丰富多彩　《局方》中方剂配伍形式丰富多彩，如平胃散用化湿药苍术与理气药陈皮配伍，以求"气化则湿易化"；逍遥散立疏肝解郁药与健脾药白术合用，以肝脾论治；凉膈散用黄芩、山栀、连翘与大黄、芒硝相伍，清上与泻下并行，这些均属相辅相成的配伍。而神功散中泻下的大黄与收敛的诃子同用，则体现了相反相成的配伍形式。还有一些方剂集中了一些药性、功用相近似的药物，使药力更为峻猛。如苏合香丸使用苏合香、龙脑香、熏陆香、麝香、丁香、安息香、檀香、青木香、香附子、沉香共十味药，以芳香开窍，行气解郁。

（三）成就及影响

《局方》堪称中国历史上第一部成药药典，它统一了中成药的操作过程，使中成药的生产有了统一的标准，对保证药品的质量起了积极的作用，促使了药品监督部门和检测制度的完善，防止了不法商人制售假药、劣药危害人民。煮散剂的普遍运用，弥补了汤剂之不足，既方便实用、节约药材，又提高了疗效。

此书荟萃了历代方剂之精华，简明扼要，切于实用，堪称方中圭臬，许多名方至今仍为广大医生所喜用，如逍遥散、藿香正气散、至宝丹、紫雪丹、苏合香丸、四君子汤、四物汤、凉膈散、平胃散等。另外，因该书具有临床配方手册的作用，而且方中药物绝大多数为常用易得之品，利于在民间普及流行。

【附】流传版本

《太平惠民和剂局方》之宋版已佚失，但元代以后多有刊印，如元代建安宗文书堂郑天泽刊本、元代至正年间有高氏日新堂刊本；明代则有叶氏广勤堂刊本、熊氏种德堂刊本；清代有《续知不足斋丛书》刊本。现代于1959年人民卫生出版社据郑本以他本参校，以排印本出版；1985年人民卫生出版社出版由刘景源点校的《太平惠民和剂局方》。刘景源本系以郑本为底本，以1959年人民卫生出版社版本为主校本，以高氏日新堂本为旁校本，又以《续知不足斋丛书》刊本为参校本。

九、《汤液本草》

《汤液本草》为元朝王好古所撰，是一本简明的综合性药学本草专著。该书医药紧密相结，内容简明扼要，上述《灵枢》、《素问》经典奥旨，下集诸家用药法要，而以引用张元素、李东垣居多，间附己意，乃易水学派诸家药理学说的集成之作。

（一）作者及成书情况

王好古，字进之，号海藏老人，元代赵州（今河北赵州县）人，约生于公元1200年。卒年尚无定论，一说卒于1264年；一说卒于1308年。王氏少时同李杲学医于张元素，以年幼于杲二十岁，张逝世后复从学于杲，尽得其传，后在晋州（山西晋县）又得益于学者麻革的教诲。他还曾从军出征，"随病察脉，逐脉定方"。在赵州公立庠校当过教授，兼提举管内医学。平生穷究医学，造诣精微，著述甚丰，是我国金元时期著名医家。

王好古引用《神龙本草经》以下各朝代医家40余家，结合个人发挥而写成此书。该书3卷，约成书于元大德二年（1298年），刊行于1308年。

（二）内容及特点

"汤液"者，取《汉书·艺文志》中汤液经方之义。作者以汤液经方、本草为医家之正宗，其书以药物为正条，兼论汤方配合用药方法，故名书为《汤液本草》。

该书分上中下3卷，卷上为总论，叙述药性理论。首列张元素之"五脏苦欲补泻药味"、"脏腑泻火药"，次列"东垣先生药类法象"，再引东垣先生"药类法象"和"用药心法"，末述"海藏老人汤液本草"，即王氏自家论说，分"五宜"、"五伤"、"五走"、"服药可慎"、"论药所主"、"天地生物有厚薄堪用不堪用"、"气味生成流布"、"七方"、"十剂"。卷中、下为药物各论，分为草、木、果、菜、米谷、玉石、禽、兽、虫9部，收药242种。每味药分别从气味、阴阳、归经、良毒、功能、主治、用法、畏恶、炮制等来叙述，广泛引用诸家药论，尤以采辑张元素、李杲的论述为多。书中标明"珍云"者，出自《珍珠囊》；标"象云"者，出自《药类法象》；"心云"者，出自《用药心法》；标

"液云"、"海藏云"为王好古本人见解。观其全部内容，有以下特点。

1. 注重药物气味 王氏用药，注重药物的气味。"夫药有寒热温凉之性，酸苦辛咸甘淡之味。各有所能，不可不通也。药之气味，不比同时之物，味皆咸，其气皆寒之类是也。凡同气之物必有诸味，同味之物必有诸气。互相气味，各有浓薄，性用不等。制其方者，必且明其为用"（《汤液本草卷上・东垣先生用药心法・制方之法》）。指出了药物间若气同味异，味同气异，气味均同而浓薄不同，功效上均有差别。医家当辨明每一味药的气味浓薄，方能在制方时将药为己所用。

具体而言，《汤液本草》记述每一味药的气味，详于辨其厚薄阴阳，以气味之厚薄定其阴阳属性，又以阴阳属性概括升降之能，进而应用《内经》中的气味理论阐述药物功能。如谓桃仁，"气温，味苦甘，性平。苦重于甘，阴中之阳也"，"苦以泄滞血，甘以生新血"。

2. 发展归经理论 药物归经理论源自《内经》"五味五色所生"、"五脏所宜"等说，张元素、李东垣将药物性味与脏腑间的关系同脏腑辨证、六经辨证的治验结合起来，以阐明药物作用与脏腑经络的关系，初步形成了归经学说。王氏在《汤液本草》中，进一步推动了这一理论的发展，补具体药物于每一脏的苦欲补泻之后，总结了脏腑泻火药，录入东垣报使、诸经向导等，丰富了归经内容。根据临床治验，他又列出了每一味药物的具体归经，如谓黄芩能"泻肺中之火"、"治肺中湿热"，故"入手太阴经"。王氏不仅指出归经部位，且根据其药性冠以不同归经名称。所谓"本药"、"之剂"、"的药"，多为治疗该经病证之主药，而"行经药"、"引经药"则为该经的佐使之品。这些区别对于临床制方用药有指导意义。此外，王氏还认为，归经并非一成不变，随着方剂配伍、药物炮制，可改变其归经性能。如缩砂条下"《液》云：与白檀、豆蔻为使，则入肺；与人参、益智为使，则入脾；与黄柏、茯苓为使，则入肾；与赤、白石脂为使，则入大小肠"。

3. 总结诸品效验 历代本草记述药物功效，详于主治病证，略于概括药性。《汤液本草》中论述各药，注重从历代医家及自己临床效验中考察其药性功能，且大多言简意赅。如谓郁金"凉心"，香附子"快气"，山茱萸"温肝"，车前子"利小便而不走气"等。这种以药性功能代替主治病证的归纳方法，对现今药性理论的探讨及辨证用药均有一定的指导意义。

4. 运用运气学说 该书在继承张元素应用"五运六气"指导遣方用药经验的基础上，又进一步加以发挥，将其用于药物的采集方面。王氏指出采集药物当根据季节、时令，注意五运六气的变化对药材质量的影响。否则，药气散而味薄，质虽同，效用则大异也。如其在《汤液本草・卷上・海藏老人汤液本草》指出：治病者，必明六化分治，五味五色所生，五脏所宜，乃可以言盈虚病生之绪也。谨候气宜，无失病机。其主病何如，言采药之岁也。司岁备物，则无遗主矣。先岁物何也，天地之专精也，专精之气，药物肥浓，又于使用，当其正气味也。五运主岁，不足则物薄，有余则物精，非专精则散气，散气则物不纯。是以质同而异等，形质虽同，力用则异也。气味有浓薄，性用有躁静，治化有多少，力化有浅深，此之谓也。

（三）成就及影响

《汤液本草》选录了上迄《神龙本草经》、《内经》，下至金元千余年来的药学精华，内容翔实，却又简明扼要，"药之所主，不必多言，只一两句，多则不过三四句，非务简也，亦取其所主之偏长，故不为多也"（《汤液本草·卷上·论药所主》）。《四库全书提要》评曰：好古此书所列，皆以名医经验而来，虽为数无多，而条例分明，简而有要，亦可适于实用之书矣。而且，王好古"受业于洁古，而讲肆于东垣"，尽得二位巨擘所学。《汤液本草》对易水学派的药学理论如气味厚薄、寒热升降、脏腑辨证用药及归经、引经报使等理论进行了系统地总结和创新，是易水学派药学思想智慧的结晶，并吸收历代医家的药学理论和经验，集历代本草学成就于一书，代表了当时本草学研究的最高成就。

【附】流传版本

现存版本：元代至元元年乙亥（公元 1335 年）本，明代嘉靖间梅南书屋刊本（《东垣十书》之一）、《古今医统正脉全书》本，明代万历三十六年戊申（公元 1604 年）刊本、《四库全书》本，1956 年人民卫生出版社影印本。

十、《本草图经》

《本草图经》（简称《图经》）是我国药学史上第一部由政府组织编绘的版刻药物图谱。由宋代苏颂奉命整理全国 150 个州军提供的药图和实物资料，吸取《唐本草》的编修经验，合辨药与用药于一书，详细论述药物来源及鉴别，并结合用药实际，论述药物功效。集中反映了北宋时的用药实际。在历代本草中，该书的图与注文都有重要的实用价值和学术价值。特别是该书中所收的版刻药图在中国医药史上，更具有特殊的重要地位。

（一）作者及成书情况

苏颂（1019—1101），字子荣，泉州南安（今福建同安）人。编修《本草图经》时才 39 岁，是我国古代历史上著名的科学家，在天文学和药物学两个领域的创造性成果，具有世界性的影响。

该书由苏颂一人执笔编成。其背景为，嘉祐三年（1058 年），掌禹锡、苏颂、张洞在编修《嘉祐本草》时，因唐代编的《唐本草药图》及《图经》，已丧失殆尽，故奏请朝廷，别撰《图经》，与《嘉祐本草》并行。获朝廷批准后，效仿唐代修图经的办法，下诏全国，开始了历史上第二次全国规模的药物普查，征集药图与药材标本资料，博采民间草药经验方，以"探其源，综其妙，验以实"的治学态度，汰讹存真，综合整理，图文兼录。历时 3 年，于嘉祐六年（1061 年）成书。

遗憾的是苏颂著的《本草图经》，现已亡佚，未能窥见原貌。我们要研究这部九百年前的巨著，只能借助元明诸家本草的有关记述，作间接了解。

（二）内容及特点

1. 药图形象朴实，为基原鉴定提供了客观依据　全书共 20 卷。《证类本草》所引"图经曰"药条计 780 首，在 635 种药名之下，附本草图 933 幅。这些药图是我国现存最早的版刻本草图谱，为药物基原考订发挥了巨大的作用。尽管各地所献上的药图风格或异，精粗不一，但绝大多数是有较高水平的实地写生绘图。

书中药图在尽可能表现药物基原全貌的前提下，着重表现药用部位。如"潞州人参"为直根；"麦门冬"为须根；"蒺藜"为匍匐茎；"栝楼"的图上还可看出茎卷须。此外，药图通过描绘植物的整体特征，反映出该植物的分类特征。如"海州石韦"图，叶片上孢子囊群紧密而整齐的排列，可知为孢子植物；"绛州瞿麦"图，顶生聚伞花序，花瓣为5，先端裂成丝状，可知为石竹科植物。这些药图特征明显，为考证古代药物品种提供了客观依据。

2. 文字说明详实，为了解药物特性提供参考依据　书中文字说明部分的内容很丰富，涉及面亦很广泛。其中以药物形态叙述最为详细，不论动物药、植物药、矿物药，在形态上均有较详细的说明。尤其对植物形态，描述更细致。一般按苗、茎、叶、花、果实、根的次序，使用一些相对稳定的术语来描述植物各部的形态。这对于识别药物，基原考订，以及研究者确定宋代药用植物的科、属、种等，都具有参考价值。如薏苡仁条，图经曰："薏苡仁，生真定平泽。春生苗，茎高三、四尺。叶如黍。开红白花，作穗子。五月、六月结实，青白色，形如珠子而稍长，故呼意珠子，小儿多以线穿如贯珠为戏"。

此外，书中在描述药物形态时，常采用类比法。如地黄"根如人手指"，白蔹"根如鸡、鸭卵"等。其中更多是在叙述某一药物时，常与另一药物相类比，如当归七八月开花，似时罗，浅紫色……然苗有三种，都类芎䓖，而叶有大小为异，茎梗比芎䓖甚卑下，苏颂将当归的苗、花以芎䓖和时罗相类比，是因为这三者有相同之处，即叶、花的形态相似。以现代植物学的观点来看，三者同属伞形科植物，所以具有可比性。书中常以具有亲缘关系的同种植物相类比，这在植物分类学尚未出现的11世纪，能这样从宏观上来观察和认识植物，是很可贵的。

3. 集诸家之精华，为研究宋代以前本草提供历史依据　《本草图经》不仅收集了全国药物，而且征引了宋代以前医药经典、诸家百事等文献古籍200余种。苏颂对文献整理颇有章法，使之融成一体而又层次清晰。首先征引的医药经典文献有《医经》、《本草》、《医方》、《神仙服食法》等。其次，引据了《经》、《史》、《子》、《集》文献资料。这些对于研究有关中药发展，有着重要的历史价值。

此外，《本草图经》还收录了很多失传之著，特别是唐中叶以后的医书，其佚文仅存于《本草图经》中，才得以传世。如收录刘禹锡著《传信方》。在朴硝条：治热壅，凉胸隔，驱积滞；在矾石条：治气痢巴石丸，治喉痹的皂荚矾入好米醋等佚方30条。收录河中府尹薛弘庆撰集《李绛兵部手集方》，在人参条：疗反胃呕吐无常，粥饮入口即吐方；在黄连条：香连丸主下痢等佚方10条。收录韦宙著《独行方》，在白石脂条：治小儿脐中汁出不止的扑脐方，在大麻根条：治跌打瘀血；在紫草条：治豌豆疮等逸文22条等。

4. 编撰严谨客观，为后世的传承提供了实用依据　该书由苏颂一人执笔编成。全书前后体例统一。对验证核实的药物，则与文献考证相结合，使各药解说统而述之。一般首叙产地、生长环境，次辨形状真伪及采制，末论药性、主治功用。从《本草图经》序中可以看出，苏颂对此书的编撰工作主要有以下几个方面：①辨析药物名实及本原；②补充药物产地资料；③增加采收时月及药用部位的记载；④注意收录外国或少数民族药物；⑤添附单方、验方；⑥搜罗民间草药。

全书内容广泛而充实，科学性强，尤其是在辨药方面成效卓著。首先对进呈的药图，尽量验证核实，对某些不能验证的药物，而当时又无法了解，给予存疑记录，如黄精条，苏颂曰："世传华佗漆叶青粘散云：青粘是黄精之正叶者，书传不载，未审的否？"。而对于前人的错误予以纠正，如肉苁蓉，陶弘景说是"野马精落地所生，生时似肉。"苏颂曰："肉苁蓉，旧说野马遗沥落地所生。今西人云大木间及土堑垣中多生，此非游化之所，而乃有，则知自有种类耳。"

（三）成就及影响

《本草图经》的问世，标志着北宋时期我国本草学已达到一个较高的水平，由于书中内容搜罗丰富，具有很高的学术价值，一直为历代本草学家、植物学家和博物学家所重视。宋代《证类本草》全部转录其图和文，明代《本草品汇精要》，其中药物形态描述，基本上是采自《证类本草》所引"图经曰"之文；《本草纲目》对全书说明全部转录，冠以"颂曰"为识别。明代《救荒本草》、清代《植物名实图考》均从《证类本草》所转录《本草图经》的附图加以参考应用。由此可见，《本草图经》对后世本草学、植物学和博物学产生了巨大的影响。

《本草图经》的药图与说明文并重，对药物基原的考订、品种混乱的澄清、药物真伪的鉴别等，均有实用价值。书中所引参考文献比《嘉祐本草》要多三倍。除引文献所载药物外，还增入大量民间习用的药物。有 74 种药物后来都被李时珍收入《本草纲目》中。

日本宫下三郎称赞："北宋苏颂《本草图经》达到了世界（药学）的最高水平。"日本淑内清还指出："《本草图经》已经远远超越了它作为《补注本草》的补充附图意义。"日本冈西为人也说："苏颂是大政治家，同时也是著名的学者。他根据天下各郡县所送来的许多标本和资料，编写了充满渊博学识的著作，作为有关宋代的药物资料极其重要，特别是他的药图，对后世本草有很大的影响。"美国著名汉学家劳费尔在其《中国伊朗编》一书中，曾多次引用《本草图经》中的资料。足见《本草图经》是一部对后世具有巨大影响的宋代本草图谱名著。

十一、《救荒本草》

《救荒本草》为明代朱橚所撰，是世界上第一本研究野生食用植物的著作。详述了在救荒时可以佐饥食用的野生植物。该书同时也是一部世界声誉的中国古代本草著作，是我国本草学从药物学走向应用植物学的重要里程，不单在我国本草发展史上具有重要学术价值，也为今日药用植物资源的利用，开辟了广阔的来源和新的途径。

（一）作者及成书情况

周定王朱橚乃明太祖朱元璋的第五个儿子，明成祖朱棣的胞弟。洪武三年（公元 1370 年）封为吴王，洪武十一年（公元 1378 年）改封为周王，命他与燕、楚、齐三王驻凤阳，洪武十四年（公元 1381 年）就藩开封。朱橚在宋代故宫的遗址上，建立了周王府（即现在开封市龙亭附近），于仁宗洪熙元年（公元 1425 年）卒，谥称为周定王。

朱橚在没有就藩开封以前，一直在江南居住。当时江南一带不断发生灾荒，人民无粮充饥。来到开封以后，中原地区更是天灾频仍，人民的生活异常贫苦，只能采集一点野菜充饥。由于人们对野生植物的形状与性质，辨认不清，经常发生误食中毒而造成死亡的状况。朱橚看到如此情景，决心编写此书，以备救荒之用。于永乐四年（公元1406年），成书于开封。

（二）内容及特点

此书记载植物414种，见于历代本草的有138种，新增加有276种，数量占全书的2/3。内容分为五部：草部245种，木部80种，米谷部20种，果部23种，菜部46种。每部皆按叶可食、根可食、实可食、叶及实皆可食、根叶可食、根笋可食、根及花皆可食、根及实皆可食、花叶皆可食、茎可食、笋及实皆可食分类，逐一叙述。由于作者写作目的明确，又是实践中的真知灼见，使得该书具有通俗性、实用性和科学性的特点。

1. **内容专为老百姓编纂**　元代民族压迫极其严重，到明初战乱初停时百姓尚未得到休养生息，生活困苦，用草根树皮裹腹是常事。该书主题以"救荒"为主，其目的就想救百姓于水火。因此，该书从体例纲目到行文编纂都绘声绘色，十分精当。书中对于一些难读和不常见的生僻字给予注音，若后文再次出现，也不厌其烦给予再次注音，方便百姓阅读掌握。对植物的形态描述运用恰当的词语和贴切的比喻，深入浅出，增加读者的阅读兴趣。如萹蓄，"苗似石竹，叶微阔，嫩绿如竹，赤茎如钗，股节间花出甚细，淡桃红色，结小细子，根如篙根"。马兜铃，"结实如铃，作四五瓣，叶脱时铃尚垂之，其状如马项铃，故得名"等。这种编纂使得文化层次不高的老百姓，易于为他们所理解和接受，并帮助了他们对救荒植物的辨识。

2. **注重观察和实地调查**　朱橚首先在民间实地调查各种可食植物，并清楚它们的分布和生长环境，然后组织人员从田夫野老那里购得400多种植物，植于一圃，为观察创造了良好条件，这样就可以详细地观察植物的形态特征，包括生长、发育、繁殖的全过程。尽管我国在周代已有果菜园，唐代已有药圃，但都属于生产或教学性质，而朱橚的药圃纯为植物学研究服务，从而开创了实验生物园的先河。

该书对每个植物均记载了产地、采集、名称、性味、用途、最后为烹调方法。例如，大蓟："今郑州山野间亦有之，苗高三四尺，茎五棱，叶似大花，其叶多皱，叶中心开淡紫花，味苦性平无毒，根有毒……采嫩苗叶，熟水淘去苦味，油盐调食"；山苋菜："本草名牛膝，一名有倍，俗称脚斯蹬，又名对芦莱，今均州（禹县）山中亦有之"。

3. **图文并茂突出"食用"**　《救荒本草》没有沿用传统本草中的"上、中、下"三品分类法。注重按可食部位分类，在米谷部中的野豌豆、山扁豆、胡豆、蚕豆、山绿豆等都是豆科植物。同类放在一起，识别这些植物时就显得十分方便。其内容也不作繁琐考证，直接观察得来的感性认识，通过图文并茂的方式进行描述。

书中的插图，继承了《本草图经》绘有植物图谱的优良传统，并在此基础上有所新的发展，专门请来画工直接面对野生植物的自然形态进行实地描绘。书中记载植物414种，每种都配有精美的插图。许多插图如刺蓟菜、车前、黄栌、文冠果、茜草、蒲公英、兔儿伞等，都很形象，人们根据书中所绘的图，就能很容易地找。正如李濂在序文中说："遇荒岁按图而求之，随地皆有无难得者、苟如法采食可以活命，是书也有功于生民大矣"。

4. 植物学术语被大量使用　　《救荒本草》在叙述植物的形态特征时，较系统地使用了一套植物学术语，其中有些创于本书，有些虽然是前人提到过，但在以前并未形成有确切含义的概念，这些术语的使用，排除了以往使用类比法的模糊性和不确切性，在植物发展史上有重要意义。书中对有关花序和果实分类的术语、伞盖形、蓇葖果、蒴果、荚果、角果等一直沿用至今。在野生食用植物的制备方面，《救荒本草》提出了一些消除毒性的方法，如白屈菜含有不溶于水的有毒生物碱，如是用水煮不易将其有毒成分除去，而《救荒本草》"采叶与净土煮熟捞出，连土浸一宿，换水淘洗净"。采用净土来吸附其中的有毒物质，这是植物化学领域吸附分离法的最早应用。注重观察和实验，为古代植物学开辟了一些新的研究领域。

由于该书对植物的描述来自直接观察，因此具有相对准确性，如单子叶植物和双子叶植物的主要区别在于前者花 3 数后者花 4 数或 5 数，伞形科植物的重要特征是花序伞形，双悬果、子有线棱，叶互生复叶；菊科植物的典型特征是头状花序和聚药雄蕊；萝摩科植物体有乳汁藤本叶对生，花 5 数，叶间出穗，结角，这些描述是准确而真实的，根据图文的刻画，人们很容易识别出这些植物，从而在劳动人民中增加了实用价值。

（三）成就及影响

《救荒本草》不仅在救荒方面起了巨大的作用，而且对野生食用植物的研究，起到开创性的作用，后来的周履靖《茹草编》、鲍山《野菜博录》、王磐《野菜谱》、姚可成《救荒野谱》、顾景星《野菜赞》都是受到该书的影响而作。

《救荒本草》流传到日本后，对日本的农学、植物学产生深远的影响，日本人相继研究该书有 15 种之多。日本冈西为人《本草概说》等著作中均有介绍。该书不仅受到日本学界重视，即西方科学家和科学史家对该书也加以推崇，美国科学史萨顿在其《科学史导论》一书中说："本书是中世纪最卓越的本草学著作中一种"。各国植物学家对该书均予以高度的评价。该书不仅大大丰富和发展了我国古代的植物学，而且在世界植物学史上占有重要地位。

十二、《本草品汇精要》

《本草品汇精要》是明代唯一一部大型官修本草，也是历史上最后一部官修本草。因系汇集群书药品，撷录其精粹、分项述其要旨，故名。该书文字简洁精要，材料收集广博，尤以彩色实物写真图谱为学界看重，在中国药学史上居于重要位置。

（一）作者及成书情况

《本草品汇精要》成书于弘治十八年（1505 年）。编修以太监张瑜为总督，以太医院院判刘文泰为领衔，集结 40 余位医官与文官及 8 位宫廷画师，历时一年余完成此著作。书成后由明孝宗亲自撰写序言。

该书命运颇为坎坷，撰写完毕后仅两个月，明孝宗就意外"驾崩"，并立刻成为震惊一时的历史疑案。因此"城门失火，殃及池鱼"，亦使此书成为禁书，受到冷遇，从而束之高阁，秘藏内宫，难为人知。1923 年流出故宫，由香港大学而转存台湾杏雨书屋；彩色图谱约在道光年间被携至罗马。直至 2002 年前后，在国内众多文化、医药界的学者和外交部门反复不懈的努力下，"历经磨难"，终于将珍藏于意大利的《本草品汇精要》拍摄全套彩绘版本，在阔别故里一百多年之后，国人才有机会目睹图谱真容。

（二）内容与特点

《本草品汇精要》共 42 卷，另有目录 1 卷，仿照《永乐大典》格式装帧成册，装入小楠木盒中保存。全书共载药 1815 种，分为玉石、草、木、人、兽、禽、虫鱼、果、米谷、菜等十部，又各分上、中、下三品。

1. **首创"二十四则"的编写体例，便于阅读者迅速掌握** 本草论药的体例，前人一般多以《神农本草经》和《名医别录》内容为中心，层层补注其发挥。至宋本草已成一种繁引叠论式的体例，基于这种"诸家注释皆依汉唐宋年代先后次序"的弊病，《本草品汇精要》采用了一反传统体例的新方法，即对诸家注释引文总结归纳成一个提纲式的"二十四则"论药体例。具体药物条下，均先列首载书目，次列《神农本草经》、《名医别录》、《本草拾遗》及唐、宋各家本草的有关记述，详叙功能主治；又次按名、苗、地、时、收、用、质、色、味、性、气、臭、主、行、助、反、制、治、合、禁、代、忌、解、赝等二十四则，分叙各药异名、产地、采集、色味、制法、禁忌、真伪。各项注释均据历代本草，另加发挥者则题"谨按"。此种编撰体例，不再是层层加注，而是将出自《证类本草》的原文分于二十四则下，内容涉及药物鉴定、炮制、配伍及药理等多个方面。不仅对药物进行分项解说，也便于读者查阅。

2. **打破了释文按年代顺序罗列的陈规，便于阅读者抓住重点** 该书只将《神农本草经》和各家所论放在最前面，用大号字体书写，使之醒目，突出重点。在内容和取材上，"必择考其当者录之，共重言叠论，皆不复琐屑"，比之《本草纲目》更谨严精审，达到了删繁就简的目的。另一方面，又将李明之、王好古、朱彦修等名医所论，"切中于治用者，悉附于左"，对"药有近代用效，而众论金同，旧本欠发挥者"，均考著其详，这样就使它的内容比宋代《证类本草》丰富。

故近人谢观在 1936 年商务印书馆出版的排印本校刊记中云："细阅内容，觉此书搜求之广，较《本草纲目》为多，而分类取去之谨严，又较《本草纲目》为精审"。

3. **细化了药物分类等级，便于阅读者查阅** 《本草品汇精要》的分类除保留旧本草自然类别与三品分类的结合方法以外，又以生长、采收等为根据，提出一个二级自然分类，以补一级分类之不足：将植物药分特生、散生、植生等 13 种；将动物药又分为羽、毛、鳞、甲、蠃 5 类，每类又分胎、卵、湿、化四生；将矿物药细分为石穴生、土石生、山窟生等 16 类。类似分类方法在后来的《本草纲目》中也可见到，但简、繁各有不同。此外，《本草品汇精要》又采用了《皇极经世书》的分类方法，将玉石细分为石、水、火、土、金；将草、木、谷、菜、果各部细分为草、木、飞、走 4 类（如草部分为草之草、草之木、草之飞、草之走）。这种细分方法是以前本草著作所没有的，虽然这种分类不一定科学，在实际上也未得到广泛应用，但这是一个大胆的尝试，为后人进一步类分药物开拓了思路，是一个很有意义的尝试创举。

4. 提炼出"主"与"治"两项内容，便于阅读者临床参考　该书在各家本草记载的纷繁复杂的医疗用途中，概括"主"与"治"两项来，达到了使药物"功能易晓"的目的。不仅更切合于临床实际，而且便于学习和掌握运用。这开创了近代中药学编写体例中"功效"、"主治"的先河。在"治"项下还详细介绍了一些特殊药物的用量和药材加工的细则。附录了"解百药及金石等毒例"、"服药食忌例"、"凡药不宜入汤酒者"、"药味畏恶反忌"、"妊娠服禁"等资料。这些资料对于解决药物临床使用中常见的问题提供了很大方便。

5. 配精彩绘图，便于阅读者形象识别　该书所附彩图据统计有 1358 幅，是现存古代规模最大的一部彩绘本草图谱。从绘图本身看，全部药图均用极名贵的金碧颜料精心绘成，图像逼真，色彩斑烂，反映了我国明代画师们绘制实物图形的高度成就，不仅在我国本草史上绝无仅有，即在世界各国亦极罕见。目前，北京图书馆尚存有残图百余幅。从药物基原角度看，许多动植物特征描绘非常精确。特别是鱼鸟类图，其精美程度与现代的鱼鸟画谱不无一致，令人叹为观止。有些难以描绘的金石药物还绘出了炼制过程。如松香烧烟制墨，用水银、白矾、食盐制取水银粉，用水银、硫黄制取丹砂等，形象地再现了古代的一些制药工程技术。

（三）成就及影响

官修本草，从宋代《绍兴校订经史证类备急本草》到明代《本草品汇精要》，期间经历了 346 年，是《新修本草》之后，历次官修本草间隔时间最久的一次，其中还包括中医药学发展的金元时代，因此该书对三百多年的中医药的发展进行总结，实属必要，具有重要的学术价值。清代以后，除增补的《本草品汇精要续集》以外，没有新的官修本草。历代官修本草中，《本草品汇精要》是最后一部，在医学史上居重要位置。与历代官修本草比较，该书并没有追求庞杂的篇幅，对旧本草内容大多作了精简和删节，而且添设二十四则条目，使内容排列有序，眉目清晰，是一项很有意义的创举，创造了一个本草内容纲领系统，即使后世本草有采取不同纲目体例者，也没有比它更全面者。尽管该书以《证类本草》为蓝本，但体例与之有别，在许多方面作了有益的尝试，为我们研究药物提供了详实的资料。

【附】

（一）《本草品汇精要》传世藏本近况

《本草品汇精要》是我国古代最大的一部彩色本草图谱，同时也是《证类本草》之后、《本草纲目》之前我国药物学的集大成者。书中图谱形态逼真，颇为精美，是古代本草图谱之珍品。其如下：

（1）弘治原本。1923 年流出故宫，先归香港大学，1961 年转归台湾杏雨书屋收藏。

（2）安乐堂本。清代康熙年间摹绘，现藏罗马中央图书馆。

（3）清抄本。此系清代乾隆后据弘治本摹写，现藏德国柏林国家图书馆。

（4）清抄本。原藏伦敦图书馆，1972 年为日人大塚恭男购去。

（5）明抄残本，存图 246 幅，现藏北京图书馆。

（6）明抄残本，存图 192 幅，现藏中国中医研究院。

（7）清抄残本，存图 520 幅，现藏北京图书馆。

（8）乌丝栏朱墨精写本，无图，藏故宫博物院。

（9）近代传抄本。仅存 26 卷，无图，藏中国科学院。

（10）商务印书馆 1936 年据故宫旧抄本排印，附校勘记；1952～1957 年重印。1982 年人民卫生出版社据 1956 年商务印书馆版再版。

（11）弘治本图谱。现存意大利罗马维多里奥·纽曼卢勒二世国立中央图书馆。

（二）《本草品汇精要》"二十四"则体例内容

一曰名，记别名也。举诸家本草所记别名，依次排例。

二曰苗，叙所生地也。述植物之生态，以《图经》所述为主，陶注、《本草衍义》诸本草为辅，注明出典。

三曰地，载出处也。录其产地，仍以《图经》为主，诸家本草为辅，记其出典。间有云"道地"者，注云某地所出最佳、最良、为胜等字样。

四曰时，分生采也。记何时生，何时采，系取《图经》之文简述之。

五曰收，书蓄法也。略述贮藏法。

六曰用，指其材也。示药用部分及精选之法。

七曰质，拟其形也。描述药材外形，以陶注、《图经》为主。

八曰色，别青、黄、赤、白、黑也。记药材之颜色。

九曰味，著酸、辛、甘、苦、咸也。概取《神农本草经》与《名医别录》文为主。

十曰性，分寒热温凉、收散坚缓也。前者源于《神农本草经》、《名医别录》文，后者乃李杲《用药法象》对《内经》"五味五入作用"的发挥。

十一曰气，具厚薄、阴阳、升降之能也。采《用药法象》之论。"凡例"已明其说。

十二曰臭，详腥、臊、香、臭、朽也。以五臭分注，亦金元五行理论。

十三曰主，专某病也。以《药性论》、《衍义》之主治论述。

十四曰行，走何经也。取自《汤液本草》各条之注，如原条未注，则缺。

十五曰助，佐何药也。取自《药对》及诸家本草，云某药为之使。

十六曰反，反何味也。此乃"药味畏恶反忌"内容，但删出典。

十七曰制，明炮、溏、炙、礴也。大体依《政和本草》各条下"雷公云"内容述之，亦有取脚注、《本草衍义》之文者，均注出典。

十八曰治，陈疗疾之能也。细分"疗"和"补"两小项。取诸本草及方药之单方为主，并记出典。

十九曰合，取相与之功也，引诸家方论内容，略云合某药治某病。

二十曰禁，戒轻服也。记何症勿服、轻服、久服之害。

二十一曰代，言假替也。指代用品。

二十二曰忌，避何物也。取自《药性论》、"服药食忌例"等内容。

二十三曰解，释何毒也。记诸家本草所述"解某药毒"及"解百药金色等毒例"内容。

二十四曰赝，辨真伪也。记伪品及真伪之鉴别法。

十三、《本草蒙筌》

《本草蒙筌》是一部重要的本草启蒙读物。蒙，童蒙；筌，捕鱼用的竹器。作者陈嘉谟云："余之辑是书也，徒以觉悟童蒙……譬渔者之筌云尔"，意即本书是启蒙所需工具。

（一）作者及成书情况

编撰者陈嘉谟（约1486—1565），字廷采，自号月朋子，安徽新安（今安徽祁门）人。因体弱多病，故留意医术。鉴于当时流行的《本草集要》《本草会编》，各有短长，遂取诸家本草会通而折衷之，间附己意，历时七年，编成此书。

该书又名《撮要便览本草蒙筌》、《撮要本草蒙筌》。其内容汇集了宋、金、元医家经验和学说，对药物释名、澄清名实混乱、真伪鉴别、药物炮制、药材产地与药效关系等方面结合自己的临床实践经验，加以分析探讨。该书是继《大观本草》之后，《本草纲目》之前的一部重要本草专著。

（二）内容及特点

《本草蒙筌》全书12卷。卷一分别论述药性总编、产地、收采、储藏、鉴别、炮制、性味、配伍、服法等。卷一后半部至卷十二共收载药物742种，分草、木、谷、菜、果、石、兽、禽、虫鱼及人等10部。

1. **以骈体文形式编写，便于初学者诵读记忆** 该书对收载的每味药物均分述别名、产地、采集、优劣、收藏、气味、归经、升降、五行属性、有毒无毒、炮制、鉴别、主治、方剂等，每药之末多附有作者按语，并绘有本草图。如薯蓣条："即山药，又名山芋。南北州郡俱产，惟怀庆者独良。秋采暴干，灰藏不蛀"。又如钩藤条："味甘，苦，气微寒。无毒。湖南北俱有，山上下尽生，叶细茎长，节间有刺，因类钩钓，故名钩藤。三月采收，取皮日曝。专医稚幼，不理别科。寒热惊痫，手足瘛疭者急觅，胎风客忤，口眼抽搐者宜求"。这样的记载，比一般文体更易上口习诵。

2. **对易混淆药物提供鉴别要点，利于初学者识别** 鉴别药材真伪是保证用药安全、有效的重要措施。为避免人们上当受骗，书中在总论中列举了一些经常作伪的药物，提醒人们注意。如介绍说："当归酒洒取润，枸杞蜜拌为甜，螵蛸胶于桑枝，蜈蚣殊其足赤。此将歹作好，仍以假乱真。荠苨指人参，木通混防己……"。此外，药材来源不一，同名异物、同物异名混杂现象在当时十分普遍。因此，药材的鉴别在采购工作上就显得极为重要。该书对药材的真伪鉴别和易混淆药的鉴别，论述颇多而翔实，为发展药材鉴别做出了贡献。如蓬藟与覆盆子二药，书中覆盆子条下按语中描写："蓬藟之茎类树而粗长，结实有百千颗；覆盆之茎是草而短小，结实仅四五枚。蓬藟赤熟，擎蒂中实而味酸；覆盆赤熟，蒂脱中虚而味甜。大相差殊，何得混淆。"这样两味中药从原植物到药材的形态特点就泾渭分明了。

3. **强调药物与产地的关系，教初学者选择优质药材** 我国历代药物学家很早就注意到中药材的质量、功效与产地的各种生态环境有密切的关系。因自然条件不同，其药用质量并不一样，所以中药材的生产具有一定的地域性。书中在总论"出产择地土"篇曰："凡诸草本，昆虫，各有相宜产地。气味功力，自异寻常"，"谚云：一方风土养万民，是亦一方地土出方药也"。他推荐齐州半夏、华阴细辛、宁夏柴胡、甘肃枸杞、茅山苍术、怀庆山药、绵黄芪、上党参等道地药材，都是以地冠名。"地性药灵，视斯益信"称之谓"道地药材"。书中大部分药名都与产地联系起来，如芎藭分为京芎、抚芎、台芎、川芎；白术分浙术、歙术。五味子条下记有"南五味子"和"北五味子"的药效差别。亦足见药材的产地在医疗中的地位。其他如黄芪、白术、黄连等多种药物都记载了不同产地及功效差别。这些观点，在现如今仍具有很大的价值。

4. 重视药物炮制加工，为初学者提供制药经验　药物炮制与否或炮制方法是否合理，直接关系到医疗效果，该书为了启示后人掌握炮制方法，详细论述了多种药物的炮制过程。作者在"制造资水火"中指出："凡药制造，贵在适中，不及则功效难求，太过则气味反失……匪故巧弄，各有意存。酒制升提，姜制发散。入盐走肾脏，仍使软坚；用醋注肝经，且资住痛。童便制，除劣性降下；米泔制，去燥性和中。乳制滋润回枯，助生阴血；蜜制甘缓难化，增益元阳。陈壁土制，窃真气骤补中焦；麦麸皮制，抑酷性勿伤上膈，乌豆汤，甘草汤渍曝，并解毒致令平和；羊酥油，猪脂油涂烧，咸渗骨容易脆断。有剜去瓤免胀，有抽去心除烦……"

在炮制技术上，特别值得提出的是"五倍子"条下所载的"百药煎"的制备方法，实际上就是没食子酸的制法，比瑞典药学家舍来勒氏制备没食子酸的工作早两百年，可见陈氏在药物炮制及药物化学上的成就极为显著。类似这类理论不胜枚举。

（三）成就及影响

陈嘉谟是一位具有丰富实践经验的药物学家。他汇集了前人本草的经验精华，结合自己多年的实践经验，继承而不泥古。如当归以往多着眼于血药，认为能逐瘀血，生新血，使血脉通畅。作者则认为"血中气药"，说当归"血药补阴，与阳齐等，则血和而气降矣"。

陈嘉谟在继承中发展，在发展中创新。在药物的性味、产地鉴别、炮制等方面有自己的理论见解，为祖国本草学的发展做出一定成就和贡献。正如李时珍评价此书云："创成对语以便记诵，间附已意于后，颇有发明，便于初学，名曰蒙筌，诚称其实"。书中文字简练，朗朗上口，易于启训蒙童，普及本草知识，功不可没。因此该书不是一般的药物启蒙读书，而是一部富有实用价值和理论价值的专著。

十四、《本草纲目》

《本草纲目》作为明代最具科学价值的本草著作，是 16 世纪以前本草成就的集大成者，堪称我国药学发展史上的里程碑。成书以来不仅对我国的药物研究发挥着重要作用，而且在国际上也具有深远影响。

（一）作者及成书情况

《本草纲目》著者李时珍（1518—1593），字东璧，晚年自号"濒湖山人"。其生活时代在明代嘉靖至万历年间，正是明代的隆盛时期。

李时珍出生于蕲州（今湖北省蕲春县蕲州镇）一户世医人家。李时珍年幼时，其父期望其走科举正途，以光耀门楣。但因三次乡试均告不第，而打消科举的念头，潜心习医，时年 23 岁。因其有家学渊源，加之兴趣所在，不多时便声名鹊起。33 岁时治愈楚王子惊风病，医名大震，遂被任为楚王府"奉祠正"，掌管医事。

在此期间，李时珍利用武昌为南北交通枢纽、商业发达、全国药材汇集的条件，详尽考察了各地药材，同时有机会浏览王府珍藏的各种图书典籍。后来李时珍被举荐至北京太医院，据顾景星《白茅堂集》言，曾被授为"院判"。其间，李时珍得以饱览官藏医药典籍及众多珍贵药材标本，使其大开眼界。但同时他也发现前代本草中许多的错讹遗漏之处，遂决意重修本草，但其提议遭当权者拒绝，便托病辞职，归隐故里，自此致力于钻研本草。

该书从 1552 年起编，历 26 年，最后于 1578 年完成初稿。1580 年秋，李时珍携卷前往江苏太仓，请当时的名人王世贞过目，并央其撰序。此后《本草纲目》手稿又在十年时间内经过 3 次大的修改，于 1590 年前后获得金陵书商胡承龙的青睐，决定出资付梓。1596年，即（万历二十四年）李时珍辞世 3 年后，胡承龙终于将《本草纲目》刊刻出版。

（二）内容及特点

1. 体例分纲列目，使书中层次一目了然　《本草纲目》将药物分为 16 部（纲）、60 类（目）。16 部，即水、火、土、金石、草、谷、菜、果、木、器服、虫、鳞、介、禽、兽、人。每部又分若干类，如草部分为山草、芳草等 11 类；火部又分为阳火、燧火、桑柴火、炭火等 11 类等。其分类方法有很强的科学性，如书中将同属大戟科的大戟、甘遂、泽漆等药一起排列；同属萝摩科的鬼督邮、徐长卿、白前等列在一类等。

每味药物，则以"标名为纲，列事为目"，即药名为纲，分列不同入药部位为目，如鸡分为诸鸡肉、鸡头、鸡冠血、鸡血、鸡肪、鸡脑等 24 类；至于鸡肉，又细分为丹雄鸡、白雄鸡、乌雄鸡、黑雄鸡、黄雄鸡等。

至于具体每种药物的内容，则以正名为纲，下列释名、集解、辨疑、正误、气味、主治、附方为目。该分类法提纲挈领，纲举目张，层次清晰，脉络分明，是当时世界上最先进的分类方法。

2. 序例详实，使书中理论充分完整　《本草纲目》序例部分相当于总论，分属该书卷一、卷二，大致可分为本草发展历史及药性理论两个部分。其卷一"历代诸家本草"，介绍李时珍所了解的前代本草著作 41 部，大致反映我国本草沿袭的脉络。前二卷的更多篇幅则用于叙述药性理论，包括方剂配伍。文中分列标题，引述前代本草及医籍中的有关内容，其中时有详注发挥。

其具体内容包括：神农本草名例、陶隐居名医别录合药分剂法则、采药分六气岁物、七方（大、小、缓、急、奇、偶、复）、十剂（宣、通、补、泄、轻、重、涩、滑、燥、湿）、气味阴阳、五味宜忌、五味偏胜、标本阴阳、升降浮沉、四时用药例、五运六淫用药式、六腑六脏用药气味补泻、五脏五味补泻、脏腑虚实标本用药式、引经报使、药名同异、相须相使相畏相恶诸药、相反诸药、服药食忌、妊娠禁忌、饮食禁忌、李东垣随证用药凡例、陈藏器诸虚用药凡例、张子和汗吐下三法、病有八要六失六不治、药对·岁物药品。

3. 博引群书,使书中内容有理可依 李时珍在编写本书的过程中曾参阅引用了大量文献典籍。万历时王世贞所撰《本草纲目序》云:李时珍"长耽典籍,若啖蔗饴。遂渔猎群书,搜罗百氏,凡子史经传、声韵农圃、医卜星相、乐府诸家,稍有得处,辄著数言。……书考八百余家。"据统计,《本草纲目》引据的典籍达 852 种,"上自坟典,下及传奇,凡有相关,靡不备采"。李时珍曾参阅的典籍中,包括《素问》、《灵枢》、《难经》等医书 277 部;《本经》、《唐本草》等本草 84 种;《说文解字》、《字说》(王安石撰)、《名苑》(司马光撰)等经史 440 种;转引《易经注疏》等 151 部,而作为其编述蓝本的则是唐慎微的《证类本草》。

4. 资料通过实践验证,使书中内容客观可信 李时珍收集资料,不仅仅满足于从以往典籍中寻章摘句,还特别注重实地考察、实践检验。1572 年前后李时珍携弟子庞宪从蕲州出发,在行医的同时随处考察各地药物,一路跋涉,历经艰险困苦,所到之处虚心向各行各业的各色人等请教。曾到过的地方,南至武当,东到茅山、牛首山,遍及大江南北。

采访过的人,有农民、渔夫、猎人、车夫、工人、捕蛇者等,从而澄清了许多药物的本源,同时也得到了许多临床用药的经验。如中药五倍子,《本草图经》谓其"生肤木叶上,七月结实,无花。其木青黄色,其实青,至熟而黄"。显然是将其视为木本植物的果实。李时珍通过实地调查发现实际并非如此,《本草纲目》云:"五倍子,宋·《开宝本草》收入草部,《嘉祐本草》移入木部,虽知生于肤木上,而不知其乃虫所造也。"从而弄清了此药即盐肤木、青肤杨等植物的叶片因受蚜虫刺伤而形成的囊状虫瘿的实质。

5. 药数、药图及附方有很大增补,使书中内容丰富多彩 《本草纲目》共载药 1892 种,包括矿物药 355 种、植物药 1094 种、动物药 443 种。其中出自金元以前诸家本草者 1518 种,属李时珍增补者 374 种。《本草纲目》还为半数以上的药物绘制了图谱,共 1160 幅。

本书每药后有附方,共计 11 000 余首,多数录自前代医药典籍,如《普济方》、《和剂局方》、《食疗本草》、《千金方》及《伤寒论》、《金匮要略》等书,也有李时珍自己收集的便验方。

(三)成就及影响

该书总结了我国 16 世纪以前的药学成就,可谓药学史上的里程碑,其主要成就体现在以下方面:

1. 中医学方面的价值 李时珍具有精深的医学理论素养和临床经验,因而在讨论药物时还发表了许多独到而精辟的医学见解,如铅中毒、汞中毒、一氧化碳中毒、寄生虫病的"异嗜癖"等在《本草纲目》中均有记述。其中还记载了一些新的医疗技术,如蒸汽消毒、冰敷退热、药物烟熏防治疫病等。书中在麻黄条下,李时珍针对张仲景治疗伤寒时无汗者用麻黄汤、有汗者用桂枝汤的机理,指出自己的看法:"历代明医解释,皆随文傅会,未有究其精微者。时珍常绎思之,似有一得,与昔人所解不同……麻黄汤虽太阳发汗重剂,实为发散肺经火郁之药也……桂枝汤虽太阳解肌轻剂，实为理脾救肺之药也。"

此外，在药性及药效方面多有新解，对诸如四气五味、升降浮沉、归经、引经报使、配伍宜忌、饮食禁忌、十剂、妊娠禁忌等药学理论进行了系统归纳，从而使现代临床中药学的基本架构大体形成。

2. 中药学方面的价值　李时珍虽然继承了金元医家阐释药理的一些方法，但重视临床实践的检验，因此对辨析药物性能有着自己的看法和依据。如"鹅"在《名医别录》中谓可"利五脏"，《日华子本草》云其"性凉"。李时珍因曾"目击其害"，便指出："鹅气味俱厚，发风发疮，莫此为甚，火熏者尤毒。"关于性凉之说，李时珍指出："若夫止渴，凡发胃气者皆能生津，岂独止渴者便曰性凉乎？"

此外，李时珍通过实地调查走访，考辨纠正了以往本草中存在的大量错讹或谬误。诸如"南星、虎掌，一物而分为二种；生姜、薯蓣，菜也，而列草品……"、"以兰花为兰草，卷丹为百合……谓黄精即钩吻，旋花即山姜"之类的错误得到更正；而诸如"草子可以变鱼"、"马精入地变为锁阳"，以及时人视"伏翼"（蝙蝠）为"仙鼠"，白色者尤佳，食之可以长寿之类的讹说也得到纠正。另外，《本草纲目》在药物栽培、炮制、鉴定、煎煮等方面均有较深研究。

3. 博物学方面的价值　《本草纲目》不但记述医药知识，还对植物、矿物、动物、物理、天文、气象等领域也有涉猎。如其分类中的水菜类，相当于现代藻类；芝栭类相当于真菌类担子菌纲。又如"石油"，虽出自《嘉祐本草》，但名为"石脑油"、"石脂水"、"石漆"等，李时珍正式命名为"石油"，且云其产地有肃州、延州、延长等地，与我国近代石油工业的诞生地相合。李时珍对许多动物的生态习性都有详细的观察，并反映在书中，如其描述的鲮鲤（穿山甲）食蚁的情况、猫的瞳孔在一天中随时间推移而变化、白蜡虫食汁吐涎化蜡、小虫营造五倍子的情景等，都比较生动形象。

而对于编撰这些丰富内容，李时珍在编写过程中采用"剪繁去复，绳谬补遗，析族区类，振纲分目"，通过"物以类从，目随纲举"，将引据前代本草的内容系统反映了药学发展的体系和内容，便于查阅，这对本草文献整理有着重要的贡献；书中在药物分类时按照"从微至巨"、"从贱至贵"的原则，亦即从无机到有机、从低级到高级，大致符合进化论观点；具体药物则以正名为纲，纲下列目，纲举目张，条理清晰。

4. 文献学方面的价值　《本草纲目》"书考八百余家"。据统计，仅其书目所列医药典籍有276种，另在"历代诸家本草"中收元、明时期本草14种，共290种，其中属本草类者31部；非医药类典籍有经史及诸子百家、诗歌小说、方志、游记等440余种。前后合计，引用书籍达730余种。虽然李时珍在引用文献时常有割裂原文、节取缩写，或将数家之言杂糅为一，以及列举书目、书名时有漏略、重出等混乱现象，但鉴于这些文献大部分今已亡佚，但通过该书，尚可使今人得以了解其中部分资料。不过读者在阅读《本草纲目》时对此应有清醒认识，不可重蹈李时珍覆辙，以讹传讹。

李时珍的思维模式也接纳了宋明理学的一些思想。他在"凡例"中即称："虽曰医家药品，其考释、性理，实吾儒格物之学，可裨《尔雅》、《诗疏》之缺。"因而，其在考释某些药物性能时便引用了一些理学家的言论，如其在"兰草"的"正误"项下，便引证了朱熹《离骚辨证》和吴澄《草庐集》中的有关论述。

【附】流传版本

《本草纲目》在其出版不久的 1607 年（万历三十五年）即由林道春传入日本；至 1637 年（日本明正天皇宽永十四年）便有翻印本问世；至 1783 年（日本光格天皇天明三年）又有附注解的日译本出版。这些书的问世对日本药物学及植物学的研究产生了重大的推动作用，日本至今尚保存有三部明万历年间的金陵版刻本。

1647 年，波兰人卜弥格将其译为《中国植物志》，于 1657 年以拉丁文出版，对当时欧洲植物学的发展起到了推动作用。现代尚有法文、德文、英文、俄文、西班牙文等七种文字的译本在世界范围内流传，其中 1735 年法国巴黎出版的《中国史地年事政治记录》中有法文的《本草纲目》数卷；英文译本除 R.Brockes 和 E.Cave 的两个版本外，尚有英国人 B.E.Redd 耗费二十年时间译成的英文全本。德国人 F.Hibotter 所著的《中国药学》也是以《本草纲目》为蓝本编撰的。

现代学者将《本草纲目》的版本分为"一祖三系"。"一祖"即该书初刻祖本金陵本；"三系"指江西本、钱本、张本三个分支系统。具体传世情况如下：

（1）祖本：分为金陵本和摄元堂本两种。前者为胡成龙刊刻于金陵，为后世各种刊本的初始刻本，一般推测刻成于 1593 年。此本今中国中医研究院、上海图书馆各有一部；国外共五部，分别由日本内阁文库、狩野文库、伊藤笃太郎、美国国会图书馆及德国馆藏。后者为明代崇祯十三年由程嘉祥删去金陵本"辑书姓氏"，改题"校书姓氏"，添上程氏姓名及"摄元堂"字样。该本现存美国国会图书馆。

上海科学技术出版社于 1993 年影印出版了金陵本《本草纲目》。1999 年人民卫生出版社出版由王育杰整理，以上海科学技术出版社影印金陵本为底本，以江西本为主校本，同时参考《证类本草》等书，并吸取刘衡如点校本中某些考证结果的《本草纲目》金陵版排印本。后者重新编排目录，在某些药名后加注现代规范用名，并对药图重新绘制。

（2）江西本系统：万历三十一年（1603 年）夏良心、张鼎思重刻《本草纲目》于江西南昌，内增补李建元进疏及夏、张二氏序，即"江西本"。此本基本上保持了金陵本原貌，成为明代至清初各版的底本。本系统版本有以下十余种：万历间翻刻本；万历三十四年薛三才、杨道全等刊刻于湖北，内增杨道全、董其昌序的湖北本；刊刻于明末的石渠阁本；崇祯年间胡正言、胡正心刻于南京的十竹斋本；日本京都书店 1637 年以石渠阁本为底本，加以和文训点的宽永本；1640 年据万历年间金陵刊小字本重刻的久寿堂本；1658 年刻于江西，增补五个序，由医官沈长庚校正的张朝璘本；1684 年苏州绿荫堂、文雅堂刊刻的金阊本；清代初年的五芝堂本；1981 年人民卫生出版社出版的刘衡如校点人卫校点本。

（3）钱本系统：1640 年杭州钱蔚起刻《本草纲目》于六有堂，该本由陆喆改绘江西本图谱，后世称"钱本"，或称"武林钱衙本"。本系统在日本自 1653 年起，先后又有 1659 年、1669 年、1772 年、1714 年、1734 年、1796 年等版本。在国内，则自 1655 年由吴毓昌改修钱本的太和堂本始，又有 1713 年刻于苏州的本立堂本、1735 年的三乐斋本、十八世纪中期的文会堂本、乾隆年间的四库全书本、1784 年的书业堂本、清代中叶刻于北京的芥子园巾箱本、1826 年的务本堂本、1826 年的英德堂本、1845 年的文光堂本、1851 年的蔡照书屋本、1867 年的天德堂本、1872 年的善成堂本、1872 年的春明堂本、1875 年的经香阁本、清代中叶的连云阁本、清代中叶后的崇云阁本及同期的拾芥园本、约在清代中后期的学源堂本、清代后期的书蒙堂本、同文堂袖珍本等。

（4）张本系统：此本系张绍棠在光绪十一年（1885 年）刻于南京，全称"张绍棠本"，又称"味古斋本"。其文字部分参校江西本、钱本，药图则据钱本改绘，并附有《本草纲目拾遗》，流传甚广。本系统版本还有以下多种：1888～1916 年先后六次石印的鸿宝斋本、1894～1908 年三次铅印的图书集成书局本、1904 年的同文书局本、1906 年的萃珍书局本、1908～1929 年六次印制的商务本、1912 年的章福记书局本、1913～1919 年的日本半田屋本、1916 年的锦章书局本、1925 年的扫叶山房本、1930 年商务印书馆排印的万有文库本、大东书局 1936 年排印本、1937 年的世界书局本、商务印书馆 1954～1955 年未附《本草纲目拾遗》而增加四角号码索引的商务重印本、台北文光图书有限公司 1955 年铅印的台北文光本、九龙求实出版社 1957 年本、人民卫生出版社 1957 年出版的影印本、1965 年的香港商务本等。

《本草纲目》是我国医药宝库中的一份珍贵遗产，其内容博大精深，丰富多彩，既是一部文献性药物学工具书，也可认为是一部创造性的药物学专著。清代周中孚对《本草纲目》在医药方面的价值评价甚高，其《郑堂读书记》云："从此《纲目》所载之方，皆可以适用，而更不必别具书矣。是诚李氏之功臣，而医家之响导也。"现代，郭沫若先生题词云李时珍为："医中之圣，集中国药学之大成，《本草纲目》乃 1892 种药物之说明，广罗博采，曾费 30 年之殚精，造福生民，使多少人延年活命。伟哉夫子，将随民族生命永存！"

十五、《炮炙大法》

《炮炙大法》是明代万历时著名医药学家缪希雍应庄继光之请而口述的，又经庄氏整理的炮制专书。最早刊于 1622 年，为《先醒斋医学广笔记》的卷之四，后有单印本，是继《雷公炮炙论》之后的又一部炮制专著。

（一）作者及成书情况

作者缪希雍（约 1546—1627），字仲淳，又字仲仁，号慕台，原籍江苏常熟，后迁居金坛。缪氏八岁丧父，幼年与少年时期多病，乃立志自学医书而业医。一生著有医药书籍多种，精于本草，先后编撰《神农本草经疏》、《本草序例》、《本草单方》、《方药宜忌》、《诸药治例》、《炮炙大法》等。

全书按药物类别，分为水部、火部、土部、金部、石部、草部、木部、果部、米谷部、菜部、人部、兽部、禽部、虫鱼部等 14 部，共 439 种中药。书中以简明的手法叙述了各药的炮制方法，也包括各药的出处、采集、优劣鉴别、炮制辅料、炮制过程、炮制后的贮藏方法，对某些药物还阐述了炮制前后性质的变化和不同的治疗效果，在书末附有"用药凡例"，对药物的炮制原则，及煎药、服药等都进行了较详细的说明。

（二）内容及特点

1. 发展了中药炮制法的分类　在长期实践过程中，中药炮制的方法不断充实，经验不断积累。到了明代，中药炮制已步入兴盛阶段。该书开头，简要地将前人雷敩的药物炮制法进行了归纳："按雷公炮制法有十七，曰炮，曰爁，曰煿，曰炙，曰煨，曰炒，曰煅，曰炼，曰制，曰度，曰飞，曰伏，曰镑，曰䘏，曰日煞，曰曝，曰露是也，用者宜如法，各尽其宜。"这就是后世所称的"炮制十七法"即称"雷公炮炙十七法"。其中的"爁、煿、煨、度、伏、铸、䘏、露"等方法在《雷公炮炙论》中未见记载。

书末附用药凡例，如药剂丸散汤各有所宜，不得违制，煎药则例，服药序次，服药禁忌，妊娠服禁，六陈等。其中小部分资料摘自《大观本草》中援引的《炮炙论》，大部分资料系介绍当时的炮制方法。正如作者所说的"自为阐发，以益前人所未逮"。

2. 完善了中药炮制的工艺 在《炮炙大法》中，最主要的内容就是炮制工艺。缪希雍将《雷公炮炙论》中"去其迂阔难遵者"，增添了当时的炮制方法，如白芍药"今人多以酒浸蒸切片，或炒用亦良"，砂仁"略炒，吹去衣"。所以在工艺方面已达到较完善的水平。

书中在"用药凡例"项下，主要论述药剂丸散汤膏各有所宜，不得违制，具体说明了各种剂型的定义及作用，诸如"汤者盪也，煎成清汁是也，去大病用之；散者散也，研成细末是也，去急病用之；膏者熬成稠膏也，液者捣鲜药而绞自然真汁是也；丸者缓也，做成圆粒也，不能速去病，舒缓而治之也；渍酒者以酒浸药也，有宜酒浸以助其力，如当归、地黄、黄柏、知母阴寒之气味假酒力而行气血也；有用药细剉如法，煮酒密封，早晚频饮以行经络或补或攻，渐以取效是也"。

书中写明不同类型的丸药各有其不同的适应证："面糊丸取其迟化直至下焦"，"半夏南星欲去湿者以生姜汁稀糊丸，取其易化"，"炼蜜丸者取其迟化而气循经络也"，"蜡丸者取其难化而迟取效也"。

此外，对于炼蜜时的季节、加水量、炼熬时间、色泽、稠度等，以及方剂中的石药、香药的调配方法与注意点均作了详述。此书在系统总结元明时期的中药炮制方法及用药注意事项的基础上，将前人的炮制作用阐述地更为清楚。

3. 重视炮制与临床应用的关系 缪希雍精通医术，潜心研究本草，所以他在《炮炙大法》中对炮制与临床应用的关系相当重视。如干姜"若治产后血虚发热及止血俱炒黑，温中炮用；散寒邪、理肺气、止呕生用"，矾石"生用解毒，煅用生肌"，槐花"止血炒黑"，蒲黄"行血生用，止血炒用"，这些都指出了药物在不同的临床应用方面应采用不同的炮制方法。药物通过炮制，引药归经，从而治疗相应的疾病。药物通过炮制后，往往发生药性改变，产生新的疗效。《炮炙大法》中已对相当一部分药物做了论述。

该书以简明的笔法，叙述了四百余种药物的炮制方法，叙及药物出处、产地、采集时间、优劣鉴别，用于炮制的辅料、操作方法及药物贮藏、药物炮制后的性质变化。还简明扼要地叙述药物配伍应用时的相须、相畏关系。

（三）成就及影响

古之炮制，实为中药炮制和散、汤、膏等制法的合称，故《炮炙大法》中均有论述，而以炮制为重点。《炮炙大法》是在继承前人的基础上，又充实了作者的实践经验，对中药炮制、制剂、鉴定、贮藏等各方面作了较全面的论述，为我国中医药学做出了卓越贡献，特别是为中药炮制史写下了新的一章。虽然书中一些炮制工序欠妥，并且其炮炙十七法对炮制方法的总结也不尽完整，在书中也未全面表达出来，但就整部书的历史价值而言，这些都是微不足道的，《炮炙大法》对后世炮制工艺的发展起到了很大的影响，是一部值得很好研究和借鉴的文献。

十六、《修事指南》

《修事指南》是继《雷公炮制论》和《炮炙大法》后，我国的第三部炮炙专著，由清代张叡编撰，1704 年杭州抱经堂书局印行。1928 年后，该书先后被改名为《制药指南》或《国医制药学》印行，内容未变。1973 年，中国中医研究院中药研究所将该书炮炙论下和分论编入《历代中药炮制资料辑要》一书。

（一）作者及成书情况

张叡，字仲岩。南通州（今江苏南通）人。其为康熙间太医院使。

全书共一卷，分三部分。第一部分为炮炙论上，总论炮制的重要性和各种方法；第二部分为炮炙论下，总论各种炮制方法的作用；第三部分为分论，记载了 232 种药物的具体炮制方法。基本内容多取自《证类本草》和《本草纲目》，根据历代各家有关炮制的记载进行了较为系统的综合整理及归纳总结，并在《本草蒙筌》所载炮制理论的基础上增添了一些新内容，做到条分缕析，较为醒目。

（二）内容及特点

1. 丰富了炮制理论　张氏认为中药炮制在中医药学中非常重要，明确指出："炮制不明，药性不确，则汤方无准而病症无验也。"此外，他在炮制理论上也有所发挥。如，对某些炮制辅料有所研究，提出："吴茱萸汁制抑苦寒而扶胃气，猪胆汁制泻胆火而达木郁，牛胆汁制去燥烈而清润，秋石制抑阳而养阴，枸杞汤制抑阴而养阳，麸皮制去燥性而和胃，糯饭米制润燥而泽土……"。同时，也指出了一些常用炮制方法的作用，如"而煅者去坚性，煨者去燥性，炙者取中和之性，炒者取芳香之性，蒸者取味足，煮者取其烂……"并对修制净选提出"去瓤者免胀，去心者免烦，去头芦者免吐，去核者免滑，去皮者免损气，去丝者免昏目，去筋膜者免毒在。去鳞甲者免毒存也……"还特别指出"凡修事各有其故，因药殊制者一定之方，因病殊制者变化之用，又须择地择人敬慎其事……"等。这些理论，对于医者应重视炮制及推进炮制，无疑起到极其重要的地位。

2. 总结了炮制经验　张氏总结了不同炮制器具的作用："银器制者取煅炼而去毒，砂锅制者取煎熬而味真，竹刀制者不改味而遵旧法，铁气制者犯虐修而失炮规"。并总结了不同的炮制方法的作用："捣杵者取性和，锉末者取性在，水磨者取性真，阴者取性存，怀干者取性全"。

该书还记载《本草纲目》未收录的炮制方法。如，制酸枣仁，"后人有炒用者"；制杜仲，"有用盐水炒者"；制茯苓，"后人有用乳蒸者"；制桑白皮，"有同糯米炒者"；制琥珀，"今人有用乳制者"。

（三）成就及影响

该书主要内容参考了《本草纲目》中药物炮制的部分，药物选择以源自《神农本草经》和《名医别录》为主；炮制方法以雷敩和李时珍的记载方法为主；药物编写排序按照临床用药习惯。此外，书中还总结了炮制的基本方法、具体方法及炮制辅料等事项，具有较强的适用性，因此在问世之后极受欢迎。

十七、《本草纲目拾遗》

清代存世的本草著作为数甚多，有人统计总数将及四百部。但在这些数量空前的作品中，居多的是着眼于临床实用的普及性本草，而在清代前期，则以辑注《神农本草经》为主的尊经复古类著作为主。从学术角度而言，这些著作中的一部分确有可称道处，但总体而言，新鲜内容较少，是该时期本草著述较为普遍的不足。其中也有例外者，如赵学敏编撰的《本草纲目拾遗》以新增716种药物，成为清代本草学成就的一个亮点。

（一）作者及成书情况

赵学敏（1719—1805），字依吉，号恕轩，浙江钱塘（今杭州）人。由于赵学敏无意于功名，自幼矢志习医，又喜博览群书，除家藏典籍外，尚曾"从邻人黄贩翁家阅所藏医书万余卷，自云读书自《灵枢》、《难经》而下，旁及道藏石室；考穴自铜人内景图而下，更及太素奇经；伤寒则仲景之外，遍及金鞞母索；本草则《本草纲目》之外，远及海录丹房"，并声称"予素有书癖，日不给，焚膏继之。恐堂上呵禁，尝籧灯帏中，藏书夜观，煤积翠帐皆黑"。

赵氏医药著作共有十二种，合编为所谓《利济十二种》。其中较著名的除《本草纲目拾遗》外，尚有《串雅》、《医林集腋》、《养素园传信方》、《摄生闲览》等，成编时又将其弟赵学楷的《百草镜》、《救生苦海》等附编为《利济后编》。

关于该书起编的动机，赵学敏在其读书小序中称："……濒湖之书诚博矣，然物生既久，则种类愈繁，俗尚好奇，则珍尤毕集，故丁藤、陈药不见本经；吉利寄奴，唯传后代……"意即自然界变化无穷，事物总在发展之中，许多药物古人本自不识，即便是已知药物，也不断有新的功能被发现，所以李时珍虽云博学，但也不免疏漏或错讹，因而有必要加以补充和纠正。

至于《本草纲目拾遗》的著成时间，据该书"小序"记，是在"乾隆乙酉年八月"，即1765年。但经披览该书，发现其卷七"雪荷花"条中，大段引用纪昀《阅微草堂笔记·滦阳消夏录（三）》中文字。纪昀在该篇中记道其曾于丁亥年（1767年）去京师，此当是赵氏所记该书编成两年之后了。又据该书卷六"响豆"条中有"纪晓岚先生《姑妄听之》云……"一段文字。按《姑妄听之》系《阅微草堂笔记》中篇目，纪氏云该篇成编于乾隆癸丑（1793年）。更明显的是赵氏在卷四"翠羽草"中提及其曾在嘉庆癸亥"寓西溪吴氏家"，这更是1803年，即距离赵学敏辞世不过两年。通过上述资料推断，赵氏所谓编成于1765年的，只是该书的初坯，此后又曾经历数十年的增补。据考证，赵氏《利济十二种》编成于庚寅年（即 1770 年），但因经济实力限制，当时无力刊刻。因而在此后的时间内，赵氏继续对所著不断进行补遗，直至辞世尚未清稿，但有资料表明，其时社会上已有传抄本流传。

（二）内容及特点

1. 对《本草纲目》进行了增补和修订　关于该书的命名，其"凡例"云："是书专为拾李氏之遗而作，凡《本草纲目》已登者，或治疗未备、根实有未详，仍为补之。"显然其主旨在于补《本草纲目》之遗。

《本草纲目拾遗》共分 10 卷。药品分类依《本草纲目》体例，分为水、火、土、金、石、草、木、藤、花、果、蔬、器用、禽、鳞介、虫等类，唯删去"人"部，因为赵氏认为该部药"非云济世，实以启奸"。而"藤"、"花"两类，系赵氏新增，同时将以往本草中的"金石"类，拆为"金"与"石"两种。

全书共载药 921 种，其中属新增者 716 种，均为《本草纲目》所未载；附品 205 种，在正品中兼述。其新增药中有许多是各地草药，具体药物如治疗痢疾的鸦胆子、清热解毒的白毛夏枯草、后世用以强心的万年青、补血活血的鸡血藤、治疗跌打损伤的接骨仙桃等，余如金钱草、胖大海、千年健、银柴胡等，不少药成为后世常用之品。

书中除记载浙江一带出产的药物外，还特别记述了边远地区、少数民族地区、沿海地区的药物，包括两广、云南、甘肃、台湾、西藏、蒙古、新疆等地，分布之广，为历代本草所罕见。如卷二"水烟"条云："沈君士云，水烟真者出兰州五泉山，食之性尤峻削……蔡云白言：兰州五泉种水烟，其叶与枇杷叶相似，与烟叶迥别。"另有一些录自其他医药类或方志、笔记等典籍中，如从唐代段成式《酉阳杂俎》中录选了侯骚子、酒杯藤、阿月浑子、阿勃参等药；从赵学楷《百草镜》中录选了金果榄、玉如意、老鸦蒜、独脚一枝莲等。

书中还收载了不少外来药，如日精油，为"泰西所制……非中土所有，旅人九万里携至中邦……"；鸦片烟，系用"麻葛同鸦土切丝，于铜铛内煮成……鸦土出噶喇吧……为渡海禁物。台地（笔者按：即台湾）无赖多和烟吸之，谓可助精神，彻宵不寐。初服数月犹可中止，迨服久偶辍，则困惫欲死，卒至破家丧身……"；狮子油，系由"西域人捕得，取其油入贡"；有关金鸡勒（即金鸡纳树皮）的记述是："西洋有一种树，名金鸡勒，以治疟，一服即愈"按该树原产南美，成分主要是奎宁。

此外，该书还记载了部分实际属工业使用的物品，如制作印刷用铜版的强水（即镪水），云其系"西洋所造，性最猛烈，能蚀五金……西人凡画洋画，必须镂板于铜上者，先以笔画铜，或山水人物，以此水渍其间一昼夜，其渍处铜自烂，胜于镂刻"。书中还有各种药露的制取法，云"其法始于大西洋，传入中国，大则用甑，小则用壶，皆可蒸取，其露即所蒸物之气水"，所谓"露"实即今日所谓挥发油。

《本草纲目拾遗》对《本草纲目》的许多错误进行了修正，缺漏者做了补充。如其指出《纲目》中虽有绵茵陈、角蒿（山茵陈）二条，但未指出临床上常以后者充茵陈蒿使用的事实；还有大腹子与槟榔未严格区分等。又如赵学敏认为《神农本草经》在桑根白皮下所列"主伤中、五劳六极、赢瘦、崩中绝脉、补虚益气"作用实系桑椹之功，"李时珍虽云博识"，却仍列桑白皮条下；还有三白草，李时珍认为其命名来自此草在不同季节有三次变白现象，而赵学敏经考卢之颐《本草乘雅》，认定所谓三白即叶片初发时色白、花穗白、根须白，故名。

有关药物加工炮制方面的资料，在书中也有多处。如卷六·木部中的"乌药茶"，系"以脂麻诸油杂茶为汁煎之"；"烂叶茶"，"此乃泡过残茶，积存磁罐内，如若干燥，以残茶汁添入，愈久愈妙"。又如卷八·果部中"橙饼"、"桔饼"等的加工方法，书中均有较为详细的记述。

2. **文献引用采撷广博**　赵学敏在编写此书过程中引用文献达 600 余种，除医药专籍外，还有小说、笔记、游记、方志等。其中引用的大批医药典籍有许多是未被《四库全书》所著录者，特别是诸如《百草镜》、《本草补》、《采药方》等书早已亡佚，但通过该书还可了解其中的部分内容。同时，该书还记载了许多赵氏采访诸色人等获得的药物鉴别及用药知识，且均注出人名，人数达 200 以上。

书中药品有些是来自"世医先达"，但更多是来自普通群众，书中常有出自"某仆"、"某妪"等类人员的药物，出处涉及许多偏僻地区，如广西的千年健，云南府的芸香草，"陕西延安榆州"等处的石脑油，西藏的藏香、野马豆，台湾的凤头莲等。还有数十种外来药品，内中除前述者之外，还有吕宋果、阿月浑子、东洋参、香草等，这在闭关锁国的清代早中期实属难得。

3. **信息资料注重实践检验**　《本草纲目拾遗》"凡例"云："拙集虽主博收，而选录尤慎。其中有得之书史方志者、有得之世医先达者，必审其确验方载入，并附其名以传信。若稍涉疑义，即弃勿登。"并称药物中品类最多的草类"诸家所传，亦不一其说，予终未深信……兹集间登一二者，以曾种园圃中试验，故载之，否则宁从其略，不敢欺人也"。如书中卷四·草部的"翠羽草"条中，赵氏通过叙述其在嘉庆癸亥年"寓西溪吴氏家"时，东家次子腹背忽患"红瘰"后历用诸药无效，最后在一老妪指点下用翠羽草捣汁外涂而一夕获愈的事例，说明该药有"解火毒"作用；卷五·草部中"石打穿"条中，赵学敏云："癸丑（1803 年），余亲植此草于家园。见其小暑后抽薹，届大暑即著花吐蕊，抽条成穗，俨如马鞭草之穗……"。

4. **兼载许多近代自然科学技术**　难能可贵的是，《本草纲目拾遗》中还记载了一些近代科学技术。如该书中可以看到现代生物学中盛行的转基因技术的雏形：卷八"三生萝卜"系在水萝卜中钻七孔，放入巴豆七粒后入土种植，待萝卜成，再钻七孔，入巴豆七粒，复种。如此三至四度后采收，用治臌胀，即使"极重者二枚立命"。又如其"正误"篇中引自《白猿经》的"造射罔法"，系以草乌头经一系列复杂过程，最终得到冰状之物，其毒甚剧，"上箭最快，到身走数步即死"。此实际即是提取乌头碱的方法。过去学界一直认为人类最早提取的生物碱，是欧洲人于 19 世纪才发明提炼的吗啡，而该书引据的《白猿经》约成书于 17 世纪（薛愚·《中国药学史料》）。

另外，赵学敏还注意到生物界物种的演变，如其在小序中云："……如石斛一也，今产霍山者，则形小而味甘；白术一也，今出于潜者，则根斑而力大。此皆近所变产，此而不书，过时罔识。"余如前述强水制版、制取药露的方法等，均属近现代科学技术。

当然，《本草纲目拾遗》也有其缺点。因系以笔记体编成，其中内容各项混杂，无明晰次第；未附药图，许多药物仅凭文字不易辨识；由于赵学敏实际上宥于个人的经济条件、时间等方面的诸多限制，其所记述的药物实际上并未能一一亲身体验或观察，因而书中仍存在许多错误，如将南烛误以为南天竹，将蓼科植物杠板归当作雷公藤等。又如赵学敏批评李时珍误将石蒜当作山慈姑，但其自己也不清楚山慈姑究系何物。另外书中还有一些迷信类糟粕，如书中称熬制鸡血藤时，"忌有孕妇看见，决熬不成"；还记述了一些类似巫术的治病方法，如其介绍杨春涯治乳痈验方时，称医者以女人头上所佩金簪对太阳画圈，并要念叨 "天上一朵黑乌云，地下女子害乳疼，我今特受金簪上，金簪化去永不疼……"等，显然极其荒唐。

（三）成就及影响

如前所述，《本草纲目拾遗》由 1765 年形成初稿到 1803 年终稿完成，曾经历近四十年的增补修订，其间一直未能刊出，直至同治甲子（1864 年），方由张应昌访得稿本，修缮刊行。此前虽然已早有传抄本流行，但其中颠倒错乱处甚多。

张氏在《本草纲目拾遗跋》中云："……止嘉庆末年（《利济十二种》）传抄本则止有是编与《串雅》二种，其十种已不传，且是编每药下列各条，颠倒错乱、眉目不晰。余因访知杭医连翁楚珍藏其稿本，假阅，乃先生手辑未缮清本者。初稿纸短，续补之条，皆粘于上方，粘条殆满，而未注所排序次，故传抄错乱耳。"张氏记载，当时由其按照原稿体例，以稿本校订传抄本错乱，整理条目，尽量还该书旧观，然后将原稿本仍还交连氏。后来在庚申年间遭遇寇乱，连家原稿亡失，所幸张氏编缮整理者尚存，方使该书得以传世。张氏编缮原稿在清代末年曾一度失踪，后被范行准索得，藏于栖芬书室。

《本草纲目拾遗》是继《本草纲目》后对我国药物学的又一次总结，全书 921 种药物中属于新增的达 716 种之多，比李时珍新增的 374 种超出将近一倍，载药数之众在清代所有本草中当属第一，因而可视为清代中叶以前新发现草药的一次系统总结。从内容看，该书不仅是一部药物学专著，也可以认为是植物学著作，其中记述的不少植物种类属于文献中首见。从该书"凡例"中可知，赵学敏在研究本草方面有着远大抱负："他日拟作待用本草，将宇宙可入药之物，未经前人收集者，合之另为一书，以俟博访于后之君子。"可惜究竟天不假年，赵氏夙愿卒未实现。虽然由于种种原因，书中不足之处依然较多，但《本草纲目拾遗》在中药发展史上仍有着重要地位。

十八、《植物名实图考》

《植物名实图考》为清朝吴其濬所撰，是集药用植物、救荒植物、植物考据、新植物记录等于一体的专著，该书突破了本草、农学、地方游记、方志的界限，达到了古代植物学研究的顶峰。此外，吴其濬在编撰《植物名实图考》之前，还编撰了《植物名实图考长编》一书，共 22 卷，是为《植物名实图考》准备的资料，不仅对研究本草有参考价值，对现代植物、农业、林业及园艺等方面也可提供珍贵的参考资料。

（一）作者及成书情况

吴其濬（1789—1847），字瀹斋，号吉兰，别号雩娄农，清代河南固始人。嘉庆二十二年（1817 年）中状元，当年他仅 28 岁，成为河南省清代唯一的状元。入仕后，曾任翰林院编修，江西、湖北学政，兵部侍郎，两湖、云、贵、闽、晋等省巡抚或总督等职。有"宦迹半天下"之称。

与清代一般高级官员不同，吴其濬还是一位博物学家。在从政之暇，潜心医药学，其治本草，重视实物研究，不囿于前人之说，并常深入民间，虚心向花农、药农等请教。吴其濬鉴于以往本草书中存在着"名同而实异，或实是而名非"等混乱情况，遂根据自己亲自观察和访问所得，并搜集古人论述，进行详细考订，绘图列说，经过长期努力，著成该书。但书稿未及刊出，吴其濬便因病去世。第二年，继任山西巡抚陆应光将该书校刊。

（二）内容及特点

1. 录的植物种类多　《植物名实图考》共 38 卷，分谷、蔬、山草、隰草、石草、水草、蔓草、芳草、群芳、果、木等 12 类，每类植物之下又分出许多种。收载植物约有 1714 种，比中药学巨著《本草纲目》收载的植物药还多 519 种。

《植物名实图考》收载的内容，从类别上看有，胡麻、稻、梁、黍、大豆、稷等粮食作物；白蒿、地黄、何首乌、柴胡、紫参等药用植物；樟、柏、桦木、白杨等木材植物；橙、柑、梅、柿、椰子、无花果等果树。从生态角度看，这些植物有陆生、阴生、水生、石生等。从空间分布来看，书中植物共涉及 19 个省，尤其集中于对云南、贵州、江西、湖南、山西等省植物的采集，书中收录云南植物约 370 余种，江西植物约 400 种，湖南植物 280 种。尤其是云南等边远地区，是历代本草学家采访所不及之地，当地的一些植物资源在书中被首次记载。

2. 草绘图准确精美　《植物实图考》绘图数量众多，笔功精细，科学价值高，在植物学界享有盛誉。此书绘图共有 1805 幅，超过了以往任何本草书的植物绘图数量。其中约 1500 幅是实物写生而成，另约 300 余幅是从前人书中抄绘而来。

书中的实物写生图以突出植物特征为主旨，一般是按原植物各部位的比例描绘的，结构谨严、气韵生动、更准确地揭示了植物的形态，反映植物的特征，绘图的质量也大大超出前代植物绘图的水平。植物学家甚至可以直接依据书中的实物写生图确定植物的科和种。目前，植物中文名中，约有 10 个科和 55 个属都沿用书中选载之名。

此前李时珍的《本草纲目》也附图较多，有 1100 多幅，但所绘之图粗糙，与实物有很大差距。且李时珍仅到过北京、湖南、江西、江苏、安徽等地，而吴其濬则足履大江南北，两人的见闻是无法相比的。以至于，清人张绍棠在翻印《本草纲目》时，直接用吴其濬的绘图替换掉了李时珍所绘的图。可见《植物名实图考》书中绘图的价值。

3. 地调查统一名实　中国古代植物考据研究内容非常丰富，但多以文字证文字，对植物形态的描述简单，致使长期以来始终未能形成统一的植物名称标准，植物名称在本草、农书和文学作品使用混乱。

吴其濬统一植物名实时，特别重视实地调查。经常向农民、中医、樵夫、牧童、地方官吏等调查询问，进而弄清某些人们习以为常却未能深入了解的植物，以及不同品种的同一植物等。例如，他在黍条中记载："北方以麦与梁为常餐，黍、稷则乡人之食，士大夫或未尝果腹，即官燕蓟者偶食之，亦误以为黄粱耳，余询于舆台者如此，他日学稼，尚谀于老农。" 他在云南任职时向下级官吏调查三七的特性: "余在滇时, 以书询广南守, 答云: 三茎七叶, 畏日恶雨, 土司利之, 亦勤培植。"

此外, 吴其濬特别重视实践, 他创造条件, 亲自栽培某些植物, 以便实地观察, 掌握第一手资料。他在蔬菜类甘蓝条中记载: "余移种湘中, 久不拆芽, 视之废矣……滇南终岁可得, 夏秋尤美……西南万里, 艺之小圃, 朝夕晤对。" 可以看出作者在湖南、云南为官时都在栽种甘蓝。并且"朝夕晤对", 进行细心的观察。

4. 尊重前人研究成果　吴其濬虽然注重实践和观察, 但他从来都不忽略前人已有的研究成果。在考订植物名实时, 对前人成果给予了充分尊重, 对前人的见解除了于《植物名实图考长编》中一一列述以外, 在《植物名实图考》书中每有引用, 即一一注明, 而不略人之美。此书共引用了有关植物的文献 800 多种, 他继承前代, 凡前代本草诸书已记载者, 均注出见于何书及其品第。另外, 吴其濬曾两度被征召"入值南书房"陪皇帝读书, 可以见到社会上罕见的文献资料, 引用的资料也就更为可贵。

吴其濬治学严谨, 在转引文献时, 忠实于古文献原文, 全部照录, 注明出处, 不割裂原书文义。《植物名实图考》以古代文献为基础, 却并非拘泥其中, 对文献的考订、辨伪, 不轻信盲从, 所以《植物名实图考》取得了比《本草纲目》谨严精密的成就。

(三)成就及影响

《植物名实图考》对植物名称与实物的考证取得了巨大的成就, 作者为了采集标本, 几乎走遍了半个中国, 书中再配以精细植物形态图、详实的调查资料, 使之成为了联结我国古代本草和近代植物学的桥梁。德国人 Bretschneider 在他所著的《中国植物学文献评论》一书(1870 年出版)中, 曾对此书作了很高的评价。不少国家的图书馆迄今还收藏有此书。

1919 年该书商务版问世后, 世界各国研究植物种属及其固有名称的人们, 都争索《植物名实图考》作为重要参考资料。1885~1890 年, 日本松村任三《植物名汇》和牧野富太郎的《日本植物图鉴》, 以及中国裴鉴、周太炎编著的《中国药用植物志》均参考了这部著作。可见其学术影响之大。此外, 书中所载的谷类、蔬菜、花卉、果木, 对研究农学、园艺学、植物学等都有很大的帮助, 为开发利用这些农作物、药材及其他经济作物提供了材料。

第三节　古代中药文献的检索

目录, 也称书目, 是著录一批相关图书或其他类型的出版物, 并按一定次序编排而成的一种检索工具。古代中药文献的检索主要依据中药文献目录进行。按著录内容, 图书目录一般分为两种。一种是单纯书目, 只载书名、作者、卷册和刊行(或出版)情况等, 如史书《艺文志》、《古籍目录》、《医藏书目》等; 一种是提要式书目, 除一般著录外, 还扼要地介绍书的内容、作者生平、版本考证及价值评述等, 如宋晁公武《郡斋读书志》、陈振孙《直斋书录解题》及清代《四库全书总目提要》等。

通过书目, 我们既可以了解到书的基本内容、种类, 还可了解各个历史阶段古代文献的著述、收藏、流传、存佚，以及古代学术思想的渊源和发展等。由于大量的中药文献存在于中医著作中，因此在介绍中药文献时不可避免的要涉及中医各科的书籍，这是查阅中药文献检阅中药文献时不可或缺的。这里介绍的仅是检索中医药图书常用的书目，包括中医药专科书目、医书附见书目、中医药学辞典附见书目、药典、药物志书目、方书书目等。

一、中医药专科书目

1.《医藏书目》明代殷仲春（方叔）撰[秀川]　1955 年，上海群联出版社根据汤溪范氏所藏明崇祯刊本影印。

该书成于明万历四十六年（公元 1618 年），是我国现存最早的一部医学书录。本书别出心裁，用佛教用语来给医书分类。但实际上，仍按照历代医书分类分为医经、本草、针灸、妇科、儿科等，只不过换了佛教名而已。该书按所采录医术的内容分为二十函（类）：无上函（各科医书）、正法函（伤寒类）、法流函、结集函、旁通函、散圣函、玄通函（皆为各科医书）、理窟函（脉学类）、机在函（眼科类）、秘密函（各科医书）、普醍函（本草类）、印证函、诵法函、声闻函（皆各科医书）、化生函（妇产类）、杨肘浸假函（外科类）、妙窍函（针灸类）、慈保函（儿科类）、指归函（各科基础书）、法真函（养生类）。每函依佛经《如来法藏》的名称取名，并冠以小序，介绍该函内容。各函书目仅著录书名、卷数和作者。殷氏所录虽较为简单，但却均经本人目验，毫不臆录转录，故有一定参考价值。

2.《医学读书志》清代曹禾撰[武进]　清咸丰二年（公元 1852 年）自刊本；1981 年 9月，北京中医古籍出版社出版。

该书为《双梧书屋医书四种》之　，共 2 卷。作者按时代顺序编写，以历代名医（包括御纂医著之帝王）为纲，将史志所载及所见书目罗列与各医家名下，且注明出处。每位医家书目之后，附以撰者简述、考订源流、提要钩玄等。该书所收医家，始伏羲，迄清邹澍，一百十二家，补一家，提要九十九篇。其内容丰富、眉目清晰、编裁得当，对研究医史、医籍有一定参考价值。

3.《历代医学书目》附《丁氏医术丛书提要》丁福保编著　清宣统二年（1910 年）上海文明书局出版。

该书为近代较早的中医专科书目之一，凡历代医书，不论存佚，均予载录，共计 1494种。全书书目按所收书之内容分类编排，共分 22 类。著录项目有书名、作者、卷数，个别还附有书目考证。书末附录《丁氏医术丛书提要》，是最早的西医提要型目录，收书 67种，除载书名、作者及定价外，还详细介绍了各书之内容、适用方面，具较强的导读性。

4.《中国医学书目》（日）黑田源次、冈西为人编著　1931 年，满洲医科大学中国医学研究室刊印；1971 年 12 月，台湾文海出版社影印。

该书是伪满洲医科大学中国医学研究室馆藏中医书目。该书按类编排，计分内经、金匮、伤寒、疽疫、难经、脉经、针灸、本草、幼科、女科、外科、眼科、喉科、法医、兽医、医史、博物、丛书及医学词汇等类，共收书 1443 种。每书除著录书名、卷帙、作者、版本、序目外，还详细注明该书之册数、行款和版式。书末附"中国医学书目索引"和"中国医学书目人名索引"，均按笔画顺序排列。该书不但是了解研究中国古代医学文献的重要工具书，而且对于考订古医籍版本也有一定参考价值。

5.《中国医籍考》（日）丹波元胤编　1935 年，东京市国本出版社影印本；1936 年，世界书局《皇汉医学丛书》版本；1956 年 8 月，北京人民卫生出版社重印。

该书又名《医籍考》，编于 1819 年，在当时是一部最大规模的中医专科目录。全书共 80 卷，编录从秦汉至清朝道光年间历代医书 3000 多种，分为医经、本草、食治、藏象、诊法、明堂经脉、方论、史传、运气 9 类。书名下著有出处、卷数、存佚情况，列述序跋、有关考证提要并附评论及作者所加的按语。书后附有书名、人名索引。该书对了解中国古代医学文献参考价值极大。

6.《中国医学大成总目提要》曹炳章（赤电）辑[四明]　1936 年，上海大东书局出版。

该书为丛书《中国医学大成》之总目，介绍该丛书的发行缘起、凡例、书目及各书提要等。全书共 13 卷，辑录魏、晋至明、清历代重要医著及少数近代和日本医家著作 365 种，但受中日战争影响，实际出版 136 种，分药经、药物、诊断、方剂、通治、外感、内科、外科、妇科、儿科、针灸、医案、杂著共 13 类。该书除对每个类目予以说明外，还对每种医书的内容，分别予以介绍和评论。其中不少医著还附有历代医学评注，为读者了解这些医著提供了很大方便。书前有分类总目，以供检索。

7.《续中国医学书目》（日）冈西为人编著　1941 年，满洲医科大学中国医学研究室刊印；1971 年 12 月，台湾文海出版社影印。

该书是《中国医学书目》之续编，载录 1931 年后该室新入的中医书 1060 种。编制体例均依照前书，另增加咒巫和洋方两类目。书目附"前书目正误"、"架藏医书总数"、"书名索引"和"人名索引"。

8.《宋以前医籍考》（日）冈西为人编著　1948 年国立沈阳医学院铅印稿本；1958 年 7 月，人民卫生出版社铅印本；2010 年 4 月，北京学苑出版社出版。

该书编于 1936 年，为前满洲医科大学东亚医学研究所研究业绩之一，收集了我国宋以前的医学书目 1860 种，按内容分为内经、难经、五脏、针灸、本草、幼科、妇科、外科、养生、经方、食经等 23 类。每一条目下介绍这些医书的出典、考证、序跋、版本等项。其内容主要辑自历代医书、文史、各种书目、地志、博物、笔记杂说等。书后附有参考书志、书目和人名索引，均按笔画顺序排列。该书是研究我国宋以前医学文献重要的工具书。

9.《四部总录医药编》丁福保、周云青编著　1955 年 5 月，商务印书馆线装铅印本；1984 年 6 月，北京文物出版社线装影印本。

该书是《四部总录》一书中有关医药书目部分的单行本，收录自汉代至清代的中医基础理论的经典著作、本草、方剂、临症各科、针灸、推拿、养生等。该书分上中下三册，共收录各种书名中有提要的现存中医书 450 种（其书虽存，但无书目提要者不收），加附录四种共 1500 余种，分经脉、专科、杂病、药学、方剂、医案、养生、杂录八类，加以汇编。每一书目后附此书所见之版本及各家撰述。书末附有"现存医学书目总目"、"现存医学丛书总目"，以及"四角号码书名、人名索引"等。该书对查阅医书和鉴定版本帮助很大。

10.《现存本草书录》龙伯坚编著　1957 年 4 月人民卫生出版社出版。

该书是一本研究中医本草学的参考工具书。全书收载现存本草著作 278 种。分神农本草经、综合本草、单味药本草、食物本草、炮制、诗歌便读、杂著七章。每章又分若干节。

每节之内，又按年代先后，分述该书的书名、卷数、撰著者、版本及刊行年代等。其中主要书还附有说明，简要介绍该书的内容特点，并附录历代文献中有关该书的记载。通过查阅该书，不仅能了解我国现存本草书籍，还可了解我国历代本草学的发展概况，对本草学研究大有裨益。

11.《中医图书联合书目》中国中医研究院、北京图书馆编　1961 年 9 月，北京图书馆出版。

该目录编于 1959 年，系全国图书馆合目录专题联合目录第八种。参加编制的共有 59 个单位。

全书共辑录古代、现代及部分外国中医书籍文献资料 7661 种，共分 17 大类，每大类又分若干子目。每类均配有类号。书目按内容分类排列，同类再按成书年代先后排列，外国中医书目排列于各类之后。其数量之大、收罗之广、编排之严谨，均超过以前各种医书目录，至今仍为医书检索不可缺少的工具书。

为便于检索，书名前均标以总顺序号。书名下附有卷数和成书年代。著者项包括朝代或国别，姓名、字号、撰著方式及作者籍贯。其下附此书各馆收藏之版本，按出版时间由远及近依次排列，每种版本后附收藏馆之代号。书前有类目表及参加馆代号表。书后附有按笔画顺序排列的书名索引和人名索引。通过人名索引可检索该人撰有哪些著作。当我们需求某一书时，可以根据各馆的代号得知哪个图书馆收藏有该书。

12.《中国医学外文著述书目》（1656～1962 年）王吉民、傅维康合编　1963 年 8 月，上海中医学院医史博物馆印行。

该书目共收录 1656～1962 年 300 余年间有关中医的外文著作和中译本 463 种。内容包括我国医学发展概况、中医传播国外的历史及西医传入我国的经过等文献。收录书目分 10 大类排列，即通论、医史、脉学、临床各科、针灸、药学、卫生保健、书刊、传记、其他，同类书又按年代先后排列。每一书著录了原外文书名、著者、出版社和出版年月、中文译名、简略提要、图表和原著者经历等。正文后有中、英、俄的作者索引。

13.《河北医籍考》郭霭春、李紫溪编著　1979 年 6 月，河北人民出版社出版。

该书依据河北省地方志，辑录该省自后魏至清末的医书 254 种。每一书目下均注明卷数、作者，还详细辑录了各地方志记载的史料。对历史记载上的阙误均作了认真的校正。因河北省在历史上出现过许多杰出的名医，如易县的张洁古、河间的刘完素、正定的李杲等，故该书对医史研究也具有一定的参考价值。

14.《上海中医学院中医图书书目》　上海中医学院图书馆编著　1980 年 7 月，上海中医学院印。

该目录收编了该馆馆藏的中医古籍及部分现代中医书、中西医结合书籍和部分国外中医书，共 9034 种，分为 21 大类。编排体例基本上与《中医图书联合目录》相同，著录方式分书名、卷数、撰年、作者、著述方式、作者籍贯、版本等项。该目录附有三个索引：四角号码书名索引、笔画书名索引和著者索引。与《中医图书联合目录》相比，虽不及其收罗之广，但编排严谨认真，不仅在种别上有所增补，而且著录也更为准确。

15.《三百种医籍录》贾维城编著　1982 年 2 月，黑龙江科学技术出版社出版。

该书选自《内经》始至清末的医籍共 300 种（由于某些医籍为全书，故实为 344 种）。选集原则为：经典医籍、医药学名著，择其使用价值较高、流传较广及各学派著述等，并适当照顾各科专著。全书按医经、生理病理、解剖诊断、本草、方书、伤寒、金匮、温病、通论、临床各科、针灸按摩、外治、医案医话、全书丛书、养生及其他等分类编集。每种医籍分四项介绍：内容提要，作者简介，历代经籍志、艺文志及私家书目著录辑要，现存主要版本。书末附书名、著撰者索引以供检索。对选读医籍、研究医史和开展图书馆藏书业务等均有较高的参考价值。

16.《中国医史医籍述要》崔汉秀编著　1982年2月，延边人民出版社出版。

该书共分上下两篇，上篇是医史部分，下篇是医籍提要，共505种。该书除具体介绍每部经典著作内容如《内经》、《难经》、《神农本草经》、《伤寒论》《金匮要略》等书外，还介绍了各类医书中认为有代表性或有一定参考价值的著作。书目按《中医图书联合目录》分类体例排列。书后列有著者索引和主要参考书志目录。该书内容系统丰富，同时又十分简明扼要，评论中肯，可供中医教学参考。

17.《中医学重要著作选介》邱德文等编著　1984年3月，贵州人民出版社出版。

该书精选500多种古今中医学重要著作，按中医基础及临床各科的需要，分为医经、伤寒、金匮、温病、诊断、本草、方剂等21类。每类先作概要说明，再重点介绍该类书籍的发展源流、主要内容及其在学术上的地位和贡献，然后分列主要书目和参考书目。每一书目均涵盖书名、著者、成书年代、常见版本等项，对主要书目还著有提要。书末附有人名索引和书名索引。读者通过该书可迅速查找所需的中医文献，对于中医初学者，亦具有较好的入门引径的作用。

18.《历代中药文献精华》尚志钧、林乾良、郑金生编著　1989年5月，科学技术文献出版社出版。

该书全面、系统地介绍了我国历代中药文献的内容及其发展概况，共记载现存和迭散本草著作近千种，分上、中、下三编。上编"本草概要"，纵向梳理了中国药学文献发展的源流，根据本草发展特点划分为七期，介绍历代本草在不同历史时期的特点、成就和发展规律。中编"本草要籍"，以朝代为序，重点介绍了77种（另附14种）著名药学著作，分述命名、作者、成书、卷次、药数、分类、体例、内容、特点、价值、流传、存佚、版本等项内容。下编"本草大系"记录了有史以来见诸记载的药学著作资料近千种。该书内容丰富，考证精祥，实用价值较大，适合于广大学习和研究中药学的研究者和爱好者。

二、医药书附见书目

1.《医方类聚》（朝）金礼蒙等编　日本文久元年（1861年）江户学训堂仿朝鲜原本排印；1981年，人民卫生出版社校点排印本。

《医方类聚》的编撰历时3年，始于明正统八年，至十年（即公元1443～1445年），由金礼蒙、柳诚源、闵普和等负责和参加搜集及编撰。全书朝鲜原刊本365卷，现存266卷（其中卷155、156、209、220为翻刻时原阙），分为92门，收方五万余首，约九百五十余万字。该书所搜罗的医籍，多系我国明代以前的重要医学方书152种，及1种高丽医方著作来进行辑录分类编成。卷1～卷3为医学总论，卷4～卷12为五脏诸论，卷13～卷63为诸风、诸暑、诸湿、伤寒证治，卷64～卷82为五官等证治，卷83～卷168为身形、内科杂病及中恶、解毒、诸虫伤等证治，卷169～卷205为外科、皮肤病证及急救、养性等，卷 206～卷 228 为妇产科病证治，卷 229～266 为小儿诸病证治。

该书有论有方，内容极为丰富，既博引历代各家方书，并兼收其他传记杂说及道藏佛书等有关医药的内容，广辑医论，博采众方，堪称集明以前医疗经验之大成。人民卫生出版社于 1981 年出版了校点本，共 12 分册，其中第 12 分册为索引。为使读者了解校注情况，将所引用书名、版本等，一一列出，附于书末。为便于查阅，每分册均补加目录。对原散在各卷中目录，重新予以整理，分别编排在每分册目录之中。

2.《本草纲目》明代李时珍撰　具体内容见第三章第二节。

3.《张氏医通》清代张璐（路玉、顽石老人）撰　清康熙年间宝翰楼刻本；清光绪二十年（公元 1894 年）图书集成印书局排印本；1963 年 8 月，上海科学技术出版社重校排印本。

该书撰于清康熙三十四年（公元 1695 年），是一本综合性医书。该书内容主要叙述内科证治，兼及五官、创伤、妇人、婴儿各科，计 16 卷 70 余万字。自刊行以来，流传极广，影响也较大。各类疾病分门分证，征引古代文献及历代医家医论，同时结合个人临证经验发表议论，内容丰富。书前附引用书目，计历代重要医籍 130 种。该书适合一般临床医师及中医药院校师生学习参考。

4.《古今图书集成医部全录》清代陈梦雷、蒋廷锡等编撰　该书刊行于乾隆三十七年（公元 1772 年）。全书共 520 卷，分类辑录自《内经》至清初 120 余种医学文献，有古典医籍的注释、各种疾病的辨证论治、医学艺术、记事及医家传略等，记述系统，分门别类明确，各科证治有论有方，引证材科均一一详注出处，标明书目、篇目和作者，便于查对原书，是一部比较全面的医学文献参考书。此书是《古今图书集成》中的一个部分，这是一部由清政府组织编写的大型综合性书籍，医学部分内容极为丰富。其取材广泛，既有中国医药学的基础理论，又包括了中医临床各科疾病的证治，上采秦汉医经及注释，下集近代名著及文献，堪称为医学百科全书。

5.《杂病广要》（日）丹波元坚编撰　日本跻寿馆活字印本；1958 年 8 月，由人民卫生出版社出版。

《杂病广要》为日本丹波元坚（1795—1857）编著。全书引清初以前著名医籍 300 余种，并注明出处。该书内容丰富、取材切要，全面系统，堪称"杂病"之专书，又分类清晰，条缕显明，无繁杂之感，不失"广要"之旨。全书分为外因、内因、气血、脏腑、身体五大门类，每一类后，列内科杂病及百余证。每一证后，详分名义、病源总说、病因、病机、诊断、鉴别诊断、治法、治例、治验等项。该书对学习和研究中医内科学极具有参考价值。

6.《中国医学史》陈邦贤编著　1920 年，上海医学书局出版第一版；1937 年，由上海商务印书馆出版第二版；1957 年，由北京商务印书馆出版第三次修订版。该书是我国第一部系统的中国医学通史著作，可谓我国医学史研究的开山之作。

1920 年第一版以历史时间为序撰写，全书共 12 章，用文言文写成，内容丰富新颖，包括：第一章"太古之医学"。第二章至第十章按周秦、两汉、两晋至隋、唐、宋、金元、明、清、民国顺序，以中国医学通史方式叙述各个朝代的医学。第十一章为"中国医事年表"，第十二章为"历代太医职官"。

1937 年第二版与第一版相比有较大的改动：一是改用白话体撰写；二是改变了第一版

以历史时间为序的撰写方法，全书改为五篇，包括上古的医学、中古的医学、近世的医学、现代的医学和疾病史。但基本内容没有改变。

1957 年第三版按社会发展分期撰写，基本内容类似第二版。但作者修正了自己第二版时对待中、西医之争的某些错误观点。

7.《三三医书》裘庆元著　1924 年，杭州三三医社出版第一版；2012 年 1 月，中国中医药出版社出版。

该书属于医学丛书，又名《秘本医学丛书》、《九九医学丛书》，刊于 1924 年。全书共 3 集，每集 33 种，共 99 种。所辑内容包括内、外、妇、儿等临床各科，针灸、本草、方书、医案、医话、医论等各类医著。以明、清两代较有影响及较有代表性的医学著作为主，并收入少数日人所撰的"汉方医学"著作。该书保存了大量的中医孤本秘籍及大量濒临散佚的医学珍籍，且篇幅短小，切于实用，简验方便。

8.《珍本医书集成》裘庆元著　1936 年，上海世界书局出版第一版；2012 年 1 月，中国中医药出版社出版。

该书刊于 1936 年，裘氏从众多的祖国医学文献中，选取较实用的精本、孤本、抄本、未刊稿等九十种分门汇聚而成此书。分为十二类，包括医经类五种、本草类五种、脉学类三种、伤寒类四种、通治类八种、内科类十二种、外科类三种、妇科类四种、儿科类二种、方书类十七种、医案类十五种、杂著类（医话、医论）十二种。其内容丰富，不仅重视珍本、孤本、稿本等珍贵文献的保存，更加注重其学术特点与实用价值，对保存祖国医药学文献有重要意义。

9.《中国医学史》刘伯骥编著　1954 年，华冈出版部出版。

该书撰成于 1919 年，共分 10 章，各章对当时重要医著皆有介绍和著录，还对特别重要的加以专门述评。其中第八章"明代医学"和第九章"清代医学"，将明清医著以表格形式分类列出，内容包括著者、书目、撰期、卷数、概要、备考。书末附有该书编著时参考用书书目，分为经史子集 164 种和医籍 87 种。

10.《古今医统大全》明代徐春甫编集　1991 年 8 月，人民卫生出版社校点排印本。

该书辑于明嘉靖三十五年（公元 1556 年），大约花费十年时间完成。全书 100 卷，辑录了明代以前的历代医书及经史子集中有关医药的资料。内容包括：历代圣贤名医传略、内经要旨、名家医论、脉候、运气、经穴、针灸、内外妇儿等各科病证诊治、历代医案、验方、简易方、本草、救荒本草、制药、房中、养生等，以及花木、天时、仁道、饮食、衣服、起居、器物、牧养等一些有趣的内容。该书的资料极为丰富，其中很多内容鲜为人知。卷一中附录采用古代医书及有关古书简介，计医经 11 家、医方 256 部、医术 229 部，许多医书今已迭散。今有人民卫生出版社校点排印本流行于世。

三、方书书目

1.《备急千金要方》唐代孙思邈著　明嘉靖二十二年（1543 年）小丘山房乔世定刻本；明万历三十一年（1603 年）吴氏重刊本（93 卷）；1955 年，人民卫生出版社据日本 1849 年江户医学影北宋本影印。

该书成于唐高宗永徽三年（公元 652 年），共计三十卷，共 232 门，方论 3500 首。书中列妇、儿、五官、内、外各科疾病的证治、方药及食养、养生、针灸等。作者积数十年的医学经验，博采群书，汇各家之长，删繁就简，著成该书，是我国现存唐代的一部方书名著。该书不仅反映了著者本人长期的医疗实践经验，还收载了唐以前名医和民间用药经验与验方，如郭玉、范汪等各家之著多赖此书得以部分保存和流传。故，该书是学习和研究、整理祖国医学遗产的重要参考书。

2.《千金翼方》唐代孙思邈著　明万历三十三年（1605 年）王肯堂刊本；清光绪四年（1878 年）上海影印日本文政十二年；1928 年，重刊元大德十一年（1307 年）梅溪书院刻本；1955 年，人民卫生出版社据日本江户医学本影印；2011 年，中国医药科技出版社出版。

《千金翼方》系孙思邈为补充《备急千金要方》而作，因称"翼方"。该书大约成于唐开耀二年（公元 682 年）。全书 30 卷，卷 1"药录纂要"，论述采药时节、药名，产地及用药法等；卷 2～4 为本草，载述包括《神农本草经》在内的几百种药物的性味功用、主治产地、采制及七情忌宜等；卷 5～8 妇产科病，论妇女胎产崩伤等疾甚详，并记述妇女保健及化妆用品的配制方法等；卷 9～10 伤寒病；卷 11 阐述胚胎发育、产育及小儿杂病；卷 12～15 养生、辟谷、退居、补益；卷 16～17 中风；卷 18～20 杂病；卷 21～22 万病、飞炼；卷 23～24 疮痈；卷 25 色脉；卷 26～28 论针灸之法，分上、中、下三篇，介绍取穴方法、病症、适应证及禁忌证等，补充了《备急千金要方》的不足；卷 29～30 禁经（祝由科）。书中收载了不少唐以前的医学论述及方药，也采录了一些国外医学资料（如婆罗门、高丽等）。该书取材广博，内容丰富，具有极高的参考价值。

3.《外台秘要》 唐代王焘撰[郿人]　明崇祯十三年（1640 年）新安程衍道重刊本；1955 年，人民卫生出版社据歙西经余居本影印。

该书又名《外台秘要方》，汇集初唐及唐以前的医学著作，成于唐天宝十一年 （公元 752 年），共 40 卷，1104 门，均先论后方，载方 6000 余首。该书分类辑录内、外、妇、儿、五官各科病症治法。卷 1～2 伤寒；卷 3～6 天行、温病、疟病、霍乱等；卷 7～20 心痛、痰饮、咳嗽等内科杂病；卷 21～22 眼、耳、鼻、齿诸病；卷 23～24 瘿瘤、痈疽等；卷 25～27 痢、痔、外阴诸病；卷 28～30 中恶、金疮、恶疾等；卷 31～32 采药、丸散、面部诸病；卷 33～34 妇人病；卷 35～36 小儿病；卷 37～38 乳石；卷 39～40 明堂灸法。书中引录各书均注明出处，颇具文献价值。该书收罗宏富，内容广博，为研究我国唐以前医学的一部重要参考著作。

4.《太平圣惠方》 宋代王怀隐等撰　1959 年，人民卫生出版社出版。

该书系北宋翰林医官院王怀隐等在广泛收集民间效方的基础上，吸取了北宋以前的各种方书的有关内容集体编写而成，简称《圣惠方》。一百卷，成书于淳化三年（992 年），是一本大型的临床实用方书。全书共 100 卷，分为 1670 门，载方 16834 首，内容分诊法及处方用药法、五脏诸病、伤寒、内科杂病、外科病、妇人病、小儿病、服食及丹药、食疗及补益方、针经十二人形图、明堂灸经及小儿灸经。其中第 99 卷载针经十二人形图，并介绍 290 个穴位的位置、主治、针法等；第 100 卷载《明堂灸经》及《小儿明堂灸经》。所辑方剂达一万余首，并保存了一些古典医籍的佚文。该书系总结公元 10 世纪以前的大型临床方书，对研究宋以前医学具有很大的参考价值。

5.《圣济总录》宋代赵佶敕编　北宋刊刻元大德年间印行本；清乾隆年间邗江黄氏曾刻而未竟，震泽鸣珂补刊完成；1962年，人民卫生出版社据现存善本与残存元刻本校补排印。

该书原名《政和圣济总录》，宋政和年间朝廷官修本，成书于宋政和七年（1117年）。该书系宋徽宗时由朝廷组织人员编纂，内容系采辑历代医籍并征集民间验方和医家献方整理汇编而成，为综合性医学巨著。全书共200卷，录方二万余首。内容有运气、叙例、治法及临床各科病证证治，包括内、外、妇、儿、五官等多科疾病，以及针灸杂治、养生等。该书有论有方，保存了大量的医药理论和经验，但书中也存有宿命论、符咒等不当的内容。

6.《普济方》　明代朱橚等编　清代《四库全书》本；1958年，人民卫生出版社据四库抄本排印。

该书刊于明永乐四年（1406年），系明初编修的一部大型医学方书。书中广泛辑集明以前的医籍和其他有关著作分类整理而成，共168卷。原书今仅存残本，清初编《四库全书》时将该书改编为426卷，100余门，载方达61 700余首。内容有方脉总论、运气、脏腑（包括藏象及脏腑诸病候）、身形（包括头、面、耳等部位所属及身形诸病）、诸疾（包括伤寒、杂病、疮疡、外科、骨科以及各种治法）、妇人（包括妇、产科）、婴儿、针灸、本草等。该书对于所述病证均有论有方，资料非常宏富，涉猎范围广泛，叙述系统完善，为一部医学研究和临床参考的重要医学文献。

除上述书目外，古代中药文献的检索还可以通过《中国药学大辞典》、《中国药学大辞典彩图增订本》、《中医名词术语选释》、《辞海》医学卫生分册、《中药大辞典》、《简明中医辞典》、《中医方剂大辞典》、《现代中药学大辞典》等进行检索。

应说明的是，读者在使用这类工具书检索中医图书时还必须注意以下几点：

（1）一般按照由近及远的规律检索，先查本馆馆藏书目，其次查国内现存书目，最后再查古代书目。

（2）一般先查药学专科书目，如查不到再查综合性书目。

（3）需要检索的书名应当准确，如实在弄不清，亦可通过其他途径，如作者索引、同书异名通检等查检。

（4）需要进一步了解书的内容、作者、版本、学术源流、实用价值等时，应直接参阅原书之序跋、凡例。

（5）更新的书和尚未出版的书，还可以查阅各出版社和新华书店发行的"征订书目"等。

四、计算机检索

中医古籍浩如烟海，自战国以来世代相传，积累至今约有万余种。为方便读者查阅，目前，部分中医药大学图书馆都建立了中医药古籍数据库。

1. 南京中医药大学中医药古籍全文数据库（网址：http://10.90.0.40：8181/tyzt1/）　南京中医药大学图书馆将馆藏的2300多种线装中医药古籍，其中不乏明初刻本、明中叶刻本、明孤本、明稀见刻本、未刊稿本、珍贵抄本、日本、高丽早期刻本、清初精写精刻本等进行了电子化数据，建立了南京中医药大学中医药古籍全文数据库。同时为了最大限度地满足读者查阅中医古籍的需要，该数据库还收录了综合性汇编类丛书中的中医古籍，如《四库全书》、《道藏》、《中华善本再造》、《中医古籍孤本大全》、《丛书集成》、《四部丛刊》等公开发行图书中的影印中医古籍，共计图书 8164 种，从而形成了对馆藏古籍数据库的有益补充。

该数据库收录中医古籍的分类原则，主要依据中医学科体系和馆藏古籍计量分析，兼及中医药传统特色，以学科内容作为分类的主要依据，线装中医药古籍按十二地支，分为十二大类：即"1. 子，医经；2. 丑，仲景学说；3. 寅，本草； 4. 卯，方书；5. 辰，针灸学；6. 巳，诊疗；7. 午，临床各科（包括温病、内妇儿）；8. 未，临床各科（包括外科、五官）；9. 申，基本理论；10. 酉，医案、医话、医论；11. 戌，医史；12. 亥，总类（包括全书、丛书）"。

2. **北京中医药大学图书馆的中华医典数据库**　北京中医药大学图书馆的《中华医典》是一部对中医古籍进行全面系统整理而制成的大型电子丛书。它收录了民国以前中国历代医学古籍 1000 部，卷帙过万，4 亿字，汇集了历代主要中医著作，其中不乏罕见的抄本和孤本，大致涵盖了至清末为止的中国医学文化建设的主要成就，是至今为止规模最为宏大的中医类电子丛书之一。

3. **公共数据库——《瀚堂典藏》**（网址：www.neohytung.com）　系采用国际 Unicode 标准 ABCDE 区 82 000 汉字之超大字符集，数字化加工、存真性校勘建置的，汇集海量历代文献和近代报刊 B/S 服务器浏览器模式巨型数据库，形成以古代字书、类书和出土文献为特色的集成性图文同步呈现之专业古典文献研究环境。从《甲骨文合集》 释文到《殷周金文集成》 释文，从《唐写本玉篇残卷》、《宋本集韵》到《宋会要辑稿》、《明清实录》、《四部丛刊》，其中不乏有价值的中医药典籍。全库集成管理 15 000 多种古籍，25 000 种民国报纸期刊，近 4000 万条记录与海量清晰图片直接对应，汉字总量超过 40 亿。该数据库可不对检索条件启动任何转换处理而进行精准搜索，提供毫秒级关键词检索，并可启动简繁体和常用异体字自动转换。

第四节　古代中药文献的应用

我国是一个历史悠久的文明古国，中医药学源远流长，在其发展的漫长岁月里，名家辈出，他们从不同角度、不同层次丰富和促进了中医药学的发展。本草典籍、文献资料十分丰富，记录了我国人民发现和发展了中医药学的智慧和创造，成为中华民族优秀文化宝库中一个重要部分。

具有中国传统文化特色和独特优势的中药在当今面临着前所未有的巨大发展机遇和挑战。古代中医药文献是中医药学术的载体，在构建和发展中医药学术体系中发挥重要作用，具有重要的应用价值。由于历史原因，各位药学专家所处时代不同，造诣各异，师承有别，所以要从浩如烟海的古代中药文献中考镜其学术渊流，实非易事，非谙熟中药典籍者莫之能为也。而开发利用中药文献是关系全面继承中医药学的根本性大事，作为高等中医药院校培养的高级中医药人才，面对当今世界中医药图书、期刊、资料迅猛增长的形势，在历代中医药文献的广阔海洋中，科学地驾驭学习之舟，深入研究学习古今中医药文献，正确运用文献阅读方法，积累文献知识，并紧跟时代步伐充分利用文献资源，既要充分利用现代图书馆以达到文献信息资源共享，又要了解、研究开发与利用中医药文献资源的前景，选择和阅读有意义的古代中医药文献。从中发掘宝藏，汲取营养，提高自己的学术水平。这样，才能将古代中医药文献信息资源转化为生产力，取得较好的经济效益和社会效益，为人类创造更多的财富。

一、古代文献的阅读方法

古籍，系指从先秦到清末的著作，也就是按照通常的划分方法，1911 年以前的著作为古代文献，1911 年以后的著作为现代著作。中药文献经过几千年不断积累，浩博无涯，汗牛充栋，是无数中医药学家与疾病作斗争的经验总结。根据龙伯坚编著的《现存本草书录》统计，除现存 278 种本草专著外，历代编撰的综合性中医著作中，也有中药文献内容。此外，在其他文化典籍如经、史、子、集各部类中，也散见大量中医药资料，尤其是历代稗官野史、地方志、笔记、丛谈，以及诗词、歌赋等古籍中也都散见有不少有价值的医方、医案、医论和医学杂记，这些都是研究中医药不可缺少的宝贵文献，有待人们的开发与利用，古代中药文献还具有内容丰富、形式多样的特点，不仅有简策、帛书、卷子、金石、写本等多种载体形式，还有碑刻、拓片、中药图谱等，为后人提供了大量珍贵的研究资料。古代中药文献大都用文言文写成，尤其是早期的中药文献，其文字古奥，含义精深，言简意赅，蕴藏哲理。因此，学习和利用古代中药文献，除了应具备一定的文字学、音韵学、训诂学知识外（加强医古文课的学习），还要了解我国古代的哲学思想及古代名物、典制、避讳等广博知识，才能真正学懂弄通。由于古代中药文献年代久远，一书经多次传抄或印刷而形成多种不同版本，流传至今，由于文字变迁，书体多变，抄刻者稍有不慎，就可能发生各种文字错误，在阅读和利用时，应汲取精华弃取糟粕，继承和发掘中药学传统理论和临床用药经验。

书是文献中最重要的一种载体，读书是获取和积累知识的一种重要方法。清代学者张之洞在《书目答问·略例》中说："读书不知要领，劳而无功；知某书宜读而不得精校精注本，事倍功半"。如能科学地阅读古代文献资料和专业书籍，可以提高阅读的效率。

1. **略读**　又称跳读或浏览，是一种非常实用的快速阅读技能，指快速阅读文章以了解其内容大意的阅读方法。换而言之，略读是要求读者有选择地进行阅读，可跳过某些细节，以求抓住文章的大概，从而加快阅读速度，是一种突破字、词、句常规阅读的习惯，以高速或较快速度掌握起中心内容的阅读方法，略读时，对一般内容，采用几行几行的扫阅的变速阅读方法，不重要的地方一掠而过，关键之处，则逐字逐句咀嚼，认真领会精神实质。略读的要领，是在了解中心内容的前提下跳过自己不需要的部分，去着重深入钻研其中的主要论点与论据。掌握略读法的关键是要有坚实的专业知识基础，否则容易将重要内容遗漏而把握不住全文的核心。

2. **泛读**　广泛地阅读，通常也指一般性阅读。意在追求对作品的整体理解及阅读速度，而不注重一些字句的翻译，也不会逐字逐句的理解文章。是一种利用较少的时间阅览群书，掌握或了解其大概内容的阅读方式。

3. **精读**　又称"细读"或"慢（阅）读"。精读是在泛读和略读的基础上再认真细读精思其关键精要部分，力求做到理解、消化和吸收的一种阅读方法。精读不仅要求逐字逐句仔细阅读，对经典著作的精要之处，还必须熟读背诵，更重要的是"一一寻究得其要领"像老黄牛吃草一样，慢慢地咀嚼，细细地品味，消化吸收后变成自己的血肉。精读是学习过程中重要的一环，值得精读的文献，大多是对自己的专业工作有重要帮助或进行科学研究所必需的，所以精读需花费大量的时间和精力，不宜范围过宽，应有重点的选择对口阅读。或者在同类专业文献中，选择作为精读的文献，最好采用对比方法来筛选。一般宜先读近人的，后读古人的，因为近人论著中会包含古人论述的内容，通过相互比较，取其精华，删其重复部分，提高对比阅读的效果，对比点必须具体明确，针对性要强，收到的效果才好。

以上三种阅读文献的形式尽管不同，但目的只有一个，都是为更好地理解文献的内容，要因人、因时、因地灵活运用，每种阅读方法要领的掌握，还要在实践中不断领悟。

二、古代中药文献的积累

任何科学研究或宏篇巨著，都是通过对资料一点一滴地积累。而积累贵在一个"勤"字，随时随地，常年累月持之以恒地搜集资料，集百家之长，丰富自己的知识，待日后写文章时，才能得心应手，正如我国春秋战国时期的著名学者荀子所说："不积跬步，无以至千里；不积小流，无以成江海"。充分说明了积累的重要意义。

1. **笔记**　纵观古今，历代中医药学家都十分珍惜光阴，较重视用笔记积累资料，清代药物学家吴其浚先后参考了 800 余种古代文献，进行摘录、归类、整理，并对当地植物特意了解、观察，进行采集、记录和绘图，积累了大量的资料，编著《植物名实图考》。明代伟大的医药学家李时珍以毕生精力广收博采，实地考察，亲历实践，对古代本草学进行了全面的整理总结，历时 27 年，编成了《本草纲目》这一科学巨著。做读书笔记是提高阅读能力帮助领会和记忆文献内容，积累科学研究资料或教学参考资料的重要方法。此外，它还能锻炼思维，培养揭示问题本质，准确表达自己思想的能力。

笔记一般分成阅读笔记和心得笔记两大类。

（1）阅读笔记：在阅读过程中记下所读内容的笔记。如羌活的归经，《珍珠囊》谓其归"足太阳膀胱经"，"手太阳小肠"；《汤液本草》言其归"足太阳，厥阴经"；《本草蒙筌》称其归"手、足太阳、足少阴、厥阴经"。上述是把原文中最能说明问题的重要句子原封不动的摘录下来作为备用。另一种是在读到对自己很有用的章节时，来不及细读或记录下来，可先记下有关书名，以及书后所附参考文献，标明出处，通过复印或网上下载原文存档，以便今后查找利用。再一种是在读完全文后，经分析和综合，根据作者的思路、见解、用纲要形式，将文章论点或其内容提纲挈领地叙述出来。具体又分为以下几种类型：

1）提纲式笔记：提纲就是著作所讨论或研究的主要问题的大纲。我们把一本书的提纲掌握了，对这本书的内容、论题等就能了然于心了。很多著作的目次，就是一种简单的提纲。若我们在目次之下进一步搞得详细一些，可以当作复杂提纲。掌握了书的提纲就会对全书内容有条有理地掌握。

2）论题式笔记：根据文献内容提出若干问题作出扼要的回答，论题回答可帮助我们掌握重点，记住重要的规律性的东西。

3）摘要式笔记：摘要的特点是用很少的篇幅表达较多的内容。其方式主要有二：一是作重述式的摘要，即把文章重点、要点用自己语言重述出来。一是作原文逐句节录摘要，就是从著作原文某些重要章节内容逐字逐句地节录出来。

其他如主题摘要、综合摘要、提纲式摘要、图解式摘要都可根据各人的兴趣习惯和工作需要来做。

（2）心得笔记：阅读文献过程中，心得笔记不同于阅读笔记，不是简单地摘录原文或写下提纲，而是对某一问题记下自己阅读后的心得体会，写成短文或随笔，对所阅读的内容进行质疑、补充、分析、发挥或新认识、新见解。读书过程中闪现的思想火花特别重要，应养成写心得笔记的好习惯，写心得笔记是为科学研究与科学著述积累资料的重要方法。

2. 作资料卡片　资料卡片一般适用于泛览时收集资料用的方法。卡片优点很多，整理和使用方便，可随意选用、编排、淘汰，而且可在同一题目内无限制地添加新内容。资料卡片常见文献条目卡和摘要卡，条目卡包括题目，作者姓名，发表年月，发表的期刊或书名、卷数、期数或版次、出版地、出版者、起止页数等。摘要卡的内容跟笔记摘要的大体相当，只是文字还需要更凝练，数据或有价值的医案等均可据情摘入。

3. 文献资料的整理　定期地将积累的文献资料进行整理，很有必要。它可以帮助我们了解占有资料的情况。整理时可根据论题进行分类，还可以把同大类的资料又分为若干类，有了一定文献作基础，就可以写"文献综述"了。撰写综述是将积累、理解的资料加以传布，使同行了解有关问题的历史及发展现况。撰写综述是培养自己组织资料进行写作和表达思维能力的好方法。一般以 5000～8000 字为宜，综述的中心要突出，引证材料要很严肃，不歪曲原作精神，要尊重别人劳动。

4. 剪贴　在读书治学中，积累资料是十分必要的，历来受到名人学者的重视。一般用剪贴的方法积累专业性的文献资料，这是建立个人资料文档的有效方法。对于一些非专业性刊物和报纸类，也应在阅读后进行剪贴，或到图书馆将有用的资料复印回来，按研究需要分门别类地粘贴在统一的底本上，这样即可省去摘录所需的时间，内容也比较完整，又便于保存。为了今后的查证和引用，每类后面要预留一定的空页，以便加进新的资料。还应注明报刊等的名称、日期和版面，最后按分类后的搜集内容、时间、分贴、装订、编上页码。经过日积月累由少到多，就可建立有参考价值的个人资料库。另一方面也可陶冶一个人治学的情操。

5. 利用现代技术积累资料　随着科学的发展和现代办公设备与技术的广泛应用，我们可利用录音、录像、静电复印、计算机下载与存贮等现代化手段来积累资料，尤其应学会利用计算机进行检索、整理和积累文献资料，编制个人科研的数据库，它为积累资料开辟了新的更广阔的、更方便的途径。

积累文献资料必须有系统、有目的、有重点、有计划地进行，可根据学科范围不同的需要，采用不同的方式进行积累。积累文献时还要注意思考，对不同文献的不同结果、不同见解要对比分析，对文献的结论，要看它的证据是否充分，论证是否全面，要善于发现问题。特别强调的是应记录文献的出处（作者姓名、题目、刊载期刊名称、卷、期起至页码和出版单位及年份详细记录，中医药古籍还要著名版本等），否则，会给日后的工作带来很多困难，甚至无法找出原始文献。

三、古代中药文献的应用

随着社会的进步，以及人类疾病谱的改变，医疗模式已由单纯的疾病治疗转变为预防、保健、治疗、康复相结合的模式，各种替代医学与传统医学日趋发挥重要作用，"人类要回归大自然，回归绿色"呼声日益高涨。中医药强调人与自然合一，正好符合了人们面向未来、追求绿色消费的潮流。尤其是世界中医药文化的全面回归，表明有利于中医药及世界其他传统医药发扬光大的社会环境正在日渐形成，也为中药走向国际化提供了一个前所未有的机遇。

若从古代中医药文献中进行挖掘、整理、借鉴、研究，定能得到启发和收获。例如，《本草纲目》记载了较多药物预防疾病作用，并较详细载录用药方法，如苍耳"为末水服，辟恶邪，不染疫疾"（卷三·瘟疫）；白茅香、茅香、兰草"并煎汤浴，辟疫气"（卷三·瘟疫）；大蒜"立春元旦，作五辛盘食，辟瘟疫"（卷三·瘟疫）；对黄连，李时珍明确指出能"预解胎毒"，"小儿初生，以黄连煎汤浴之，不生疮及丹毒"（卷十三·黄连）。《本草纲目》苍术条："张仲景辟一切恶气，用赤术同猪蹄甲烧烟，陶隐居亦言术能除恶气，弭灾沴。故今病疫及岁旦，人家往往烧苍术以辟邪气"（卷十二·术）。现代药理及临床实验也证明苍术烧熏烟有明显杀灭多种病原微生物作用，可用于室内空气消毒。对水痘、腮腺炎、猩红热、感冒和气管炎有较明显预防作用。非典型肺炎肆虐危及人们身体健康之时，抑或（禽）流感流行之日，我们可以用这些方法，发挥中药烟熏或洗浴或佩带或内服来发挥防病治病作用。何首乌，《开宝本草》载"……黑须发，悦颜色，久服长筋骨，益精髓，延年不老"，中医临床以之为主药组方之"七宝美髯丹"、"首乌益寿丹"久用不衰，而现代研究发现首乌抗衰老是通过多环节发挥作用的。数百年来，按《太平惠民和剂局方》配制的至宝丹、苏合香丸、牛黄清心丸、逍遥丸、藿香正气散等中成药沿用不衰，素享盛誉。中药炮制在中医药体系中占有重要的地位，为更好地发挥中药炮制在临床用药的特点，就应运用文献学对中药炮制作深一步的研究。结合经验综合分析，以探讨其演变动因，找出理论依据，洞悉炮制目的，从中探求规律，以达古为今用的目的。如白术在《千金翼方》中提出"熬"的炮制方法，以后的古代医药典籍则先后载有"炮"、"炒"法等50余种，应用辅料炮制的有"米泔制"、"麦麸炒制"等20余种。研究表明，白术历代炮制方法由简到繁，以清炒、麸炙等较为常见，并对其炮制作用及目的做了精辟论述。如蜜、乳制以润制燥；土、麸、米泔制以助脾和胃等。可见前人对白术炮制非常重视，积累了十分丰富的宝贵经验。2015年版《中华人民共和国药典》（简称《中国药典》）收载的蜜炙麸皮炒制白术，则是在前人经验基础上研究制定的，因此，认真进行文献整理与经验总结的工作，是开展中药炮制研究必不可少的一项基础科研工作。

综上，要提高开发利用古代中医药文献重要性的认识，打开古代中医药文献这个宝库，拓宽开发中药新品种的思路，充分吸纳各方面力量，建立和完善现代中药研究开发平台。重视中医药理论的研究与创新，要继承传统中医药理论精华，如证候理论、组方理论、药性理论。探索其科学内涵，也要与时俱进，不断创新，加强多学科交叉配合，汲取其他学科和国内外天然药物研究成果，为中药现代化提供发展源泉，为人类的健康事业做出更大贡献。

第四章　现代中文中药文献

现代中药文献在整个中药文献中占有极为重要的地位，而且文献种类繁多，收录范围广泛，文献数量巨大，内容与现代科学技术同步。现代中药文献的类型及其划分与其他现代文献基本相同。

第一节　中药图书文献

一、概述

作为品种最多、数量最大出版物之一的图书是中药科技情报来源中不可缺少的一部分，其类型涵盖教科书、专著、论文集、会议录、丛书和工具书等，大多为二次和三次文献。其中，工具书作为重要的一类图书，广泛收集某一范围的知识信息，以特定的编排方式和检索方法，为人们迅速提供某方面的基本知识或资料线索用以解决疑难问题，具有编排特殊、收录广泛、内容概括、专供查阅的特点。熟悉工具书使用方法，对人们快速获取知识及进行科学研究、产品设计和科学实验有很大帮助。

1. **工具书的结构**　工具书一般由前言、使用说明（或凡例）、目录（或目次）、正文、索引、附录等部分构成。

前言：一般置于工具书的最前面，阐述该工具书的性质、读者对象、作用及收录的资料范围。

使用说明（或凡例）：位于前言之后，它主要是介绍该工具书的编排和使用方法，有简短的说明和举例。通过使用说明，可以了解该工具书的使用方法。前言和使用说明，这两部分在有些工具书中合编在一起，称为"说明"等。

目录（或目次）：列在使用说明之后，目录决定了工具书正文的编排方法。工具书的目录名称不少，但主要是以分类和主题字顺体系编排的类目表（分类目次）、词（语）目表（主题指南）等提供查阅正文的分类或主题检索途径。

正文：是工具书的主体部分。正文一般是按目录（目次）的分类主题、时间、地域等排列，在每一类目、主题或时间等之下，再按篇目或目排列。

索引：列在正文后。索引一般有主题、分类、关键词、书名、著者、年代、地名、各种序号（报告号、标准号、专利号）索引，是查阅工具书正文的检索途径。

附录：附在工具书之后的附录，其功能是扩大工具书的查考功能。往往以缩略语表、简表、评述等形式出现，介绍与该工具书有关的知识性资料。

2. **工具书的类型**　根据编制特点和使用习惯，一般可分为：字典、辞典；百科全书；

年鉴、手册、指南、名录；书目、索引、文摘；类书、政书；表谱、图录。下面介绍几种常见类型：

字典、辞典：字典是解释汉字的形、音、义及其用法的工具书，如《新华字典》；辞典是解释词语的概念、意义及其用法的工具书，如《中药大辞典》。

百科全书：是汇集人类一切门类知识或某一门类知识，内容非常完备的工具书。它不仅能供读者在寻检查阅时释疑解惑，而且还具有扩大读者视野和帮助人们系统求知的作用，如《中国大百科全书》、《大英百科全书》等。

年鉴：是概述一年内有关事物或学科的进展，汇辑重要文献和统计资料的连续出版物，如《中国年鉴》、《全国中医药年鉴》等。

手册：是汇集某一方面经常需要查考的基本知识和资料，以代读者随时翻检的一种工具书，如《简明化学手册》、《气相色谱手册》。

指南：是经过系统编排的，介绍有关组织机构、人物、文献、科学进展或贸易、旅游等概况的一览表，是读者了解有关情况的重要工具书。

名录：是汇集机构名、人名、地名等专名基本情况和资料的一种工具书。其中机构名录有时称为一览、指南、简介、概览等。

图录：是汇集有关方面（或某一学科）的事物用图像形式绘录或摄制下来，加以分类编排的一种直观性的特种工具书。

表谱：或称表册，是一种表格的专辑。它是汇集某一方面或某一专题的有关资料，一般采用表格形式进行编排的特种工具书。如《中外历史年表》、《中国历史纪年表》。

书目：也称目录，是著录一批相关文献并按照一定的次序编排而成的，揭示与报道文献信息的工具，如《全国总目录》、《全国中医图书联合目录》。

索引：是著录书刊中的题名、语词、主题、人名、地名、事件及其他事物名称，按照一定的方式编排起来，并指明出处的一种检索工具，如《中文科技资料目录（中草药）》、《中国专利索引》。

文摘：是以简明扼要的文字对文献主要内容的摘述。文摘包括文献外形特征的著录和文献内容摘要，如《化学文摘》、《中国药学文摘》。

二、具有代表性的中药图书文献

中药学经历了数千年的发展，有着系统完整的学术体系，历代医药学家的发展创造所积累起来的中药文献数以万计。中华人民共和国建国以来，特别是近十年来，中药图书层出不穷，数量繁多且种类齐全，从各个角度将中药学提高到崭新的水平。其中，具有一定代表性，且能全面反映当代中药学术成就的中药图书如下所述。

（一）辞典类

1.《中华本草》　由国家中医药管理局、中华本草编委会主编，1999 年上海科学技术出版社出版。

《中华本草》是一部全面反映历史和当代中药学成就的本草专著。自从最早的本草专著

《神农本草经》问世，随着医药文化的发展，本草学术水平不断提高，梁有《本草经集注》，唐有《新修本草》，宋有《经史证类备急本草》，明有《本草纲目》，皆为划时代、立丰碑、集大成之本草巨著。它们不仅对我国传统医药学的发展起到了积极的推动作用，而且对世界医药学的发展产生了深远影响。这是中华民族对人类卫生保健事业做出的重大贡献。自《神农本草经》以后，经过漫长的历史过程，药物品种日益增多，用药经验不断丰富，尤其是新中国成立以来，在中医药政策的推动下，在继承发扬中医药学的基础上，结合现代科学技术深入研究中药，更使本草学有了长足的进步，新成果大量涌现。为此，国家中医药管理局组织全国中医药界各学科一流专家共同担任正副主编，汇同以南京中医药大学为首的全国 60 多个医药院校和科研院所 500 余名专家协作编纂《中华本草》，这一历时 10 年完成的划时代巨著，填补了《本草纲目》问世 400 年来对中药文献系统整理研究的历史空白，是本草学发展史上的一座丰碑。

作为一部代表国家水平的传世之作，《中华本草》具有"全"、"新"、"精"的特点。收载的品种数量空前，内容丰富翔实，项目设置全面，旧识新知，兼贯博通，充分揭示了本草学发展的历史轨迹，客观地体现了中药学术的完整体系。《中华本草》综合运用了中药学各分支学科的研究成果，反映了本草学术的最新动态和水平。全书共 34 卷，其中前 30 卷为中药，先行一次出版；后 4 卷为民族药专卷，分为藏药、蒙药、维药、傣药各 1 卷，陆续单独出版。中药部分包括总论 1 卷，概述本草学各分支学科的理论、内涵和研究进展；药物 26 卷，按自然分类系统排列药物，考订基原，明辨品种，提示资源分布，介绍栽培、养殖，鉴别药材真伪优劣，综述化学成分、药理作用，选列炮制方法，汇集新剂型，反映新工艺，总结性味归经、功能主治、用法用量，阐发各家学说、用药经验；附编 1 卷；索引 2 卷。共收载药物 8980 味，插图 8534 幅，篇幅约 2200 万字，引用古今文献 1 万余种。其中中药部分分总论、药物、附编、索引四个部分。

总论分十四个专题，首列本草发展史，次列中药资源、中药栽培与养殖、中药采集、中药贮藏、中药分类、中药品种、中药鉴定、中药化学、中药药理、中药炮制、中药制剂、中药调剂与中药药性，系统论述本草学各分支学科的主要学术内容。

药物分矿物药、植物药、动物药三大类别。每一味药物独立成条。下列正名、异名、释名、品种考证、来源、原植（动、矿）物、栽培（养殖）要点、采收加工（或制法）、药材及产销、药材鉴别、化学成分、药理、炮制、药性、功能与主治、应用与配伍、用法用量、使用注意、附方、制剂、现代临床研究、药论、集解 23 个项目依次著述，资料不全者项目从略。

《中华本草》涵盖了当今中药学的几乎全部内容，总结了我国两千多年来中药学成就，学科涉猎众多，资料收罗宏丰，分类先进，项目齐全，在深度和广度上，超过了以往的本草文献，是一部反映 20 世纪中药学科发展水平的综合性本草巨著。该书不仅对中医药教学、科研、临床医疗、资源开发、新药研制均具有一定的指导作用和实用价值，而且对促进中医药走向世界具有十分重大的历史意义。

2.《中药大辞典》上、下两册，附编一册　由江苏新医学院编，1977～1979 年由上海人民出版社出版。1985 年出版缩印本上、下册，无附编。2006 年再版。

该辞典是一部大型中药参考工具书。初稿编于 1958～1965 年。1972～1975 年又对初稿进行了大幅度的修订和增补，共收载中药 5767 味，其中植物药 4773 味，动物药 740 味，矿物药 82 味，传统加工单味药 172 味。各味药以正名为辞目，按笔画及字数多少为序。辞目注有顺序号，下有异名、基原、原植（动、矿）物、栽培（饲养）、采集、制法、药材、成分、药理、炮制、性味、归经、功用主治、用法与用量、宜忌、选方、临床报道、各家论述、备考等 19 项内容，并附图 5000 幅。该书内容极为详尽，是一部合乎实用的专业工具书，具有一定的国际影响，在台湾、香港均有刊本，并在日本出版日文译本。

附编内容有：1 中文名称索引；2 药用植、动、矿物学名索引；3 化学成分中英名称对照；4 化学成分索引；5 药理作用索引；6 疾病防治索引；7 成分、药理、临床报道参考文献；8 古今度量衡对照表。

3.《中医方剂大辞典》　由南京中医药大学彭怀仁等主编，1993～1997 年人民卫生出版社出版。

早在 1958 年，南京中医药大学即开始组织人力，筹备编撰该书，并得到当时的中华人民共和国卫生部的大力支持。到 1961 年年底，已从 1700 余种中医药文献中，收集了大量的方剂、并进行了初步的筛选整理，此后因故而停顿。1983 年原中医古籍办公室又将编撰该书的任务下达给南京中医药大学，1985 年该书的筹备工作开始恢复，1986 年成立课题协作组。1988 年国家中医药管理局成立以后，又将该书列为局级课题。该书共 11 册，自 1993 年开始陆续出版，至 1997 年出全。

该书对我国上自秦、汉，下迄现代（1966 年）的所有有方名的方剂进行了一次划时代的、全面的、系统的整理。以方剂检索而言，该书汇集古今有方名的医方，按照辞书形式编纂，既有目录，又有索引，从而解决检方的难题。以方源而言，该书参考古今各种中医药文献，对每一首方剂的方源进行认真的考证，而注明其原始出处。以一方多名而言，凡属同方异名，经过反复考证，依据载方文献成书年代之先后，确定正名与异名，并将两者相互挂钩，查正名即可知道异名，查异名即可知道正名，这对了解一方多名和准确地统计方数，有着极大的裨益。以方剂的质量而言，该书尽可能地进行仔细的校勘，使脱者补之，衍者删之，倒、讹者正之，使方剂的内容经过这次整理而准确无误。以方剂容纳的资料而言，该书对所有方剂分散在各种文献中的不同主治、方论，验案以及现代实验研究资料分别设项进行整理筛选，汇集于各方之下，为读者全面了解方剂提供了极大的便利。

（二）手册类

1.《新编中药志》　共 5 卷，肖培根主编，化学工业出版社 2002 年 1 月出版前三卷，2002 年 12 月出版第四卷，2007 年出版第五卷。

该书是一部全面介绍我国中药资源与中药研究的大型"志"类工具书。它的前身第一版《中药志》4 册，由中国医学科学院药物研究所等编，人民卫生出版社 1959 年出版。第二版《中药志》6 册，1982 年出版。

《新编中药志》第一卷收载根与根茎类常用中药 157 种；第二卷收载种子、果实、花类常用中药 150 种；第三卷收载全草、叶、皮、藤木、树脂、藻菌及其他常用中药 151 种。第四卷分两部分，第一部分收载常用动物与矿物药 70 种，第二部分为全书总索引。其收载的品种大体上与《中华人民共和国药典》（2000 年版）一部相仿，可作为《中华人民共和国药典》（2000 年版）一部的注释。为适应中药质量评价和现代化、国际化的需要，该书重点加强了化学成分与中药成分的定性鉴定、中药特征性成分或有效成分的定量分析等方面的内容；对一些重要的常用中药，还加强了药材的宏观与微观鉴别的内容。前三卷的参考文献大多追踪至 2000 年，第四卷追踪至 2001 年。书中对每个药材品种均就其历史、原植物、采制、药材及产销、化学成分、药材鉴定、性味及功效、药理作用及临床应用以及附注等作了介绍，并附有参考文献。第五卷是配合《中华人民共和国药典一部》（2005 年版），收录了该书前 4 卷书中未收录的新增的 28 种中药，同时也对前 4 卷中已收录的品种在近些年的研究进展和新成果加以补充。

2.《新编国家中成药》　　由宋民宪等主编，2002 年人民卫生出版社出版。

中成药是具有中国特色的药品，近年来得到快速的发展，由于中医药知识的普及跟不上发展的需要，加之公开发行的国家中成药标准有近四十部，时间跨度十余年，能够齐备者甚少，市场销售的中成药在药品标签、说明书中违反药品标准规定的现象仍屡见不鲜。给中成药的生产者、经营者（医药公司、药店）、新药研制开发者，以及使用单位（医疗机构）和患者的实际需求带来诸多困难。

该书作者长期从事我国药品监督管理，药品检验和中药品种保护等工作，他们结合自己工作体会，经过收集大量而又宝贵的信息资料，利用计算机技术处理，编著成该书。读者通过阅读该书可以基本知道：现行国家药品标准收载中成药品种的全貌，以及某具体品种成药所载位置（标准版本、卷次、页码），有关该中成药的处方组分、功能主治、用法和用量、使用注意、有无不良反应等基本信息，从而为读者快速查阅和了解标准提供方便。同时可以了解：某品种大致有多少家生产企业，是否为新药转正品种，是否被列为"社保医疗报销品种目录"（某科用药、属某类）、"国家基本药物目录"（某科、某病、某证）、"非处方药目录"，是否为"国家中药保护品种"，以及受保护的级别和具体期限、时间。

该书收载的范围为国家药品监督管理部门正式公布的国家中成药标准品种，除少数品种因资料项目不齐，难以核对的未收载外，共计 5017 个品种，包括了个别有单独使用习惯的品种，如熊胆粉等。其中有《中国药典》（2000 年版）收载品种，原卫生部药品标准中药成方制剂 1～20 册收载品种，新药转正标准 1～16 册收载品种和《中国药典》（1995 年版）增补本收载品种，均为现行国家药品标准，此外还根据国家食品药品监督管理总局药品审评中心编辑的新药数据库补充了部分中药新药品种。该书收载的品种以其药品名称的拼音字头作为编排顺序，在正文页码上方标出药品名称第一个字的汉语拼音字头的字母及第一个汉字，熟悉拼音的读者可以直接查阅，该书以药品名称按笔画编排了索引。为满足多种需求，还以功能、主治作为主题词做了同类功效药品的索引作为附录，第一列数值是在 5017 个品种中出现的频数。药品名称后的编号是指在该书中的顺序号，在索引和正文中均已标出。

该书正文收载的内容有药品名称，全国生产厂家数，处方，性状，功能主治，用法和用量，规格，注意，贮藏，标准收载情况，国家基本药物目录收载情况，国家社保医疗报销品种目录收载情况，非处方药品种收载情况，中药保护品种情况等。其中名称以国家标准收载的名称为主，国家药品监督管理部门已改名的按规定对药品名称作了更改，在查阅原标准时需要注意。为方便查阅，在正文品种的处方中以药味、成分、提取物名称拼音作了排序。

书的附录一、附录二中分别介绍在全书收载的 5017 种中成药中，某同一功能的中成药和某同一主治的中成药分别有哪些品种。通过此附录，可以让读者掌握全国同类品种的重要信息。

该书为中成药生产企业进行产品二次开发，为药品经营企业和使用单位及个人确定选购（用）品种、识别真假药物和杜绝假药的流通，为新药研制开发者确立选题，提供了大量而又极其珍贵的信息资料和帮助；也为快速查阅标准者提供了重要的线索。因此，确实对我国中成药的研制、生产、检验、经营和使用者具有较高的实用价值。

3.《中药药理研究方法学》（第二版） 由陈奇主编，2006 年人民卫生出版社出版。

该书自 1993 年第一版出版以来，在全国药学界、尤其中药药理领域产生较大影响，常将其作为开展中药药理研究和新药开发工作的案头书；曾先后获全国优秀科技图书一等奖、国家图书奖、国家科学技术进步奖三等奖，成为少有的获得全国奖项最多、层次最高的优秀医药专著之一。 为了及时反映当代中药药理研究的新进展，由全国高等医药院校及科研院所等近 100 个单位共 380 余位专家，历经 3 载精心修订编撰该书第二版。第二版内容在第一版基础上丰富了 10 余年来中药药理研究的最新成果，充实了中药药理研究的新技术、新方法及新实例。书中既有理论和研究方法的归纳总结，又有 530 多个研究方法实例（较1 版增补新实例 130 余个，增幅达 30% 以上），从而使其理论、方法与实例三者结合更密切，内容新颖、丰富、翔实、可靠。全书共 32 章，分上、中、下三篇。上篇为新药研制、中药药理研究基本知识及中药基本理论研究方法；中篇为各类中药功效的药理研究方法；下篇为"证"的动物模型及中药药理作用研究方法。附录有中药新药药效学研究提要等。书中大多数实例是专家们根据自己的科研工作，并收集有关资料撰写而成，部分是尚未发表的科研资料。个别试验由从事过这方面工作的专家根据发表过的论文资料撰写。每个实例下设原理、材料、方法、结果、附注、注意及评价项目，方法详细而具体，具有可读性和可操作性，是研究中医药和为研制开发中药新药服务的大型参考书。

4.《中药现代研究的思路与方法》 由严永清执行主编，2006 年化学工业出版社出版。

该书立足于中药现代研究的最前沿，以国家重大项目和省部级重点研究课题成果为主，全部采用"原创性"研究资料，在深入的科研实践基础上，结合研究者的创新思维，系统全面地介绍了中药现代研究各领域的最新思路与方法，代表了国内最高研究水平，在一定程度上也代表了当今国际最高水平。书中将中药现代研究这个大课题划分为三个大版块，分别是概论、中药与中药复方基础研究、中药产业化。其下再划分出几个小版块，分别是：中药复方系统研究、中药资源研究、中药化学研究、中药药理研究、中药现代质量标准研究、中药生物技术研究、中药制剂研究、中药基础理论研究，以及中药饮片研究、中药现代生产技术与装备研究、生产过程控制、以 GMP 为核心的质量管理、中药产业国际化。该书内容全面地覆盖了中药现代研究的各个方面，以此启迪广大科研工作者的思维、活跃思想，加速我国中药现代化研究进程。

5.《中国传统工艺全集·中药炮制》 由丁安伟主编，2004 年大象出版社出版。

该书内容分为九章。第一章论述了中药饮片炮制技术演变概况。中药炮制之目的、作用和理论形成的基本规律，对炮制历史的记述有别于其他书籍，所涉内容更为详细。该书中许多炮制内容，多通过文献附列与本草和医方书籍有关条目项下。第二章概述了中药炮制的技术要求和理论的形成过程。尤其是用现代科学方法来阐明传统炮制理论，揭示中医临床实践已经证明的中药饮片炮制的实用性和有效性之丰富科学内涵。第三章介绍中药炮制的工艺和流派。第四章介绍民族药的炮制工艺及特色。第五章介绍中药炮制专著及其相关文献。第六章介绍常用中药的炮制。对 92 味中药进行了古代炮制考证和近代炮制辑要；精选并列出了历代有代表性的不同规格饮片炮制方法，并分别详述每种饮片的具体炮制方法、炮制作用及来源、性味、功用主治、贮存等。第七章系统介绍了 19 种道地中药材的炮制工艺。第八章介绍传统中成药的制作工艺，该书精心选择具代表性的 17 种中成药，较详细介绍其经典制备工艺和原料饮片的炮制工艺，进而充分体现中药炮制技术的重要性。第九章介绍了老字号中药店，通过记述老字号中药店在各个历史时期的发展与经营概况。

该书的主要特点为：①系统阐述了中药炮制的传统理论及其在各个历史时期的发展状况；②对历史上形成的各种炮制工艺流派做了详尽介绍，论述了各自的特色和优势；③详细介绍了传统的炮制工具，包括净制、切制、炮制等各种工序的炮制工具，尤其记载了许多体现古代炮制特色的专用工具，并插入大量丰富的图片；④重视民族药的炮制，系统介绍了蒙、藏、壮药等发展概况、理论基础及独特的炮制工艺；⑤引用大量文献资料。

6.《常用中药液相与气相色谱鉴定》　　由李萍等主编，2005 年化学工业出版社出版。

该书是《中药科学鉴定方法与技术丛书》其中的一本。中药品质评价的方法是中药现代化的关键，在中药品质现代评价方法中，中药的气相与液相色谱鉴定法就是其重要内容之一，它是使用仪器测定某些中药的成分，以鉴定其真伪和纯度的一种方法。该书共分 6 章，重点阐述了中药气相与液相色谱鉴定的基本概念、基本理论和基本方法，并介绍了这些方法在常用含挥发油类、含苷类、含木脂素类、含有机酸类、含生物碱类中药品质鉴定中的运用。该书记载的内容充分反映了现代中药品质评价方法的最新成果和发展方向。

（三）名录类

《全国中草药名鉴》：由中国中医研究院中药研究所谢宗万等主编，1996 年人民卫生出版社出版。

该书采用古今结合、中西结合的科学方法，广泛收集中草药信息数据和已有科研成果，对中草药的科属、拉丁学名、植（动、矿）物名、药材名、文献名、地方名、功效以及同名异物等问题，进行了认真的研究、整理、审订，正本清源，力求弄清宝库中中草药的品种数目，并使之名实相符。其中不少材料是作者数十年来在全国各地亲自调查、鉴定和考证后得来的结果。

全书共收录全国中草药 13 200 余条（772 科）。其中植物药 11 470 余条（369 科）包括藻类、真菌类、地衣类、苔藓类、蕨类、裸子植物、被子植物；动物药 1630 余条（403 科）；矿物药 160 余条。是目前国内公开出版的中草药文献中收载种数最多，古今药名最为齐全的著作。全书分上册、下册及索引三册出版。上册为中草药同物异名集，下册为中草药同名异物集。

上册为中草药同物异名集，分植物药、动物药、矿物药三部，各按自然分类系统排列。在分科以后按原植（动、矿）物拉丁学名字母次序排列，无正确学名者概不收录。种及种以下分类单位，按一物一条的原则均独立为专条。每条包括八项基本数据，依次为：代号（类、科、种顺序号），拉丁学名，植（动、矿）物名，药材名，文献名，地方名，功效，备考。上册为该书的主要部分。下册为中草药同名异物集，则是为了读者查阅方便起见，将上册的异物同名品简要地汇集一起，以中文名为词目，按首字笔画排序的一部中草药同名异物词典。书后有中文名、拉丁学名、科名等多种索引。

（四）专著类

1.《中国药材学》上、下两册　由徐国钧等主编，1996 中国医药科技出版社。

该书系在原南京药学院编著的《药材学》和《中草药学》的基础上，通过近几年来广泛地调查研究和科学实验，结合对传统经验的进一步总结和现代有关科学研究资料的汇集整理编著而成。全书分总论与各论两大部分，总论部分主要概述中药药材学的历史和任务、药材化学成分、我国药材资源及其生产、利用、鉴定和中药应用的基本原则；各论部分收载植物药材 882 种，动物药材 60 种，矿物药材 80 种。各药一般记述其名称（药材名、汉语拼音、拉丁名、英文名、别名）、来源、历史、植（动）物形态、产地、生产（栽培、饲养、采收、加工、贮藏、商品流通）、炮制、性状、药品规格、显微鉴定、化学成分、理化鉴定、药理作用、性味、功能、主治、用量、方剂与成药等。还附有植（动）物形态、药材外形、组织与粉末图共 1661 幅，附述品种 180 余种。书末附有中文名、药材拉丁名、拉丁学名索引及主要参考书目。

2.《植物化学分类学》　由周荣汉、段金廒主编，2005 年上海科学技术出版社出版。

植物化学分类学是植物分类与植物化学相互渗透、相互补充而形成的一门新兴的边缘学科。它以植物化学成分为依据，以经典分类学为基础，对植物加以分类和记述，研究植物化学成分与植物类群间的关系，探讨植物界的演化规律。该书系统阐述了植物化学分类学的基础知识，按植物分类学系统编制，包括总论及植物类群两大部分。植物类群优先选取的条件是：在系统发育中有重要地位，或含药用植物、经济植物种类较多，或在经典分类中系统位置有争议、需要从化学上加以说明的等。该书可供从事植物学、植物分类学、生药学、生物资源学、中药资源学、中药学、天然药物化学的教学、科研工作者及研究生参考。

第二节　中药期刊文献

"18 世纪是小册子世纪，19 世纪是书本世纪，20 世纪是期刊世纪"。这是美国学者布洛达斯（R.N.Broadus）在 20 世纪 70 年代初对各种类型文献在不同时期所起作用的概括性评价。40 多年过去了，期刊在传递信息、促进人类文明方面的作用越来越明显。

按照《韦氏大字典》的定义，期刊是"在规定日期或经一定时间间隔后出版的杂志或其他出版物"。期刊具有下列几个要素：定期或不定期出版，每年至少出版一期以上；每期有连续的卷、期号或年月顺序号；以固定的名称和统一的出版形式、开本、以至篇幅也都大致不变；每期刊登的内容不同。

中药期刊是有固定名称和编辑出版单位，所刊载的论文以中药学各学科为主，并以年度、卷与期号表明时序的连续出版物。中药期刊出版周期短，刊载论文速度快，数量大，内容新颖深入，情报信息量大，专指性强，发行数量多，影响面广，及时反映了我国中医药学的发展水平。中药文摘、索引等检索工具，大多数以中药期刊及相关期刊论文作为摘录报道的对象。因此，中药期刊是中药论文的主要载体，是中药各类专业人员获取情报信息的主要渠道，它发挥着比其他类型中药文献更大的信息传播作用。

中药期刊在我国起源较早。追溯起来，清中叶江苏医家唐大烈编印的《吴医汇讲》可说是它的雏形。在那以后，中药期刊逐渐走向正规化，数量增加，质量也在提高。特别是新中国成立后，随着国家日益强大，科技教育不断发展，人民生活水平逐渐提高，中医药事业的兴旺发达是必然的结果，因此，也就推动了中医药出版业的发展。目前，中药期刊无论是印刷质量、出版发行量，还是内容的广度、深度、刊载的信息量及涵盖的语种都今非昔比了。根据国家新闻出版广电总局的数据，截至到 2013 年年底，我国共出版自然科学、技术类期刊 4944 种，其中，医药卫生类期刊 1200 种左右，具体到中医药学类，数量在 130 种上下。以中国中医研究院为基地，我国藏有 120 余种来自全世界 20 多个国家的中医药期刊，日本有 59 种，美国有 15 种，法国有 12 种，英国有 7 种，德国有 6 种，韩国有 5 种，新加坡有 4 种，印度有 2 种等。

中药期刊是检索的最终目标之一，不管是用《中文科技资料目录·中草药》，还是用《中国药学文摘》查到的科技论文，最终都要查阅中药期刊。随着计算机和 Internet 的发展，期刊的载体形式也发生了根本性的变化。传统期刊正面临着挑战，而电子期刊也正在逐渐成为网上的重要信息资源。

一、中药期刊的分类

期刊的类型划分方法很多。从出版周期分，有定期和不定期之分。定期期刊有周刊、旬刊、双周刊、半月刊、月刊、双月刊、季刊、半年刊、年刊等。从报道内容分有刊登原始文献的一次文献期刊，大部分期刊都属于这一类型；文摘、索引等二次文献期刊；综述、评论等三次文献期刊。从文献的学科分，有数学、物理、化学、天文、地理、生物等各种自然科学期刊，以及各种应用科学期刊，各种人文科学、社会科学，还有各种综合性期刊。从载体分，有印刷版、缩微版、声像磁带版、计算机磁带版等。按出版机构分，有学术团体的、政府机构的、工矿企业的、商业性出版单位的、情报研究部门的等。按作用和阅读对象不同，一般可分为学术型、科普型、情报型与检索型 4 大类。

1. 学术型中药期刊　这类期刊品种最多，主要刊载中药科研、教学及有关方面的学术论文，撰稿者与读者多为专业人员，如《中国中药杂志》、《中草药》、《中成药》等，此外，还有《药学学报》、《中国药学杂志》、《药物分析杂志》及各中医药院校出版发行的学报。学术型中药期刊属于原始论文期刊，刊载的大多数是未经重新组织的，既原始的一次文献，密度大、价值高，是中医药科研工作人员检索和利用的主要对象，获取最新情报的主要情报源。许多新的成果、新的观点、新的方法等，往往首先在中药期刊上发表。期刊论文又比图书资料的内容详细得多。有的中药期刊还登有文献述评、动态介绍、学术协会通告、书评和新书预告及商品广告等，内容丰富多彩。由于中药期刊遍布全国，读者量大大超过其他类型中药文献，因此，它必然成为交流中医药学新动态与新成果的主要渠道。所以中药科技工作者一般习惯于阅读和浏览本专业的期刊，借以了解动态、开阔思路、吸取已有成果，避免重复劳动。据估计，从中药期刊方面来的科技情报，约占整个中医药情报来源的60%以上。

2. 科普型中药期刊　这类期刊立足于宣传、普及祖国医药学知识，文章通俗易懂，即使是非中医药专业工作者也能掌握一些简单易行的中医防病治病方法，如《大众中医药》、《开卷有益》等。它的撰稿者多为具有很强文字表达能力的专业人员，读者主要是广大群众。

3. 情报型中药期刊　主办单位一般为中医药情报信息研究机构，它以综述、文摘、译文、简讯、消息等形式，及时报道中医药的最新情况，在传递国内外中医药情报信息中起着极为重要的作用，如《中国中医药信息杂志》、《国际中医中药杂志》等。

4. 检索型中药期刊　这类期刊主办单位多为中医药专业图书馆或情报研究机构，它以索引、文摘等形式刊行，是在原始文献的基础上编辑出版的二次文献，全面系统地为中医药各类人员提供中医药的情报线索，是中医药情报检索的主要工具。如《中文科技资料目录·中草药》、《中国药学文摘》等。

二、中药学术期刊

中药学术期刊是有固定的名称和编辑出版单位，所刊载的内容以中药学各学科学术论文为主体，并以卷、期与年度标明时序的连续出版物。按出版周期可将之分为旬刊、半月刊、月刊、双月刊、季刊等。每一种学术期刊通常有固定的栏目和幅页，特殊情况下可出增刊或特刊，其封面至少在1年内保持相同，不能变换。

（一）中药学术期刊分类

中药学术期刊分为杂志型与学报型，杂志型的如《中国中药杂志》、《中草药》、《中成药》、《中药材》等，学报型如《中国药科大学学报》、《南京中医药大学学报》、《北京中医药大学学报》等。

学术型中药期刊在传递与交流中药学情报信息中起主要作用，也是我们检索利用的主要对象。其品种最多，主要刊载中医药科研、教学、生产及有关方面的学术论文，撰稿与读者大多为专业人员。

（二）中药学术期刊作用和特点

中药学术期刊是中药论文的主要载体，是中医药各类专业人员获取最新情报信息的主要渠道。它发挥着比其他中医药文献更大的信息传播作用。

1. 中药学术期刊的主要作用

（1）其是交流与传递中医药情报信息的主要渠道。中药学术期刊收载的论文，大多是最新的文献和第一手材料，故能及时传递报道中药学各个学科、各个地区、各个方面的信息，而且密度大、价值高。由于中药学术期刊遍布全国，读者量大大超过其他类型中药文献。因此，它必然成为交流中药学术动态与新成果的主要渠道。

（2）其是记录中医药学发展历史的重要文献。中药学术期刊定期编辑出版，能系统地记载全国及各地中药学各个领域各个方面的情况，客观地反映当时、当地的事实，比较完整地保存了我国中医药事业发展进程的资料。所以，在记录中医药学发展的历史的作用上，中药学术期刊较之其他类型中药文献更为重要。

（3）其是中医药专业人员检索利用的主要对象。中药领域从业人员为了提高教学、科研、生产水平，必须经常了解中药新技术、新药物、新方法及新设备等。这些情报信息首先来自中药期刊；中医药科研人员在选题、定题及审定、推广科研成果中，都必须经常不断地查阅大量中药论文，以取得依据和加以论证；中医药院校教师在教学中，需要随时补充学科近期的进展情况，补充新的专业知识，以不断充实教学内容；学生除了掌握课本知识外，也应该通过阅读中药期刊来开阔视野，扩大知识面，跟上学科发展的步伐。由此可见，中药学术期刊是中医药各类专业人员最经常、最主要的检索与利用的对象。

2. 中药学术期刊的特点

（1）使用周期缩短：随着中药学迅速发展带来的中药文献的"爆炸性"增长，使得现代中药文献的寿命逐渐缩短，老化加快。若干年前具有重要价值的中药文献日益变得陈旧过时，失去生命力。另外，文献出版的"时滞"过长，也大大降低了文献的情报价值，加速了文献的老化过程。中药学术期刊的使用寿命一般为 10 年。

（2）题材比较活泼：中药学术期刊所载论文，即有结构严谨、篇幅较大的理论性、实验性文章，也有观点迥异、措词尖锐的论争之文，简明活泼的科普短文和笔记式的问答式的教学辅导。这增强了人们阅读与利用兴趣，适应了不同层次读者的需要。

（3）数量巨大：由于科学本身的发展和文献生产技术的提高，中药学术论文数量激增。从 20 世纪初出现的几种中药期刊，到目前出版发行的百余种中药期刊，以及 60 余种以英、日、德、法、俄等文字编发的中药期刊，期刊型中医药文献的增长无疑是惊人的。

（4）文种增加：伴随着世界范围的中医药热，学习和研究中医药的各国人士日益增多，非中文的中医药文献数量不断上升。包括英、法、德、日、俄等几个主要的语种。这些外文中医药文献几乎包括所有的现代文献类型，其中以图书和期刊发展最快。因此，类似美国《化学文摘》等权威性检索工具，其收载的以各种文字撰写的中医药文献条目也以较大比率逐年上升。

（三）常用的综合性中药学术期刊

1.《中国中药杂志》

（1）概况：《中国中药杂志》由中国药学会主办，中国中医研究院中药研究所承办，中国中药杂志编辑部编辑出版，1955 年 7 月创刊，原名《中药通报》，1989 年更名为《中国中药杂志》，自 2005 年起，由月刊改为半月刊。

《中国中药杂志》为中国创刊最早、发行量最大的中药学术刊物。主要报道我国中医药科研领域新成果、新技术、新方法与新思路，内容包括栽培、资源与鉴定、炮制、药剂、化学、药理、毒副作用及中医药理论与临床等。设有专论、综述、研究论文、研究报告、临床、学术探讨、经验交流、信息等栏目。

《中国中药杂志》为中国中文核心期刊、中国科技核心期刊、中国自然科学核心期刊，是"中国科学引文数据库"、"中国学术期刊综合评价数据库"来源期刊。被美国医学索引（Medline/PubMed），美国《化学文摘（网络版）》（CA），荷兰爱思唯尔公司《斯高帕斯数据库》（Scopus），美国《生物学文摘（预评）》（*BIOSIS Previews*，BAP），俄罗斯《文摘杂志》（*Abstracts Journal*, AJ），英国《国际农业与生物科学研究文摘》（*Centre for Agriculture and Bioscience Abstracts*，CABI），美国《国际药学文摘》（*International Pharmaceutical Abstracts*，IPA），美国《乌利希期刊指南》（*Ulrich's Periodicals Directory*，Ulrich PD），《日本科学技术振兴机构中国文献数据库》[Japan Science & Technology Agency（Chinese Bibliographic Database），JSTChina]，《英国皇家化学学会系列文摘》（*Royal Society of Chemistry*, RSC），英国《全球健康》（*Global Health*，GH），荷兰《医学文摘》（*Excepta Media*，EM），菲律宾《西太平洋地区医学索引》（*Western Pacific Region Index Medicus*，WPRIM），以及《毒物学文摘》（*ToxFile*）等十余家权威性专业文摘或数据库收录。

据中国科学技术信息研究所科学计量与评价研究中心和北京万方数据股份有限公司联合编制出版的《中国科技期刊引证报告（核心版）》统计，2014 年中药学类期刊主要指标：《中国中药杂志》总被引频次为 8275，排名第 1，影响因子为 1.206，排名第 1。

（2）著录格式：每期注有中英文题目目次，格式为：中英文题目、著者、所在页码，题目目次按专题、综述、资源与鉴定、制剂与炮制、化学、药理、药代动力学、临床、药事管理、学术探讨等进行收录。2008 年及以前每年最后一期附有年度卷题目分类索引和关键词索引。

论文编排格式一般为题目、著者、著者单位、摘要、关键词、正文、参考文献等。

（3）检索途径

1）题目分类索引：按综述·专论、研究论文、研究报告、临床、学术探讨、药事管理、文献研究、其他等类目进行编排，是此刊的主要检索途径。主要适合于对所检索的学科隶属关系有一定了解的读者，特别是那些想广泛全面了解某一学科课题的资料并加以搜集累积者更为适用，或是所检课题涉及范围较广。如果查找单一某个方面的文献资料往往难以满足课题需要时，就应选择题目分类索引进行检索。

题目分类索引收录格式为：题目、著者、卷页码。根据题目所在卷页码即可查到属于该题目原始论文。

2）关键词索引：是此刊的主要检索途径之一。关键词的专指性很强，因此查找某一学科领域内某个专题的针对性很强的文献资料，或者对所检课题的学科归属难以统一或完全了解时，使用关键词索引则能较好地检索到所需的文献资料。

该刊"关键词索引"按关键词的首字汉语拼音字顺编排（主题词汉字前的阿拉伯数字或希腊文、英文字母不计）。收录格式为：关键词、期号、页码。根据关键词所在期号及页码即可查到属于该关键词相关原始论文。

（4）检索示例

【例】补骨脂化学成分研究文献

分析：查找某一中药的文献，以中药名作为关键词，专指性强，可采用关键词索引进行查找，也可按题目分类索引中"研究论文"栏进行查找。因而该主题可从题目、关键词两个途径查检。

检索步骤：（2008 年）

①题目途径。

第一步：确定研究文献在"研究论文"栏中查找。

第二步：在本年度题目分类索引中查找到"中药补骨脂化学成分的研究"（1410）文献。

第三步：根据题目后相应的页码为 1410，即可查到原始文献。

②关键词途径。

第一步：确定"补骨脂"为关键词。

第二步：依据入检关键词的汉语拼音字顺，在本年度关键词索引中查找到"补骨脂"（12）：1410。

第三步：根据关键词后相应期号为第 12 期，页码为 1410，即可查到原始文献。

2.《中草药》

（1）概况：《中草药》由中国药学会和天津药物研究院主办，中草药杂志编辑部编辑出版，创刊于 1970 年 1 月，2013 年起由月刊改为半月刊，是国内外公开发行的国家级药学科技学术性期刊。此刊主要报道中草药化学成分；药剂工艺、生药炮制、产品质量、检验方法；药理实验和临床观察；药用动、植物的饲养、栽培、药材资源调查等方面的研究论文，并辟有中药现代化论坛、专论、综述、短文、新产品、企业介绍、学术动态和信息等栏目。

《中草药》为中国自然科学核心期刊、中国中文核心期刊、中国科技核心期刊，是中国科学引文数据库来源期刊，《中国科技期刊数据库》全文收录，历年屡获国家级优秀科技期刊奖，如"2013 年中国百强科技期刊"和"2013 年中国最具国际影响力学术期刊"。该刊入选美国《化学文摘》（CA）千刊表，并被美国《国际药学文摘》（IPA）、荷兰《医学文摘》(EM)、荷兰《斯高帕斯数据库》(Scopus)、美国《乌里希期刊指南》(Ulrich's Periodicals Directory)、世界卫生组织西太平洋地区医学索引（WPRIM）、波兰《哥白尼索引》（IC）、英国《质谱学通报（增补）》(MSB-S)、日本科学技术振兴机构数据库（JST）、美国剑桥科学文摘社（CSA）数据库、英国《国际农业与生物科学研究中心文摘》和《全球健康》等国际著名检索系统收录。

据中国科学技术信息研究所科学计量与评价研究中心和北京万方数据股份有限公司联合编制出版的《中国科技期刊引证报告（核心版）》统计，2014 年中药学类期刊主要指标：《中草药》总被引频次为 6868，排名第 2，影响因子为 1.137，排名第 2。

（2）著录格式：每期注有中英文题目目次，格式为：中英文题目、著者、所在页码，题目目次按专论、化学成分、药剂与工艺、药理与临床、药材与资源、综述等进行收录。2012 年及以前每年最后一期附有年度卷总目次和关键词索引。

论文编排格式为题目、著者、著者单位、摘要、关键词、中图分类号、正文、参考文献等。

（3）检索途径

1）总目次：按中药现代化论坛、化学成分、药剂与工艺、药理与临床、药材与资源、综述、药事管理等类目进行编排，是该刊的主要检索途径。主要适合于对所检索的学科隶属关系有一定了解的读者，特别是那些想广泛全面了解某一学科课题的资料并加以搜集累积者更为适用。

总目次收录格式为：题目、著者、期号、页码。根据题目所在期号及页码即可查到属于该题目原始论文。

2）关键词索引：该刊的主要检索途径之一。该刊"关键词索引"按关键词的首字汉语拼音字顺编排（主题词汉字前的阿拉伯数字或希腊文、英文字母不计）。收录格式为：关键词、期号、页码。根据关键词所在期号及页码即可查到属于该关键词相关原始论文。

（4）检索示例

【例】黄连化学成分研究文献

分析：化学成分可按总目次中"化学成分"栏进行查找，黄连可采用关键词索引进行查找。因而该主题可从总目次、关键词索引两个途径查检。

检索步骤：（2012 年）

① 题目途径

第一步：确定化学成分在"有效成分"栏查找。

第二步：在本年度总目次中查找到"黄连的化学成分研究" 7·1273 文献。

第三步：根据题目后相应期号为第 7 期，页码为 1273，即可查到原始文献。

② 关键词途径

第一步：确定"黄连"为关键词。

第二步：依据入检关键词的汉语拼音字顺，在本年度关键词索引中查找到"黄连"（7）：1273。

第三步：根据关键词后相应期号为第 7 期，页码为 1273，即可查到原始文献。

3.《中成药》

（1）概况：《中成药》由国家药品食品监督管理总局信息中心中成药信息站和上海中药行业协会主办，中成药杂志编辑部编辑出版，1978 年 8 月创刊，月刊，国内外公开发行。此刊是有关中成药、中药饮片生产、科研和应用的专业学术性刊物。

《中成药》为中国中文核心期刊、中国科技核心期刊，被中华人民共和国新闻总署列入"中国期刊方阵—双效期刊"重点建设的国家级中医药学术期刊，是中国科学引文数据库来源期刊，《中国科技期刊数据库》全文收录、中国生物学文摘（CBA）数据库收录期刊，《CAJ-CD 规范》优秀期刊，《中文科技资料目录·医药卫生》收录源期刊，RCCSE 核心期刊。

据中国科学技术信息研究所科学计量与评价研究中心和北京万方数据股份有限公司联合编制出版的《中国科技期刊引证报告（核心版）》统计，2014 年中药学类期刊主要指标：《中成药》总被引频次为 4263，排名第 3，影响因子为 0.722，排名第 5。

（2）著录格式：每期注有中英文题目目次，格式为：中英文题目、著者、所在页码，题目目次按药理、临床、制剂、质量、成分分析、饮片炮制、综述、科研报道、医院药房等进行收录。每年最后一期附有年度卷文题分类索引。

论文编排格式一般为题目、著者、著者单位、摘要、关键词、中图分类号、正文、参考文献等。

（3）检索途径：文题分类索引按药理、临床、制剂、质量、成分分析、饮片炮制、综述、古方研究、科研报道、医院药房等类目进行编排，是该刊的主要检索途径。

文题分类索引收录格式为：题目、著者、期号、页码。根据题目所在页码即可查到属于该题目原始论文。

（4）检索示例

【例】山药提取工艺研究文献

分析：提取工艺可按文题分类索引中"制剂"栏进行查找。

检索步骤：（2014年）

题目途径

第一步：确定提取工艺在"制剂"栏查找。

第二步：在本年度文题分类索引中查找到"山药多糖提取工艺优化及其抗菌活性研究"6·1194文献。

第三步：根据题目后相应期号为第6期，页码为1194，即可查到原始文献。

4.《中药材》

（1）概况：《中药材》由国家食品药品监督管理总局中药材信息中心站主办，中药材杂志编辑出版，1978年创刊，月刊。该刊是以中药学术论文为主的学术期刊，主要报道中药材的种（养）技术（GAP）、资源开发与利用、药材的加工炮制与养护、鉴别、成分、药理、临床、制剂、用药等方面的研究论文。其为中国科技核心期刊、中国自然科学核心期刊、中国中文核心期刊、中国最具国际影响力学术期刊、RCCSE中国权威学术期刊、中国精品科技期刊，为美国《医学索引》（IM/Medline）、美国《化学文摘（网络版）》、中国科学引文数据库、中国核心期刊数据库、中国期刊全文数据库、中国学术期刊综合评价数据库、中国生物医学文献数据库和中文期刊数据库等数据库收录期刊。

据中国科学技术信息研究所科学计量与评价研究中心和北京万方数据股份有限公司联合编制出版的《中国科技期刊引证报告（核心版）》统计，2014年中药学类期刊主要指标：《中药材》总被引频次为3874，排名第6，影响因子为0.457，排名第21。

（2）著录格式：每期注有中文题目目次，格式为：中文题目、著者、所在页码。题目目次按药用植物栽培、动物药研究、资源、加工炮制与养护、鉴别、化学成分、药理、制剂与质量、考证、综述、临床用药等进行收录。每年最后一期附有年度卷总目录。

论文编排格式一般为题目、著者、著者单位、摘要、关键词、中图分类号、正文、参考文献等。

（3）检索途径：总目录按药用植物栽培、动物药研究、资源、加工炮制与养护、鉴别、化学成分、药理、制剂与质量、考证、综述、临床用药、其他等类目进行编排，是该刊的主要检索途径。

总目录收录格式为：题目、期数、页码。根据题目所在页码即可查到属于该题目原始论文。

（4）检索示例

【例】何首乌鉴别研究文献

分析：鉴别可按总目录中"鉴别"栏进行查找。

检索步骤：（2014年）

题目途径

第一步：确定在"鉴别"栏查找。

第二步：在本年度卷总目录中查找到"制何首乌正品与伪品的比较鉴别"文献。

第三步：根据题目后相应期号为 3，页码为 415，即可查到原始文献。

5.《药物分析杂志》

（1）概况：《药物分析杂志》由中国药学会主办，中国食品药品检定研究院（原中国药品生物制品检定所）和药物分析杂志编辑部编辑出版，由创始于 1951 年的《药检工作通讯》发展而来，1981 年更名为《药物分析杂志》，2005 年由双月刊改为月刊，国内外公开发行的专业性学术期刊。《药物分析杂志》发表文章涵盖药物分析学及相关学科的科技文章，包括药物研制、药品生产、临床研究、药物安全、质量评价、市场监督等所涉及的药物分析学科的研究论文、科研简报、学科动态与综述评述等。主要栏目包括：成分分析、活性分析、快速分析、代谢分析、质量分析、安全监测、生物检定、过程控制、标准研讨、经验交流、技术研发，以及特约报道、学科动态、专家点评、研究快报、综述专论等。该刊为中国科技核心期刊、中国中文核心期刊，并被国内外主要检索系统所收录。

据中国科学技术信息研究所科学计量与评价研究中心和北京万方数据股份有限公司联合编制出版的《中国科技期刊引证报告（核心版）》统计，2014 年药学类期刊主要指标：《药物分析杂志》总被引频次为 2893，排名第 5，影响因子为 0.76，排名第 6。

（2）著录格式：每期注有中英文题目目次，格式为：中英文题目、著者、所在页码。题目目次按综述专论、代谢分析、生物检定、活性分析、成分分析、安全监测、技术探讨、标准研讨、质量分析、技术研发等进行收录。每年最后一期附有年度卷文题索引。

论文编排格式一般为题目、著者、著者单位、摘要、关键词、正文、参考文献等。

（3）检索途径：文题索引按天然药物、化学药品、抗生素、生物技术药品、其他等类目进行编排，是该刊的主要检索途径。

文题索引收录格式为：题目、著者、期号、页码。根据题目所在页码即可查到属于该题目原始论文。

（4）检索示例

【例】附子生物碱化学成分研究文献

分析：附子可按文题索引中"天然药物"栏进行查找。

检索步骤：（2014 年）

题目途径

第一步：确定附子在"天然药物"栏查找。

第二步：在本年度文题索引中查找到"附子生物碱化学成分和质量控制的研究进展"文献。

第三步：根据题目后相应期号为 10，页码为 1709，即可查到原始文献。

6.《中国药理学报》（*Acta Pharmacologica Sinica*）

（1）概况：《中国药理学报》由中国药理学会、中国科学院上海药物研究所主办，中国药理学报编辑委员会编辑，1980 年 9 月创刊，月刊。2000 年起正式注册为全英文出版的国际性刊物（*Acta Pharmacologica Sinica*），2005 年起与英国 Blackwell 出版公司合作出版，是以药理学术论文为主的学术期刊。

《中国药理学报》为国家自然科学基金专项资助期刊，是中国自然科学核心期刊，是药理学及近邻学科的国内带头刊物，为美国科学引文索引（Science Citation Index）选录的中国期刊之一，是美国 Current Contents / Life Sciences 选录的中国两种期刊之一，同时进入 BA、CA、Index Medicus 等十余种国际著名检索系统，被国内主要医药检索工具录用。

据中国科学技术信息研究所科学计量与评价研究中心和北京万方数据股份有限公司联合编制出版的《中国科技期刊引证报告（核心版）》统计，2014 年中国科技核心期刊（英文）被引用指标：《中国药理学报》总被引频次为 1724，影响因子为 0.868。

（2）著录格式：每期注有英文题目目次，2007 年及以前每年最后一期附有年度卷 KEYWORD INDEX、AUTHOR INDEX。

论文编排格式一般为题目、著者、著者单位、摘要、关键词、正文、参考文献等。

（3）检索途径

1）KEYWORD INDEX：是该刊的主要检索途径之一。该刊"KEYWORD INDEX"按 KEYWORD 英文字母顺序编排。收录格式为：KEYWORD、页码。根据 KEYWORD 所在页码即可查到相关原始论文。

2）AUTHOR INDEX：该刊"AUTHOR INDEX"按作者的英文姓名字母顺序编排。收录格式为：AUTHOR、页码。根据作者姓名所在页码即可查到原始论文。

（4）检索示例

【例】银杏（*Ginkgo biloba*）药效研究文献

分析：银杏（*Ginkgo biloba*）可按 KEYWORD INDEX 进行查找。

检索步骤：（2007 年）

第一步：确定"银杏（Ginkgo biloba）"为关键词。

第二步：依据入检关键词 Ginkgo biloba 的字母顺序，在本年度 KEYWORD INDEX 中查找到"Ginkgo biloba extract"818。

第三步：根据关键词后相应页码为 818，即可查到"Effects of Ginkgo biloba on prevention of development of experimental diabetic nephropathy in rats"原始文献。

7.《药学学报》

（1）概况：《药学学报》由中国药学会、中国医学科学院药物研究所主办，药学学报编辑部编辑出版，创刊于 1953 年 7 月，其前身是 1936 年创刊的学术期刊《中华药学杂志》，月刊，国内外公开发行。《药学学报》是报道我国药学科研成果、促进国内外学术交流的综合性学术刊物，以探讨新理论，介绍新技术、新方法、新进展，开展学术交流为主要宗旨。发表文章包括药理学、合成药物化学、天然药物化学、药物分析学、生药学、药剂学与抗生素学等方面的研究论文、研究简报、综述、学术动态与述评等。

《药学学报》是中国自然科学核心期刊、中文核心期刊。该刊屡获国家级期刊奖励，于 2011 年荣获第 2 届"中国出版政府奖"期刊奖提名奖，2013 年被国家新闻出版广电总局推荐为"百强科技期刊"。

《药学学报》已被国内外主要检索系统录用。已收录该刊的国外检索系统有：美国医学索引（Medline）、美国化学文摘（CA）、SciFinder Scholar、美国生物学文摘（BA）、国际药学文摘（IPA）、日本科学技术文献速报（*Current Bibliography on Science and Technology*，CBST）、俄罗斯文摘杂志（AJ）、剑桥科学文摘（*Cambridge Scientific Abstracts*，

CSA)、英联邦农业文摘(CAB)、毒物数据库(TOXLINE)、CAB 健康文摘(CAB HEALTH)、荷兰 Scopus 数据库、波兰《哥白尼索引》、美国《乌利希国际期刊指南》等；国内有：中国药学文摘（CPA）、中国医学文摘（*Abstracts of Chinese Medicine*）、中国生物医学（光盘版）数据库（CBMDISE）、中国科学引文数据库、中国科技期刊篇名数据库（PSTP）、中国学术期刊（光盘版）数据库、中国学术期刊综合评价数据库、中国精品期刊数据库等。

据中国科学技术信息研究所科学计量与评价研究中心和北京万方数据股份有限公司联合编制出版的《中国科技期刊引证报告（核心版）》统计，2014 年药学类期刊主要指标：《药学学报》总被引频次为 3041，排名第 3，影响因子为 1.149，排名第 1。

（2）著录格式：每期注有题目目次，格式为：题目、著者、所在页码。题目目次按综述、研究论文、研究简报、新药发现与研究实例简析、信息等进行收录。每年最后一期附有年度卷文题分类索引、关键词索引。

论文编排格式一般为题目、著者、著者单位、摘要、关键词、正文、参考文献等。

（3）检索途径

1）文题分类索引：按药理学、药物化学、药物分析、药剂学、生药学等类目进行编排。收录格式为题目、作者、页码。

2）关键词索引：按关键词的首字汉语拼音字顺编排。收录格式为：关键词、页码。根据关键词所在页码即可查到属于该关键词相关原始论文。

（4）检索示例

【例】黄芩汤药效研究文献

分析：黄芩汤可按关键词索引进行查找，药效可按文题分类索引中"药理学"栏进行查找。因而该主题可从文题分类索引、关键词索引两个途径查检。

检索步骤：（2014 年）

①文题分类途径

第一步：确定药效研究在"药理学"栏查找。

第二步：在本年度题目索引中查找到"黄芩汤在大鼠发热状态下药效学及药代动力学特征研究"（1418）文献。

第三步：根据题目后相应页码为 1418，即可查到原始文献。

②关键词途径

第一步：确定"黄芩汤"为关键词。

第二步：依据入检关键词的汉语拼音字顺，在本年度关键词索引中查找到"黄芩汤"（10）：1418。

第三步：根据关键词后相应期号为第 10 期，页码为 1418，即可查到原始文献。

第三节　中药特种文献

特种文献是指除了图书和期刊以外的科技文献，它包括会议文献、学位论文、科技报告（技术研究报告）、标准文献、专利文献等。这些文献形成了特种类型的中药信息资源，它们在中药现代化进程中发挥着重要作用。

一、会议文献

（一）概述

随着科学技术的迅猛发展，科技会议已成为科学技术交流的重要渠道，每年国内外举办的各种学术专业会议多达一万多个，在这些会议上，科技工作者讨论和交流科研成果及新发现、新进展，提出新的研究课题，因此，科技会议已成为科技信息的一个重要来源。在英文中表示会议的用词很多，如 conference（大会）、colloquium（学术讨论会）、meeting（会议）、workshop（专题讨论会）、symposium（专题讨论会）、seminar（学术研讨会）、convention（大会）和 congress（大会），表示会议录的词有：proceedings、collections 等。

科技会议文献的类型很多，按不同标准可以有下列三种分类方式。

1. 按会议文献出版时间的顺序分类 可分为会前文献、会间文献和会后文献。

（1）会前文献：主要包括会议论文预印本和论文摘要。即在会议进行之前预先印发给与会代表。有的预印本在会议后以会议录形式再出版，有的预印本则不再出现。

（2）会间文献：主要包括会议议程、开幕词、讨论记录、会议决议、行政事物、论文摘要等，均属会间文献。

（3）会后文献：指会议结束后整理、出版的会议录、会议论文集/汇编、会议记录、会议辑要等。

2. 按会议规模分类 可分为国际性会议、全国性会议、地区性会议或基层会议。

（1）国际性会议：由国际组织或若干国家共同召开的会议。

（2）全国性会议：由一个国家内的全国性学会、协会等出面组织的会议。

（3）地区性会议或基层会议：由一个国家的地区性学术机构召开的学术会议。

3. 按会议的文献出版形式分类 可分为单行本图书、连续出版物及科技报告三种。

（1）单行本图书：大多会后文献以图书的形式出版，通常称为会议录或会议专题论文集。

（2）连续出版物：有相当部分的会后文献在有关学术期刊上发表，载于学会、协会主办的期刊中及其他期刊中。

（3）科技报告：有些会后文献被编入科技报告，以科技报告的形式出版。

（二）会议文献检索工具

Internet 上存在着丰富的会议信息资源，可方便快捷地检索正式出版的会议文献并能及时和动态地获取会议信息。通过 Internet 上相关数据库检索是查找正式出版的会议文献最有效的途径。

1. 中国重要会议论文全文数据库 该数据库为 CNKI 数据库之一（http://epub.cnki.net），主界面见图 4-1，重点收录 1999 年以来，中国科协系统及国家二级以上的学会、协会，高校、科研院所、政府机关举办的重要会议以及在国内召开的国际会议上发表的文献。其中，国际会议文献占全部文献的 20% 以上，全国性会议文献超过总量的 70%，部分重点会议文献回溯至 1953 年。提供快速检索、标准检索、专业检索、作者发文检索、科研基金检索、句子检索、来源会议检索等检索途径。

图 4-1　中国重要会议论文全文数据库主界面

2.中国学术会议论文全文数据库　中国学术会议论文全文数据库为万方数据库之一（http://c.g.wanfangdata.com. cn/conference.aspx），为全文资源。主界面见图 4-2，收录了由中国科技信息研究所提供的 1985 年至今世界主要学会和协会主办的会议论文,以一级以上学会和协会主办的高质量会议论文为主。每年涉及近 3000 个重要的学术会议，总计 130 万余篇，每年增加约 20 万篇。每月更新。可进行高级检索、经典检索和专业检索。

图 4-2　中国学术会议论文全文数据库主界面

二、科技报告

（一）概述

科技报告制度是当今世界上发达国家普遍采用的科技项目档案管理和交流制度，该制度通过整套流程和规范，使政府投资项目所产生的科研成果以科技报告的形式得以完备保存和广泛传播。科技报告是有关科研工作记录或成果的报告。其特点：第一是在内容上，科技报告的内容比较新颖、详尽、专深；第二是科技报告出版发行较为迅速；第三是科技报告大多是一篇一册的报告，篇幅不限；第四是每篇报告均有编号。

（二）科技报告的类型

1. 按报告内容的性质分类

（1）报告书（reports，R）：一般公开发行，内容比较完整，大部分是科研成果的总结。

（2）论文（papers，P）：一般是准备在会议上宣读的论文报告，先用单篇形式发表。

（3）备忘录（memorandum，M）：一般不公开发行，内容包括试验报告、数据资料、会议记录、保密文献等。

（4）札记（notes，N）：一般公开发行，报告新的技术成果、新工艺、新材料等。

（5）通报（bulletin，B）：一般对外公布，为内容成熟的摘要性文献。

2. 按密级分类

（1）机密报告（secret　report；代号 S）。

（2）保密报告（classified　report；代号 C）。

（3）解密报告（declassified　report；代号 D）：原属保密，后解密。

（4）非密限制发行报告（restricterd　report；代号 R）：在一定范围内发行。

（5）非密公开发行报告（unclassified　report；代号 U）：我国收集的报告多数属于此类。

若按报告进展分为出版报告、进展报告、中间报告和终结报告。

（三）科技报告的识别代号和报告号

科技报告都有一定的编号，称作报告号。一个报告号代表一篇报告，是检索科技报告的途径。识别代号了解是什么科技报告和它的密级。如 PB82-869801 中 PB 表示报告名称；82 表示出版发行日期；869801 表示报告号。

（四）中国科技报告

我国科技报告是国家科技成果管理工作的一个组成部分，1963 年起正式开展全国科研成果的统一登记和报道工作。取得科研成果的单位，按照规定上报、登记，经国家科委调查核实后，发出科技成果公报和出版《科学技术研究成果报告》，分"内部"、"秘密"、"绝密"三个保密级别，内部发行。2014 年 3 月 1 日开通的国家科技报告服务系统（http：//www.nstrs.cn/）是我国国家科技报告制度的重要载体，主界面见图 4-3。目前，中国国家科技报告服务系统已开通针对社会公众、专业人员和管理人员三类用户的共享服务：向社会公众提供科技报告摘要浏览服务，社会公众不需要注册，即可通过检索科技报告摘要和基本信息，了解国家科技投入所产出科技报告的基本情况;向专业人员提供在线全文浏览服务，专业人员需要实名注册，通过身份认证即可检索并在线浏览科技报告全文；向各级科研管理人员提供面向科研管理的统计分析服务，管理人员通过实名注册，并经科研管理部门授权，享有检索、查询、浏览，以及批准范围内的统计分析等服务。

图 4-3　国家科技报告服务系统主界面

三、学位论文

（一）概述

学位论文是高等院校本科毕业生或科研单位研究生为取得学位而撰写的论文。各国学位制度不尽相同，多数国家采用学士、硕士和博士三级制。学位论文是研究生在导师辅导下，查阅和消化有关资料，并经过认真的实验研究，提出的独特见解和结论。不少论文有一定的学术水平，甚至在本专业领域内有着重要的影响。当然学位论文的质量参差不齐，有的论文尚不够成熟，但他们进行的探索对于他人的研究工作仍有参考价值。目前，国内外已开发了不少学位论文数据库，通过 Internet 可以快速检索到部分学位论文的文摘和全文。

（二）学位论文检索工具

1. **国家图书馆馆藏博士论文库**　国家图书馆学位论文收藏中心是国务院学位委员会指定的全国唯一负责全面收藏和整理我国学位论文的专门机构，也是人力资源和社会保障部专业技术人员管理司确定的唯一负责全面收藏博士后研究报告的专门机构，主界面见图 4-4。该数据库收藏博士论文 20 多万篇及部分院校的硕士学位论文、台湾博士学位论文和部分海外华人华侨学位论文。通过馆藏目录可查看具体某学位论文是否被收藏和具体馆藏信息，包括馆藏地址、收录年代、所有单册信息等。网上资源仅供浏览前 24 页，不提供电子版的下载和打印服务。

2. **CALIS 学位论文库**　CALIS 高校学位论文数据库（http://opac.calis.edu.cn）是我国具有特色的全国性学位论文数据库，它是 CALIS 的自建数据库项目之一，由 CALIS 全国工程文献中心（清华大学图书馆）负责组织协调全国各高校合作建设，于 2000 年 4 月开始向高校用户开放，主界面见图 4-5。CALIS 学位论文库的内容涵盖自然科学、社会科学和医学等各个学科领域。数据库除了提供每篇学位论文的中文摘要外，大多数还提供英文摘要，对摘要的著录较为详细。

图 4-4　国家图书馆学位论文收藏中心主界面

CALIS 学位论文库提供了基本检索和高级检索两种检索方法。在基本检索中，可使用题名、论文作者、导师、作者专业或作者单位等字段进行检索，并设有位置算符：开头为、结尾为、严格等于或模糊匹配，各检索词组配方式有精确匹配、逻辑与、逻辑或，同时设有时间限制。高级检索除了基本检索中提供的字段外，还增加了摘要、全面检索、本地分类号和主题等字段，并可在 4 行检索表达式间使用逻辑算符（并且、或者、非）进行组配。它也可以输入检索时间限制，并能通过题名用英文进行检索。

图 4-5　CALIS 高校学位论文数据库主界面

3. PQDD 博/硕士学位论文数据库　　PQDD 博硕士论文数据库（ProQuest Digital Dissertations，简称 PQDD）是世界著名学位论文数据库（http://wwwlib.global.umi.com/dissertations）的核心资源，收录了欧美 1000 多所大学文、理、工、农、医等领域的 160 万篇论文摘要。其中博士论文的摘要在 350 字左右，硕士论文的摘要为 150 字左右，1977 年以后的博士论文有前 24 页全文，同时提供大部分论文的全文订购服务，全文可以有印刷版、缩微版和数字版（1977 年以后出版），收录起始于 1861 年。

2003 年 2 月，中国高等教育文献保障系统（CAUS）组织国内 70 多所高校，开展联合引进 ProQuest 的博士论文 PDF 全文，并在 CALIS 建立了 PQDD 本地服务器，为国内高校读者下载和使用博士论文全文提供了方便，主界面见图 4-6，数据库网址：http://proquest.calis.edu.cn。除了浏览之外，PQDD 提供了基本检索和高级检索两种检索方式。

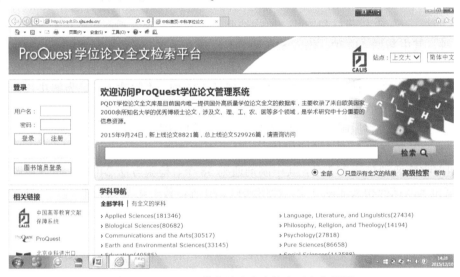

图 4-6　ProQuest 学位论文全文检索平台主界面

四、标准文献

（一）概述

标准是对重复性事物和概念所做的统一规定，它以科学、技术和实践经验的综合成果为基础，经有关方面协商一致，由主管机构批准，以特定形式发布，作为共同遵守的准则和依据。标准文献主要包括标准、标准定期出版物、政府文件、标准化专著等。一个国家的标准文献往往反映了该国科技、资源等多方面情况，是了解该国科技发展的十分重要的信息来源。标准文献的类型：

（1）按标准性质可分为基础标准、产品标准、工艺装备标准、原材料标准、方法标准。

（2）按标准使用范围可分为国际标准、区域性标准、国家标准、专业标准、企业标准。

（3）按标准成熟程度可分为法定标准、推荐标准、试行标准、标准草案。

中国标准可分为国家标准、部颁标准和企业标准三大类。标准号一般形式为"标准代号＋序号＋年代号"，如 GB457-89。GB 为国家标准；WS 为中国卫生部部颁标准；Q 为企业标准代号。

（二）现行中药标准文献简介

1. 《中华人民共和国药典》（简称《中国药典》）　药典是记载药物标准的典籍。一般由政府主持编纂，作为药品生产、检验、供应、使用和管理的依据。我国药典由中华人民共和国卫生部药典委员会编，中华人民共和国成立后，于 1953 年出版第一版《中华人民共和国药典》，为一部。1963 年、1977 年、1985 年、1990 年、1995 年、2000 年出版的均为二部。2005 年、2010 年出版的均为三部。2015 年出版的为四部。

《中国药典》2015 年版由一部、二部、三部和四部构成，收载品种总计 5608 种，其中新增 1082 种。一部收载药材和饮片、植物油脂和提取物、成方制剂和单味制剂等，品种共计 2598 种，其中新增 440 种、修订 517 种，不收载 7 种。二部收载化学药品、抗生素、生化药品及放射性药品等，品种共计 2603 种，其中新增 492 种、修订 415 种，不收载 28 种。三部收载生物制品 137 种，其中新增 13 种、修订 105 种，不收载 6 种。为解决长期以来各部药典检测方法重复收录，方法间不协调、不统一、不规范的问题，此版药典对各部药典共性附录进行整合，将原附录更名为通则，包括制剂通则、检定方法、标准物质、试剂试药和指导原则。重新建立规范的编码体系，并首次将通则、药用辅料单独作为《中国药典》四部。四部收载通则总计 317 个，其中制剂通则 38 个、检验方法 240 个、指导原则 30 个、标准物质和试液试药相关通则 9 个；药用辅料 270 种，其中新增 137 种、修订 97 种，不收载 2 种。此版药典的特点主要体现在：收载品种显著增加。进一步扩大了收载品种的范围，基本实现了国家基本药物目录品种生物制品全覆盖，中药、化药覆盖率达到 90% 以上。对部分标准不完善、多年无生产、临床不良反应多、剂型不合理的品种加大调整力度，此版药典不再收载 2010 年版药典品种共计 43 种。药典标准体系更加完善。将过去药典各部附录进行整合，归为本版药典四部。完善了以凡例为总体要求、通则为基本规定、正文为具体要求的药典标准体系。首次收载"国家药品标准物质制备"、"药包材通用要求"及"药用玻璃材料和容器"等指导原则，形成了涵盖原料药及其制剂、药用辅料、药包材、标准物质等更加全面、系统、规范的药典标准体系。

此版药典在保留常规检测方法的基础上，进一步扩大了对新技术、新方法的应用，以提高检测的灵敏度、专属性和稳定性。采用液相色谱法-串联质谱法、分子生物学检测技术、高效液相色谱-电感耦合等离子体质谱法等用于中药的质量控制。采用超临界流体色谱法、临界点色谱法、粉末 X 射线衍射法等用于化药的质量控制。采用毛细管电泳分析测定重组单克隆抗体产品分子大小异构体，采用高效液相色谱法测定抗毒素抗血清制品分子大小分布等。在检测技术储备方面，建立了中药材 DNA 条形码分子鉴定法、色素测定法、中药中真菌毒素测定法、近红外分光光度法、基于基因芯片的药物评价技术等指导方法。进一步提高了药品安全性保障：完善了"药材和饮片检定通则"、"炮制通则"和"药用辅料通则"，新增"国家药品标准物质通则"、"生物制品生产用原材料及辅料质量控制规程"、"人用疫苗总论"、"人用重组单克隆抗体制品总论"等，增订了微粒制剂、药品晶型研究及晶型质量控制、中药有害残留物限量制定等相关指导原则。一部制定了中药材及饮片中二氧化硫残留量限度标准，建立了珍珠、海藻等海洋类药物标准中有害元素限度标准，制定了人参、西洋参标准中有机氯等 16 种农药残留的检查，对柏子仁等 14 味易受黄曲霉毒素感染药材及饮片增加了"黄曲霉毒素"检查项目和限度标准。

《中国药典》2015 年版一部内容分凡例、正文、索引三部分。"凡例"是帮助读者正确理解和使用药典的说明文字，是药典的重要组成部分。正文分为药材和饮片、植物油脂和提取物、成方制剂和单味制剂三部分。正文项下根据品种和剂型不同，按顺序可分别列有：品名、来源、处方、制法、性状、鉴别、检查、浸出物、特征图谱或指纹图谱、含量测定、炮制、性味与归经、功能与主治、用法与用量、注意、规格、贮藏、制剂、附注等。书后附"中文索引"、"汉语拼音索引"、"拉丁名索引"及"拉丁学名索引"。

2．《中华人民共和国卫生部药品标准》（简称《部颁标准》）　由中华人民共和国卫生部药典委员会编，从 1963 年 12 月，卫生部首次颁布了《部颁标准》，以后又逐批颁布，内容涉及抗生素、化学药品、医用同位素、中药成方制剂等，是我国药品生产、供应、使用、监督等部门检验质量的法定依据。《部颁标准》还有《药品卫生标准》，它对中药、化学药和生物药的口服药与外用药卫生质量指标都作了具体规定。

（三）常用标准文献检索工具

1．《中华人民共和国国家标准目录及信息总汇》　由国家标准化管理委员会编，由中国标准出版社出版。该书收录截至 2008 年年底批准、发布的全部现行国家标准信息，同时补充被代替、被废止的国家标准目录及国家标准修改、更正、勘误通知等相关信息。2009年版目录及信息总汇分上、下册出版，内容包括四部分：国家标准专业分类目录，被废止的国家标准目录，国家标准修改、更正、勘误通知信息及索引，可以较为系统全面地了解国家标准制定、修订及清理整顿结果信息。

2．《中华人民共和国国家标准目录》　该目录是 2011 年中国标准出版社出版的图书，由国家标准化管理委员会编，收录了截至 2010 年年底以前修订的国家标准 2694 项，其中新制定标准 1990 项，修订标准 704 项；强制性国家标准 327 项，推荐性国家标准 2303 项，国家标准化指导性技术文件 64 项。

3．《中国标准化年鉴》　该年鉴由国家技术监督局编，1985 年出版，每年出版一本，内容包括中国标准化发展概况、标准化管理机构、标准化技术委员会工作、国家标准化成果及国家标准目录等。基本内容以专业分类编排的国家标准目录，每个专业内再按国家标准顺序号排列，最后附有顺序号编排的国家标准索引。

4．《国际标准化组织目录》（ISO Catalogue）　该刊由国际标准化组织（ISO）编，年刊。ISO 标准包括机械、化学化工、金属和农业等学科领域，不包括电子、电气等学科领域。该目录包括分类索引、作废标准顺序号索引、现行标准顺序号索引、《ISO》售总出版物索引、《ISO》指南索引、《ISO》标准手册索引、《ISO》技术委员会顺序号索引、英文与法文主题索引等，是检索国际标准最具权威性的工具书。

5．其他标准文献检索工具　国内的尚有《中国国家标准汇编》、《中国国家标准分类汇编》、《标准化通讯》、《中华人民共和国国家标准及行业标准目录》，国外的有《美国国家标准目录》（ANSI Catalogue）和《美国材料与试验协会标准目录》，《法国国家标准目录》

（*AFNOR Catalogue*），《英国标准年鉴》（BS）和《英国标准目录》（中译本），《日本工业标准目录》等。另外也可以利用网上资源来检索标准文献，如国际标准化组织 http://www.iso.org/iso/home.html、全球标准法规网 https://global.ihs.com/、美国国家标准学会 http://www.ansi.org/、美国国家标准系统网络 http://www.nssn.org/about.aspx、国家标准文献共享服务平台 http://www.cssn.net.cn、由机械科学研究院中机生产力促进中心建设并维护的我国工业行业的标准化门户网站——标准网，http://www.standardcn.com/、中国标准网：http://www.spsp.gov.cn/等。

（四）标准文献的检索和获取

虽然各国的标准检索工具编排不完全一致，但检索途径主要有主题途径、分类途径、标准号途径。

1. **主题途径** 确定主题词，查出有关标准号或分类号，选择符合检索的标准，索取原文。

2. **分类途径** 确定分类号，找到所需类目，选择符合检索的标准，按有关标准号查阅原文，索取原文。

3. **标准号途径** 确定标准号，查到相应的分类号，查找所需的标准，索取原文。

五、专利文献

（一）专利基本知识

在科学技术高度发展的今天，专利以其独特性、新颖性和实用性备受人们重视，它已是科技情报的主要资料来源之一。专利属于知识产权范畴，知识产权包括工业产权和版权两大部分，其中工业产权包括商标、服务标志、企业名称和标志及专利，专利是受法律保护的发明创造，这已为各国法律公认。专利制度是国际上通行的一种利用法律和经济手段来保护、鼓励发明创造，促使技术发展的制度。在市场竞争中，专利在一定范围内，在法律保护下达到技术的垄断。这一特性在全球医药领域更是被发挥得淋漓尽致。

（二）中药的发明创造

中药在我国医药市场上占有重要地位，在国际上也独具特色。凡具有专利三性、有经济价值、具有竞争性、属于专利法保护范围的中医药发明创造，均可申请专利。国内从1993年1月起受理申请药品和化学物质发明专利，中药的发明专利包括：

（1）产品专利：发明的对象是一客观存在的物质，即新产品，产品专利也称为物质专利，是对物质的一种绝对保护。炮制技术、单体药物、传统中药的专有技术、中药复方、中药新的药用部位等，都可以申请产品专利发明。

（2）方法专利：指制备某种物质的方法，或用以加工、处理某种物质的方法。中药的生产方法，药材的炮制工艺，中药提取分离、纯化、精制等，都可以申请方法发明专利。

（3）用途专利：指对产品的新用途给予保护。药物的新适应证、新产品（新药）第一用途、已知产品（药物）新的功用（第二用途）、新的给药途径、中药的新用途等，可以申请用途专利。

（三）专利文献基本知识

专利文献是极其重要的科技信息源之一，所谓专利文献，从广义上讲，包括申请说明书、专利说明书等申请批准专利的各类文件，意见报道和检索专利的各种刊物；从狭义上讲，指的是专利申请说明书和专利说明书。

1. 专利文献的特点

（1）法律性：专利文献本身就是一种法律文件，它宣告发明所有权和权限范围，揭示了技术内容的权利归属及有效性，故具有相当强的法律性。

（2）实用性：每一件专利文献详细记载了解决某种研究课题的技术方案，几乎能够提供每一科技领域较为系统和全面的技术情报，系统查阅专利文献，就可以掌握某项技术，具有相当强的实用性。

（3）时间性：由于绝大多数国家的专利法规定，对于内容相同的发明，专利权授予先申请者，因而在项目即将成功时，便急于向专利局申请专利，这就使专利文献对新技术报道要早于其他文献。每件专利都有保护期限，过了保护期限就可以无偿使用，从这一点上也体现了相当强的时间性。

2. 专利文献的作用

（1）掌握技术发展动态，确定立题方向：专利应当具有新颖性、创造性和实用性，同时专利文献对新技术报道要早于其他文献，通过查阅专利文献可以使科技人员掌握技术发展的最新动态，以便确定科研方向，可以避免时间、人才和资源的浪费。

（2）申请专利前的查新依据：可通过专利文献的检索，确认所申请的发明是国内外首创，同时专利法也要求申请人提交申请日之前与其发明有关的参考资料。

（3）国际贸易、产品经营等经济行为的情报资料：掌握专利知识和检索专利文献可以了解某些经济情报，有利于经济贸易上做出相应对策，提高自身的市场竞争能力，避免蒙受不必要的经济损失。

3. 国际专利分类表（international patent classification，IPC）

1968 年 9 月 1 日诞生的《国际专利分类表》，是根据国际专利分类法对世界各国专利文献统一分类编号而制定出版的，以后进行了多次修订，我国 1985 年 4 月 1 日开始采用 IPC，现行的为 2015 年版 IPC。

IPC 的分类原则是采用等级分类制度，分类原则可归纳为应用分类和功能分类。应用分类原则是根据发明的用途、使用方法或应用范围进行分类。功能分类原则是根据发明的内在性质或功能将发明进行分类。IPC 采用的是按功能分类和按应用分类相结合的分类原则，以功能分类为主，将技术主题内容按部、分部、大类、小类、大组、小组逐级展开，形成完整的分类体系。分 8 个部 20 个分部，118 个大类 617 个小类，7000 多个大组和大约 50 000 多个小组。

（1）部（section）：IPC 最高分类等级，共有 8 个，类号由 A～H8 个英语字母表示。

A 部：人类生活需要（human necessities）。

B 部：作业、运输（performing operation transporting）。

C 部：化学、冶金（chemistry and metallurgy）。

D 部：纺织、造纸（textiles and paper）。

E 部：固定建筑物（fixed construction）。

F 部：机械工程、照明、采暖、武器、爆破（mechanical engineering）。

G 部：物理（physics）。

H 部：电学（electricity）。

（2）分部（subsection）：是各部主要内容的一些概括性分类标题，不编类号。如 A 部下设有"农业；食品、烟草；个人或家用物品；保健与娱乐"4 个分部。

（3）大类（class）：大类是分部的展开，仍属较概括性分类。类号由部的类号加上两位阿拉伯数字组成。

【例】A61　医学或兽医学；卫生学

该大类与药学专利较为密切，此外尚有 C07、C08、C12 等亦与药学专利较为密切。

（4）小类（subclass）：小类是大类的进一步展开，更确切地表明了其技术内容，类号由大类的类号加上一个大写字母构成。

【例】A61K　医用、牙科用或梳妆用的配制品

（5）组（group）：组是小类的细分，又分为大组和小组两种。大组（maingroup）具体明确所适用的技术主题，类号由小类的类号加一至三位数字及"/00"构成。

【例】A61K　33/00　有效成分为无机化合物的药物

小组是大组的进一步细分，更具体地表明了技术范围，小组的类号是将大组类号中最后的"00"换成非全为 0 的 2～4 位数字表示。

【例】A61K　35/78　植物药

一个完整的 IPC 类号可以是　A61K　35/78

A···部

A61··大类

A61K ·······································小类

A61K　35/00·································大组

A61K　35/78·································小组

真正完整的国际专利分类号表示形式除了上述 6 个级别的标记外，前面还要加上"Int.cl^{n}"标记，n 代表按第几版 IPC 分类表进行分类。

4. 我国专利申请需提交的文件

（1）请求书（代理人与发明人填写）。

（2）说明书（发明人填写）：说明书是对权利要求书的解释说明，其中"技术背景"用于向专利审查员说明该专利的来由、背景，表明该发明的需求迫切性；"发明内容"说明如何解决问题；"有益效果"阐述专利的创新点（审查员判断是否能够授权的关键）；"具体实施方式"中需要举出几个例子，向审查员证明权利要求书中所述的技术特征在现有技术条件下都是可行的（不可复现的东西是不能申请专利的）。说明书包括以下几部分：

　　1）发明名称（不多于 25 字）。

　　2）技术领域（简要叙述发明的涉及领域，便于专利审查机构分类）。

　　3）背景技术（展开介绍该发明相关的应用背景、现有技术的优缺点）。

　　4）发明内容（照抄权利要求书的全部内容）。

　　5）有益效果（说明该发明的创新性与新颖性）。

　　6）附图说明（说明书附图中所有编号对应的名称）。

　　7）具体实施方式（尽可能地详尽说明该发明所属技术特征的技术方案，证明专利的可行性）。

　　（3）权利要求书（发明人填写）：权利要求书是专利申请中的核心，它限定专利申请的保护范围（但是需要说明书的支持），它是专利审查员判断该发明是否具有新颖性和创造性的依据（关系到是否能授权），同时也是日后发生侵权纠纷时，判断是否侵权的法律依据。权利要求书由一组权利要求（权项）组成，一份权利要求书至少有一项权利要求，权利要求中所描述技术特征的总和是该发明的技术方案。

　　（4）说明书摘要（发明人填写）：摘要是说明书公开内容的概述，用在专利公开后的文档首页，它仅是一种技术情报，不具有法律效力。

　　（5）说明书附图和摘要附图（发明人填写），及其他附件等（代理人填写）：摘要附图用在专利公开后的文档首页，它仅是一种技术情报，不具有法律效力。

（四）国内专利文献检索工具及检索

　　1.《中国专利公报》　　1985 年 9 月 10 日中国专利局编发首批《中国专利公报》。它由《发明专利公报》、《实用新型专利公报》、《外观设计专利公报》三种刊物组成，编排结构基本一致，1985 年每月出版一次，1986 年改为周刊，每年为一卷。下面以《发明专利公报》为例，介绍其结构编排。

　　（1）目录部分：每期《发明专利公报》首页都编有目录。

　　（2）文摘部分：以摘要或题录形式对申请公开、申请审定和授予专利权的发明进行公布。文摘著录项目包括专利的 IPC 号、申请日、申请号、公开号、优先权项、申请人及其地址、发明人、专利代理机构、发明名称和摘要。

　　（3）发明专利事务：记载包括实质审查请求的生效、专利申请的驳回、著录项目变更、专利权的终止等 12 项与专利申请的审查及专利的法律状态有关的事项。

　　（4）索引部分：包括申请公开索引、审定公告索引（1993 年起取消）和授权公告索引三种，每一部分索引又包含三个子索引，即 IPC 索引、申请号索引和申请人（专利人）索引，此外，还列有公开号/申请号对照表、审定号/申请号对照表（1993 年起取消），授权公告号/专利号对照表（1993 年开始）。

　　申请号由"申请年份＋专利类型代号＋流水号＋计算机校验码"组成，如 99109471.9，其中前两位数"99"表示申请年份；第三位数字为专利类型代码，"1"表示发明专利，"2"为实用新型专利，"3"为外观设计专利；"09471"表示当年专利申请流水号；".9"小数点后面的数为计算机校验码。

　　公开号由"国别代号＋专利类型代号＋流水号＋专利申请阶段代码"组成，如

CN1238175A，其中"CN"为国际通用国别代码中的中国代号；"1"表示发明专利；"238175"为专利公开流水号；"A"表示发明专利申请公开。

专利号（ZL）：专利号与申请号采用一套号码。但在专利号前加注有字母 ZL 以示区别。专利号是专利被专利局批准授予专利权时给予的号码，如申请号 94112654.4，专利号 ZL 94112654.4。

授予公告号由"专利国别代码＋专利类型代号＋流水号＋专利申请阶段代码"组成，如 CN1047408C，其中"CN"为中国代码；"1"表示发明专利；"047408"表示专利公告的流水号；"C"表示发明专利授权（1993 年前曾用 B）；"Y"表示实用新型专利授权（1993年前曾用 U）；"D"表示外观设计专利授权。

2. 中国专利数据库　从网上获取中国专利信息的途径较多，能够直接浏览到专利说明书全文的主要有国家知识产权局（http：//www.sipo.gov.cn）的专利检索系统、中国知识产权网（http：//www.cnipr.com/）、中国专利信息网（http：//www.patent.com.cn/）等，它们均有自己的特色。以下介绍国家知识产权局的专利数据库的使用。

中国国家知识产权局（简称 SIPO）是中国最高专利行政部门。SIPO 网站为政府官方网站（http：//www.sipo.gov.cn/），具有权威性。该网站主要宣传、介绍中国在知识产权方面的法律法规，报道与知识产权有关的要闻动态及中国开展国际专利合作的情况，并办理有关的专利事务，图 4-7 是国家知识产权局的主界面。

图 4-7　中国国家知识产权局的主界面

（1）检索方法，SIPO 数据库收录了 1985 年 9 月 10 日以来公布的全部中国专利信息，包括发明、实用新型和外观设计三种专利的著录项目及摘要，并可浏览到各种说明书全文及外观设计图形。使用 SIPO 数据库检索专利时，可采用常规检索和表格检索两种方式。

1）常规检索：入口在中国国家知识产权局网站首页的左上方，有一个专利检索及分析入口，点开第一个常规检索界面，见图 4-8，在它的可选检索字段里有自动识别、检索要素、申请号、公开（公告）号、申请（专利权）人、发明人，发明名称七个选项，检索专利时可以在检索项中输入要检索的内容但是只能是输入一个项目，不支持通过逻辑关系式进行的检索，可以通过文本、分类号、号码等进行检索。由此可见常规检索最主要的特点就是只能单条件检索，不可以运用逻辑关系式。

2）表格检索：表格检索是 SIPO 专利检索系统首选的检索方式，见图 4-9。检索页面系统提供 16 个检索字段：申请号、公开（公告）日、申请（专利权）人、优先权日、说明书、代理机构、申请日、发明名称、发明人、摘要、关键词、公开（公告）号、IPC 分类号、优先权号、权利要求、代理人。用户既可在其中某个字段中输入检索词，也可同时使用多个字段进行组合检索。输入申请（专利）号和公开（公告）号时，号码中的字母一律省略；在日期字段中，按年、月、日的顺序输入，各部分之间用圆点分隔，年份用 4 位数字表示，而月、日均为 1～2 位数字；分类号中的"0"在输入时不能省略。

图 4-8 常规检索界面

SIPO 数据库表格检索中还有命令编辑区，可使用的逻辑算符为 AND、OR 和 NOT，还可使用"（）"改变检索的优先顺序。如果同时进行多个字段检索，各检索字段之间默认的逻辑算符是"AND"。另外，SIPO 数据库可使用截断符"%"进行模糊检索。

图 4-9 表格检索界面

SIPO 数据库有以下检索范围：中外专利联合检索、中国专利检索、外国及港澳台专利检索。用户可根据需要自行将检索范围限定为某个区域的专利。在默认状态下，系统将对中国专利进行检索。确定检索范围后，可在相关字段输入框中键入检索词。当完成所有检索式输入后，点击检索区下方的"确定"按钮，系统即进行检索，并得到检索结果。

（2）检索结果：图 4-10 是 SIPO 的检索结果页面，它显示出符合检索条件的记录列表和记录数。单击记录列表中的某条记录，可浏览检索结果记录的信息。SIPO 数据库中的专利说明书均为扫描图形的 TIF 格式文件，因此在线浏览说明书必须安装该网站提供的专用浏览器，建议 IE 升级到 6.0 以上。如果看不到说明书则必须重新下载说明书浏览器，点击"这里"下载。下载完毕后，需要关闭所有的 IE 窗口，然后安装说明书浏览器。

图 4-10　SIPO 的检索结果页面

第四节　中文中药文献的网络检索

　　网上丰富的中药学信息资源主要来自各类数据库。网络数据库，也叫 WEB 数据库，是以数据库为基础、加上一定的前台程序，通过浏览器完成数据存储、查询等操作的系统。简单地说，一个网络数据库就是用户利用浏览器作为输入接口，输入所需要的数据，浏览器将这些数据传送给网站，而网站再对这些数据进行处理，例如，将数据存入数据库，或者对数据库进行查询操作等，最后网站将操作结果传回给浏览器，通过浏览器将结果告知用户。

　　数据库的生命力在于其内容丰富、新颖，运转速度快，用户界面友好。随着现代科技的发展，现有的数据库在不断地完善与提高，新的数据库在不断涌现，光盘化、网络化、全文型、实用型和多媒体已经成为数据库发展的必然趋势。目前，因特网上的大部分数据库都是基于互联网（WWW）所建立的新一代学术信息资源整合体系，它将各种高质量的信息资源整合在同一系统内，为不同层次、不同学科领域的学术研究人员提供信息服务，兼具知识的检索、提取、管理、分析和评价等多项功能，已成为人们检索信息的主要工具。

一、中文搜索引擎

（一）百度学术搜索

　　百度学术搜索是百度旗下提供海量中英文文献检索的学术资源搜索平台，2014 年 6 月初上线，涵盖了各类学术期刊、会议论文，旨在为国内外学者提供最好的科研体验。可检索到收费和免费的学术论文，并通过时间、标题、关键字、摘要、作者、出版物、文献类型、被引用次数等细化指标提高检索的精准性。在百度搜索页面下，会针对用户搜索的学术内容，呈现出百度学术搜索提供的合适结果。用户可以选择查看学术论文的详细信息，也可以选择跳转至百度学术搜索页面查看更多相关论文。在百度学术搜索中，用户还可以选择将搜索结果按照"相关性"、"被引频次"、"发表时间"三个维度分别排序，以满足不同的需求（图 4-11）。

图 4-11　百度学术搜索界面

（二）读秀中文学术搜索

读秀中文学术搜索后台是一个海量全文数据及元数据组成的超大型数据库。提供 260 万种图书、6 亿页全文资料、5000 万条期刊元数据、2000 万条报纸元数据、100 万个人物简介、1000 万个词条解释等一系列海量学术资源的检索及使用。读秀学术搜索主要提供图书、期刊论文、报纸、学位论文及会议论文等文献信息，对于学习研究、科研课题和论文写作等，均能提供较为全面精准的学术资料。读秀中文学术搜索具有如下优点：

1. **整合资源统一管理**　将图书馆纸质图书、电子图书等各种资料整合于同一平台上统一检索，可利用读秀平台获取所有信息。

2. **查找图书快速精准**　读秀中文学术搜索可进行章节和全文的深度检索，能在较短的时间内获得深入、准确和全面的文献信息。

3. **深度、多面检索**　不论用户搜索图书、期刊还是查找论文，读秀将显示与之相关的图书、期刊、报纸、论文、人物、工具书解释、网页等多维信息，真正实现多面多角度的搜索功能。

4. **阅读途径**　读秀提供部分原文试读功能：封面页、版权页、前言页、正文部分页，全面揭示图书内容。

5. **文献传递高效快捷**　读秀学术搜索可以实现资源版权范围内合理使用。按照用户的咨询请求，使用 E-mail 的方式在最短时间内向用户提供任意文献的任何局部资料。传递的文献阅读支持打印、转换成 PDF/文本等功能。

6. **获得渠道广泛丰富**　读秀学术搜索提供了获得图书的五大渠道：第一种是文献传递；第二种是阅读馆藏电子全文；第三种是馆内借阅纸质图书；第四种是馆际互借图书；第五种是网上书店购买。

在读秀中文学术搜索界面（图 4-12），选择需要查找的资料类型，如图书、期刊、报纸、学位论文、会议论文、文档、电子书等，在检索框中输入关键词进行检索，点击检索结果的题名或封面，即可通过获取全文的方式获取全文。

图 4-12　读秀中文学术搜索界面

（三）超星中文发现系统

超星发现以近十亿海量元数据为基础，利用数据仓储、资源整合、知识挖掘、数据分析、文献计量学模型等相关技术，较好地解决了复杂异构数据库群的集成整合，完成高效、精准、统一的学术资源搜索，进而通过分面聚类、引文分析、知识关联分析等实现高价值学术文献发现、纵横结合的深度知识挖掘、可视化的全方位知识关联。在超星中文发现系统搜索界面（图 4-13），选择需要查找的资料类型在检索框中输入关键词进行检索。该系统核心功能如下：

图 4-13　超星中文发现系统检索界面

维分面聚类：搜索结果按各类文献的时间维度、文献类型维度、主题维度、学科维度、作者维度、机构维度、权威工具收录维度等进行任意维度的聚类。

智能辅助检索：借助内置规范知识库与用户的历史检索发现行为习惯，自动判别并切换到与用户近期行为最贴切的领域，帮助实时把握所检索主题的内涵。

立体引文分析：实现图书与图书之间、期刊与期刊之间、图书与期刊之间，以及其他各类文献之间的相互参考、相互引证关系分析。

考镜学术源流：通过单向或双向线性知识关联构成的链状、网状结构，形成主题、学科、作者、机构、地区等关联图，从而反映出学术思想之间的相互影响和源流。

展示知识关联：集知识挖掘、知识关联分析与可视化技术于一体，能够将发现数据及分析结果以表格、图形等方式直观展示出来。

揭示学术趋势：揭示出任一主题学术研究的时序变化趋势图，在大时间尺度和全面数据分析的高度洞察该领域研究的起点、成长、起伏与兴衰，从整体把握事物发展的完整过程和走向。

二、文摘型数据库

（一）中医药在线

中医药在线（ www.cintcm.com ）是在国家中医药管理局与中国中医科学院共同领导下，由中国中医科学院中医药信息研究所创办的国内第一家提供中医药学信息服务的专业化信息网站（图 4-14）。目前数据库总数 40 余个，数据总量约 110 万条，包括中医药期刊文献数据库、疾病诊疗数据库、各类中药数据库、方剂数据库、民族医药数据库、药品企业数据库、各类国家标准数据库（中医证候治则疾病、药物、方剂）等相关数据库。其将多个不同类型、不同结构、不同软件的本地及异地数据库置于一个统一的检索平台上，使用户可以同时从各个不同的数据库中检索所需要的信息，也可以只选择其中一个数据库进行查询。

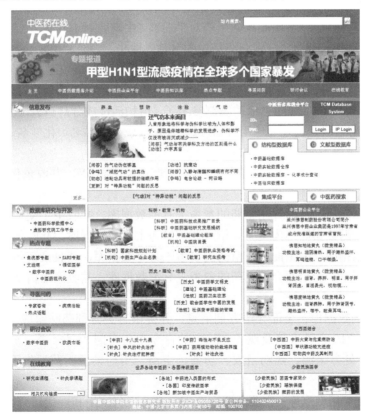

图 4-14　中医药在线网站首页

1. 数据库介绍

（1）期刊文献类

1）中国中医药期刊文献数据库：收录了 1949 年以来的国内出版的生物医学及其他相

关期刊千余种，包含中医药学、针灸、气功、按摩、保健等方面的内容，收录了 1984 年以来的中医药文献题录近 80 余万篇，其中 50～70%附有文摘。该数据库采用美国国立医学图书馆的《医学主题词注释表》（MeSH）及中国中医研究院的《中国中医药学主题词表》进行规范的主题词标引，用以进行精确检索和扩展检索。该数据库每季度更新一次，每年约增加文献 6 万篇。

2）民国期刊文献数据库：收录了中国中医科学院中医药信息研究所收藏的 1949 年以前有关中医药的民国期刊 87 种，采集数据近 7 万条。

（2）中药类

1）中国中药数据库：为全面介绍中药信息的参考工具型数据库，该数据库收录中药约 8173 种，综合参考《中华人民共和国药典》、《中药大辞典》、《中华药海》、《中国药材学》、《常用中药成分与药理手册》、《中华本草》等权威工具书及专著，对每味中药进行了性味、归经、功效、主治、用法用量、产地、化学成分、药理作用、毒理学、药材基原、资源分布、栽培或养殖、采集加工、炮制方法、药材鉴别等多方面描述。

2）中国中药药对数据库：中药药对又称对药，是临床上常用的、相对固定的两味或多味中药的配伍形式，也是中药特有的特殊配伍方法。该数据库收录中医临床常用药对 917 对，主要编写参考资料为《中医临床常用药对手册》、《中药药对 190 种》、《中药药对大全》、《施今墨对药》。对每一药对，分别介绍药对的名称、性味、归经、功效、主治、作用分类、配伍机制、用法用量、临床应用、药对出处、各家论述、注意事项等。

3）中国中药化学成分数据库：为全面介绍中药化学成分的工具型数据库，共收录相关的中药化学成分 4599 种，该数据库的编制参考了《植物活性成分辞典》、《植物药有效成分手册》与《中药有效成分药理与应用》，对每一种化学成分的品名、化学名、理化性质、化学结构、临床应用等方面进行了研究。

4）中国藏药数据库：为全面介绍藏药材的参考工具型数据库，共收录包括植物、动物、矿物药材在内的 1200 余种藏药。

5）蒙药数据库：为全面介绍蒙药的参考工具型数据库，共收录了蒙药 421 种。

6）维吾尔族药数据库：为全面介绍维药的参考工具型数据库，共收录维药 423 种。

7）苗族药数据库：为全面介绍苗药的参考工具型数据库，共收录苗药 391 种。

8）瑶药数据库：为全面介绍瑶药的参考工具型数据库，共收录瑶药 967 种。

（3）方剂类

1）中国方剂数据库：全面介绍方剂信息，并提供有关方剂药味组成统计信息。数据库共收录了来自 710 余种古籍及现代文献中的古今中药方剂 84 464 首，分别介绍每一方剂的不同名称、处方来源、药物组成、功效、主治、用药禁忌、药理作用、制备方法等方面信息。

2）方剂现代应用数据库：主要介绍古今方剂及其现代应用和现代研究，数据库共收录源自《中华人民共和国药典》、《卫生部部颁药品标准-中药成方制剂》及期刊文献中的中药方剂 9651 种，对每一方剂，分别介绍方剂名称、别名、处方来源、剂型、药物组成、加减、功效、主治、制备方法、用法用量、用药禁忌、不良反应、临床应用、药理作用、毒性试验、化学成分、理化性质、生产厂家、各家论述等内容。

（4）药品类

1）国家药品标准化学药说明书数据库：来源于《国家药品标准化学药说明书内容汇编》1～7 册，共收录记录 1914 条。

2）临证用药配伍指南数据库：为全面介绍临床用药配伍的参考工具型数据库，共有记录 525 条。该数据库在研制过程中参考了《临证用药配伍指南》，全部为中药单味药配伍方法。

3）中国藏药药品标准数据库：收录了中华人民共和国药典委员会 1995 年制定的藏药药品标准，共 366 种。

4）中国中药新药品种数据库：收录了自 1985 年以来国家批准的中药新药品种 3412种。

5）中药成方制剂标准数据库：提供了中药制剂的国家标准，其中共收录 1989～1998年中华人民共和国卫生部发布的 4052 种中药成方制剂的药品标准。

6）中国中药非处方药数据库：共收录了 1999 年中国实施处方药与非处方药分类管理以来政府发布的 2852 种中药非处方药的详实信息，包含药物的名称、化学成分、药理作用、药代动力学、临床应用、可能出现的不良反应等内容。

7）中国药典数据库（2005 版）数据库：为全面介绍 2005 年版《中华人民共和国药典》的参考工具型数据库，该数据库在研制过程中参考了国家药典委员会编写的《中华人民共和国药典》。

8）中国药典（2005 版）临床用药新知数据库：为全面介绍 2005 年版《中华人民共和国药典》临床用药须知的参考工具型数据库，该数据库在研制过程中参考国家药典委员会编写的《中华人民共和国药典临床用药须知》（中药卷与化学药与生物制品药卷）。

9）中国国家基本药物数据库：为全面介绍国家基本药物的参考工具型数据库，该数据库在研制过程中参考了国家药品监督管理总局安全监管司编写的《国家基本药物》。

10）中国中成药主要产品产量数据库（1999～2002 年）：根据国家经贸委 1999～2002年中国医药统计年报编制而成，共收录 4042 条记录。

11）中成药、中药材进出口品种数据库（2004～2005 年）：根据国家经贸委 2004～2005年中国医药统计年报编制而成，共收录 134 条记录。

12）国家药品标准藏、维、蒙药、中成药说明书数据库：是全面介绍《国家药品标准藏、维、蒙药、中成药说明书数据库》的参考工具型数据库，共有记录 4785 条。

（5）不良反应类

1）有毒中药现代研究与合理应用数据库：是全面介绍相关有毒中药如何合理使用的参考工具型数据库，共有记录 102 条。该数据库在研制过程中参考了《有毒中药现代研究与合理应用》。

2）药物不良反应数据库：是全面介绍中药、西药在治疗应用过程中出现的不良反应信息的参考工具型数据库，共有记录 1362 条。

3）有毒中药古籍文献数据库：该库收录中药古籍文献中有毒中药相关的古籍文献约1755 条。

（6）疾病诊疗数据库：是全面介绍疾病的中西医诊断治疗信息的数据库，共收录疾病3776 种。疾病诊疗数据库以多种中西医学权威著作作为基础制作而成，从中、西医学两种角度详述疾病的临床诊疗和基础研究，内容包含疾病的中英文名称、定义、中西医病因、病机、诊断、鉴别诊断和治疗等。

（7）机构类

1）中国医药企业数据库：共收录国内 4044 家医药企业（以制药工业、中成药工业与中药饮片工业为主）的主要信息，其中经济指标以国家经贸委发布的信息为主。

2）中国 GMP 认证企业数据库：药品 GMP 认证是国家依法对药品生产企业（车间）和药品品种实施 GMP 监督检查并取得认可的一种制度，是国际药品贸易和药品监督管理的重要内容，也是确保药品质量稳定性、安全性和有效性的一种科学的先进的管理手段，我国自 1995 年 10 月起实行 GMP 企业认证制度。该数据库收录了近万家获得国家食品药品监督管理总局药品生产质量管理规范（GMP）认证的药品生产企业的相关信息，资料来源于国家食品药品监督管理总局药品认证管理中心 1999 年 10 月至今发布的 GMP 认证公告。

3）中国药品企业年度报表数据库：该库收录了 1999～2005 年千家药品企业的相关信息，数据来源于国家经贸委相应年份中国医药统计年报。

4）国外传统医学机构数据库：共收录美国、加拿大、日本、德国等 50 多个国家的 1670 个机构，包括中医、中药（植物药）、针灸、气功、推拿按摩、替代疗法等的生产机构、经营机构、科研机构、教学机构（学校、学院）、医疗机构（诊所，医院）、学术机构、出版机构等，其中国外生产经营厂家机构数达 1300 余个。

（8）标准类

1）中医临床诊疗术语国家标准数据库（疾病部分）：根据《中华人民共和国国家标准-中医临床诊疗术语疾病部分》编制而成，提供了有关疾病中医诊疗标准术语，共有记录 978 条。

2）中医临床诊疗术语国家标准数据库（症候部分）：根据《中华人民共和国国家标准-中医临床诊疗术语证候部分》编制而成，提供了有关证候中医诊疗标准术语，共有记录 812 条。

3）中医临床诊疗术语国家标准数据库（治法部分）：根据《中华人民共和国国家标准-中医临床诊疗术语治法部分》编制而成，提供了有关治法中医诊疗标准术语，共有记录 1005 条。

4）国标-中医证候分类与代码数据库：收集了 1995 年发布的《中华人民共和国国家标准-中医病证分类与代码（GB/T 15657-1995）》的数据，共包括中医证候 683 种。

5）国标-中医疾病分类与代码数据库：收集了 1995 年发布的《中华人民共和国国家标准-中医病证分类与代码（GB/T 15657-1995）》的数据，共包括中医疾病 1888 种。

（9）其他类

1）中国中医药新闻数据库：收录了 1989 年以来的有关中医药报刊新闻信息 6 万余条。

2）海外古籍书目数据库：收录了从战国至清代的海外中医古籍的相关内容，共 2 万余条。

2. 检索方法 中医药数据库检索系统主要运用多库融合检索（图 4-15）。默认检索途径为"关键词"，只需输入检索词点击多库检索即可完成跨库检索。

图 4-15　多库融合检索系统界面

（二）中国生物医学文献服务系统

中国生物医学文献服务系统（SinoMed）涵盖资源丰富、专业性强，能全面、快速反映国内外生物医学领域研究的新进展。整合了中国生物医学文献数据库（CBM）、西文生物医学文献数据库（WBM）、中国医学科普文献数据库、北京协和医学院博硕学位论文数据库、日文生物医学文献数据库、俄文生物医学文献数据库、英文文集汇编文摘数据库、英文会议文摘数据库等 8 种资源，学科范围广泛，年代跨度大，更新及时。

1. 数据库介绍

（1）中国生物医学文献数据库：收录 1978 年至今 1800 余种中国生物医学期刊以及汇编、会议论文的文献题录 900 余万篇（持续更新中），全部题录均进行主题标引、分类标引，同时对作者机构、发表期刊、所涉基金等进行规范化加工处理，支持在线引文检索，辅助用户开展引证分析、机构分析等学术分析。

（2）西文生物医学文献数据库：收录世界各国出版的 7200 余种重要生物医学期刊文献题录 2400 余万篇，其中馆藏期刊 4800 余种，免费期刊 2400 余种；年代跨度大，部分期刊可回溯至创刊年。

（3）中国医学科普文献数据库：收录 2000 年以来近百种国内出版的医学科普期刊，文献总量达 20 万余篇，重点突显养生保健、心理健康、生殖健康、运动健身、医学美容、婚姻家庭、食品营养等与医学健康有关的内容。

（4）北京协和医学院博硕学位论文库：收录 1981 年以来协和医学院培养的博士、硕士的学位论文全文，范围涉及医学、药学各专业领域及其他相关专业，内容前沿丰富，可在线浏览。

（5）日文生物医学文献数据库：收录 1995 年以来 90 余种日本出版的日文重要生物医学学术期刊，部分期刊有少量回溯。

（6）俄文生物医学文献数据库：收录 1995 年以来 30 余种俄国出版的俄文重要生物医

学学术期刊，部分期刊有少量回溯。

（7）英文会议文摘数据库：收录 2000 年以来世界各主要学/协会、出版机构出版的 60 余种生物医学学术会议文献，部分文献有少量回溯。

（8）英文文集汇编文摘数据库：收录 240 余种（册）馆藏生物医学文集、汇编，以及能够从中析出单篇文献的各种参考工具书等资源。报道内容以最新出版的文献为主，部分文献可回溯至 2000 年。

2. 检索方法

（1）跨库检索：进入 SinoMed，首先呈现在用户面前的即是跨库检索。跨库检索能同时在 SinoMed 平台集成的一个或多个数据库进行检索。SinoMed 首页的检索输入框即是跨库检索的快速检索框，输入框右侧的高级检索是跨库检索的高级检索。另外，还能从 SinoMed 首页右上角的数据库下拉菜单里进入跨库检索。

（2）高级检索：SinoMed 中所有数据库均支持高级检索。高级检索支持多个检索入口、多个检索词之间的逻辑组配检索，方便用户构建复杂检索表达式。这里要用到字段标识符和范围算符。其中字段标识符检索又分为精确检索和非精确检索。精确检索时，格式为"字段=XXX"，字段可以是汉字，也可以是英文缩写。如"作者=丁安伟"、"AU=丁安伟"。可以做精确检索的字段为：地址（AD）、作者（AU）、分类号（CL）、国内代码（CN）、特征词（CT）、期（IP）、ISSN（IS）、内部代码（JC）、会议地点（MA）、主题词（MH）、主要概念主题词（MMH）、出版地（PP）、人名主题（PS）、刊名（TA）、中文提名（TI）、关键词（TW）、卷（VI）。非精确检索时，格式为"XXX in 字段"，如"黄芪 in TW"。所有字符型字段均可进行非精确检索。数字字段可进行范围限定，范围算符包括=、<、>、<=、>=。主要用于年份的限定。格式为："字段=数字"，如"PY=2000"、"出版年<=1999"。

（3）逻辑组配检索：指利用布尔逻辑算符进行检索词或代码的逻辑组配检索。常用的逻辑运算符有三种，分别为"AND"（逻辑与）、"OR"（逻辑或）和"NOT"（逻辑非），三者间的优先级顺序为：NOT > AND > OR，具体含义如下：

1）"AND"：检出记录中同时含有检索词 A 和检索词 B。

2）"OR"：检出记录中含有检索词 A 或检索词 B。

3）"NOT"：在含检索词 A 的记录中，去掉含检索词 B 的记录。

（4）主题词检索：主要是根据美国国立医学图书馆《医学主题词表（MeSH）》中译本、《中国中医药学主题词表》进行主题标引和主题检索。基于主题概念检索文献，利于提高查全率和查准率。可用中文主题词、英文主题词及同义词查找对应主题词，可浏览主题词注释信息和树形结构。通过选择合适的副主题词、设置是否加权、是否扩展，可使检索结果更符合用户的需求（图 4-16）。

（5）分类检索：中国生物医学文献数据库（CBM）根据《中国图书馆分类法·医学专业分类表》进行分类标引和检索。在分类检索界面下，系统显示完整的分类名-分类号列表。可通过分类号和分类名进行检索，通过选择是否扩展、是否复分检索出所需要的文献。了解学科的分类号（R2 类是中国医学，R9 是药学类）可以大大减少检索工作量，起到事半功倍的效果。分类检索与其他检索方式组合使用，还可发挥其族性检索的优势。

（6）期刊检索：检索期刊提供刊名、出版单位、出版地、主题词四个字段检索。在期刊检索中，可以通过上述字段查找相应的期刊及期刊的详细信息，包括期刊名称、国际标准连续出版物编号、国内期刊代码、邮发代码、期刊内部代码、创刊日、主办单位、联系方法、主题词、分类号等内容。

图 4-16　中国生物医学文献服务系统主题词检索界面

3. 检索结果输出与展示　在检索结果页面用户可根据需要，点击结果输出，选择输出方式、输出范围、保存格式。同时可以设置显示的格式（题录、文摘）、每页显示的条数（20条、30条、50条、100条）、排序的规则（入库、年代、作者、期刊、相关度、被引频次），并且可以进行翻页操作和指定页数跳转操作。点击检索结果界面右侧，结果统计处的"分析"链接，可查看从主题、学科、作者、期刊、时间、地区六方面的分布统计。点击"结果浏览"可查看限定后的结果。系统还通过统计图来展示限定检索后的详细内容，并提供保存或打印功能。

三、全文型数据库

（一）中国期刊全文数据库（CNKI）

世界银行 1998 年提出国家知识基础设施（national knowledge infrastructure，NKI）的概念，CNKI 工程是以实现全社会知识资源传播共享与增值利用为目标的信息化建设项目，由清华大学、清华同方发起，始建于 1999 年 6 月。CNKI 以"中国知网"网站形式向用户提供检索服务，访问网址：http://www.cnki.net（图 4-17）经过十余年的建设，CNKI 已经发展成为囊括学术期刊论文、博硕士论文、专利、科技成果等多种类型文献的知识网络平台。用户可在"中国知网"上通过单库检索、跨库统一检索、知识搜索等方式获取自己想要的中文文献资源，也可以通过 CNKI 学术搜索（scholar）获取海量的外文资源题录信息，同时还可以建立一个属于自己的个性化数字图书馆。

图 4-17　中国知识基础设施工程网站首页

1. CNKI 资源总库介绍　包括学术期刊、博士论文、硕士论文、会议论文、科技成果、报纸、专利、标准、年鉴、国学宝典等文献数据库，覆盖了基础科学、工程科技、农业、医药卫生、信息科技、哲学与人文科学、社会科学、经济管理等各个学科。查找中药文献过程中经常用到的数据库如下：

（1）中国学术期刊网络出版总库：是世界上最大的连续动态更新的中国学术期刊全文数据库。截至 2015 年 12 月收录自 1915 年至今出版的国内学术期刊 8118 种，全文文献总量约 4529 万余篇，其中大部分期刊已回溯至创刊。

（2）中国博士学位论文全文数据库：该库收录了 1984 年至 2015 年 12 月期间来自 432 家培养单位的博士学位论文 28 万余篇。

（3）中国优秀硕士学位论文全文数据库：是国内内容最全、质量最高、出版周期最短、数据最规范、最实用的硕士学位论文全文数据库。该库收录了 1984 年至 2015 年 12 月期间来自 693 家培养单位的优秀硕士学位论文 253 万余篇，重点收录 985、211、中国科学院、社会科学院等重点院校高校的优秀硕士论文，重要特色学科如通信、军事学、中医药等专业的优秀硕士论文。

（4）中国重要会议论文全文数据库：重点收录 1999 年以来，中国科学技术协会、社会科学界联合会系统及省级以上的学会、协会，高校、科研机构，政府机关等举办的重要会议上发表的文献。其中，全国性会议文献超过总量的 80%，部分连续召开的重要会议论文回溯至 1953 年。截至 2015 年 12 月已收录出版 1.6 万余次国内重要会议投稿的论文，文献总量约达 197 万余篇。

（5）国际会议论文全文数据库：重点收录 1999 年以来，中国科协系统及其他重要会议主办单位举办的在国内召开的国际会议上发表的文献，部分重点会议文献回溯至 1981 年。截至 2015 年 12 月已收录出版国际学术会议论文集 5618 本，累积文献总量约 60 万余篇。

（6）中国专利全文数据库（知网版）：该库收录 1985 年至今的国家知识产权局知识产权出版社的专利，截至 2015 年 12 月共收录 1307 万余条。

（7）海外专利数据库（知网版）：该库收录 1978 年至今的美国、日本、英国、德国、法国、瑞士、世界知识产权组织及欧洲专利局六国两组织的专利，截至 2015 年 12 月共收录 5535 万余条。

（8）国际学术文献总库：国际学术文献总库包括 Elsevier 期刊数据库、ProQuest 期刊数据库、德国 Springer 期刊数据库、英国 Taylor&Francis 期刊数据库、PubMed 期刊数据库、美国计算机协会期刊数据库、Emerald 期刊数据库、英国皇家物理学期刊数据库、剑桥大学出版社期刊数据库、Wiley 期刊数据库、IOS 期刊数据库、Bentham 期刊数据库等近百个外文文献数据库，收录包括外文学术期刊、专利、标准、图书等，文献全文下载由相应的外文文献数据库处理。

（9）工具书检索：工具书检索提供的工具书类型主要包含汉语词典、双语词典、专科辞典、百科全书、图录表谱、标准、手册、年鉴、语录、医学图谱等。

2. **检索方法**　CNKI 将文献分为十个学科领域，包括基础科学、工程科技Ⅰ辑、工程科技Ⅱ辑、农业科技、医药卫生科技、哲学与人文科学、社会科学Ⅰ辑、社会科学Ⅱ辑、信息科技、经济与管理科学，每个学科下又有若干三级学科，各学科以树形结构列出，可在学科选择区选择限定文献检索的学科范围。CNKI 提供高级检索、专业检索、作者发文检索、科研基金检索、句子检索、文献来源检索等多种检索方式，大部分检索方式支持精确匹配检索和模糊匹配检索，支持针对检索结果的二次检索（图 4-18）。现以《中国学术文献网络版总库》为例介绍其检索方法和途径。

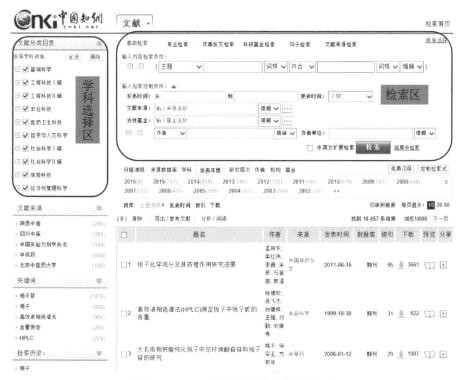

图 4-18　CNKI 学术文献总库检索界面

（1）高级检索：分输入内容检索条件和输入检索控制条件内容特征两个部分（图 4-19）。

输入内容检索条件：可输入针对文献内容特征的格式检索提问式。检索途径为主题、全文、关键词、篇名、摘要、参考文献、中图分类号；用户可在对话框中输入检索词，并可构建简单检索式，检索系统提供词频限制。输入检索控制条件：可对文献的发表时间、文献来源、支持基金、文献作者及作者单位进行限定。

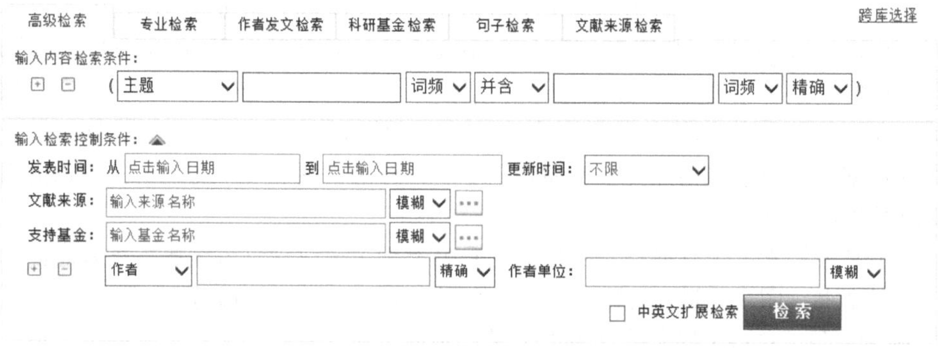

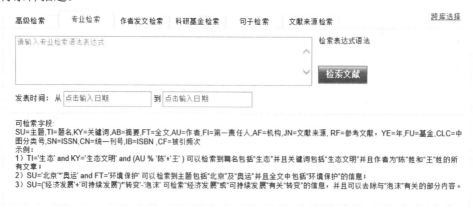

图 4-19　CNKI 学术文献总库高级检索界面

（2）专业检索：仅提供一个检索表达式输入文本框，由用户按照 CNKI 规定的检索表达式语法构成输入检索式（图 4-20）。

专业检索表达式基本构成为："检索途径=检索词（字符运算）+逻辑运算符+检索途径=检索词（字符运算）"。检索系统使用英文字母代替不同检索途径，指代关系为：SU=主题；TI=题名；KY=关键词；AB=摘要；FT=全文；AU=作者；FI=第一责任人；AF=机构；JN=文献来源；RF=参考文献；YE=年；FU=基金；CLC=中图分类号；SN=ISSN；CN=统一刊号；IB=ISBN；CF=被引频次。同时，检索系统支持检索词的字符运算。需要注意的是，在 CNKI 中逻辑运算符的运算优先级相同，如需改变逻辑运算顺序，需使用英文半角括号将条件括起。

图 4-20　CNKI 学术文献总库专业检索界面

（3）作者发文检索：是针对文献作者进行的检索（图 4-21）。检索途径为作者姓名、第一作者姓名和作者单位。

图 4-21 CNKI 学术文献总库作者发文检索界面

（4）科研基金检索：是针对获科研基金支持的项目文献进行检索（图 4-22）。检索途径为国家及各级科研项目名称。

图 4-22 CNKI 学术文献总库科研基金检索界面

（5）句子检索：是通过用户输入的两个关键词，查找同时包含这两个词的句子或段落。由于句子中包含了大量的事实信息，因此通过句子检索可以为用户提供有关事实的问题的答案（图 4-23）。

图 4-23 CNKI 学术文献总库句子检索界面

（6）文献来源检索：是针对 CNKI 收录文献的文献来源进行的检索（图 4-24）。CNKI 收录文献的文献出版来源主要有学术期刊、博士授予点、硕士授予点、会议论文集、报纸等，可选择不同的文献来源进行检索。

图 4-24 CNKI 学术文献总库文献来源检索界面

3. 检索结果的输出 CNKI 有题录、摘要和全文三种不同形式的输出。检索结果含篇名、刊名、年、期、出版来源等，点击篇名得到摘要。

在摘要格式中，有多种供再次检索的链接，如引证文献-引用本文的文献，本文研究工作的继续、应用、发展或评价；二次引证文献-本文引证文献的引证文献，更进一步反应本文研究工作的继续、发展或评价；同被引文献-与本文同时被作为参考文献引用的文献，与本文共同作为进一步研究的基础（图 4-25）。

阅读全文的计算机必须安装有相应的全文浏览器，CNKI 提供两种格式：CAJ（China academic journal）和 PDF（potable document format），前者通过自带的全文浏览器 CAJViewer

来阅读，后者通过通用的 Adobe Acrobat Reader 阅读。点击"CAJ 下载"或"PDF 下载"，系统询问是否打开或者保存全文，打开的全文可以通过全文浏览器中的存盘链接或者打印链接来保存全文或打印。

图 4-25　　CNKI 学术文献总库文献详细信息界面

（二）维普中文科技全文数据库

中文科技全文数据库是重庆维普资讯有限公司开发的产品，相继推出了《中文科技期刊篇名数据库》、《中文科技期刊数据库》、《中国科技经济新闻数据库》、《中文科技期刊数据库（引文版）》、《外文科技期刊数据库》、《中国科学指标数据库》、《中文科技期刊评价报告》、中国基础教育信息服务平台、维普-google 学术搜索平台、维普考试服务平台、图书馆学科服务平台、文献共享服务平台、维普期刊资源整合服务平台、维普机构知识服务管理系统、文献共享平台、维普论文检测系统等系列产品。通过维普网（http://www.cqvip.com）对外发布。数据库收录 1989 年至今的 1.2 万余种期刊刊载的 5000 万余篇文献，并以每年 200 万篇的速度递增。其涵盖自然科学、工程技术、农业、医药卫生、经济、教育和图书情报等数据资源。

1. 检索方法　"维普中文科技全文数据库"检索界面（图 4-26）提供基本检索、传统检索、高级检索、期刊四种检索方式和检索历史功能。

（1）基本检索：该检索方式是中文科技期刊文献检索功能默认的检索方式。基本检索界面分为检索范围限定区和检索词输入区两部分。在检索范围限定区，可对文献的发表时间、期刊及学科范围进行限定。

图 4-26　维普中文科技数据库检索界面

（2）传统检索：该检索界面由检索区、导航区、结果显示区三部分构成。检索区可对文献的发表时间、期刊范围、检索途径进行限定；具有"同义词"或"同名作者"扩展功能；对检索结果可进行二次检索。导航区包括专辑导航、分类导航、可进行导航分类实现聚类检索，也可限定检索词在某一类中进行检索。结果显示区可显示单篇文献详细信息及扩展信息并可实现全文、题录的下载。

（3）高级检索：该检索方式提供格式检索和直接输入检索式检索两种检索方式（图4-27）。

格式检索：界面分为检索词输入区和检索条件限定区。检索条件限定区可对文献的发表时间、期刊及学科范围进行限定；检索词输入区可进行检索项间的逻辑运算及相应字段扩展信息的限定检索。格式检索区的字段扩展功能有：查看同义词、查看同名/合著作者、查看分类表、查看相关机构和期刊导航。格式检索的检索操作严格按照由上到下的顺序进行。

直接输入检索式检索：该界面也分为检索式输入区和检索条件限定区。检索条件限定区功能同格式检索。检索式输入区可直接输入检索逻辑表达式进行检索。系统使用逻辑运算符"+"、"*"、"-"表示逻辑"或"、"与"、"非"；使用字段标识符表示不同检索途径，如 U=任意字段、M=题名或关键词、K=关键词、A=作者、C=分类号、T=提名、R=文摘、S=机构、J=刊名、F=第一作者。

（4）期刊检索：分为检索和浏览两种方式。检索方式下可通过刊名和 ISSN 检索某一特定期刊，还可按字顺查找期刊。在检索结果界面可按期次查看该刊的收录文章，可实现刊内文献检索、题录文摘及全文的下载，还可以查看期刊评价报告及期刊编辑等信息。浏览方式下可按期刊学科分类导航、核心期刊导航、国内外数据库收录导航、期刊地区分布导航对期刊进行浏览式检索。

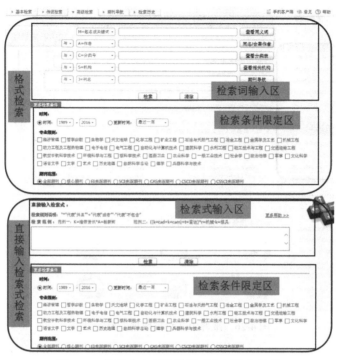

图 4-27　维普中文科技数据库高级检索界面

2. 检索结果显示与下载　检索结果以列表形式显示（图 4-28），界面显示检索式、检索结果记录数、检索结果的题名、作者、出处、基金摘要。可以按时间进行筛选一个月内、三个月内、半年内、一年内、当年内更新的文章。在结果列表选中复选框，点击"导出"，可以将选中的文献题录以文本、参考文献、XML、NoteExpress，Refworks，EndNote 的格式导出。点击题名进入文献细览页，查看该文献的详细信息和知识节点链接，然后点击下载全文链接可下载 PDF 格式的全文，亦可点击在线阅读进行在线浏览。

图 4-28　维普中文科技数据库检索结果界面

（三）中国期刊全文数据库（世纪期刊）

世纪期刊工程是依据科学标准遴选我国重要的学术期刊，收录 1993 年（含）以前的期刊内容，与中国期刊全文数据库（收录 1994 年以来的期刊内容）在时间上衔接。世纪期刊工程是 CNKI《中国知识资源总库》的一个重要组成部分。该库利用引文分析数据，综合考虑核心期刊和行业重要性，遴选收录近 4000 种期刊回溯至各刊创刊，累计文献约 600 万篇，收录年代最早回溯至 1915 年。世纪期刊工程设置整刊导航功能，可逐期展示中国世纪期刊面貌，链接整合功能可深度挖掘并激发世纪期刊利用价值。

世纪期刊检索界面可以通过输入刊名（含曾用刊名）、ISSN、CN 进行期刊检索，也可通过期刊的知识内容分类逐级进行查找（图 4-29）。

图 4-29　中国期刊全文数据库（世纪期刊）检索界面

（四）万方数据知识服务平台

万方数据知识服务平台（图 4-30）由万方数据股份有限公司开发，内容涉及自然科学和社会科学各领域，收录范围包括学术期刊、会议论文、学位论文、外文文献、专利、标准、科技成果、图书、法规、机构、专家等。平台将期刊、学位、会议及外文文献合并成学术论文数据库，方便检索学术论文，同时提供知识脉络分析、论文相似性检测、学术统计分析等功能。

1. 数据库介绍

（1）中国学术期刊数据库：收录 1998 年以来国内出版的各类期刊全文，期刊种类达 7000 余种，其中核心期刊 3000 种，年增量约 300 万篇，每周更新 2 次，涵盖理、工、农、医、经济、教育、文艺、社科、哲学、政法等学科。

（2）中国学位论文全文数据库：收录 1980 年以来国内 900 余所高校、科研院所的硕士、博士论文，年增量约 30 万篇，涵盖理、工、农、医、人文社科、交通运输、航空航天、环境科学等各学科。

（3）中国学术会议文献数据库：收录 1983 年以来的国家级学会、协会、部委、高校召开的全国性学术会议的论文，年增量约 20 万篇全文，每月更新。

（4）外文文献：收录 1995 年以来世界各国出版的 2 万种重要学术期刊的全文及 1985 年以来世界各主要学协会、出版机构出版的学术会议论文。

图 4-30　万方数据知识服务平台首页

（5）中文科技报告：收录 1966 年以来源于国家科学技术部的 2 万余份报告及美国政府四大科技报告 110 万余份。

（6）中外专利数据库：收录 1985 年以来 11 个国家的 4500 万余项专利，年增量约 25 万条。

（7）中外标准数据库：收录来自中国标准化研究院国家标准馆 37 万余条标准数据。

（8）中国科技成果数据库：收录 1978 年以来各省、市、部委鉴定后上报国家，科技部的科技成果及星火科技成果，涵盖新技术、新产品、新工艺、新材料、新设计等众多学科领域。

（9）中国法律法规数据库：收录 1949 年以来全国各种法律法规，内容包括国家法律法规、行政法规、地方法规、国际条约及惯例、司法解释、合同范本等。

（10）中国机构数据库：机构信息数据库由"中国企业、公司及产品数据库"、"中国科研机构数据库"、"中国科技信息机构数据库"、"中国中高等教育机构数据库"四个数据库组成。收录近 20 万家企业机构、科研机构、信息机构和教育机构的详尽信息。

（11）中国特种图书数据库：图书内容针对性强，来源权威，保持原书原貌，享受原汁原味的阅读乐趣。

（12）中国科技专家库：收录了国内自然科学技术领域的专家名人信息，介绍了各专家在相关研究领域内的研究内容及其所取得的进展，为国内外相关研究人员提供检索服务。该数据库的主要字段内容包括：姓名、性别、工作单位、工作职务、教育背景、专业领域、研究方向、研究成果、专家荣誉、获奖情况、发表的专著和论文等三十多个字段。

（13）学者检索：学者信息来自万方学术圈，万方学术圈是业内率先实现用户与学者近距离接触的平台，可快速获取学者的新情况、新研究领域、分享学术成果，学术圈的目标是建立学术交流的平台，营造良好的学术生态环境，促进学者间的交流合作。

2．功能服务介绍

（1）知识脉络分析：以上千万条数据为基础，以主题词为核心，统计分析所发表论文的知识点和知识点的共现关系，并提供多个知识点的对比分析。体现知识点在不同时间的关注度；显示知识点随时间变化的演化关系；发现知识点之间交叉、融合的演变关系及新的研究方向、趋势和热点。使用可视化的方式向用户揭示知识点发展趋势和共现研究时序变化的一种服务。

（2）论文相似性检测服务：是万方数据推出的特色服务，用于指导和规范论文写作，检测新论文和已发表论文的相似片段。它基于数字化期刊全文数据库、学位论文全文数据库等万方数据核心数据资源，可通过 Web 模式，快速灵活进行单篇论文检测；并率先在国内推出了支持批量检测、断点续传等功能的检测客户端。最新推出检测结果统计报告功能，并即将推出全新模式的详细检测结果报告，增加了检测报告的实用性、可读性。

（3）专题服务：以万方数据知识服务平台收录的文献为基础，按照相关专题聚类整合为医药食品、工业技术、文体教育、社会科学、农林渔牧、自然科学、经济和法律等专题数据库。

（4）中国学术统计分析服务：是知识服务平台于 2009 年推出的研究分析系统。从各主要学术领域出发，以完整准确的学术文献资源和有关数据为依据，运用科学的统计方法，从关注度、上升及下降趋势、新兴研究等几个主要方面进行研究分析，通过客观数据直观反映我国学术发展现状、情况和问题。

3．检索方法　万方数据知识服务平台的检索方式有：快速检索、跨库检索（包含高级检索和专业检索）。

（1）快速检索：在检索界面内，直接输入检索词，系统默认在学术论文范围内进行跨库检索。如不限定检索字段，则在所有字段内进行检索；如将检索词部分用""或"《》"括起来，则进行精确匹配检索；日期采用：2000-2012 的形式进行限定，"-"前后为限定年度的上、下限。

（2）跨库检索：提供高级检索（图 4-31）和专业检索（图 4-32）两种方式。

高级检索为格式检索，检索时按需要选择标题、作者等检索途径，输入检索词，同时支持"AND"、"OR"、"NOT"三种逻辑运算，并可进行"精确"和"模糊"匹配检索。

图 4-31　万方数据知识服务平台跨库检索-高级检索界面

专业检索需根据 CQL 检索语言规范构建检索式完成检索,含有空格或其他特殊字符的单个检索词需要用英文半角引号括起,多个检索词之间根据逻辑关系使用"AND"或"OR"连接。

图 4-32 万方数据知识服务平台跨库检索-专业检索界面

4. 检索结果显示与下载 万方数据知识服务平台检索结果显示界面分为分类统计、二次检索、结果筛选、结果列表四部分(图 4-33)。分类统计区按学科分类、论文类型、发表年份、期刊分类、相关学者显示所有检索结果的分组统计结果。在二次检索区可通过题名、作者、关键词途径及限定文献发表年限,在检索结果中进行二次检索。在结果筛选区可按文献有无全文、相关度优先、新论文优先、经典论文优先等条件对检索结果进行排序。结果列表区以文摘形式列表显示,包括篇名、作者、刊名、年/期、被引频次、期刊被检索系统收录情况、关键词等。点击"下载"链接可直接下载保存 PDF 格式文献全文,点击"导出"链接可将文献题录加入导入列表,并按参考文献格式、特定文献管理软件格式、自定义格式及查新格式导出所检测出文献题录。

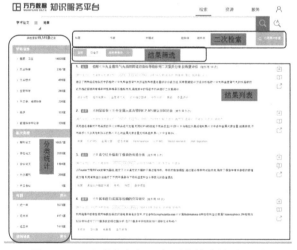

图 4-33 万方数据知识服务平台检索结果界面

(五)中药炮制学专题资源数据库

中国高等教育文献保障系统管理中心设"全国高校专题特色数据库",提倡建设特色数据库。随着信息技术的发展,数字资源呈海量增长,各种类型数据库层出不穷。中医药院校的学科专业有其自身特点,馆藏资源也有较明显的特色,因此其自建特色库也不同程度地反映出中医药院校特色。如南京中医药大学的"中药炮制专题库"(图 4-34)成为广受师生欢迎的重点学科特色数据库。该数据库包含中药炮制本地资源库和中药炮制网络资源库两部分，涵盖了中药炮制硕博论文、专利、规范、名家、图书、精品课程、炮制知识库等多方面知识板块，满足了教学科研人员与学生的需求。

图 4-34　南京中医药大学中药炮制学专题数据库

四、引文数据库

（一）概述

1873 年美国出版了供律师查阅法律判例的检索工具《谢泼德引文》。20 世纪 50 年代，美国 Garfield 从中受到启发，研制出用计算机辅助编制的引文索引。他主办的费城科学情报研究所（ISI）先后创办了《科学引文索引》（SCI，1963 年创刊）、《社会科学引文索引》（SSCI，1973 年创刊）和艺术与人文科学引文索引（AHCI，1978 年创刊）3 种引文索引刊物。这三种索引的问世引起了图书馆界与情报界的极大关注，许多国家都开始了引文索引的编制和研究，在这一背景下，我国也建立了具有国内特色的引文数据库以及具有引文功能的全文数据库。其中具有影响力的数据库有：中国科学引文数据库（CSCD）、中文社会科学引文索引数据库（CSSCI）及中文科技期刊引文数据库（VIP）等。

（二）引文索引数据库的本质

引文索引数据库是将各种参考文献的内容按照一定规则记录下来，集成为一个规范的数据集，是由来源文献和被引文献有序合理的组合而形成的二次文献。通过这个数据库，可以建立著者、关键词、机构、文献名称等检索点，满足作者论著被引、专题文献被引、期刊、专著等文献被引、机构论著被引等情况的检索。引文索引可以作为一种学术影响力的评价方式。

（三）引文的评价指标

国内外期刊评价指标一直层出不穷，其中具有影响力的评价指标有影响因子（IF）、h指数、SJR指数、SNIP指数等。

1.影响因子（impact factor，IF） 是一个国际上通行的评价期刊学术影响力的评价指标，由 Garfield 于 1972 年提出。由于它是一个相对统计量，可以克服由于期刊载文量不同所带来的偏差，所以可以相对公平地评价和处理各类期刊。IF 是某期刊前两年发表的论文在当年的被引用总次数除以该期刊在前两年内发表的论文总数。现今国际应用较广泛的是汤森路透《期刊引证报告》（JCR） 发布的期刊 IF。

2.h 指数 是由美国物理学家 Hirsch 于 2005 年提出，用于评价高被引论文数量及被引强度，现还被用于评价科学家个人的学术成果。近年来，国内外学者针对 h 指数提出了改进和补充指数，如 g 指数、a 指数、r 指数、w 指数等，这些指数和 h 指数被统称为 H型指数，是现今国际上讨论较多的期刊评价指标。

（四）中国科学引文数据库

1.概述 中国科学引文数据库（Chinese science citation database，CSCD），创建于 1989年，是国家火炬计划项目，是以中国科学院文献情报中心创建的科学引文数据库为研究基础，以《中国学术期刊综合评价数据库》为数据基础而建立起来的具有权威性的大型数据库。收录我国数学、物理、化学、天文学、地学、生物学、农林科学、医药卫生、工程技术和环境科学等领域出版的中英文科技核心期刊和优秀期刊千余种。目前该数据库已被国家自然科学基金委员会列为中国科学院院士推选人指定查询库，是一个集多种功能为一体的综合性文献数据库。

中国科学引文数据库提供的引文索引功能，用户可迅速从数百万条引文中查询到某篇科技文献被引用的详细情况，还可以从一篇早期的重要文献或著者姓名入手，检索到一批近期发表的相关文献，对交叉学科和新学科的发展研究具有十分重要的参考价值。中国科学引文数据库还提供了数据链接机制，支持用户获取全文。

2.检索方法 常用检索途径有一般检索、被引参考文献检索和高级检索三种。

（1）一般检索：常用检索字段有主题、标题、作者、团体作者、编者、出版物名称、出版年、地址、会议、文献类型、资金资助机构、授权号等（图 4-35）。同时选用多个字段，系统默认各字段之间为"AND"关系，同时还可以在页面下方对出版时间进行限定（图4-35）。

例如，在"作者"字段里输入"丁安伟"，"出版物名称"字段里输入"中国中药杂志"，就可以检索出作者丁安伟在《中国中药杂志》（默认时间为"所有年份"即 1989～2016 年）发表论文的被引情况。显示检索结果时（图 4-36），可以根据需要选择页面左侧"精炼检索结果"各个选项，如研究方向、文献类型、作者、来源出版物等。页面正文可以点击多个超链接显示文献更多相关信息，如点击"被引频次"可显示引用该文献的相关文献信息；点击"查看摘要"可显示该文献摘要。

图 4-35 CSCD 一般检索界面

图 4-36 CSCD 简单检索结果显示

（2）被引参考文献检索：常用检索字段有被引作者、被引年份、被引著作、被引卷、被引期、被引页等，同时选用多个字段，系统默认各字段之间为"AND"关系，同时还可以在页面下方对出版时间进行限定（图 4-37）。例如，在"被引作者"字段输入"丁安伟"，"被引年份"字段输入"2000～2016"，"被引著作"字段输入"南京中医药大学学报"，就可以检索出 2000～2016 年作者丁安伟在南京中医药大学学报杂志的被引情况。显示结果时分为两步,第一步可显示 2000～2016 年作者丁安伟在南京中医药大学学报杂志的所有被引文章(图 4-38),第二步是勾选"被引参考文献",然后点击页面下方"完成检索",则显示出"被引参考文献"的所有检索结果(图 4-39)。

图 4-37　CSCD 被引参考文献检索界面

图 4-38　被引参考文献检索结果(第一步)显示

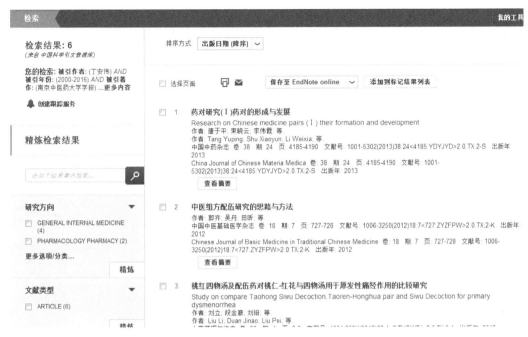

图4-39　被引参考文献检索结果（第二步）显示

（3）高级检索：高级检索可进行检索式组配检索，常用字段标识有：TS=主题、TI=标题、AU=作者、SO=出版物名称、PY=出版年、AD=地址、OG=组织、SG=下属组织、CI=城市、PS=省/州、CU=国家/地区、ZP=邮政编码。高级检索的检索式必须用字段标识表明，同时用布尔逻辑运算符和括号连接不同字段，检索页面下方还可选择语言、文献种类及出版时间等（图4-40）。

图4-40　CSCD高级检索界面

（4）检索历史：可查看之前的检索结果，并且可对检索历史进行逻辑组配检索，另外在高级检索界面上还可以使用检索历史中的检索式序号与字段进行组配检索（图4-41）。

图 4-41　CSCD 检索历史界面

（五）中国社会科学引文索引

1. 概述　中国社会科学引文索引（Chinese Social Sciences Citation Index，CSSCI），用来检索中文人文社会科学领域的论文收录和被引用情况，是我国教育部人文、社会科学重大科研项目，由南京大学社会科学数据库研究开发中心承担，南京大学与香港科技大学合作研制。它是我国第一个人文社会科学引文数据库。CSSCI 遵循文献计量学规律，采取定量与定性相结合的方法从全国 2700 余种中文人文社会科学学术性期刊中精选出学术性强、编辑规范的期刊作为来源期刊。目前收录包括法学、管理学、经济学、历史学、政治学等在内的 25 大类的 500 多种学术期刊，现已开发 CSSCI（1998 年～2009 年）12 年度数据，来源文献近 100 余万篇，引文文献 600 余万篇。

2. 检索方法

CSSCI 有被引文献检索和来源文献检索两种检索方式。

（1）来源文献检索：常用检索字段有篇名、作者、关键词、期刊名称、作者机构、作者地区、中图类号、基金细节、所有字段、英文篇名等。为了优化检索，还可以选择"文献类型"、"学科类别"、"学位分类"、"基金类别"等选项（图4-42）。

（2）被引文献检索：常用检索字段有"被引文献作者"、"被引文献篇名"、"被引文献期刊"、"被引文献细节"、"被引文献年代"、"被引年份"、"被引文献类型"等。多个检索字段间可采用"检索逻辑关系"进行组配，还可以进行精确检索、排除自引等限定优化检索（图4-43）。

图 4-42　CSSCI 来源文献检索界面

图 4-43　CSSCI 被引文献检索界面

五、电子图书

电子图书是指传统印刷图书的电子版本。绝大多数是印刷型图书的光盘版和网络版，只有少数电子图书是没有印刷型的。因为电子型图书比印刷型有更好的共享性、更多的检索点和更灵活的检索方法，因而特别受到用户欢迎。网上的电子图书一般分为购买（CD-ROM）型或租用（Online）型。如超星数字图书馆、方正 "APABI"、"书生之家"等，也有专门的电子图书网站，如中国电子图书网（http：//www.cnbook.com.cn），以便用户在线借阅、购买或下载浏览等。

（一）方正数字图书馆

1. 概述　方正数字图书馆包括方正电子图书、工具书、年鉴库等。其中提供 3 万余种中国出版的电子新书，内容主要包括社会科学、计算机类和精品畅销书籍，学科涉及文学艺术、语言、历史、经济法律、政治、哲学、计算机等多个类别，且着重收录计算机、经济、外语等专业书籍。

2. 检索方法　方正数字图书馆有简单检索、高级检索、分类导航及全文检索四种检索方法。

（1）简单检索：在平台首页上方有快速检索框进行资源查找（图 4-44）。例如，输入"中药"点击检索按钮出现检索结果列表，同时还可利用限定选项如图书出版年代、语言及学科对检索结果进一步对检索结果进行筛选（图 4-45）。

图 4-44　方正数字图书馆简单检索界面

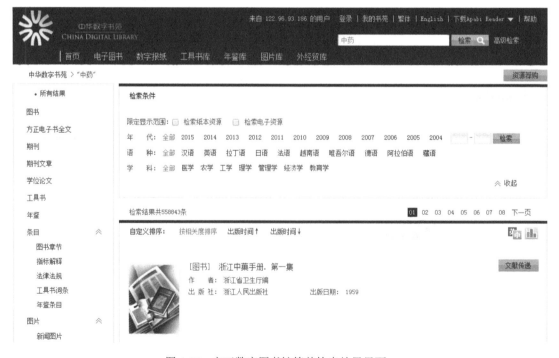

图 4-45　方正数字图书馆简单检索结果界面

（2）高级检索：在首页检索框旁边点击高级检索标签，进入高级检索页面。通过"书名"、"作者"、"出版社"、"ISBN"、"目录"、"参考文献"等字段进行限定检索（图4-46）。

图4-46　方正数字图书馆高级检索界面

（3）分类导航：首页下方还设有分类导航，有图书分类、报纸分类、工具书分类、年鉴分类等（图4-47）。

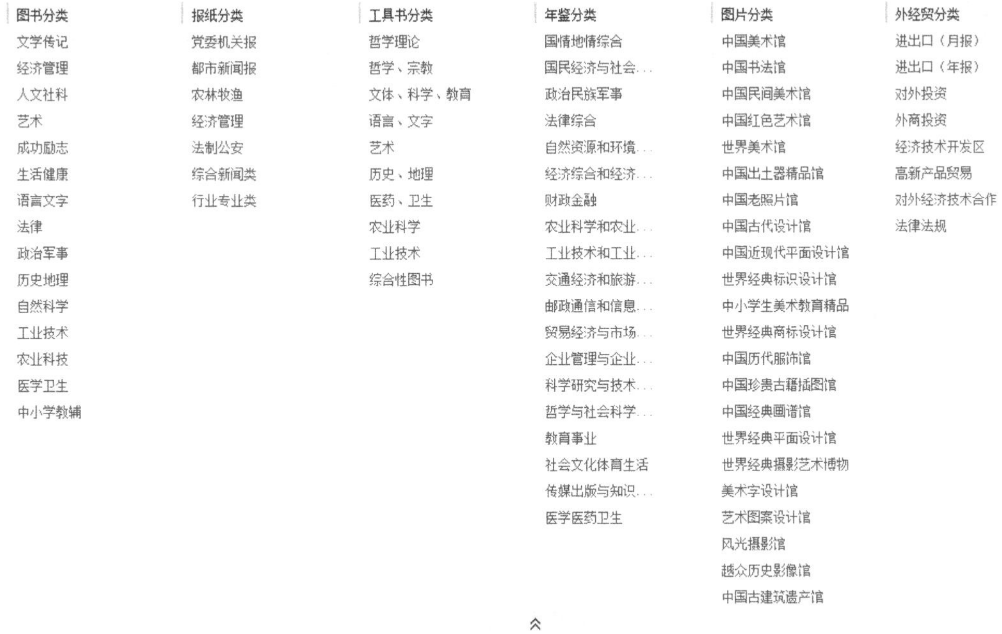

图4-47　方正数字图书馆分类导航界面

（4）全文检索：对于已经检索到的书籍，还可以通过点击页面上方的检索键进行关键词全文检索，系统可检索到所有关于该关键词的出处及出现次数（图4-48）。

图 4-48　万方数字图书馆全文检索界面

（二）超星数字图书馆

超星数字图书馆是北京世纪超星信息技术发展有限责任公司的主要产品。2000 年 5 月超星数字图书馆被列为国家 863 计划中国数字图书馆示范工程。超星数字图书馆主要收录电子图书 150 万种，可在线浏览也可以下载所检索到的电子书。同时还包含大量珍本、善本、民国图书等稀缺文献资源。所收录的电子书按照教育、哲学宗教、计算机通信、自然科学、数理化、文学、历史地理、文化艺术、工业技术、语言文学、经济管理、社会科学、建筑交通、医学及综合性图书进行分类。检索时可通过选择全部字段、书名、作者进行限制检索，也可以通过分类导航进行检索（图 4-49）。此外，阅读超星数字图书需要下载并安装超星阅览器（SSReader）。

图 4-49　超星数字图书馆首页

六、综合性中医药网站

（一）国内药政管理机构

1. 国家食品药品监督管理总局（简称 SFDA，网址：http://www.sda.gov.cn）　提供信息查询和网上办公功能，通过重要新闻、机构介绍、工作动态、政策法规、公告通告等栏目，可以及时了解和掌握我国有关药品监督管理方面的动态，通过数据查询、办事指南等栏目可查询相关数据，或者了解有关办事流程，网上办公逐步开通和完善为企事业单位和个人的业务处理提供方便，在答疑解难的栏目中可以了解更细致的相关问题。在 SFDA 主页点击"数据查询"可以查询：OTC 中药、OTC 新药、药品注册受理情况等数据库。SFDA 下设的信息中心（http://www.cpi.ac.cn 或 http://www.cpi.gov.cn）在网上为授权用户提供药品及其他医药方面的全文信息服务，而对没有授权的用户仅给予标题。其数据库内容基本涵盖国内药学领域。

2. 中华人民共和国卫生部（网址：http://www.moh.gov.cn）　通过卫生部网站可查询国内卫生法规、卫生统计信息，另有国产保健食品库、国产化妆品库、国产消毒产品库、国产涉水产品库、进口保健食品库、进口化妆品库、进口消毒产品库，其中进口涉水产品库可免费使用。

（二）国外药政管理机构

1. 美国食品药品监督管理局（Food and Drug Administration，FDA，网址：http://www.fda.gov）　FDA 拥有雇员 9000 多名，包括 2100 多名科学家，其宗旨是保证使用的药品、医疗器械、食品、化妆品的安全和卫生。可在其主页上找到有关药品的信息，包括药品的使用，介绍被 FDA 批准的新药及老药新用途，OTC 药品的目录，以及关于药品不良反应的报道。还可以查找新药在 FDA 审批报告。FDA 网站上也可进行关键词及其他检索。

2. 英国药物和保健产品监管署（Medicines and Healthcare Products Regulatory Agency，网址：https://www.gov.uk/government/organisations/medicines-and-healthcare-products-regulatory-agency）是英国卫生部的执行部门，负责控制和管理在英国销售药品的安全、质量及有效性。其工作范围包括：药品上市的一系列许可，上市后对其安全性进行监督；检查药品生产批发的标准；执行 GLP、GCP、GMP 等操作的具体要求；协助制定药品管理政策；通过出版英国药典确定药品质量标准等。

（三）医药电子商务信息

1. 中国金药网（网址：http://www.gm.net.cn）　是医药卫生行业信息化产业工程，主要为医药卫生行业的生产企业、流通企业、科研院所、医疗机构及政府职能部门提供电子商务、信息交流、信息检索、统计分析、科研成果交流等全方位服务，同时为客户提供系统集成、软件开发（ERP/CRM/OA）、广告策划等业务。中国金药网络系统形成覆盖全国并与世界相联的信息网络系统，该系统包含多个专网，其中全国医药技术市场网、中国中药材网、中国医药卫生电子商务网、全国医药统计网及中国百姓寻医问药网已开通使用。

2. Drug Store（网址：http://www.drugstore.com）（网上药店）是药品销售性质的网站，可查询药品名称、规格、剂量、价格及一般技术资料。

（四）其他

1. 丁香园（网址：http://www.dxy.cn/）　成立于 2000 年 7 月 23 日，是面向医生、医疗机构、医药从业者及生命科学领域人士的专业性社会化网络。丁香园为会员提供医学、医疗、药学、生命科学等相关领域的交流平台、专业知识、最新科研动态等。丁香园包括多个板块，分别为丁香园论坛、丁香人才、丁香通、丁香客、丁香博客、丁香会议等。其中丁香园论坛含有 100 多个医药生物专业栏目，医药专业人员以互动式交流的方式可以在论坛进行实验技术讨论、专业知识交流、文献检索、科研课题申报、考硕考博信息交流等。

2. 小木虫（网址：http://emuch.net/）　创建于 2001 年，会员主要来自国内各大院校、科研院所的博硕士研究生、企业研发人员，已成为聚集众多科研工作者的学术资源、经验交流平台。内容涵盖化学化工、生物医药、物理、材料、地理、食品、理工、信息、经管等学科，除此之外还有基金申请、专利标准、留学出国、考研考博、论文投稿、学术求助等实用内容。

第五章　外文中药文献

随着中药学自身的持续发展和中药现代化的进步，国际社会对中医药的认识亦在不断深入，中药已成为国际上新药开发的重要资源和研究热点。与此相应，中药学与现代医药学及其他相关学科的关系也愈趋紧密。据统计，目前世界上生物医药类期刊有 5 万～6 万余种，此外还有大量与中药相关的其他各种、各类外文文献。丰富的外文中药文献已经成为中药学教育、研究、使用及传承的重要信息资源。

同时，随着信息技术、特别是网络信息技术的发展，外文中药文献的发行、利用也从以往的纸质印刷版、光盘版进入到了网络时代，互联网成为获取外文中药文献的巨大资源库。这为外文中药文献的利用提供了便利的同时，也因资源庞杂增加了利用的复杂性。因此，要想迅速准确地获得相关的文献资料，离不开对可利用资源的了解和高效的检索方法。本章将主要介绍基于互联网的与中药相关的外文文献资源及其检索利用方法，包括搜索引擎、综合性文摘型检索平台、全文数据库、特种文献的检索及工具书的使用。

第一节　搜索引擎

搜索引擎（search engine）是指根据一定的策略、运用特定的计算机程序从互联网上搜集信息，在对信息进行组织和处理后，为用户提供检索服务，将与用户检索相关的信息展示给用户的系统。搜索结果可以是网页、图片、视频或其他文件格式。一个搜索引擎一般由搜索器、索引器、检索器和用户接口四个部分组成。搜索器的功能是在互联网中漫游，发现和搜集信息。索引器的功能是理解搜索器所搜索的信息，从中抽取出索引项，用于表示文档以及生成文档库的索引表。检索器的功能是根据用户的查询在索引库中快速检出文档，进行文档与查询的相关度评价，对将要输出的结果进行排序，并实现某种用户相关性反馈机制。用户接口的作用是输入用户查询、显示查询结果、提供用户相关性反馈机制。搜索引擎具有简单方便、检索范围广等特点。

一、搜索引擎的种类

搜索引擎按照检索方式的不同可以分为目录式搜索引擎和主题式搜索引擎。按照其他分类标准也可以分成元搜索引擎、垂直搜索引擎、集合式搜索引擎、门户搜索引擎与免费链接列表等。在此，仅对目录式搜索引擎和主题式搜索引擎作介绍。

1. **目录式搜索引擎**　是以人工方式或半自动方式搜集信息，由编辑员查看信息之后，人工形成信息摘要，并将信息置于事先确定的分类框架中。信息大多面向网站，提供目录浏览服务和直接检索服务。目录式搜索引擎主要代表有：Yahoo!、OpenDirectory、搜狐、新浪等。目录式搜索引擎具有信息准确、导航质量高的特点，但缺点是需要人工介入、维护量大、信息量少、信息更新不及时。

2. 主题式搜索引擎　也称为关键词搜索引擎或全文搜索引擎，是使用程序自动从网站提取信息建立网页数据库。搜索引擎的自动信息搜集功能分两种：一种是定期搜索，即每隔一段时间（比如 Google 一般是 28 天），搜索引擎主动派出"蜘蛛"程序，对一定 IP 地址范围内的互联网网站进行检索，一旦发现新的网站，它会自动提取网站的信息和网址加入自己的数据库。另一种是提交网站搜索，即网站拥有者主动向搜索引擎提交网址，它在一定时间内（2 天到数月不等）定向向用户的网站派出"蜘蛛"程序，扫描用户的网站并将有关信息存入数据库，以备用户查询。随着搜索引擎索引规则发生很大变化，主动提交网址并不保证用户的网站能进入搜索引擎数据库，最好的办法是多获得一些外部链接，让搜索引擎有更多机会找到用户并自动将用户的网站收录。

当用户以关键词查找信息时，搜索引擎会在数据库中进行搜寻，如果找到与用户要求内容相符的网站，便采用特殊的算法—通常根据网页中关键词的匹配程度、出现的位置、频次、链接质量—计算出各网页的相关度及排名等级，然后根据关联度高低，按顺序将这些网页链接返回给用户。这种引擎的特点是搜全率比较高。

3. 今后趋势　目前，很多搜索引擎都在一种检索方式的基础上，提供另一种检索方式。随着互联网的发展，网上可以搜索的网页变得越来越多，而网页内容的质量亦变得良莠不齐，没有保证。所以，未来的搜索引擎将会朝着知识型搜索引擎的方向发展，以期为搜索者提供更准确及适用的数据。

二、常用的综合性搜索引擎

1. Google　是 Google 公司（现为 Alphabet 子公司）开发的，目前全球使用最广泛的综合性搜索引擎。Google 提供网页搜索、图片搜索、视频搜索、地图搜索、新闻搜索、购物搜索、博客搜索、论坛搜索、学术搜索、财经搜索等多种搜索服务。Google 支持 149 余种语言，所检索的文件类型除了 HTML 文件外，可以支持其他 13 种类型文件的搜索，如PDF、DOC、PPT、XLS、RTF、SWF、PS 等。

2. Google 学术搜索　Google Scholar，网址：https://scholar.google.com/?hl=zh-CN，提供可广泛搜索学术文献的简便方法。用户可以从一个位置搜索众多学科和资料来源，包括：来自学术著作出版商、专业性社团、预印本、各大学及其他学术组织的经同行评论的文章、论文、图书、摘要。Google 学术搜索可帮助用户在整个学术领域中确定相关性最强的研究。

Google 学术搜索提供简单检索和高级检索方式（图 5-1），在简单检索界面，在检索框输入任意检索词就可以进行检索。点击检索框右侧的三角可以进入高级检索界面。高级检索允许用户指定检索范围、时间，以及检索词的匹配程度，以便获得更加精确的结果。检索结果默认按相关性进行排序。每条记录包括文献标题、作者、部分摘要及被引用次数、相关文章、版本、引用、保存等链接，以及文献类型（Html、PDF 等）。点击标题可以进入文献详细信息界面，一般为文献提供者（期刊、出版商等）提供的文献全文的界面。跟Google Web 搜索一样，最有价值的参考信息会显示在页面顶部。Google 排名技术会考虑到每篇文章的完整文本、作者、刊登文章的出版物及文章被其他学术文献引用的频率。用户还可以通过结果界面左侧选项（时间、搜索范围、文献类型、排序方式）对结果进行过滤，以便获得更精确的结果。

3. 百度（Baidu）　是全球最大的中文搜索引擎、最大的中文网站（www.baidu.com）。2000 年 1 月创立于北京中关村。主要提供以网络搜索为主的功能性搜索，以贴吧为主的社区搜索，针对各区域、行业所需的垂直搜索、MP3 搜索，以及门户频道、IM 等，全面覆盖了中文网络世界所有的搜索需求。百度提供的服务形式和功能与 Google 类似，其中也包括百度学术，其操作和功能与 Google 学术搜索类似。

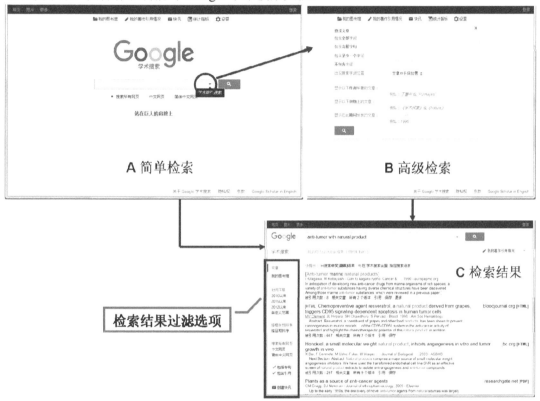

图 5-1　Google Scholar 检索界面

第二节　综合性文摘型检索平台

随着信息技术在生物医药领域中应用的深入，作为记录、积累、传播和继承知识最有效手段的文献也完成了向数字化形式的转变。国际上众多的机构，如大学、图书馆、出版商、政府、商业机构等建立了众多的数据库用于收集存储海量的专业文献。这些数据库可以分为文摘型数据库、全文型数据库、特种文献数据库等。同时开发了相应的网络化检索系统，帮助用户从海量的资源中查找自己想要的文献资料，从而实现了全世界对文献的共享。随着生物医学数据的快速增长及信息技术的进步，文摘型数据库检索系统也逐渐成为提供多种相关数据库内容检索的统一检索平台。本节将重点介绍与中药学相关的文摘型数据库的检索方法，主要包括 SciFinder、PubMed、德温特药学文档、国际药学文摘数据库、EMBASE.COM、Web of Science。

一、美国《化学文摘》

（一）概述

美国《化学文摘》(*Chemical Abstracts*，CA) 是全世界资料量最大、最全，也是最具权威的化学及其相关学科的文摘数据库。美国《化学文摘》创刊于 1907 年，由美国化学学会（ACS）旗下的化学文摘服务社（CAS）编辑出版。CA 收录的内容几乎涉及了化学家感兴趣的所有领域，其中除包括无机化学、有机化学、分析化学、物理化学、高分子化学外，还包括应用化学、化学工程、普通化学、物理、生物学、生命科学、医学、药物学、毒物学、聚合体学、材料学、冶金学、环境化学、地质学、食品科学和农学等诸多领域。

CA 目前收录了 180 多个国家、50 余种文字出版的 10 000 余种期刊、63 个专利授权机构的专利，以及技术报告、会议论文及学位论文等文献，1 亿多种化学物质及 7000 多万条化学反应的信息。《中国中药杂志》、《中国药理学报》、《药学学报》、《中国药学杂志》等1000 余种中国期刊也都被收录，是中药学领域应用最为广泛的综合文摘数据库之一。

美国《化学文摘》出版形式也随着技术的发展不断进步，除了早期的印刷版期刊 CA 之外、还包括磁带版数据库 CA File、缩微版、光盘版 CA on CD 及目前最先进的网络版SciFinder。目前，大多数高校、科研机构和专利机构都开始使用 SciFinder。

（二）SciFinder

CA 的网络版数据库 SciFinder 包含了《化学文摘》1907 年创刊以来的所有内容，更整合了 MEDLINE 医学数据库、世界上近 63 家专利机构的专利资料等。SciFinder 目前包含 7大数据库（表 5-1），为用户提供一站式检索服务，用户可以随时、随地通过灵活自如的检索方式和查找选项获取物质、化学反应、专利和期刊信息，是化学和生命科学研究领域中不可或缺的参考和研究工具平台。

表 5-1　SciFinder 数据库

数据类型	数据库名称
文献专利数据库	CAplus
文献数据库	MEDLINE
物质数据库	REGISTRY
反应数据库	CASREACT
专利数据库	MARPAT
商业来源数据库	CHEMCATS
管制数据库	CHEMLIST

（三）SciFinder 使用方法

1. SciFinder 用户注册和登陆　SciFinder 为用户提供了通过互联网访问查询 CA 数据的便利途径，但在访问之前需先注册后登陆。SciFinder 采用网上注册，注册用的网址需由订购 SciFinder 服务的机构，比如大学图书馆提供（一般可以在大学图书馆主页找到）。注册流程如下：

（1）进入注册页面（图 5-2 A），点击 Next（下一步）。

（2）接受相关协议（图 5-2 B）。

（3）填写相关信息，完成注册（图 5-2 C）。需要注意的是：①注册使用的邮箱的域名必须与购买服务的机构域名一致，比如大学发行的邮箱 XXXX@Uuuu.edu.cn。②用户名必须是唯一的，且包含 5～15 个字符。它可以只包含字母或字母组合、数字和（或）特殊字符。特殊字符包括：——（破折号）、__（下划线）、.（句点）、@（表示"at"的符号）；密码必须包含 7～15 个字符，并且同时包含以下字符其中的 3 种：字母、混合的大小写字母、数字、非字母数字的字符（如@、#、%、&、*）。

（4）注册后系统将自动发送一个链接到用户所填写的 Email 邮箱中，请用户于 48 小时之内激活此链接即可完成注册（图 5-2 D）。

（5）注册完成后便可以通过 Http：//scifinder.cas.org 或 Http：//origin-scifinder.cas.org访问。

图 5-2　SciFinder 注册界面

2. SciFinder 检索方法 SciFinder 默认的主界面即为检索界面，可以分为工具栏、检索入口、检索页面、结果保存四大区域（图 5-3）。SciFinder 提供了 Explore Reference（文献）、Explore Substances（物质）、Explore Reations（化学反应）三种入口，每种入口有多种检索途径。不管从哪一个入口开始查询，都能够获得相关的其他信息。同时针对不同检索结果提供相应分析工具可以对结果进一步精炼、解析。

图 5-3　SciFinder 检索主页面

（1）文献检索（Explore Reference）：可以检索论文、专利、会议摘要、技术报告等多种类型的资源。

1）文献检索方法：文献检索提供了关键词（Research Topic）、作者（Author Name）、机构（Company Name）、文献标识符（Document Identifier）、期刊（Journal）、专利（Patent）、标签（Tags）作为检索途径。

A. 主题词检索：点击文献检索项下主题词（Research Topic）进入主题词检索界面。SciFinder 提供简单检索和高级检索两种方式。简单检索时只需直接在检索框中输入关键词，点击检索，就可进入结果页面。关键词之间可以使用介词连接（on、with 等）。而高级检索是在使用关键词进行检索的基础上，增加出版年代、文献类型、语言、作者、发表机构的一项或多项信息对检索结果进行限定，以便获得更准确的检索结果。

B. 作者检索：点击文献检索中作者（Author Name）进入作者名检索界面。检索时，姓（LastName）需要写全，名（First Name）只需写首字母或者不写。若对作者的拼写方式不确定时，尽量勾选"Look for alternate spellings of the last name"选项，以便得到与所有可能的拼写形式相应的文献。然后可以根据 Organization 分析，确定所要查找的作者。

C. 机构（Company Name）检索：点击文献检索中机构（Company Name）进入机构检索界面。机构检索可以使用发表文献的完整的或部分的组织或机构的名称来进行检索。

D. 文献标识符（Document Identifier）检索：是使用文献的识别编码，比如专利号、文献 DOI（Digital Object Identifier）等来检索文献。检索框一次最多可以接受 25 个识别编码同时检索，输入时每个编码占一行。

E. 期刊（Journal）检索：是直接从期刊或其他非专利的文献资源，如书籍、会议摘要等的信息来查找文献。检索时至少要提供期刊名称或者作者的姓。其他可用于检索的信息包括卷、期、页码、发表年代、作者名字。

F. 专利（Patent）检索：是直接从专利资源库检索专利。检索可以使用专利号、代理人（一般为代理机构）、发明人、申请年代进行。使用发明人检索时必须提供发明人的姓。

G. 标签（Tags）检索：不是执行新的检索，而是查看用户之前检索并进行标记的结果。换言之，用户使用其他方法进行检索获得结果后，可以对这些结果使用字母进行标记。这里可以使用这些字母来获得之前标记的文献。

2）文献检索结果查看：使用上述方法进行检索后，系统将进入结果候选页面。系统将根据与检索条件的匹配程度，给出不同匹配程度的多个候选结果集，候选结果集使用不同的表述来描述匹配状态，并给出相应文献记录数。表述中"Concept"表示做了检索词的同意词扩展，"Closely associated with one another"表示检索词同时出现在一个句子中，"were present anywhere in the reference"表示检索词同时出现在整个文献中（图 5-4B）。选择某个候选结果集，进入结果页面（图 5-4C）。

结果页面显示检索结果的标题、作者、来源、摘要和被引次数的信息，默认以文献编号（Accession Number）降序排列。用户可以从排序下拉菜单选择作者（Author）、引文（Citing Reference）、出版年代（Publication Year）、文献标题（Title）进行降序或升序排序。选择引文排序，可以帮助用户查找重要的、有影响力的文章。用户可以点击在文献标题下方的"快速预览（Quick View）"预览摘要和化学物质信息（图 5-4D），点击"其他资源（Other Source）"链接可以获取全文。同时，用户可以通过文献标题右侧的化合物和引文链接获得该文献相关化学物质和引文。

点击文献标题，将进入所选文献的详细页面（图 5-4 E）。这里将显示文献摘要、出版信息、索引关键词、主题词、文献涉及的化学物质等详细信息。同时可以对文献进行标记，以供今后通过标记检索查看。在详细页面可以通过上方工具栏获取全文（Link to Other Sources）。由于 SciFinder 实现了对文献、化合物和化学反应数据库的关联，在检索结果页面可以通过查看文献涉及化合物（Get Substances）、查看化学反应（Get Reactions）、查看引用文献（Get Related Citations）功能查看与该文献相关的信息。

3）结果的分析及精炼：在结果页面文献显示区域的左侧是文献分析工具栏，可以帮助用户对检索结果进行分析和进一步精炼。文献分析工具栏由"Analyze"\"Refine"\"Categorize"三个标签组成，代表"分析/再定义/分类"三类不同功能。

A. 分析功能（Analyze）：可以允许用户通过下拉菜单中的作者姓名（Author Name）、化学物质登记号（CAS Registry Number）、学科名称（CA Section Title）、机构名称（Company-Organization）、所属数据库（Database）、文献类型（Document Type）、索引关键词（Index Term）、CA 概念标题（CA Concept Heading）、期刊名（Journal Name）、语言（Language）、出版年代（Publication Year）、附加词（Supplementary Terms）12 种途径对检索结果进行分析，并给出柱状图，从而提示所选择主题的研究趋势。

如图 5-5 所示，利用作者姓名进行分析时，发现 Liu Li 发表的论文最多，机构名称分析时"中国科学院"、"中国药科大学"等中国的机构对该方面研究比较多。

B. 检索结果精炼（Refine）：工具栏中检索结果精炼功能允许用户使用主题词（Research Topic）、作者姓名（Author）、机构名称（Company Name）、文献类型（Document Type）、出版年代（Publication Year）、语言（Language）、所属数据库（Database）7 种途径对检索的结果进行限定，进一步筛选用户需要的文献，提高检索的准确性。

如图 5-5 所示，通过将文献类型（Document Type）限定为综述（Review），可以找到较为全面的适合于初级阶段学习的文献。

C. 文献系统分类（Categorize）：可以基于文献的索引词把检索的结果按学科进行一级目录（Category Heading）、二级目录（Category）和二级目录相关的索引词（Index Term）、选中的索引词（Select Term）四级阶层分类，从而帮助用户选择自己感兴趣的主题的文献。如图 5-6 所示，选择"Biology"→"Substance in biology"→"p53"可以将文献限定为相关的 18 篇。

4）结果的保存：检索的结果可以通过结果页面右上角的保存（Save）、打印（Print）、输出（Export）对全部结果记录或选定的记录进行保存、打印或输出。保存是指保存在服务器上，方便以后登陆查看，每次可存 1 万条记录。打印是指将选择的内容打印成 PDF 格式。输出是指导出至本地电脑。输出时可以通过 Citation manager 保存成 RIS 等格式，或导出至 EndNote 等文献管理工具，也可以通过 Offline Review 保存成 PDF、RTF 等格式，用于脱机浏览。

【例】查找与天然产物抗癌活性研究相关的文献

①选择主题词检索项，在检索框中输入"anti-tumor with natural products"（图 5-4A）。

②点击"检索"，进入结果候选页面（图 5-4B）；"Closely associated with one another"即"anti-tumor"与"natural products"出现在一个句子中的结果集（包含 9451 个文献），进入结果页面（图 5-4C）。

③使用文献分析工具栏，对检索结果进行分析。Analyze 项下通过下拉菜单选择"索引关键词（Index Term）"，分析结果显示含有与"Apoptosis"、"Antitumor" 等相关文献；选择"文献类型（Document Type）"显示有综述、期刊论文等形式；由"作者姓名（Author Name）"可以发现该类研究论文发表最多的是 Liu Li；选择"机构名称（Company-Organization）"分析时"中国科学院"、"中国药科大学"等中国的机构对该方面研究比较多，表明中国研究者在这一领域的贡献（图 5-5）。

④检索结果精炼。由于文献较多，通过使用工具栏中"Refine"功能，选择索引主题词"细胞凋亡（Apoptosis）"对结果进行限定，文献缩减为 1781 篇；在此基础上，选择"出版年代（Publication Year）"为"2016 年"，结果减少为 54 篇；再使用文献类型（Document Type）为综述（Review），减少为 8 篇。设定排序方式为"引文降序"，就能知道在这 8 篇综述中哪篇文献最为重要。通过以上操作可以找到重要的适合于初级阶段学习的与天然产物抗癌活性研究相关的综述文献。

⑤使用"文献系统分类（Categorize）"功能，选择"Biology"→"Substance in biology"→"Protein"，找到 1 篇自己感兴趣的与蛋白相关的抗肿瘤天然产物研究的文献（图 5-6）。

（2）化合物检索（Explore Substances）：提供了化学结构、Markush、分子式、化合物属性、物质标识五种不同途径来检索物质的 CAS、名称、结构式、理化性质、谱图、作用、靶点、合成路线、化学反应、参考文献等与物质相关的最全面综合的信息。

1）检索方法

A. 化学结构检索（Chemical Structure）：在检索入口 Substance 项下，选择 Chemical Structure 进入化学结构检索页面，点击结构式编辑器（Structure Editor）即可在打开的结构编辑器中描画需要检索的化学结构式（图 5-7）。在结构编辑器右侧有"检索类型（Search type）"选项，包括：精确匹配检索（Exact structure）、部分结构检索（Substructure）和相似检索（Similarity）。另外，要检索的物质化学结构也可以通过导入（Import）功能直接上传已保存的结构（通常为 cxf 格式文件）。

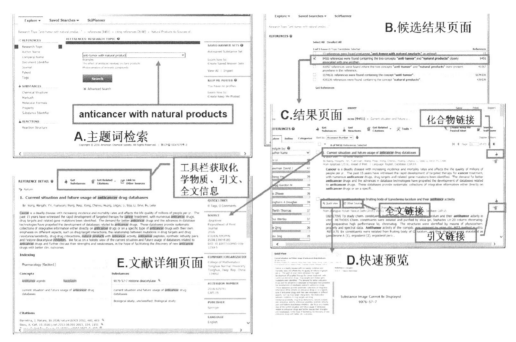

图 5-4　文献检索示例

图 5-5　文献检索结果分析及结果精炼示例

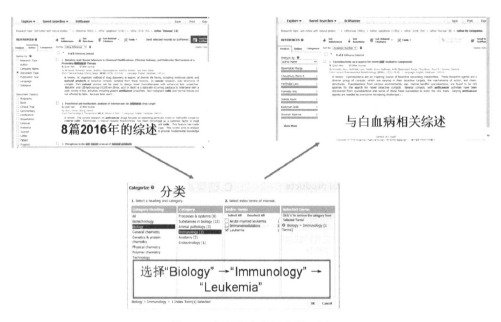

图 5-6　文献检索结果分类示例

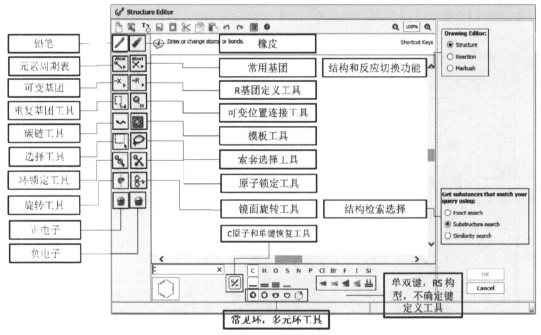

图 5-7　结构式编辑器

B. Markush 检索：与化学结构检索类似，同样可以使用结构式编辑器或导入功能提交要检索的结构，但区别在于 Markush 检索是检索专利文献中的化合物结构。检索类型的选项也只有"仅允许指定结构变化（Allow variability only as specify）"和"部分结构

（Substructure）"。

C. 分子式检索（Molecular Formula）：直接使用分子式进行检索，包括有机、无机、和聚合物。比如 H_2SO_4、$(C_3H_6O\ C_2H_4O)\,x$。

D. 化合物属性检索（Property）：是直接使用想要的物质的属性，包括分子质量、脂溶性、熔点等。SciFinder 允许对试验（13 种）或预测（21 种）的属性来进行检索。

E. 物质标示符（Substance Identifier）：是指使用物质名称（通用名、商品名、缩写）和化学登记号（CAS 号，由 CAS 发行的化学物质的唯一登记号）来进行检索。一般来说，用 CAS 号检索可以准确全面地查到结果。SciFinder 一次最多可以接受 25 个物质标识同时检索，每个名称或 CAS 号占一行，每行最多可接受 200 个字符。

2）检索结果：使用上述检索方法检索后，首先进入检索结果简单格式页面。检索结果简单格式页面列出化合物 CAS 号、结构式、立体构型、化合物名称、报道该化合物的文献数量及相关链接。鼠标滑过物质，可以打开物质的标准菜单，从而获得与物质相关的所有内容或执行新的操作。而点击 Substance Detail（CAS 号）可以获得理化性质、谱图、作用、靶点、合成路线、化学反应、参考文献等物质详细信息。

3）结果的分析及精炼：在检索结果简单页面左侧同样提供了对结果进行分析及精炼选项。在分析（Analyze）标签下，可以选择生物活性（Bioactivity Indicators）、可购买性（Commercial Availability）、元素（Elements）、物质作用（Substance Role）、化学反应（Reaction Availability）、靶点（Target Indicators）对结果物质集进行分析。选定某个选项后，都会相应地出现分析子集，点击子集则显示该子集下的物质。默认状态下显示物质作用的分析结果。

在检索结果精炼（Refine）标签下，有化学结构（Chemical Structure）、同位素（Isotop-containing）、金属（Metal-containing）、可购买性（Commercial Availability）、物质属性（Property Availability）、物质属性值（Property Value）、参考文献（Reference Availability）、原子修饰情况（Atom Attachment）选项，根据需要可以选择相应选项进一步缩小检索结果范围。

A. Chemical Structure：可以通过选项下方的结构编辑器指定结构并指定检索类型（通常是作为部分结构），从检索结果中筛选出符合指定结构的物质，即在检索结果中再以化学结构进行检索。

B. Isotop-Containing：指定返回的物质包含或者不包含同位素。

C. Metal-Containing：指定返回的物质包含或者不包含某种金属离子。

D. Commercial Availability：指定返回的物质是否可购买。

E. Property Availability：指定返回的物质含有某种属性信息。可以选择任意属性（Any property）、任意预测属性（Any predicted property）、任意试验属性（Any experimental property）或者任意指定的实验属性（可以从列表中选定要指定的属性）。

F. Property Value：指定属性的值，使返回的物质符合指定的属性值。

G. Reference Availability：指定返回的物质是否有可用的参考文献。

H. Atom Attachment：指定返回的物质含有的原子类型。

重新定义后的结果集可以再次使用分析和检索结果精炼功能进一步进行分析和精炼。不同的分析及检索结果精炼操作可以通过页面顶部的导航路径记录下来。点击某种处理所相应的导航路径就可以重新显示相应的处理结果。

4）结果的保存：与文献检索同样，检索的结果可以通过结果页面的 Save、Print、Export 对全部结果记录或选定的记录进行保存、打印或输出。

【例】查找具有抗肿瘤活性的黄酮类物质（图 5-8）

①物质检索入口选择"物质标示符（Substance Identifier）"检索，在输入框内输入"flavone"。

②点击"检索"进入简单结果页面，仅找到一个化合物（黄酮）。鼠标移至化合物结构时右侧显示快捷键，选择"Explore by Structure"->"Chemical Structure"，进入化合物结构检索界面，即使用该结构进行检索。

③化合物结构检索界面，选择"部分结构（Substructure）"，点击检索（Search）。

④进入结果页面，总共获得 65716 个包含 flavone 部分结构的化合物。在左侧工具栏 Analyze 项下，选择"生物活性（Bioactivity Indicators）"选项，显示含有"Anti-tumor agents"的化合物 1500 多个。

⑤在结果页面，选择"Refine"→"Property Availability"→"Any experimental property"，选择"LD50"，找到 27 个化合物。

⑥再次选择"Analyze"→"Bioactivity Indicators"→"Anti-tumor agents"，找到 8 个具有抗肿瘤活性的黄酮类结构化合物，点击该子集，进入简单结果页面。

⑦选择感兴趣的化合物，点击 CAS 号，进入该化合物的详细页面查看名称、结构式、理化性质、谱图、作用、靶点、合成路线、化学反应、参考文献等相关信息。

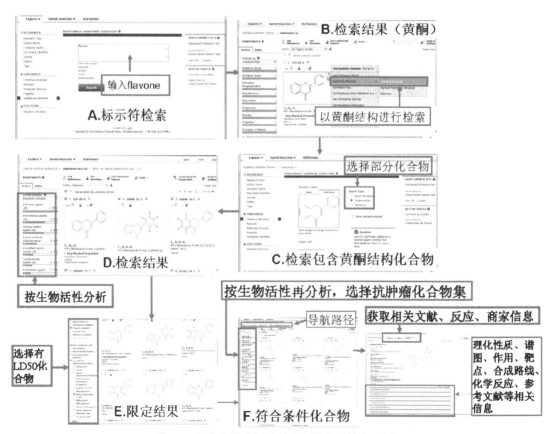

图 5-8　具有抗肿瘤活性的黄酮类物质检索示例

（3）化学反应检索（Reaction search）：SciFinder 提供了使用结构式编辑器描画或者直接导入化学结构，并指定该结构角色（反应物还是产物），进行化学反应及其相应信息检索，并提供进一步分析和结果精炼的功能。

1）检索方法：在检索页面，直接打开结构式编辑器描画反应物和产物结构，并使用反应角色工具指定（箭头指向结构为产物，箭头出发端则为反应物）。同时指定检索结构类型：仅在指定时允许结构变化（Allow variability only as specify）或部分结构（Substructure）。另外也可以通过"Export"直接导入描画好的结构文件进行检索。

2）检索结果：显示时默认以相关性进行排序，同时可以选择"Accession Number"、"Experimental Procedure"、"Number of Steps"、"Product Yield"、"Publication Year"进行排序。同时由于检索到的结果可能属于同一篇论文或相同反应类型，SciFinder 可以通过反应类型分类进行合并。结果会列出论文名称、结构、反应概要、试验过程等信息。同样，鼠标滑过物质结构时，可以打开物质的标准菜单，从而获得与物质相关的所有内容或执行新的操作。

3）检索结果分析及精炼：反应检索同样提供了对结果的分析及进一步精炼的功能。分析功能可以按反应催化剂（Catalyst）、反应收率（Product Yield）、反应步骤数目（Number of Steps）、出版年代（Publication Year）、作者（Author Name）、机构（Company-Organization）、文献类型（Document Type）、实验过程（Experimental Procedure）、期刊（Journal Name）、语言（Language）、方法（Methods Now）、溶剂（Solvent）进行分析，帮助用户进一步确定检索对象。

检索结果精炼功能（Refine）提供了反应结构（Reaction Structure）、反应收率（Product Yield）、反应步骤数目（Number of Steps）、反应分类（Reaction Classification）、排除反应类型（Excluding Reaction Classification）、非特定功能基团（Non-Participating Functional Groups）选项对检索结果进一步缩小范围，提高检索准确度。

A. 反应结构（Reaction Structure）：指定反应化学结构。

B. 反应收率（Product Yield）：指定反应收率的区间。

C. 反应步骤数目（Number of Steps）：指定反应的步数或步数范围。

D. 反应分类（Reaction Classification）：选择感兴趣的反应类型，包括：生物转化（Biotransformation）、催化（Catalyzed）、化学选择性（Chemoselective）、组合化学（Combinatorial）、电化学（Electrochemical）、气相合成（Gas-phase）、非催化反应（Non-catalyzed）、光化学（Photochemical）、放射化学（Radiochemical）、区域选择性（Regioselective）、立体选择性（Stereoselective）。

E. 排除反应类型（Excluding Reaction Classification）：选择不希望包含在结果中的反应类型。

F. 非特定功能基团（Non-Participating Functional Groups）：指定必需包含在结果中的不参加反应的官能团。

不同的分析及结果精炼操作可以通过页面顶部的导航路径记录下来，点击处理所相应的导航路径就可以显示相应的处理结果。

4）结果的保存：与文献检索同样，检索的结果可以通过结果页面的 Save、Print 、Export 对全部结果记录或选定的记录进行保存、打印或输出。

【例】黄酮（Flavone）的合成反应检索（图 5-9）

①在化学反应检索页面，打开结构编辑器描画黄酮结构，设定为产物。选定"仅在指定时允许结构变化（Allow variability only as specify）"选项，点击"Search"开始检索。

②结果显示获得 723 个相关反应。选择左侧分析（Analyze）项下"收率（Product Yield）"进行分析，结果显示最高收率可达 90% 以上。选择"出版年代（Publication Year）"显示最新论文是 2015 年出版。反应步骤数目（Number of Steps）分析显示大部分反应一步就能合成黄酮。这些信息可以在进一步精炼结果时作参考。

③使用结果精炼功能（Refine），选择反应收率（Product Yield）90% 以上，结果减少为 109 个。在此基础上，选择反应类型为"光化学（Photochemical）"，获得 1 篇文献。

④点击"View Reaction Detail"进入该反应详细页面，获取反应相关信息。

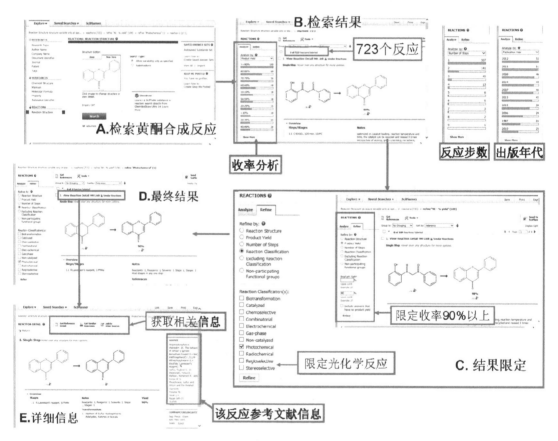

图 5-9　黄酮合成反应检索示例

二、PubMed

（一）概述

PubMed 是由美国国立医学图书馆下设的国立生物技术信息中心（NCBI）开发，面向全球的免费生物医学文献检索工具（http：//www.ncbi.nlm.nih.gov/pubmed），也是一款数据全面、权威、更新快速、使用简便的工具。PubMed 包含了美国国立医学图书馆的 MEDLINE 数据库，以及 80 多个国家或地区、37 种语言的 5600 多种生命科学期刊、在线书籍而来的 2600 余万文献摘要。文献数据年增量 50 万～90 万条。文献内容主要涉及生物医学与健康领域，包括：医学、药学、护理、牙科、心理学、卫生保健、环境、食品和营养学等，同时覆盖了生命科学、行为科学、化学、生物工程的一部分。根据数据加工的程度不同，文献可分成 MEDLINE、PREMEDLINE 和出版商直接提供的文献三种类型，分别在文献摘要末尾以[PubMed]、[PubMed - in process]、[PubMed - as supplied by publisher]表示。这三种类型不断按[PubMed - as supplied by publisher]→[PubMed - in process]转变，最后收入 MEDLINE。同时 PubMed 提供相关信息的网站链接及其他 NCBI 数据库的链接。

（二）PubMed 检索方法

PubMed 提供了多种便捷的检索方法，包括简单检索、高级检索，以及多种特定功能的检索工具（图 5-10）。

图 5-10　Pubmed 检索方式

1. 简单检索　是PubMed最简便也是最常用的检索方法。只需在检索框中输入检索词，点击检索就可以获得检索结果。PubMed 提供了词汇自动转换功能，用户输入的检索词如果没有加任何限定，就会被自动地根据 MeSH 转换表、期刊名转换表、常用词组表和作者索引依次进行自动核对、转换、匹配和检索。因此，检索时不必考虑用词的字段类型（如主题词、期刊名、作者名等），只要是具有实质意义的词或数字都可以使用。PubMed 简本检索还具备以下功能和特点。

（1）自动转换后，检索结果不再仅局限于包含检索词，还会包括包含 MeSH 中相匹配的主题词的结果。比如输入"ginkgo"，系统会自动转化为"ginkgo biloba"[MeSH Terms] OR （"ginkgo"[All Fields] AND"biloba"[All Fields]）OR"ginkgo biloba"[All Fields] OR "ginkgo" [All Fields]进行检索，即系统将返回使用 MeSH 主题词"ginkgo biloba"的检索结果和

"ginkgo""biloba"作为文本检索的结果。从而使结果更全面、准确。

（2）PubMed 支持逻辑运算符"AND"、"OR"、"NOT"，这些运算符不区分大小写，默认从左到右执行，但可以用括号改变运算顺序，如 Herb and （Cancer or Alzheimer），表示检索能够对癌症或老年痴呆症相关的草药。

（3）PubMed 支持无限截词符"*"，表示 0 至多个字符，比如使用"gink*"，可以检索到包含"ginkgo"、"Ginkgotoxin"、"ginkgolides"等结果，从而提高查全率。

（4）如果使用的检索词有多个词组成时，可以使用双引号，这样系统不执行检索词自动转换，而是将双引号内的词组作为一个整体进行检索。如使用"ginkgo"检索时，PubMed 不进行变换，而只以"ginkgo"进行检索。

（5）PubMed 允许直接使用字段标识符指定输入检索词的类别，从而避免一些具有相同表达形式却代表不同类别的检索词不会因自动转换而引起混淆。比如，"Cell"可以是期刊名，但在 MeSH 中也同样作为主题词使用，如果直接输入 Cell，PubMed 会将其当作 MeSH 主题词进行转换并检索，这种情况下可以使用期刊名字段标识符[ta]，如 Cell[ta]，系统就只在期刊字段中进行检索。

（6）使用作者姓名检索时，一般使用姓氏的全称加空格再加名字的首字母缩写，如 Xi JP。也可以使用姓名加双引号，并使用作者字段标识符[au]进行限定，如"Xi Jinping" [au]，这样系统将只检索作者。

2. 高级检索　　点击高级检索（Advanced），进入高级检索页面。高级检索页面由多字段组合检索创建器、检索命令编辑区和检索史显示区三个部分构成（图 5-11）。

（1）多字段组合检索创建器：提供 40 余种检索字段（如机构、作者、题目等）供选择，字段之间可以使用"AND"、"OR"、"NOT"逻辑运算符。在检索词输入框右侧提供索引列表，可以针对所选择的字段及检索词提供可能的检索词变形，以帮助用户输入合适的检索词。最后将自动形成多字段组合的检索命令。

（2）检索命令编辑器：由多字段组合检索创建的检索命令将同步显示在检索命令编辑框中，用户可以进一步修改编辑，也可以不使用多字段组合检索创建器直接在编辑器中编辑检索命令。

（3）检索史显示区：显示已执行检索命令、检索到的结果数量及执行时间。点击结果数量将显示该检索的结果页面。同时该检索命令可以通过点击左侧的编号（#1）或 add 添加到多字段组合检索创建器中，以供新的检索命令编辑使用。

【例】检索 2016 年发表的关于丹参的综述文献

①进入高级检索页面，在多字段组合检索创建器中首先选择"Text word"字段，输入"danshen"，添加"Data-Publication"字段，输入"2016/01/01-present"；添加"Publication Type"字段，从右侧索引列表选择输入"Review"，字段间选择"AND"逻辑运算符，执行检索。

②进入结果页面，显示找到 3 篇 2016 年发表的关于丹参的综述文献。

③在高级检索页面的检索史显示区中添加了一条新的检索记录。

3. MeSH 主题词检索　　MeSH Database 是美国国立医学图书馆编制的用于论文索引的规范化术语。使用 MeSH 主题词检索可以帮助我们查找和使用规范的术语来获取文献。

点击 PubMed 主界面右下部 MeSH Database 或者数据库下拉列表中选择 MeSH，便可进入 MeSH 主题词检索页面（图 5-12）。MeSH 主题词检索也提供简单检索和高级检索两种途径。

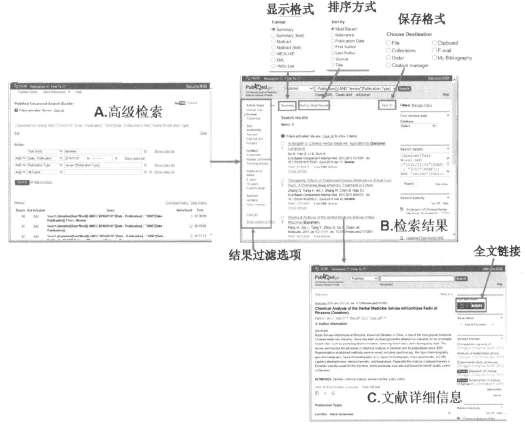

图 5-11　PubMed 高级检索

（1）简单检索：在检索框中输入检索词，如 cancer，点击检索就可以进入结果页面。结果为包含检索词 cancer 和同义词的 MeSH 主题词，以及各主题词的注释。点击选择的主题词，如 Neoplasms，将显示该主题词下的副主题词页面。选择副主题词（在方框中打勾），点击页面右上方的"Add to Search builder"按钮，将选中的主题词与副主题词组合加入检索框，最后点击"Search PubMed"就可以执行文献检索并返回检索结果。在使用简单检索时有以下几点注意：

1）副主题词页面有多种显示模式，默认为"Full"，即全部信息，包括副主题词、所选主题词的别名（同义语）、所选主题词在 MeSH 中的树状结构图。也可以选择"Summary"等其他模式，但只有在"Full"模式下才能选择副主题词。

2）一次可以同时选择多个副主题词（即同一批副主题词），所选中的同一批副主题词在检索时默认为"OR"运算。不同批选中的副主题词加入检索框时可以选择"Add to Search builder"按钮右侧的布尔运算符来指定与不同批次副主题词之间关系。

3）在副主题词下方有"Restrict to MeSH Major Topic"和"Do not include MeSH terms found below this term in the MeSH hierarchy"两个选项，可以用于进一步限定主题词检索结

果。"Restrict to MeSH Major Topic"将检索结果限定为检索的主题词被标记为主要主题词（即文献重点论述的主题词）的相关文献，换言之检索主题词在某些文献中出现但描述较少，即重要度较低，则这类文献被排除。这样检出的文献相关度较高。"Do not include MeSH terms found below this term in the MeSH hierarchy"将检索结果限定为包含主题词本身的文献，排除仅包含其下阶层（下位）主题词的文献。

4）可以通过"Limits"功能来设定检索的字段，进一步缩小检索范围。

5）MeSH 主题词检索仅检索 MDELINE 收录的文献，新的文献或尚在处理中的文献无法检出，需要结合自由词检索。

6）在检索框中直接输入多个主题词无法进行检索，如直接输入 cancer drug immunology。

（2）高级检索：MeSH 主题词检索的高级检索界面和操作方法同 PubMed 高级检索类似，不同之处是多字段组合检索创建器仅提供 7 种检索字段，外加全部字段。检索结果就是副主题词页面，余下操作同简单检索操作相同。

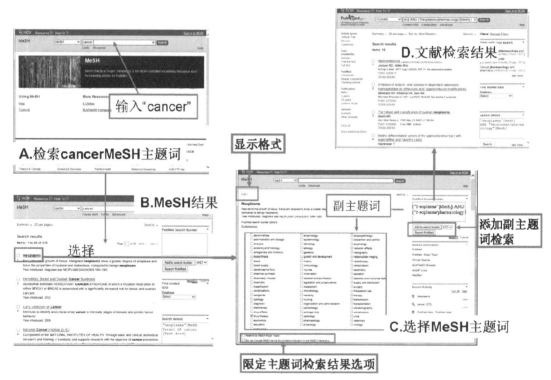

图 5-12　MeSH 检索

4. 引文匹配检索　PubMed 提供引文匹配检索（Citation Matcher）工具，可以根据已知文献的基本信息（如期刊名、著者、出版日期等）来查找或特定文献，有 Single Citation Matcher（单篇引文匹配器）和 Batch Citation Matcher（批量引文匹配器）两种。

点击 PubMed 界面工具项下 Single Citation Matcher 进入单篇引文匹配器界面。单篇引文匹配器可使用期刊名（Journal，可以是全称或缩写）、出版日期（Date，月和日为可选项）、卷（Volume）、期（Issue）、页码（Page）、著者（Author name）、题名关键词（Title words）

信息来查找一篇或多篇文献。

批量引文匹配器可以同时查找一批文献。点击工具项下 Batch Citation Matcher 进入检索界面。检索时将文献信息按：期刊名|出版日期|卷|起始页码|著者|关键词|格式在输入框中逐条输入，或者直接导入已准备好的 TXT 文件。该格式中期刊名为必需项，其他均可省略，但分隔符|不能省略。检索结果将以 PubMed ID 形式通过设定的电子邮件返回。

使用引文匹配检索工具可以迅速获得文献的期刊名、出版日期、卷、期、页次等准确信息，有助于文献的确认和整理。

5. **临床咨询**　PubMed 提供临床咨询（Clinical Queries）工具，专门为医生提供临床医学文献检索服务。点击 PubMed 界面工具项下 Clinical Queries 进入临床咨询界面。由于该工具设置了多种过滤方式，返回结果仅为临床研究相关文献，如希望尽可能查全则需使用 PubMed 检索。检索结果被归分成 Clinical Study Categories（临床研究类别），Systematic Reviews（系统综述）和 Medical Genetics（医学遗传学）三种类型。其中临床研究类别还可以通过 Catagories 选项将文献范围细分为病因学、诊断、治疗、预后与临床指南五类，同时通过 Scope 设定为 Broad（宽范围，高查全率）和 Narrow（窄范围，高查准率）。系统综述提供临床试验研究评述、循证医学、共识发展会议录和指南等相关的文献。医学遗传学提供医学遗传学方面的文献，包括诊断、鉴别诊断、临床描述、管理、遗传咨询、分子遗传学和遗传学检测等主题相关的内容。

6. **期刊检索**　点击 Journals in NCBI Databases 进入期刊检索（Journals in NCBI Databases）界面。可以使用主题、期刊名或其缩写、ISSN 号进行检索，结果按期刊名排序，并显示各期刊简要信息。点击期刊名则显示该期刊的详细信息。选定期刊后，可以按"Add to Search builder"按钮，将选中期刊加入检索框，然后"Search PubMed"检索选定期刊发表的相关文献。

（三）检索结果处理

1. **结果显示**　检索结果页面可以分为左侧的过滤工具栏、中间的结果显示栏以及右侧的检索相关信息栏三大区域。系统提供多种格式对结果进行显示。默认以小结（Summary）为内容格式，包括论文题目、作者、文献来源、PMID 及文献处理程度标记，每页显示 20 条记录，并以发表时间进行排序。用户可以通过显示格式栏中 Format 的下拉菜单选择其他的内容格式（包括，通过 Items per page 调整每页显示记录数，通过 Sort by 选择其他排序方式（图 5-11）。

（1）Format 菜单中包括 Summary、Summary（text）、Abstract、Abstract（text）、MEDLINE、XML、PMID List 多种选项。如果要打印检索结果，则需要选择 Summary（text）或 Abstract（text），PMID List 仅显示文献编号。

（2）Items per page 菜单中包括 5、10、20、50、100、200 多个选项。

（3）Sort by 菜单中包括相关性、发表日期、第一作者、通讯作者、期刊名、题名多个选项。

右侧的检索相关信息栏显示与检索及结果相关的一些参考信息，包括 Results by year（文献发表年度趋势）、Related searches（与本次检索相关性较高的其他检索）、Titles with your search terms（与检索词相关的文献）、Search details（检索详细）等信息及链接，以供用户参考。

过滤工具栏详细见后述内容。

点击结果中文献的标题将显示所选文献的摘要显示页面，可以通过点击页面右上方的Full text links 下列出的链接获取全文。或者点击摘要下方的 LinkOut-more resources，将显示 Full Text Sources、Libraries、Medical 等项目及列出的链接。Full Text Sources 提供全文数据库链接。Libraries 提供与各图书馆的链接、Medical 提供各类医学的数据库及Medlineplus 患者教育知识库的链接。在摘要显示页面右侧显示与该文献类似的其他文献（Similar articles），该文献被引用情况等相关信息及链接，供用户参考。

2. 结果的再筛选　结果页面左侧的过滤工具栏[Show additional filters]提供了对检索结果进一步限定的过滤功能，可以通过设定 Article Type（文献类型）、Text availability（文本获取类型）、Publication dates（出版日期）、Species（种属）、Languages（语种）、Sex（性别）、Subjects（主题词）、Journal Catagories（期刊分类）、Ages（年龄）、Search fields（检索字段）多种选项进一步缩小结果范围（见图 5-11）。

所选择的过滤操作也会同步反映在右侧 Search details（检索详细）框中，用户可以确认所执行的检索命令是否跟自己期待的一致，或者直接进行编辑和再检索。

3. 结果保存　PubMed 的检索结果除了选择以文本格式显示[Summary（text）、Abstract（text）]时可以进行保存外，还可以点击[Send to]下拉菜单，选择文件（File）、粘贴板（Clipboard）、存档（Collections）、邮件（ E-mail）、原文传递（Order）、引文管理器（ Citation manager）、我的书目（My bibliography）等格式进行输出保存。

文件（File）：将检索结果按用户指定格式保存到本地文件中。

粘贴板（Clipboard）：允许临时保存最多 500 条记录，并按记录存放的先后顺序显示题录，以便用于保存。但用户如果在 8 小时内未激活剪贴板，系统会自动删除剪贴板中保存的文献。

引文管理器 （Citation manager）：允许用户将检索结果导入第三方引文管理软件，如EndNote。

邮件（E-mail）：将检索结果按用户指定格式直接以邮件格式发送到指定的邮箱中。

原文传递（Order）：需要登录美国国立医学图书馆的文献传递系统使用。

存档（Collections）、我的书目（My bibliography）：需要用户登录 NCBI 帐户使用。

4. 个性化服务　用户可以点击检索页面“Sign in to NCBI”即可免费注册 NCBI 帐户。PubMed 可以为注册用户提供保存检索条件、邮件提醒、结果保存时使用存档（Collections）、我的书目（My bibliography）、原文传递（Order）功能等个性化服务。

三、德温特药学文档

德温特药学文档（Derwent drug files）数据库是世界上最主要的药学信息数据库。最初由德温特公司于 1964 年编辑发行（现为 Thomson Reuters 的一部分），旨在满足从事药品生产、制备工作的科研人员的需要，提供涉及药品研究、生产制备、评估、临床使用等与药品所有环节相关的资料，主要包括分析、代谢、机制、药物动力学、药理、副作用、药物比较、动物研究、生物化学、相互作用、毒性、试验准备、治疗疾病、临床试验等内容。资料来源于 40 多个国家的 1200 余种期刊、会议录等科学出版物，几乎涵盖了所有的药学文献。整个数据库分为 Ongoing File（1983 to date）、Retrospective File（1964 to 1982）、Drug Registry File 三个独立文件。目前分别有 840 000，896 000 和 76 500 条记录，每年约新增记录 50 000 条。每条记录包括全部书目引文（如题目、作者、语言等）、德温特的专家撰写的英文摘要、概要（主要是原文数据概要）、扩展摘要（包含实验方法和结果）、内容的主题分类、根据内容设定的主题词、药物 CAS 号及相关信息等内容，并以字段区分表示，以便于检索（表 5-2，图 5-13）。其中概要、扩展摘要是德温特药学文档不同于其他数据库的特色。德温特药学文档提供印刷版、CD 版和 On line 版，但 On line 版没有独立的检索入口，可以通过 Datastar、Dialog、STN 等综合检索平台进行检索。具体检索方法可以参考相应的平台。

表 5-2 德温特药学文档字段概表

字段	注释
ACCESSION NUMBER	登录号
ACCESSION YEAR	登录年度
TITLE	论文题目
AUTHORS	作者
LANGUAGE	原论文使用语言
LOCATION CITY，STATE，COUNTRY	机构地址
REPRINT ADDRESS	原论文的地址
CORPORATE AFFILIATES	机构名称
JOURNAL NAME	期刊名
CODEN	期刊名缩写
ISSN NUMBER	ISSN 期刊号
PUBLICATION YEAR	出版年代
ABSTRACT	由德温特专家撰写的摘要，约 300 字
ABSTRACT SUMMARY	原论文重要的定量数据概要
EXTENED ABSTRACT	扩展摘要，包括具体方法和结果
THEMATIC GROUPS/SECTION HEADINGS	主题词
CLASSIFICATION CODES	药学相关主题分类码
COMMON TERMS	索引主题词
LINK TERMS	药学特定的索引主题词链接
CAS REGISTRY NUMBER	文献包含的化合物 CAS 号

Derwent Drug File Sample record on Dialog

```
3/19/1
DIALOG(R)File  912:Derwent  Drug  File
(c) 2001 Derwent Info Ltd. All rts. reserv.

00927185 DERWENT ACCESSION NUMBER: 2001-17096
Potent inhibitory action of red wine polyphenols on human breast cancer
cells.
Damianaki A;   Bakogeorgou E;   Kampa M;   Notas G;   Hatzoglou A;
Panagiotou S;   Gemetzi C;   Kouroumalis E;   Martin P M;   Castanas E
Univ.Crete     Univ.Marseille (Heraklion, Gr.; Marseilles, Fr.)
J.Cell.Biochem.  78, No. 3, 429-41, 2000
CODEN: JCEBD5   ISSN: 0730-2312   LANGUAGE: English   RECORD TYPE: Abstract

REPRINT ADDRESS: Laboratory of Experimental Endocrinology, University of
Crete, School of Medicine, P.O. Box 1393, Heraklion GR-71110, Greece.
(E.C.). (e-mail: castanas@med.uoc.gr).

ABSTRACT:
The antiproliferative effect of red wine concentrate, its total
polyphenolic pool, and the purified polyphenols catechin (CAT),
epicatechin (EPI), quercetin (QUE), and resveratrol (RES) were studied
using hormone-sensitive MCF7 and T47D and hormone-resistant MDA-MB-231
cells in vitro. The total polyphenolic pool showed a greater inhibitory
effect compared with the red wine concentrate. The polyphenols dose- and
time-dependently inhibited cell proliferation with the MCF7 and T47D
cells being more sensitive than the MDA-MB-231 cells. The polyphenols
generally increased the resistance of T47D and MCF7 cells to hydrogen
peroxide (H2O2) toxicity and inhibited PMA-induced reactive oxygen
species production in T47D cells. The results suggest that moderate wine
consumption or other food and beverage rich in antioxidant phenols may
have a protective effect in breast cancer.
EXTENDED ABSTRACT:
2 Days of incubation with desalcoholized red wine dose-dependently
inhibited the cell proliferation of MCF7, T47D, MDA-MB-231 human breast
cancer cell lines. At high wine concentrations (1/10), a stimulation of
cell proliferation was observed. The inhibitory effect was more
pronounced after 5 days of incubation and the stimulatory effect was not
seen. The total polyphenolic pool showed a more potent inhibitory effect
on the 3 cell lines. MCF7 and T47D were more sensitive to the polyphenols
than MDA-MB-231 (IC50 of 0.14, 0.09, and 1.3 pM at day 2, and 0.16, 0.9,
and 0.23 pM at day 5, respectively). All polyphenols dose-dependently
inhibited cell proliferation, an effect being more pronounced on day 5.
Except for RES on MCF7, all the polyphenols showed a greater inhibition
of MCF7 and T47D than MDA-MB-231. In MCF7, QUE and CAT displaced
estradiol from its receptors at the pM range, while RES and EPI
interacted at the nM range. RES and CAT interacted with progesterone
receptors at the pM, while QUE and EPI at the nM range. In T47D cells,
only RES and EPI interacted with estrogen receptors (nM and pM range,
respectively) and RES and QUE with progesterone receptors. No steroid
binding was seen with MDA-MB-231. The polyphenols did not protect MDA-MB-
231 from H2O2 toxicity. All polyphenols produced a higher resistance of
T47D cells to H2O2. In the MCF7 cell line, all polyphenols except for EPI
increased the resistance of the cells to the action of H2O2 by 5 times.
The polyphenols inhibited PMA-induced reactive oxygen species production
in T47D cells. RES and QUE were the most potent inhibitors of reactive
oxygen species production in MCF7. (ABD/LL)
SPECIAL FEATURES: 5 Fig. 3 Tab. 80 Ref.
COMMON TERMS:
T47D-CELL -FT; MCF7-CELL -FT; MDA-MB231-CELL -FT; TUMOR-CELL -FT; MAMMA-
FT; IN-VITRO -FT; ANTIOXIDANT -FT; CYTOSTATIC -FT; TISSUE-CULTURE -FT;
TUMOR-CELL -FT; CARCINOMA -FT; TISSUE-CULTURE -FT
LINK TERMS:
*01*;   CIANIDANOL -PH; CIANIDANO -RN; BIOFLAVONOIDS -FT;
        HEPATOTROPICS -FT; IMMUNOSTIMULANTS -FT; VITAMINS -FT; PH -
        FT;*01*;
        154-23-4
*02*;   EPICATECHIN -PH; EPICATECH -RN; PH -FT
*03*;   QUERCETIN -PH; QUERCETIN -RN; BIOFLAVONOIDS -FT; VITAMINS -FT;
        GLUCOSIDASE-INHIBITORS -FT; HIV-PROTEASE-INHIBITORS -FT;
        TYROSINE-KINASE-INHIBITORS -FT; PH -FT;*03*; 117-39-5
*04*;   RESVERATROL -PH; RESVERATR -RN; ANTIARTERIOSCLEROTICS -FT;
        HEPATOTROPICS -FT; PH -FT;*04*; 501-36-0
CAS(R) REGISTRY NUMBERS:*01*   154-23-4
                        *03*   117-39-5
                        *04*   501-36-0
SECTION HEADINGS: Chemotherapy - non-clinical (52)
THEMATIC GROUPS: P  (Pharmacology)
SECTION HEADING CODES: 52 (Chemotherapy - non-clinical)
DERWENT DRUG REGISTRY NAMES: CIANIDANO; EPICATECH; QUERCETIN; RESVERATR
```

图 5-13　德温特文档（以 DIALOG 系统为例）

四、国际药学文摘数据库

国际药学文摘数据库（International Pharmaceutical Abstracts，IPA）由美国医药卫生系统药师协会（American Society of Health-System Pharmacists，ASHP）于 1964 年编辑发行印刷版，1970 年后实现了计算机化服务（现为 Thomson Reuters 的一部分），主要提供包括药物临床、药学实践、药学教育、药学技术、伦理、新型药物投递系统和药物的相关法律等方面内容的文摘资料，涉及药物分析、生物药剂学、药物代谢、药物动力学、药理学、药物副作用、毒理学等 25 个学科。国际药学文摘数据库资料来源于 800 余种国际期刊及 1988 年以来的 ASHP 会议录等资料，现有自 1970 年以来的记录 50 余万条。每条记录包括书目引文（如题目、作者、语言等）、摘要、内容的学科主题分类、主题词、药物 CAS 号、药理/治疗学分类等内容，并以字段区分表示以便于检索（表 5-3，图 5-14）。IPA 数据库中药物的术语是依照美国医院药师协会出版、美国医院处方服务机构（American Hospital Formulary Service，AHFS）制定的类目进行分类的，可以在药理学/治疗学分类字段中进行检索。与德温特药学文档相同，On line 版 IPA 没有独立的检索入口，可以通过 Datastar、Dialog、STN、EBSCO、OVID、DIMDI 等在线综合检索平台进行检索。不同检索平台所使用字段可能会有所变化。具体检索方法可以参考相应的平台。

表 5-3　IPA 记录字段表

标签	注释	中文注释
AB	Abstract Text	摘要
AD	Address	地址
AN	Accession Number	登录号
AU	Author	作者
CO	CODEN	期刊缩写
CP	Country of Publication	出版国
DE	Descriptor （i.e., Index） Terms	关键词
DR	Drug Names	药物名
HU	Human Study Indicator	人类实验
IS	ISSN	期刊号
LA	Language	语种
PC	Pharmacologic/Therapeutic Classification	药理/治疗学分类
PY	Publication Year	出版年代
RF	Number of References	参考文献编号
RN	CAS Registry Number	药物 CAS 号
SC	Subject Category	学科分类
SO	Source （Bibliographic Citation）	来源
TI	Title	论文题目
UD	Update Code	更新日期

No. Records Request

* 1141-05381 in an

Record 1 of 1 - IPA 1970-2004/03

TI：Computerized prescriber order-entry systems：Evaluation，selection，and implementation

AU：Gray-MD; Felkey-BG

AD：Reprints：Auburn Univ，Dept Ind & Syst Engn，207 Dunston Hall，Auburn，AL 36849，USA graymid@auburn.edu; Auburn Univ，Samuel Ginn Coll Engn，Auburn，AL 36849，USA

SO：Am-J-Health-Syst-Pharm （American-Journal-of-Health-System-Pharmacy）；2004; 61 （2）；190-197

IS：1079-2082

CO：AHSPEK

PY：2004

CP：USA

LA：English

RF：9 Refs.

AB：Recommendations are provided to help a hospital pharmacy in identifying the features and functions required from a computerized prescriber order entry system （CPOE），and in evaluating，choosing，and successfully implementing a system.

DE：Computers-medication-orders; Pharmacy，-institutional，-hospitalcomputers; Medication-orders-computers

SC：25 （Information-Processing-and-Literature）；2 （Institutional-Pharmacy-Practice）

AN：41-05381

UD：200403

图 5-14　IPA 记录（以 OVID 数据库为例）

五、EMBASE

（一）概述

EMBASE 是爱思维尔（Elsevier）推出的主要提供药物、医疗器械、疾病相关信息的数据库，它包括了荷兰《医学文摘》和 MEDLINE 的全部数据，是全球最大的生物医学与药理学数据库。囊括了 90 多个国家的 8500 种期刊（自 1974 年）和 5500 多个会议录（自 2009 年），主要涉及药物研究、药理学、制药学、药剂学、不良反应与相互作用、毒理学、人体医学（临床与实验）、基础生物医学、生物工艺学、生物医学工程、医疗设备、环境卫生与污染控制、肿瘤学、物质依赖与滥用、精神病学与心理学、替代与补充医学（包括中医学）、法医学等 60 余个领域。EMBASE 现收录 2900 多万条记录，且每天新增 5000 余条记录。EMBASE 采用独有的主题词表 Emtree 对记录进行索引。Emtree 包含 70 000 多个术语，其中一半以上与药物和化合物相关，3000 多个医疗器械术语，以及药物、医疗器械商品名、厂商、CAS 号等术语，且对应了所有 MeSH 术语，为检索提供了便利。

（二）检索方法

EMBASE 提供了四种检索模式（图 5-13），即"Search"、"Emtree"、"Journals"和"Authors"，用户可以根据需要选择不同模式。

1. "Search"模式（检索模式）　用户可以使用快速检索、高级检索、药物检索、疾病检索和论文检索五种检索途径。

（1）快速检索：可以输入任意的单词、词组或检索表达式进行全字段检索，支持截词和布尔逻辑运算。检索框下方有"Extensive search"选项，可以对检索式进行扩词检索，即根据输入的检索词自动在 Emtree 词表中找到相关的主题词及其下位词，并将这些词在主题词字段中进行检索，最后将检索结果与用户输入检索词进行全文检索的检索结果进行 OR 运算。同时用户可以通过设定检索年代跨度缩小检索范围。快速检索时注意以下几点：

1）使用词组进行检索时需加单（双）引号。检索不分大小写且词序无关，如 'natural product'。

2）支持使用逻辑运算符 NOT、AND、OR，默认从左到右执行，但可以用括号（）改变运算顺序。如 cancer and （drug not 'natural products'）。

3）支持字段限制检索，可以使用"检索词：字段标识符"的格式对检索字段进行限制，如 herb：ti，即在标题中检索 herb。

4）支持使用无限截词符"*"，通配符"?"和临近符（NEAR/n）。如无限截词符"*"表示多个字符，如 inflam*可检出 inflamed，inflammation，inflammatory 等。通配符"?"表示一个可变字符，如 sulf?nyl 可检出 sulfonyl、sulfinyl。临近符"NEAR/n"表示 2 个检索词间隔 n 个词以内，如 'acetylation near/5 histones' 可检出 'acetylation of various kinds of xenopus histones'、'acetylation and methylation of histones' 等。

（2）高级检索：界面除了检索框可以使用关键词之外，提供了多种检索选项以及限制选项（图 5-15），可以帮助用户更加准确地检出期待文献。检索选项包括：

1）术语对照检索（拼写检查），如检索 'mad cow disease' 术语对照为 'bovine spongiform encephalopathy'。

2）同时使用关键词检索，即使用输入的关键词进行检索。

3）扩展检索，即包括被检索词及其所有下位词的检索。

4）仅检索以关键字为重点内容的文章，提高相关性。

5）同义词检索，即也检出包含关键词同义词。

同时，高级检索提供了很多限制选项，如语种、是否带有摘要，是否带有分子序列号、人类与动物研究类型等，可检索特定时间段增加的记录，年龄、性别等，限定检索结果范围，提高相关性。

（3）药物检索：与高级检索界面类似（图 5-15），除了检索框可以使用关键词对药物名称字段进行检索之外，还提供了多种检索选项：自动转换到优选术语、作为关键词检索、扩展检索、检索以某药物为研究重点的文献。同时还提供了药物专题的检索，如药物副作用反应、临床试用、药物分析等，以及用药方式的检索，包括：口服、肌内注射、静脉注射等，以便增强索引的深度。检索时可以通过限制选项，如出版日期、是否英语文献、是否带有文摘、是否核心期刊等限定检索结果范围，帮助用户更加准确地检出文献。

（4）疾病检索：类似于药物检索，检索框中关键词只用于检索疾病名称字段。同时提供了自动转换到优选术语、作为关键词检索、扩展检索、检索以某疾病为研究重点的文献等检索选项，以及提供疾病专题检索，帮助用户更精确地检索疾病的某一类或几类分支的相关文献，提高相关性，如（疾病）恢复/（疾病）副作用/外科手术/（疾病）治疗等。同时也提供与药物检索一样的限制选项。

（5）论文检索：是通过论文的作者或发表的期刊信息进行检索。使用作者检索时，姓在前用全称，名在后用首字母。也可只输入作者的姓或"姓＋第一个名首字母"进行检索。输入时姓与名之间空一格，名与名之间用"."或空格分隔。如检索作者李克强（Li Keqiang），可输入"Li K.Q."、"Li K Q"、"Li K."或"Li"。使用期刊信息检索时，可输入刊名全称、缩写、ISSN 或分类编号。如检索 British Medical Journal，可输入"British Medical Journal"、"Br. Med. J."、0959-8146 或"09598146"。

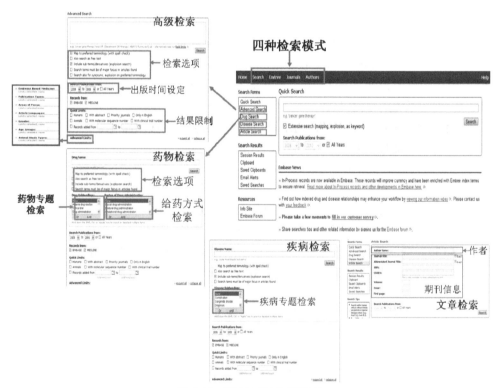

图 5-15　EMBASE 检索模式

2. Emtree 模式（主题词表模式）　EMBASE 使用 Emtree 列表对文献进行索引，同时提供了直接通过 Emtree 术语进行文献检索的模式（图 5-16）。在该模式下用户可以通过检索术语或按 Emtree 树状列表浏览术语的方式确定用于检索的术语并获取相关记录。选定的该术语可以加入到相应的检索表中（高级检索/药物检索/疾病检索），也可加入到上部检索框中，同时可限定是否进行扩展检索和重点检索，或者直接获取记录（图5-16）。

3. **浏览期刊**（Journals）　在浏览期刊界面，可以按期刊名称浏览期刊，按字母顺序选择期刊、卷、期，并找到论文。

4. **作者检索模式**（Authors）　是根据作者的姓名查找相应的记录。检索时，使用姓在前，名的缩写在后的格式，如 Smith J.A。如果作者名称较长或不确定时，可检索前半部分主要词根，以获得更多的提示结果，从提示结果中选择合适姓名进行检索。

图 5-16　EMBASE 其它检索模式

（三）检索结果和处理

检索页面上方为历史检索式显示区。选择检索式，相应的结果将显示在下方，包括题目、作者、期刊信息，EMBASE 提供的摘要、索引术语（关键词）的链接，以及全文链接（有全文使用权限才能打开）。结果可以按相关性或者出版时间进行排序。点击摘要链接将显示该记录的摘要，索引术语（关键词）的链接将显示该记录相关的术语。

检索结果可以通过上方的工具栏 View（阅览）、Print（打印）、Export（保存）、Email（邮件发送）、Add to Clipboard（复制到剪贴板）等工具进行处理。

（四）个性化服务

用户可以通过注册账户使用保存检索条件、邮件提醒、结果保存等更多个性化服务。

六、Web of Science

（一）Web of Science 平台概况

Web of Science 是 Thomson Reuters（汤森路透公司）开发的跨越多种学科、覆盖全世界范围的学术文献资源，集成最新的在线搜索技术和高质量的信息检索、提取、分析、评价、管理与发表等多项功能的一站式平台环境。

Web of Science 以 Web of Science core collection（Web of Science 核心合集，即科学引文索引数据库）为核心，有效整合了 23 000 余种学术期刊、4250 多万项专利、12 多万份会议录，以及 1840 年以来的化学反应及 1993 年以来的化学物质和网络资源，并集成了学术分析与评价工具，提供自然科学、工程技术、生物医学、社会科学、艺术与人文等 250 余个学科领域的高质量信息。这些信息分布于 20 多种数据库中。凭借独特的引文检索机制和强大的交叉检索功能，Web of Science 允许用户从同一个界面查找单个或多个数据库中的多种数据，实现了不同时间、不同类型、不同来源信息之间的整合，从而为用户提供全方位、高质量的信息。

（二）与中药学相关的主要数据库

目前 Web of Science 共有 23 个数据库，下面就与中药学相关的主要数据库作简要介绍。

1. Web of Science Core Collection（Web of Science 核心合集）　是 Web of Science 最有特色、最核心的部分，包括 Science Citation Index Expanded®，Social Sciences Citation Index®，Arts&Humanities Citation Index®三大引文数据库，Conference Proceedings Citation Index-Science 和 Conference Proceedings Citation Index-Social Sciences & Humanities 两大国际会议录引文索引，Index Chemicus®（检索新化合物）和 Current Chemical Reactions®（检索新化学反应）两大化学信息数据库，以及 Book Citation Index 书籍引文索引。数据来自于全球 12 000 多种权威的、高影响力的学术期刊和超过 17 万种会议录，可以一直回溯到 1900 年。这一丰富的综合性信息通过独特的被引文献检索，打破了传统的学科分类界限，既能揭示某一学科的继承与发展关系，又能反映学科之间的交叉渗透的关系。Web of Science 核心合集允许用户用一篇文章、一个专利号、一篇会议文献或者一本书作为检索词，直接检索这些文献被引用的情况，了解引用这些文献的论文所做的研究工作。也可以轻松地回溯某一项研究文献的起源与历史（Cited References，参考文献）或者追踪其最新的进展（Citing Articles，施引文献），既可以越查越深，也可以越查越新。

2. Biological Abstracts　提供生命科学领域的文献索引。数据来源于 100 多个国家的期刊、会议、专利、书籍，涉及从植物学、微生物到药理学的生命科学的各个领域。记录最早可追溯到 1926 年，目前每年新增记录 16.5 万余条。

3. Biosis Preview　广泛收集了与生命科学和生物医学有关的资料，涵盖生命科学的研究主题，如生物学、生物化学、生物技术、医学、药学、动物学、农业等，收录世界上 100 多个国家和地区的 5500 种生命科学期刊和 1500 种非期刊文献，如学术会议、研讨会、评论文章、美国专利、书籍、软件评论等，每年大约增加 28 万条记录。它是在 Biological Abstracts 数据基础上增加了来源于期刊内容的补充资料。其中约 1500 种生物医学相关会议、专利和书籍是 Web of Science 核心合集和 MEDLINE 中没有收录的。用户可以检索临床前和实验研究、方法与仪器、动物研究，以及环境和消费者问题的相关文献。

4. Biosis Citation Index　是 BIOSIS®内容和 Web of Science 引文索引系统的整合，提供生命科学领域 6000 种期刊的 2000 万记录，和 1500 多种会议的 16.5 万条记录，数据可回溯到 1926 年。

5. CAB Abstracts　是由 CABI 出版社提供的农业和所有相关应用生命科学研究信息的最全面资源。通过专业索引和词汇表用户可查阅来自全球的期刊、书籍、摘要、论文、会议记录、公告、专论及技术报告。可追溯到 1910 年的回溯数据。

6. CAB Global Health　是由 CABI 出版社提供的权威性国际公共健康数据库。它通过收录其他数据库未收录的关键文献来提供国际医学和健康领域的补充信息，并涉及发展中国家和社会学等方面信息，具有独特性，涵盖了全球范围内关于生物医学的广泛主题。

7. Derwent Innovations Index[SM]　是将 Derwent World Patents Index 的高附加值专利信息和 Patents Citation Index 的专利引文信息有机地整合在一起，用户不仅可以通过它检索专利信息，而且可以通过这个数据库检索到专利的引用情况。用户还可以利用 Derwent Chemistry Resource 展开化学结构检索。同时，通过专利间引用与被引用这条线索可以帮助用户迅速地跟踪技术的最新进展，更可以利用其与 Web of Science 的连接，深入理解基础研究与应用技术的互动与发展，进一步推动研究向应用的转化。

8. Food Science Technology Abstract™（简称 FSTA）　是权威性的食品科学研发数据库，全面收录了食品科学、食品技术和人类营养学领域的理论和应用科学研究。提供 90 多万条记录，数据可回溯到 1969 年，可对从初始市场调查到最终包装在内的完整食品生产周期提供支持。

9. Zoological Record®　是世界上历史最悠久的动物生物学数据库，它被视为全球领先的分类学参考文献，收录内容可追溯到 1864 年。Zoological Record 收录了生物多样性、分类学、兽医科学及野生动物管理的所有方面的资源。全面覆盖超过 5000 种丛书、书籍、报告和会议。用户可以通过它确定动物名称在文献中的首次出现时间、跟踪分类变化，以及生态、环保和野生动物保护等领域的进展。

10. Journal Citation Reports®（期刊引证报告，简称 JCR）　是一个独特的多学科期刊评价工具。JCR 是唯一提供基于引文数据统计信息的期刊评价资源。通过对参考文献的标引和统计（即影响因子 impact factor），JCR 可以在期刊层面衡量某项研究的影响力，显示出引用和被引期刊之间的相互关系。JCR 包括自然科学（Science Edition）和社会科学（Social Sciences Edition）两个版本。其中，JCR-Science 涵盖来自 83 个国家或地区，约 2000 家出版机构的 8500 多种期刊，覆盖 176 个学科领域。JCR-Social Sciences 涵盖来自 52 个国家或地区 713 家出版机构 3000 多种期刊，覆盖 56 个学科领域。JCR 也可以用于评价期刊的市场影响力、明确自身定位，提升期刊竞争力。

11. Essential Science Indicators[SM]（基本科学指标，简称 ESI）　是一个基于 Web of Science 核心合集数据库的深度分析型研究工具。ESI 可以确定在某个研究领域有影响力的国家、机构、论文和出版物，以及研究前沿。这种独特而全面的基于论文产出和引文影响力深入分析的数据是政府机构、大学、企业、实验室、出版公司和基金会的决策者、管理者、情报分析人员和信息专家理想的分析资源。通过 ESI，用户可以对科研绩效和发展趋势进行长期的定量分析，确定特定研究领域中的研究成果和发展趋势。目前 ESI 提供 10 年期的滚动数据，每两个月更新一次，对 22 个学科研究领域中的国家、机构和期刊的科研绩效统计和科研实力进行排名。

（三）Web of Science 使用方法

Web of Science 提供了统一的检索界面。检索界面由导航栏、数据库选择栏、检索栏、限制栏和个性化服务及信息表示栏组成。用户可以通过数据库选择栏选择检索数据库，可以是单个、多个或全部数据库，具体可利用的数据库取决于是否购买了该数据库权限。Web of Science 默认为检索全部数据库，即跨库检索。在检索栏，提供基本检索、作者检索、被引参考文献检索、化学结构检索和高级检索五种检索方法（图 5-17）。

图 5-17　Web of Science 检索页面

1. 基本检索　Web of Science 默认为基本检索。在检索页面右侧可以选择主题、标题、作者、作者识别号、团体作者、编者、出版物名称、DOI、出版年、地址、机构扩展、会议、语种、文献类型、基金资助机构、授权号、入藏号、PubMed ID 18 种字段进行检索。用户可以通过"添加另一字段"按钮增加，或"删除所有字段"清除字段。当选择作者、团体作者和出版物名称 3 种字段时，在字段右侧会显示"从索引中选择"按钮，点击可以进入相关字段的索引页面，帮助用户选择检索词。字段之间可以使用逻辑运算符 AND、OR、NOT。

用户可以通过检索栏下方的限制栏设定检索时间跨度，可以是近几周或近几年，也可以是任意时间段。点击"更多设置"可以选择要检索的数据库，或者检索语种、是否提供字段索引等进行设置，从而限制检索结果范围。

此外，基本检索还可以利用以下检索规则：

（1）位置运算符：Web of Science 可以使用 SAME 运算符，即要求其连接的检索词必须在同一句话内（如文献题名、某个句子或地址等），但检索词的前后顺序不限。NEAR/n 运算符表示其连接的两个检索词之间距离要小于或等于 n 个词。如果不写 n，只使用 NEAR，则默认为小于或等于 15 个词。

运算符的优先顺序为 NEAR/n，SAME，NOT，AND，OR。使用括号可以改变优先顺序，即括号内先执行。

（2）通配符：*代表零到多个字符，？代表一个字符，$代表零或一个字符。

（3）精确检索：如果两个或以上的词作为一个词组进行检索时，可以使用双引号" "将词组括起来。

2. 作者检索 是根据作者姓名、研究领域、机构信息确定某一特定作者的所有论文。作者检索分三步完成：首先是填写作者姓名，采用姓在前，名字在后（名字使用首字母，最多限 4 个字母）的格式。姓可以包含连字符、空格或撇号，如 Wilson SE、O'Grady AP、Ruiz-Gomez M。在姓名输入框右侧有"仅限精确匹配姓名"选项，即只检索与输入内容完全匹配的作者姓名。用户可以通过"添加姓名变形体"按键添加作者姓名变形体。作者姓名填写完成后，点击"研究领域"按键，进入"研究领域"页面。选择与作者相关的研究领域和研究方向。在研究领域后面的数字为与所输入作者姓名一致的记录数。点击"选择机构"按键，进入第三步，选择与作者已发表著作关联的机构名称。最后点击"完成检索"就可以完成检索。作者检索功能可以将同名的不同作者的论文区分开来（图 5-18）。

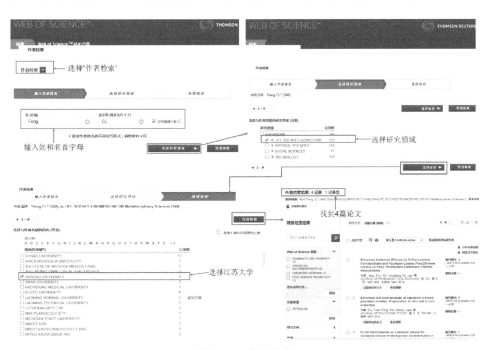

图 5-18 作者检索

3. 被引参考文献检索 是查找引用个人著作的文献。被引参考文献检索页面检索栏可以选择被引作者、被引著作、被引年份、被引卷、被引期、被引页、被引标题字段进行检索。被引参考文献检索可以使用户了解某一篇论文、专利、会议文献或书籍被哪些论文所引用，以及这些论文的研究内容。既可以追踪其最新进展（citing articals），也可以回溯某一项研究文献的起源与历史（cited reference）（图 5-19）。

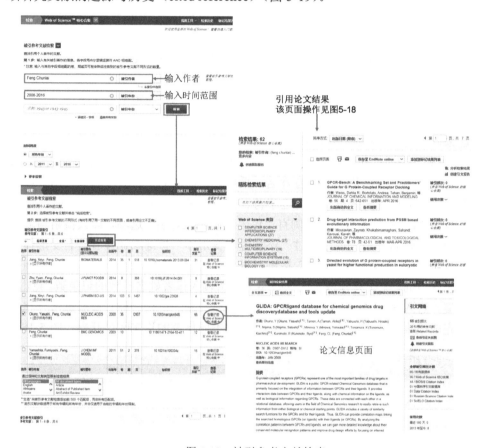

图 5-19　被引参考文献检索

（1）被引作者：在检索框输入被引文献作者，一般采用姓的全拼+空格+名的首字母格式，系统自动识别大小写。

（2）被引著作：在检索框输入期刊缩写名称、书籍和其他出版物名称的缩写。点击"期刊缩写列表"可以浏览期刊、书籍和其他出版物的缩写。也可以通过点击"被引著作索引"查找被引著作缩写。

（3）被引年份：是指被引文献出版的年份，可以直接输入 4 位数年份（如 2016），也可以利用 OR 连接多个不连续年份（如 2014 OR 2015 OR 2016），或使用连接符"-"限定范围（如 2010-2016）。被引年份检索需与被引作者或被引著作相组合。

（4）被引卷：是指期刊卷号。

（5）被引期：是指期刊期号。

（6）被引页：输入期刊或书籍的页码。可以是数字（123）或罗马数字（如 XII）。必须使用开始页，不能使用页码范围。

（7）被引标题：输入论文的完整标题或部分标题，可以使用逻辑运算符连接词组，或使用通配符对检索词截断。

【例】查找"Feng Chunlai"2008～2016 年被引最多文献的引用论文（图 5-19）

①在 Web of Science 主页面选择"被引参考文献检索"进入检索页面。

②选择"作者"输入"Feng Chunlai"，选择时间跨度"从 2008 至 2016"，点击"检索"。

③从被引参考文献索引中选择被引次数最高的论文（发表在 NUCLEIC ACIDS RES），点击完成检索。

④进入结果页面，显示引用所选论文的 66 篇论文。

4. 化学结构检索　只有使用 Web of Science 核心合集才能使用。化学结构检索页面分为化学结构绘图、化合物数据、化学反应数据三个部分（图 5-20）。即提供了多种信息检索途径。

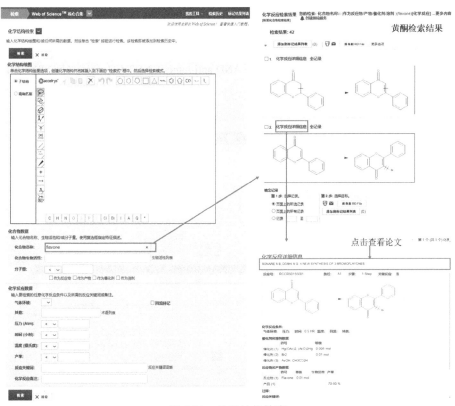

图 5-20　化学结构检索

（1）化学结构绘图检索：用户可以在结构编辑区绘制要查找的化合物结构或者化学反应结构。然后选择检索模式（子结构、精确匹配），子结构是指查找包含所绘制结构的化合物或化学反应；精确匹配是指只检索与所绘制结构一致的化合物或化学反应。点击"检索"即可开始检索。

注意：使用结构编辑区需要安装 JAVA 插件。如果打开网页时出现 JAVA 安全性报警（JAVA 8.0 以后），则需要将网址通过 JAVA 控制面板将网址加入列外。

（2）化合物数据检索：系统提供化合物名称、化合物生物活性、分子量三个字段作为输入数据。检索时只需直接输入检索词即可。化合物生物活性不明确的情况下，可以点击"生物活性列表"进行查找确认。在检索输入框的下方有"作为反应物"、"作为产物"、"作为催化剂"、"作为溶剂"四个复选框，用于指定所要检索的化合物在化学反应中的特征。指定后，将根据所选特征检索化学反应。

（3）化学反应数据检索：化学反应数据检索提供了使用气体环境、其他（反应条件）、压力、时间、温度 、产率、反应关键词、化学反应备注八种反应数据进行检索。点击"术语列表"可以查找要添加到检索式中的相关的化学反应条件，点击"反应关键词列表"可以查找要添加到检索式中的反应关键词检索词。

5. 高级检索　是在检索框中使用字段标识、布尔运算符、通配符、括号和检索结果集来自由创建组合的检索式进行检索。在检索页面右侧列出了字段标识，字段标识使用时不分大小写。高级检索对用户的检索技术要求较高，适用于检索词较多、逻辑组合比较复杂的检索（图 5-21）。

【例】检索 2016 年发表的与抗肿瘤相关的草药研究的文献，但不包括中国研究者发表的文献（图 5-21）

①在高级检索页面检索框中编辑"TS=（herb AND anti-tumor）NOT CU=china AND PY=2016"，点击"检索"。

②找到 1 篇符合条件的文献。

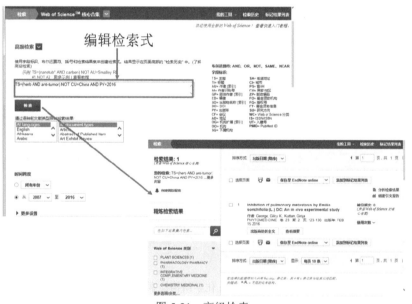

图 5-21　高级检索

（四）检索结果及其处理

1. 结果显示与查看　检索结果页面以题录的格式显示文献的标题、作者和期刊信息，以及被引次数情况。结果默认以出版日期降序排序，可以使用结果栏上方的排序下拉菜单选择被引频次、入库时间、相关度、第一作者、来源出版物等多种方式排序。同时提供全文（需购买全文资源才能访问）和摘要链接。点击文献标题将进入该文献的全记录格式页面，显示摘要、期刊作者等详细信息，以及参考文献、施引文献、相关记录和引证关系图等链接（图5-22）。

2. **结果精炼**　在结果的左侧有结果精炼检索工具栏，可以通过数据库类别、文献类型、研究方向、作者、团体作者、编者、来源出版物名称、丛书名称、会议名称、出版年、机构扩展、基金资助机构、语种、国家/地区、ESI高水平论文等项目对检索结果进行精炼。各项目下的选项实际为对检索结果的统计分析结果。对结果进行精炼可以很快速、准确地找出所需文献。

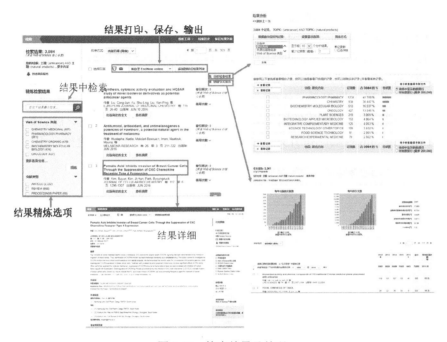

图5-22　检索结果及处理

3. **分析检索结果**　当选择 Web of Science 核心集时，在结果精炼检索栏下方和页面右上方有"分析检索结果"按键，可以按作者、丛书名称、会议名称、国家/地区、文献类型、编者、基金资助机构、授权号、团体作者、语种、组织、组织扩展、出版年、研究方向、来源出版物、Web of Science 类别等多个角度对检索结果进行深入分析，帮助用户从整体上把握某项研究的发展现状和趋势（图5-22）。

4. **创建引文报告**　在页面右上方有"创建引文报告"按键，可以生成引文分析报告。引文分析报告将给出规定时间跨度内（检索时可指定）检索结果集中每年发表的论文数，以及各文献的引用情况，可以帮助用户了解文献的重要程度及某项研究的发展情况。报告结果可以保存（图5-22）。

5. **结果保存**　选择的检索结果可以通过上方工具栏进行打印、发送电子邮件、添加到标记列表、保存到 Endnote 或者其他文件格式。

（五）个性化服务

同很多检索平台一样，Web of Science 也可以通过注册获得个人账号，登陆后即可使用定题跟踪、引文跟踪、我的 ResearchID、创建 RSS Feed、我的 Endnote online 等个性化的服务。

（六）Journal Citation Reports

在 Web of Science 检索页面顶部导航栏点击 Journal Citation Reports®(JCR)即可访问 JCR 页面。系统默认按影响因子（impact factor）降序方式列出所有期刊的期刊名、总引用数和特征因子分值。用户可以通过上方的"Customize Indicators"选择显示 JCR Abbreviated Title、5 Year Impact Factor、Immediacy Index 等其他字段。用户可以点击所显示的字段名（如期刊全称）来改变索引方式。同样的方式可以对期刊分类进行操作，但部分显示字段不同，如点击影响因子将变为平均影响因子。同时可以使用检索框对期刊进行检索。点击期刊（或分类）名称，将进入期刊（或分类）的详细信息页面，将以列表或图的形式显示期刊名称、出版商等一般信息，历年影响因子（引用）数据，排名数据，引用、被引数据。根据这些数据可以了解期刊的权威性和引文的影响力。数据可以下载保存或直接打印（图 5-23）。

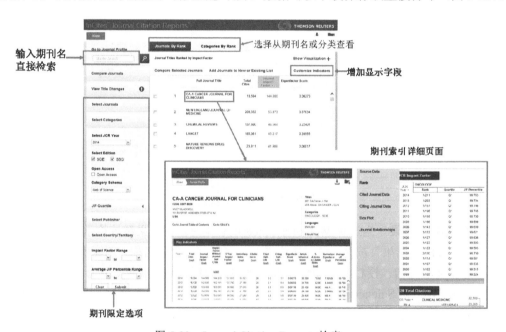

图 5-23　Journal Citation Reports 检索

（七）Essential Science Indicators^{SM}（基本科学指标，简称 ESI）

在 Web of Science 检索界面顶部导航栏点击 Essential Science Indicators^{SM}（基本科学指标，简称 ESI）或登陆 InCites 即可访问。ESI 主界面分为上、下两个部分：上半部分为数据类型与下载导出功能栏，用户可以选择 ESI 各学科所有机构的数据指标（Indicators）、基准值（Field Baseline）即某一领域论文年度引用率或 ESI 阈值（Citation Thresholds，即论文引用数降序排序后 Top 百分比论文的最小引用数）等不同数据类型。右侧设有以 PDF、CSV 或 XLS 格式下载数据文件，将结果直接打印，或保存编辑已选结果记录的选项。下半部分为结果数据筛选与分析界面，由筛选区、图示区和结果区组成（图 5-24）。

筛选区：可以根据多个选项来筛选数据集，包括研究领域、作者、机构、期刊、国家/地区、研究前沿等，还可以选择不同的文献类型，包括高水平论文、高被引论、热点论文等。

图示区：可以查看数据的可视化结果，通过点击"Show Visualization"和"Hide Visualization"来显示或隐藏可视化地图。

结果区：可以看到分析对象的详细指标表现，通过点击"Customize"自定义结果区中显示的指标。从左至右依次显示了研究领域（Research Field）、论文数（Web of Science Documents）、被引次数（Cites）、篇均被引次数（Cites/Paper）、高水平论文（Top papers）或高被引论文（Highly Cited Papers）或热点论文（Hot Papers）的数量。点击显示字段可以进行排序。

图 5-24 查找某机构已经进入全球前 1% 的 ESI 学科

进入界面时，系统默认以数据指标中的研究领域来显示数据。用户可以通过自由组合各项指标来查找某机构已经进入全球前 1% 的 ESI 学科，明确机构在 ESI 学科中的影响力排名，直接获取某机构在各 ESI 学科的高水平论文、高被引论文和热点论文。

【例】查找某机构已经进入全球前 1% 的 ESI 学科

①点击指标（Indicators）选项。

②选择研究领域（Research Fields）。

③在增加筛选条件（Add Filter）中选择机构（Institutions）。

④输入目的机构名称的字符串，系统会自动提示英文全称。

⑤在结果区，从左至右依次显示了研究领域、论文数、被引次数、篇均被引次数、高水平论文或高被引论文或热点论文的数量。All Fields 项包括已进入和未进入全球前 1% 的所有 ESI 学科的论文指标信息（图 5-24）。

【例】明确机构在 ESI 学科中的影响力排名

①在指标选项界面，选择机构。

②在增加筛选条件中选择研究领域。

③系统会出现 22 个 ESI 学科的下拉菜单，选择目的学科，如 Pharmacology&Toxcology。

④在结果区，从左至右依次显示了研究领域、论文数、被引次数、篇均被引次数、高水平论文或高被引论文或热点论文的数量（图 5-25）。

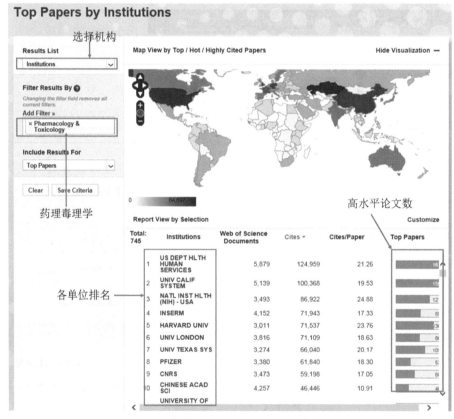

图 5-25　机构在 ESI 学科中的影响力排名

【例】获取某机构在各 ESI 学科的高水平论文、高被引论文和热点论文

获取某机构在各 ESI 学科的高水平论文（页面参考图 5-24）等有两种情景：一种是某机构已有至少一门学科进入全球前 1%，可以按以下操作执行：

①在指标选项界面，选择研究领域。

②在增加筛选条件中选择机构，输入"NANJING UNIV TRADIT CHINESE MED"（南京中医药大学）。

③结果区首先显示该机构进入全球前 1% 的 ESI 学科的指标信息。

④All Fields 项包括已进入和未进入全球前 1%的所有 ESI 学科的论文指标信息。

当点击含有论文数目的蓝色条形图时，会出现以下 Indicators-Documents 界面，可以通过选择下拉菜单中的 Citations（引用）、Publish Year（出版年份）或 Journal Title（期刊名称）选项来进行论文排序，默认为引用；通过选择 Customize Documents 来自定义各类指标（包括 Times Cited、Hot Paper、Research Front）和显示的题录信息（Authors、Addresses、Countries、Institutions、Source、Research Field）；点击论文题目时，ESI 会自动链接到 Web of Science 数据库中，获取每一篇论文的详细信息；点击被引次数时，将会显示被引趋势图，并可以将此趋势图导出、下载；点击作者、期刊、学科分别获得相关信息；可以通过 show 下拉菜单选择一次显示的记录数，10、20 或 50 条。

第二种是某机构目前未有学科进入全球前 1%，但拥有高被引论文。这种情况下，可以执行以下操作：

①在指标选项界面，选择研究领域。

②在结果区，选择第一个"Clinical Medicine"，点击右边的"Highly Cited Papers"选项下的蓝色数字条框；

③进入到 Indicators-Documents 界面后，在左边的"Add Filter"中选择"Institution"，然后输入"Nanjing"，出现下拉菜单选项，选择"Nanjing Univ TRADIT CHINESE MED"；

④在结果区显示出南京中医药大学的 7 篇高被引论文（页面参考图 5-24）。

第三节　国外重要出版社全文数据库

我们日常阅读的文献全文一般都由出版商提供。随着网络化的发展，出版商也都建立了各自的在线检索平台。本节将主要介绍重要的出版商提供的全文型数据库，主要包括 ScienceDirect、Wiley Online Library、SpringerLink、EBSCO、Nature、Science、ACS 数据库、BMJ 全文数据库、Thieme 期刊（药学/化学类）以及 Current Protocols（实验室指南）。

一、ScienceDirect

（一）概述

ScienceDirect 是 Elsevier（爱思唯尔）出版集团自 1999 年开始提供的世界上最大的科学、技术、医学电子出版物的全文在线平台。目前出版超过 3500 种期刊，涉及农业与生物科学、化学和化工、临床医学、生命科学、计算机科学、地球科学、工程、能源和技术、环境科学、材料科学、航空航天、天文学、数学、物理、经济、商业、管理、人文艺术、社会科学等学科，提供超过 1400 万的论文。自 2007 起开始提供电子图书，目前已达 34 000 多册。

（二）使用方法

用户可以通过访问 http：//www.sciencedirect.com/进入 ScienceDirect 主页，或者通过订

阅机构的图书馆导航访问。ScienceDirect 采用 IP 地址控制方式，只要在订阅机构的局域网内，就可以直接从 ScienceDirect 主页查询、浏览、下载所需论文或图书的章节。

ScienceDirect 主页可以分为三个区域：导航栏、检索区、浏览区。提供了快速检索、高级检索、按主题浏览、按标题浏览四种查看、获取文献的方法。点击导航栏"Journal"或"Books"可以进入期刊或书籍页面，两种页面都包含导航栏、检索区、浏览区（图 5-26）。

1. **快速检索**　提供了全部字段、作者、期刊/书名、卷、期、页码四类检索框，用户可以在其中的一类或多类检索框中同时输入检索条件进行检索。

全部字段：在该检索框中输入的检索词将对文献的全部字段进行检索，包括文献的题目、摘要、作者、机构、正文等，但不包括参考文献。

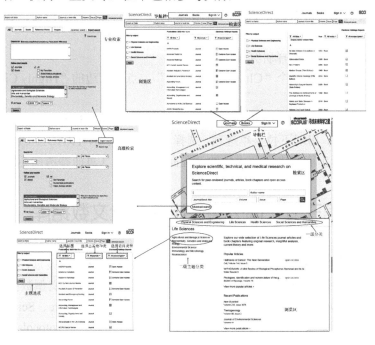

图 5-26　ScienceDirect 检索页面

作者：检索特定作者的文献，使用名+空格+姓的格式，名可以是全称或缩写，如 J Smith、JS Smith 或 John Smith。

期刊名/书名：在检索特定出版物时可以使用。在输入检索词过程中系统会自动提示可能的全称以供选择，也可以输入规范化的缩写形式，但字母之间需插入空格，如 JBI（Journal of Biomedical Informatics），可以输入 J B I。需要注意的是输入时可以不是全称，但须按名称字符顺序，不能是几个关键词。另外期刊名/书名的检索不支持使用布尔运算符和通配符。

卷、期、页码：用于检索一篇特定的文献。

除了上述的期刊名/书名不能使用布尔运算符和通配符外，其他检索框可以使用，还可以使用以下技巧：

（1）使用括号{ }，将检索词作为词组进行检索，但一些无效检索词，如 and、of，标点符号将忽略，不被检索。

（2）检索短语如果使用引号" "，将查找跟引号内内容完全一致的结果。

（3）布尔运算符：AND、OR、AND NOT。如 ganglia OR tumor AND NOT malignant。

（4）位置运算符：W/n 表示两个词之间间隔 n 个词，但不限定两个词前后顺序，如 pain W/15 morphine，结果可以是 pain***** morphine，也可以是 morphine***********pain。一般而言，如果要检索出现同一短语中可以用 W/3、W/4、W/5，同一句中用 W/15，同一段中可以用 W/50。

（5）通配符：可以使用通配符 * 和 ?。使用方法与前述相同。

（6）系统将自动识别大小写，以及单复数。

（7）系统默认 of、about、by、or 等代词、连词、副词为禁用词，检索时会忽略。如果确实需要检索该类词时可以使用 " "，或 { }。

（8）检索中如果涉及特殊字符的词、公式等时，可以使用字母或数字字符代替，一般可以使用英文拼音代替希腊字母，如 alpha；用类似字符代替非英文字符，如 Remy 代替 Rémy。

（9）遇到有上下标的字符时，不用作为上下标输入，如 H_2O 直接输入 H2O 即可。

2. 高级检索　在 ScienceDirect 主页点击 "Advanced search" 进入高级检索页面。在高级检索页面可以通过创建检索式来检索期刊、书籍、图片及参考文献。用户可以通过选择检索字段，如标题、摘要、作者、机构等对检索条件进行限制，以便准确获得所需要的相关文献。但所能使用的字段随着检索的出版物类型而有所不同。同时，可以通过检索框下方的出版物种类（Journals、Books）、学科分类、出版时间、文献类型的选项对检索范围进行限制。

3. Expert Search（专业检索）　在高级检索页面右侧，有 "Expert Search" 按键，可以进入专业检索页面。专业检索页面与高级检索类似，但只有一个检索框，没有字段选择。专业检索允许用户直接在检索框中输入检索式来进行复杂的检索，其余选项与高级检索一致。一般适用于专业检索人员使用。

4. 浏览　ScienceDirect 提供了通过直接浏览期刊或书籍查看文献的方法。在 ScienceDirect 主页顶部导航栏点击 "Journal" 或 "Books"，或者点击页面主题浏览区列出的分类，可进入浏览页面（见图 5-26）。在浏览页面可以通过左侧 "主题" 选项，以及顶部 "标题"、"出版类型" 和 "文献可利用类型（全文公开、需订阅等）" 进行过滤。点击某一期刊或书籍名称，将进入期刊（或书籍）页面，可以浏览出版的论文或书籍的章节，并选择所需文献。

（三）结果及处理

检索结果页面将显示文献的标题、来源（期刊等）、作者、可利用类型等信息。同时在每个记录下方提供文献的摘要、亮点介绍、图形摘要、PDF 全文等的链接。用户可以使用页面左侧的 "出版年份（Year）"、"出版物标题（Publication title）"、"主题词（Topic）"、"出版物类型（Content type）" 等过滤功能对现有结果进行过滤，以便获得更准确结果。点击 PDF 链接可直接下载文献。点击记录标题进入文献的详细页面，在该页面可以阅读全文或下载。在检索结果页面，也可以选择多个文献（选中记录复选框）后点击上方的 "Download PDF" 可以同时下载 PDF 全文。

（四）个性化服务

与很多检索系统一样，ScienceDirect 也提供了免费的个性化服务，如检索策略保存、最新目次通告、热门文献推荐、期刊收藏个人存储、页面定制等。用户可以根据自己需要定制所需信息，以便提高文献信息检索和利用的效率。

【例】查找 *Journal of Ethnopharmacology* **2016 年抗肿瘤天然成分相关论文（图 5-27）**

①在快速检索的全部字段输入框中输入 natural products anticancer，点击"检索按钮"。

②在结果页面左侧结果范围限制选项栏选择"出版时间（Year）"为 2016 年，"出版物标题（Publication title）"为"Journal of Ethnopharmacology"，获得 61 篇论文。

③选择感兴趣的论文，点击选中的论文标题，进入该论文界面，下载 PDF 或者以其他格式输出。

图 5-27　检索特定论文全文

【例】查看 *Trend in cancer* **期刊 2016 年发表的论文（图 5-28）**

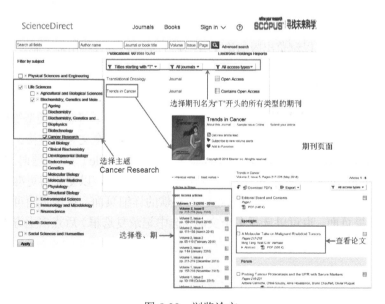

图 5-28　浏览论文

①在 Journal 页面左侧主题选项栏，选择"Life Sciences"下的"Cancer Research"，点击"Apply"。

②在结果显示区上方过滤选项分别选择"Title starting with T"、"All journal"和"All access types"，找到包括《Trend in cancer》在内的 2 种期刊。点击"Trend in cancer"标题，进入期刊页面。

二、SpringerLink

（一）概述

SpringerLink 是世界上著名的科技出版集团 Springer（德国施普林格）提供的在线科学、技术和医学（STM）领域全文学术资源平台。包括了各类期刊、丛书、图书、参考工具书及回溯文档。提供超过 1900 种同行评议的学术期刊，以及不断扩展的电子参考工具书、电子图书、实验室指南、在线回溯数据库及其他更多内容。涉及建筑和设计（Architecture & Design）、天文学（Astronomy）、生物医学（Biomedical Sciences）、生命科学（Life Sciences）、食品与营养（Food Science & Nutrition）、商业和管理（Business & Management）、经济学（Economics）、化学（Chemistry）、材料科学（Materials）、计算机科学（Computer Science）、地球科学及地理（Earth Sciences & Geography）、环境科学（Environmental Sciences）、公共健康（Public Health）、心理学（Psychology）、工程学（Engineering）、能源（Energy）、人文社科和法律（Law）、数学（Mathematics）、统计学（Statistics）、医学（Medicine）、物理学（Physics）、哲学（Philosophy）、教育及语言学（Education & Language ）、社会科学（Social Sciences ）等学科领域。SpringerLink 是各家图书馆最受欢迎的产品之一。目前，正为全世界 600 家企业客户、超过 35 000 个机构提供服务。

（二）使用方法

SpringerLink 更提供多种访问方式，包括通过 IP 认证、Athens 或 Shibboleth 等认证方式。用户可以通过访问 http：//link.springer.com/进入 SpringerLink 主页，或者通过机构的图书馆导航访问。只要在订阅机构的局域网内，就可以直接从 SpringerLink 主页查询、浏览、下载所需论文或图书章节。

SpringerLink 提供了快速检索、高级检索、按主题浏览三种方法查看、获取文献（图 5-29）。

1. **快速检索**　SpringerLink 主页顶部提供了快速检索框，用户可以输入检索词进行检索。默认情况下，系统返回的结果将包括所有检索词，但同时提供了多种检索技巧。

（1）使用引号""来定义一个词组。系统将引号内的多个检索词作为词组检索并返回包含该词组的检索结果。

（2）使用逻辑运算符 AND（或&）、NOT、OR（或 ｜ ）对检索词进行组合。同时允许使用括号（）改变优先顺序。

（3）可以使用截词符*表示 0 至多个字符，？表示一个字符。NEAR/n 表示两单词之间间隔 n 个单词，但 NEAR 前后单词顺序可以交换。如果省略/n,则默认为 10 个单词。ONEAR

表示 NEAR 前后单词顺序不能交换。

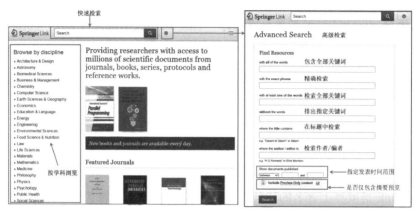

图 5-29　SpringerLink 检索页面

2. 高级检索　点击快速检索右侧的设置按钮，从下拉菜单选择"Advanced Search"进入高级检索页面。高级检索允许用户选择不同的检索条件进行检索，如作者、短语、排除某关键词、精确检索、仅检索题目等，同时允许通过设定出版日期区间，或者设定"是否仅包括摘要预览"来限定检索范围。

3. 浏览　SpringerLink 提供了通过直接浏览期刊或书籍查看文献的方法。在 SpringerLink 主页左侧提供了根据学科浏览工具栏 Browse by discipline，用户可以点击相应的学科进入相关期刊、论文或书籍等文献结果页面。点击记录标题，就可进入该类型内容的详细页面，供用户进一步浏览或选择。如果是论文或书籍章节则直接进入内容页面；如果是期刊，则进入期刊页面，用户可进一步选择卷、期，确定需要的论文。

（三）结果及处理

浏览和检索的结果页面相同，将显示文献的标题、作者、来源（期刊）等信息。如果文献是论文或书籍章节，在记录下方提供下载 PDF（Download PDF）和查看论文（View Article）链接，如果文献尚未订阅，下方显示部分内容的预览（Look Inside）及全文访问（Get Access）链接。系统默认使用相关性（Relevence）排序，也可以选择出版先后顺序排序（如果仅为浏览的结果则没有相关性排序）。同时用户可以通过设定出版日期区间来缩小结果范围，或者通过页面左侧的出版物类型（Content type，如论文、期刊、书籍、实验指南等）、学科（Discipline）、二级学科（Subdiscipline）、语言（Language）等过滤选项对现有结果进行过滤，或者通过顶部检索框在结果中检索，以便获得更准确结果。对于论文或书籍章节，点击记录标题进入文献的详细页面，在该页面可以点击上方的"Download PDF"下载 PDF 全文，或点击"View Article"阅读全文。如果是期刊，点击标题则进入期刊首页。

（四）个性化服务

与 ScienceDirect 等多数检索系统一样，SpringerLink 也提供了免费的个性化服务，用户可以根据自己需要定制所需信息，以便提高文献信息检索和利用的效率。

【例】检索生物医学领域与抗肿瘤相关的论文

①在快速检索框中输入"anticancer"。

②在结果页面左侧限定选项栏限定文献类型为论文，学科为生物医学，找到 20 000 篇论文，结果以发表先后顺序排序，可以选择最新发表的感兴趣的论文在线阅读或下载全文（图 5-30）。

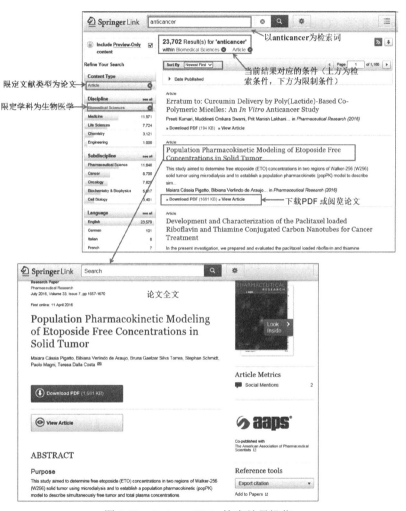

图 5-30　Springer Link 检索结果操作

三、Wiley Online Library

（一）概述

Wiley Online Library 是由美国 Wiley 出版公司提供的在线全文数据检索平台。Wiley 出版公司于 1807 年在美国创建，是有 200 多年历史的专业出版机构，2007 年 2 月 Wiley 收购英国的 Blackwell 出版公司，并将其与自己的科学、技术及医学业务（STM）合并组建

Wiley-Blackwell。Wiley Online Library 目前共收录了来自 1500 多种同行评审的学术期刊、18 000 多种在线书籍、数百种参考书、18 种实验指南和 16 种数据库（化学数据库、医学资料库（循证医学在线资源）、The Cochrane Library、Essential Evidence Plus、EBM Guidelines（EBM 指南）、Health Economic Evaluations Database 等）的 600 多万文献。主要涉及农业、水产和食品科学（Agriculture，Aquaculture & Food Science）、建筑及规划（Architecture & Planning）、艺术及应用艺术（Art & Applied Arts）、商业、经济、财务和会计（Business，Economics，Finance & Accounting）、化学（Chemistry）、计算机科学和信息技术（Computer Science & Information Technology）、地球、空间和环境科学（Earth，Space & Environmental Sciences）、人文科学（Humanities）、法律与犯罪学（Law & Criminology）、生命科学（Life Sciences）、数理统计（Mathematics & Statistics）、数学（Mathematics）、统计学（Statistics）、医学（Medicine）、护理、牙科与医疗保健（Nursing，Dentistry & Healthcare）、物理科学与工程（Physical Sciences & Engineering）、心理学（Psychology）、社会与行为科学（Social & Behavioral Sciences）、兽医学（veterinary Medicine）多种学科。特别是在化学、生命科学、医学及工程技术等领域颇具权威性。

（二）Wiley Online Library 使用方法

用户可以通过所在机构的图书馆电子资源导航页面点击"Wiley Online Library"链接进入 Wiley Online Library 主页面，或者直接输入网址 http：//onlinelibrary.wiley.com/进入。在主页面提供了简单检索、高级检索、按学科浏览、按题名字顺浏览四种方式检索文献（图 5-31）。

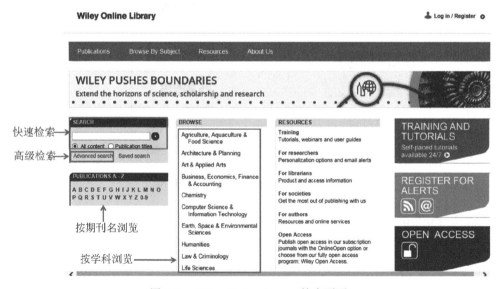

图 5-31　Wiley Online Library 检索页面

1. 简单检索　Wiley Online Library 主页左侧提供单一的检索框，可以选择全部字段（All content）　对全字段进行检索或选择出版物（Publication titles）进行检索。检索时可以使用类似于 ScienceDirect 等常用的技巧。

（1）使用括号“”，将检索词作为词组进行检索，但不支持{ }精确检索符。

（2）布尔运算符：AND、OR、NOT，优先顺序为 NOT、AND、OR。

（3）位置运算符：W/n 表示两个词之间间隔 n 个词，但不限定两个词前后顺序，如 pain W/15 morphine。

（4）通配符：可以使用通配符*和？。但使用*时至少含有 3 个字母，如 nat*，*glycemia。

（5）系统将自动识别大小写，以及单复数。

（6）检索词带有“-”时需要将“-”去除。如检索 evidence-based，应写成“evidence based”。

（7）系统将自动进行单词变换处理，检索时将返回所有可能的单词变形。如单复数、动词变形等。

在检索结果页面将显示相关文献记录（图 5-32 B）。每条记录下方有摘要（Abstract）、全文（Article）、PDF 格式（PDF）、该文献的参考文献（References）等链接。根据文献类型的不同所显示链接略有差异。点击标题可进入摘要页面，用户也可以在摘要页面找到全文、PDF 格式全文、参考文献等链接。结果默认为按检索相关性排序，也可以按出版日期排序。

在该页面右侧有“FILTER LIST”选项，用户可以通过选择出版物种类（Journals、Books、Book Series、Database、Lab Protocols）对所需出版物资源进行过滤。在每个出版物记录前，会有小锁标志用于表明该资源的开放程度。（Free）表示对所有人免费，表示对当前订阅用户免费访问，（Open）表示对 Online Open 用户免费访问。点击选中的出版物名称则进入该出版物页面。书籍、丛书等出版物需要进入该出版物页面才会显示具体章节的上述开放标识。

如果检索结果范围太大，或需要修改检索条件，可以点击右上角“Edit search”进入高级检索设置新的条件。

2. 高级检索　点击检索框下方“Advanced search”可以进入高级检索页面（见图 5-30）。高级检索为用户提供了制订 13 种字段，如标题（Article Titles）、作者（Author）等，进行逻辑组合，并提供出版时间区间加以限制，以便从大量文献中更精确地找出所需的文献。

3. 按学科浏览　Wiley Online Library 在页面中间提供了根据学科浏览的栏目“BROWSE”，选择该栏目中感兴趣的分类学科后，将显示该学科的二级分类学科，选择二级学科后将进入该学科包含的文献资料结果页面，在该页面也可以通过“FILTER LIST”选项对所需出版物资源进行过滤。选定期刊或书籍进入论文或章节页面。对于具有访问权限的文献，可以阅读全文或者下载 PDF。

4. 按题名字顺浏览　Wiley Online Library 同时在页面左侧提供了按题名字顺浏览的栏目“PUBLICATIONS A – Z”。选择出版物名称首字母后，进入该首字母题名的出版物浏览页面。在该页面也可以通过“FILTER LIST”选项对所需出版物资源进行过滤。点击选中的出版物名称则进入该出版物（比如期刊）页面。在该页面对于具有访问权限的文献，可以阅读全文或者下载 PDF。

【例】检索黄酮（flavone）抗肿瘤作用相关文献

①进入高级检索页面，选择“Keywords”字段输入“flavone”；选择“All Fields”输入“anticancer”，点击检索。

②在结果页面选择“Journals”过滤结果。

③选定感兴趣的论文，进入全文页面，下载 PDF 文件（图 5-32）。

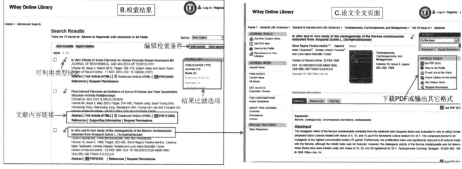

图 5-32　Wiley Online Library 高级检索

四、EBSCO

（一）概述

EBSCO 总部位于美国，是提供期刊、文献、书籍纸质订阅及出版的大型文献服务集团。目前开发了 100 多个在线数据库，涉及自然科学、社会科学、人文和艺术等多种领域。EBSCOhost 为 EBSCO 提供的在线检索平台，提供 Academic Search Premier、Business Source Premier、ERIC、MEDLINE、Newspaper Source、Food Science Source 等 18 个数据库。其中 Academic Search Complete 是最有价值、最全面的学术型多学科全文数据库，收录了自 1887 年以来的超过 8500 种期刊，包括 7300 多种同行评审期刊的全文。此外，此数据库还提供了超过 12 500 种期刊和总计超过 13 200 种包括专题论文、报告、会议记录等出版物在内的出版物的索引和摘要，涉及医学、化学、物理、工程、教育、社会科学等领域。同时 EBSCOhost 提供了英文、法文、日文、简体中文、繁体中文等 29 种语言的检索界面，用户可以根据需要选择适合的检索界面。

（二）检索方法

EBSCO*host* 通过 IP 进行访问权限的认证。用户可以通过 http：//search.china.epnet.com（无需支付国际网络通信费）、http：//search.ebscohost.com（需支付国际网络通信费），或者图书馆提供的端口直接访问。首先进入 EBSCO 服务选择界面，对于医药文献来说，一般选择 EBSCO 学术检索大全（全学科），即可进入检索界面。点击检索界面右上方"语言"可选择语种。用户可以通过检索框上方的"选择数据库"来选定要检索的数据库，选中的数据库则会显示在检索框上方。EBSCOhost 提供了基本检索、高级检索、搜索历史记录等途径（图 5-33）。

1. **基本检索**（Basic Search）　EBSCOhost 默认的是基本检索，在检索框内输入检索词、词组，选择数据库，点击检索即可执行检索。

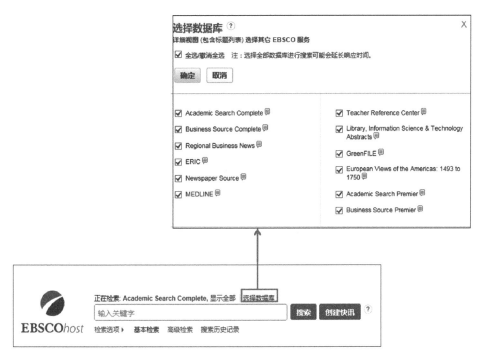

图 5-33　EBSCOhost 检索页面

2. **高级检索**（Advanced Search）　提供所有文本（TX）、作者（AU）、标题（TI）、主题词（SU）、来源（SO）、摘要（AB）、ISSN、ISBN 八种字段组合检索，字段可通过输入框右边下拉菜单选择，不同检索字段之间可选择下拉式布尔逻辑运算符"AND、OR、NOT"进行组配。检索框下方，提供了多种检索选项（Search Options），包括检索模式、扩展条件、检索范围限定（图 5-34）。

（1）检索模式：包括布尔逻辑/词组、查找全部检索词语、查找任何检索词语、智能文本检索选项。

（2）设置扩展条件：用户可以选择含检索同义词、在全文中检索及检索相关主题对检索条件扩展。

（3）检索范围限定：用户可以限定检索条件有全文、有参考、学术（同行评审）、出版物、出版日期及图片快速查看等，同时针对检索库不同可以设置特殊条件。

3. **搜索历史记录**　点击搜索历史记录，可以查看最近的检索操作记录。用户可以打印检索历史记录、检索搜索，创建、查看检索快讯及保存检索快讯。可以点击"重新运行"

获得检索结果，查看检索条件等运行信息，编辑检索式；也可以运用布尔逻辑算符"AND、OR、NOT"对检索历史记录进行组配再检索（图 5-35）。

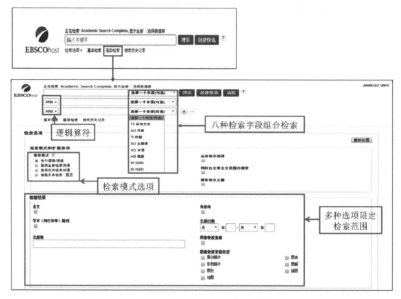

图 5-34　EBSCO*host* 高级检索

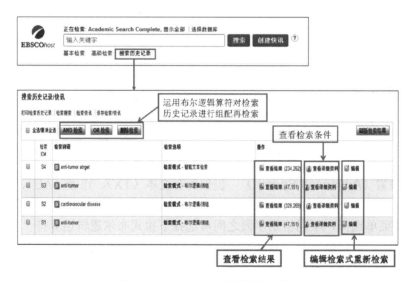

图 5-35　EBSCO*host* 搜索历史记录

（三）检索结果处理

1. 检索结果显示设置　检索结果页面显示文献的标题、作者、来源、主题词、部分摘要。记录默认按相关性排序，也可以按出版日期先后排序。同时用户可以通过"页面选项"，设置检索结果页面显示格式，如是否快速浏览图片、每页显示检索结果记录数（默认 10条记录）及页面布局。每条记录都有摘要预览、PDF 全文和文件夹链接，用户可以点击"摘要预览"查看每条检索记录的作者、摘要等详细信息；可以通过"PDF 链接"浏览 PDF 全文并下载到本地，通过"文件夹"可以添加文献到文件夹，并可以打印、发送引文和摘要到电子邮件，保存、引用、导出文献。其中添加到文件夹允许选择将一条记录添加到个人文件夹中，以便统一将标记结果的引文或摘要发送到用户电子邮箱（图 5-36）。

　　2. 结果精炼（Refine Search）　　在结果页面左侧是检索结果选项，用户可以修改检索式在检索结果中进行二次检索，也可以通过来源类型（如学术理论期刊、期刊、杂志、报告等）、标题、主题、出版者、出版物、数据库等对结果进行限定，以精炼检索结果（图 5-36）。

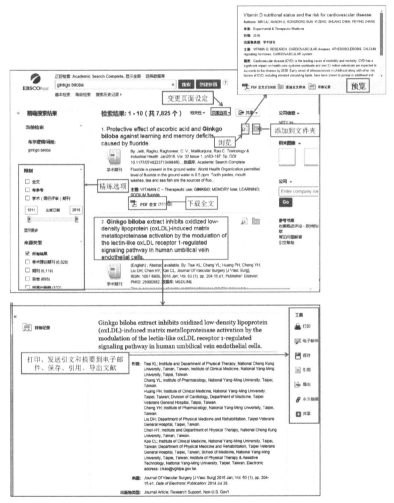

图 5-36　EBSCO*host* 检索结果及处理

五、Nature

（一）概述

　　Nature《自然》周刊由 Nature 出版集团（Nature Publishing Group，NPG）出版，是世

界上最早的国际性科技期刊,也是全球最著名的科技期刊之一。自 1869 年在英国创刊以来,始终如一地报道和评论全球科技领域里最重要的突破，是生物学及物理学等自然基础科学各学科领域的核心刊物。Nature 出版集团的电子出版物包括 8 种研究月刊、6 种评论月刊,以 及 3 种重要的物理与医学方面的参考工具书。月刊包括《自然生物技术》（Nature Biotechnology）、《自然细胞生物学》（Nature Cell Biology）、《自然化学生物学》（Nature Chemical Biology）、《自然遗传学》（Nature Genetics）、《自然免疫学》（Nature Immunology）、《自然材料》（Nature Materials）、《自然医学》（Nature Medicine）、《自然神经科学》（Nature Neuroscience）、《自然结构生物学》（Nature Structural Biology）。评论周刊包括：《癌症自然评论》（Nature Reviews Cancer）、《药物发现自然评论》（Nature Reviews Drug Discovery）、《遗传学自然评论》（Nature Reviews Genetics）、《免疫学自然评论》（Nature Reviews Immunology）、《分子和细胞生物学自然评论》（Nature Reviews Molecular and Cell Biology）、《神经系统科学自然评论》（Nature Reviews Neuroscience）。

目前，Nature 提供了五种期刊的免费访问，包括 *Cell Research*、*Asian Journal of Andrology*、*Acta Pharmacologica Sinica*、*Cellular & Molecular Immunology*、*Nature Communication*，其他期刊通过 IP 控制访问。

（二）使用方法

使用 Nature 的电子期刊有期刊浏览和检索的方式。期刊浏览包括按刊名浏览和按主题浏览两种方式，检索包括简单查询和复杂查询两种方式（图 5-37）。

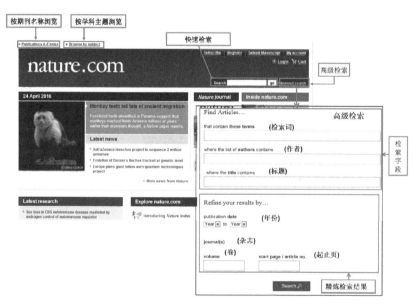

图 5-37　Nature 主页面

1. **浏览**　用户可以按刊名或主题进行浏览。点击“按刊名浏览（Publication A to Z）”,所有期刊按刊名首字母顺序排列，用户可以选择相应期刊，按年份、卷、期查阅论文。点击按“主题浏览（Browse by subject）”，可以先选择主题再选择该主题下的期刊，最后查看感兴趣论文。

2. 快速检索 在 Nature 的网页右上端有快速检索框，用户可以输入检索词直接检索相关论文。

3. 高级检索 点击"Advanced Search"进入高级检索页面，用户可以使用全文检索、作者、标题字段进行检索，并可以按年份、杂志、卷、起止页限定检索范围。

4. 检索结果及处理 检索结果页面将列出全部符合条件的论文记录，默认以相关度排序，也可以选择出版日期对检索结果进行排序。每条检索记录显示标题、作者、期刊类型、出版日期等内容。同时系统按照文章类型、期刊类型、时间范围对结果进行了分类汇总。用户可以点击检索结果中的文章标题，进入论文页面，在该页面用户可以选择保存、打印、分享 PDF 全文。同时，用户可以浏览文章中摘要、引言、结果等节选内容及浏览图表信息（图 5-38）。

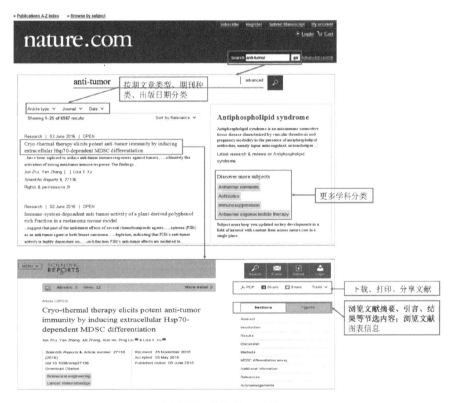

图 5-38 检索结果及处理

六、Science

（一）概述

美国 *Science*（《科学》）周刊于 1880 年创刊，是在国际学术界享有盛誉的综合性科学周刊，1900 年由美国科学促进会（American Association for the Advancement of Science，

AAAS）负责出版。目前，Science 在线（Science Online，http：//www.sciencemag.org/）除提供 *Science* 外，还包括 *Science Immunology*（《科学免疫学》）、*Science Robotics*（《科学机器人》）、*Science Signaling*（《科学信号》），*Science Translational Medicine*（《科学转化医学》），涵盖生命科学及医学、基础自然科学、工程学，以及部分人文社会科学等内容。其中 *Science Signaling* 主要发表代表细胞信号传导方面最新研究进展的研究论文，包括信号传导网络、系统生物学、合成生物学、细胞通路计算与建模、药物研发等领域内的突破性研究成果。*Science Translational Medicine* 主要发表基础研究向临床应用的成果，内容包括：以疾病为重点的人类生物学调查研究、对疾病治疗具有重要意义的人类疾病模型研究和评论等。

（二）Science Online 使用方法

Science Online 为用户提供上述期刊的论文全文之外，还提供了详尽的投稿信息、科学新闻介绍等信息。用户可以从导航栏选择"Journal"，进入期刊浏览界面，通过浏览选择期刊或论文进入期刊页面或直接进入论文页面。在期刊和论文页面顶部提供检索框，用户可以使用检索词进行新的检索。在论文页面提供了对该论文的多种工具，比如下载 PDF 全文、打印、发送电子邮件、输出引文格式、保存至文件夹等（图 5-39）。

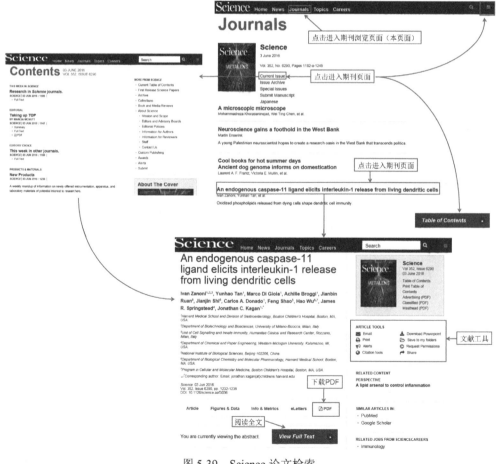

图 5-39　Science 论文检索

七、ACS 数据库

（一）概述

ACS（American Chemical Society）成立于 1876 年，是世界上历史最悠久的科技学会之一。自 1879 年创立其第一本刊物以来，目前已出版四十多种期刊，涵盖 24 个主要的化学研究领域，包括有机化学、分析化学、应用化学、材料学、分子生物化学、环境科学、药物化学、农业学、材料学、食品科学等。出版形式包括论文、调查报告、评述等，此外 ACS 还出版多种印刷版和电子版的化学教育期刊、新闻杂志和参考手册等。ACS 期刊数据库收录 ACS 出版的 40 种期刊，全部期刊回溯到创刊年并提供所有全文。

（二）使用方法

ASC 期刊数据库主要提供检索和浏览两种方式，用户除可以查阅已出版文献外，还可以在第一时间内查阅到被作者授权发布、尚未正式出版的最新文章（Articles ASAP），也可定制 E-mail 通知服务以了解最新的文章收录情况。ACS 的 Article References 可直接链接到 Chemical Abstracts Services （CAS）的资料记录，也可与 Scifinder、PubMed、Medline、GenBank、Protein Data Bank 等数据库相链接。ACS 通过 IP 控制访问，订购机构的网络用户可免费访问并下载 PDF 全文。

1. 检索方式　ACS 提供快速检索（Quick Search）和高级检索（Advanced Search）两种检索方式。

（1）快速检索（Quick Search）：在 ACS 的网页右上端可看到快速检索框，并提供在文本的任何地方（Anywhere）、标题（Title）、作者（Author）、摘要（Abstract）检索字段。用户可以指定检索词检索的字段，在输入框中输入检索词即可检索文献。检索词可以是文字，也可以是 DOI（图 5-40）。

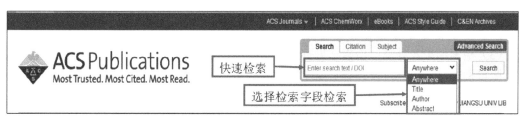

图 5-40　快速检索

（2）高级检索（Advanced Search）：点击页面右上方"高级检索（Advanced Search）"进入高级检索页面，用户可以通过多种字段的组合及限定检索范围来提高检索结果的准确性。可用字段包括文本中任何地方（Anywhere）、标题（Title）、作者（Author）、摘要（Abstract）、图表说明文字（Figure/Table caption） 五种。同时用户可以通过检索框下方的文献类型（来源期刊、学科主题等）、出版日期、访问类型等来限定检索范围（图 5-41）。

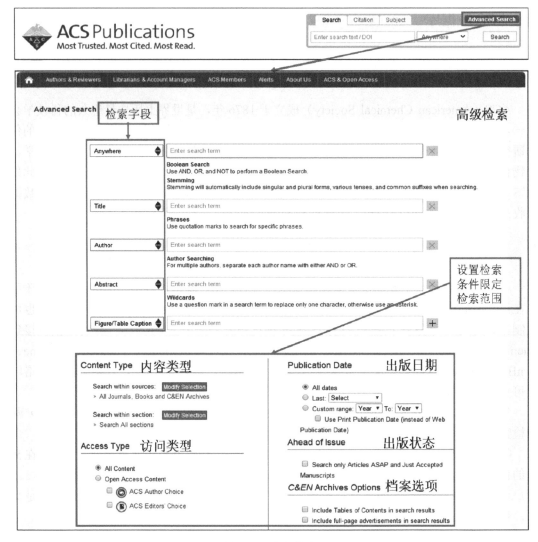

图 5-41　高级检索

（3）检索结果及处理：检索结果页面列出全部检索结果，默认按相关度排序，也可改为出版日期排序。用户可设置每页显示的检索结果数目（默认每页显示 20 条记录）。每条检索记录显示了标题、作者、期刊类型、出版日期、DOI、简明摘要及文章中图片。此外，每条记录右边提供了摘要、HTML/PDF 全文链接，可选择保存 PDF 全文，或添加到 ACS ChemWorx 文件夹中（注册用户才能使用此功能）。点击论文标题可进入论文页面进行阅读、保存、打印等操作。在页面左侧，系统按照出版物、文献类型、作者、时间范围对结果进行了分类汇总。用户可以使用分类汇总选项进一步缩小检索结果的范围。同时，用户可以使用"精炼检索（REFINE SEARCH）"设置检索条件，在结果中重新检索，以获得更加准确的文献（图 5-42）。

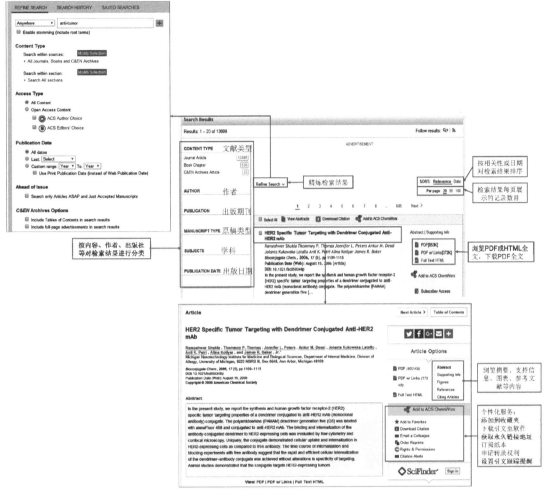

图 5-42　检索结果及处理

2. 浏览　ACS 提供按期刊名称（ACS Journals）和按学科主题（Subject）两种浏览方式。点击页面上的"ACS Journals"，将按字顺显示所有期刊，点击期刊名进入该期刊页面，在期刊页面可以浏览不同卷期的论文。点击"Subject"将显示学科主题列表，分为"应用（Applied）"、"生物化学（Biochemistry）"、"生物大分子（Macromolecular）"、"有机（Organic）"、"物理、无机、分析（Physical，Inorganic，and Analytical）"五大类，各类下面分别有多种二级分类，点击二级分类名称，进入该主题分类页面，并显示所有该分类下的论文。用户可以通过该页面左侧结果分类选项（期刊、文献类型、作者、出版时间）或者使用"结果中检索（REFINE SEARCH）"对结果进行精炼（图 5-43）。

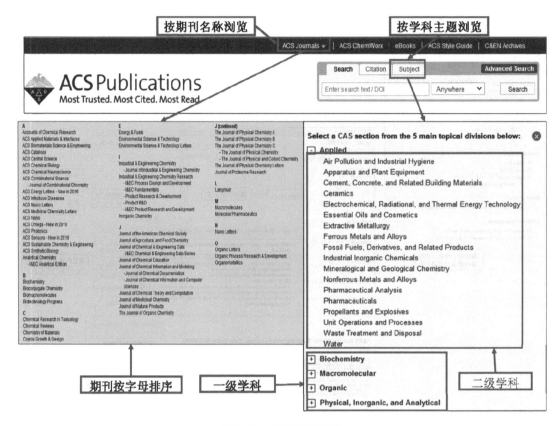

图 5-43　ACS 期刊浏览

八、BMJ 医学全文数据库

（一）概述

BMJ 出版集团成立于 1840 年，是 BMA（British Medical Association）的一部分，BMJ 是医学和专业期刊领域领先的出版社，BMJ 旗下共出版期刊近 60 种，涵盖综合医学、临床专科、流行病学、药品、病例、医学教育、循证医学和健康等领域。旗舰期刊为《英国医学杂志》（The BMJ），是世界上影响力最大、最受人尊敬的综合医学期刊之一。所有在线期刊均免费提供回溯全文内容。

（二）BMJ 在线使用方法

BMJ 主页（http：//journals.bmj.com/）提供了浏览期刊和检索期刊功能，用户可以选择某期刊后进入该期刊主页，浏览或查找特定卷、期的论文（图 5-44）。

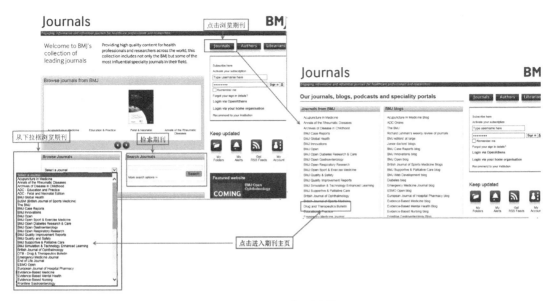

图 5-44　BMJ 期刊查找

九、Thieme 英文期刊（药学/化学类）

（一）概述

Thieme 是一家具有百年历史的国际性科学和医学出版社，也是德国最大的医学出版社之一，Thieme 在德国斯图加特和美国纽约均设有机构。从 1886 年开始，Thieme 致力于为科研人员、临床医师、和学生等专业人士提供高品质的图书、期刊产品。到目前为止，Thieme 出版了 130 多种纸本和电子版本的医学和科学期刊，其中 60 多种是代表各专业学会出版的。Thieme 出版的 5 种化学/药学类期刊在学术界备受认可，Thieme 化学/药学期刊包括：*Pharmacopsychiatry*、*Planta Medica*、*Synfacts*、*Synlett*、*Synthesis*。其中 *Synthesis* 和 *Synlett* 是 *Thieme* 最引以为豪的两种化学期刊，在化学合成领域有重大影响力并且已经得到广泛使用，是从事相关领域工作的科研人员的必备期刊。

（二）使用方法

Thieme 出版社通过 Thieme-connect 期刊服务平台提供电子资源服务（https：//www.thieme-connect.com/products/all/home.html）。与其他出版商服务平台类似，Thieme 也提供检索和浏览两种方法查找文献。在 Thieme-connect 主页顶部有检索框，用户可以选择 Full Text、Author、Title、DOI、Metadata 五种字段进行检索，在检索结果页面可以进一步通过"结果检索"或使用页面左侧的"结果限定选项"精炼结果。同时用户可以通过浏览 Thieme 出版的医学、化学和生命科学的全部期刊选择感兴趣的文献。Thieme 在线的部分期刊在纸本出版之前，就可通过网络先获得最新文章（eFirst）（图 5-45）。

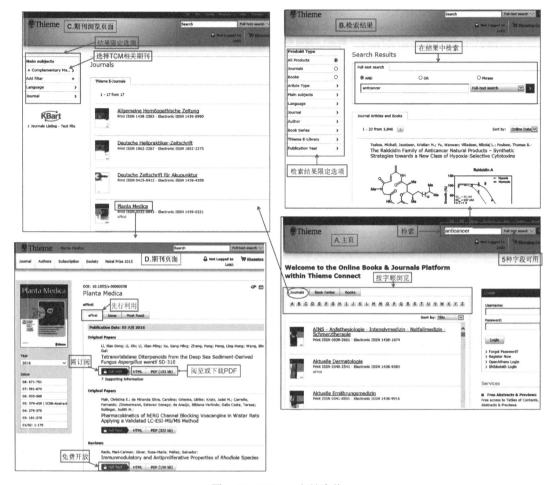

图 5-45　Thieme 文献查找

十、*Current Protocols*

（一）概述

Current Protocols（实验室指南，CP）由 Wiley 出版社于 1987 年出版发行，2009 年推出在线服务，是目前生命科学和医学领域经过同行专家评审、最具权威的实验室指南，目前已推出 18 册，收录了 17 000 多种技术与流程，涵盖生物信息学（Bioinformatics）、细胞生物学（Cell Biology）、化学生物学（Chemical Biology）、细胞计数法（Cytometry）、基本实验技术（Essential Laboratory Techniques）、人类遗传学（Human Genetics）、免疫学（Immunology）、磁共振成像（Magnetic Resonance Imaging）、微生物学（Microbiology）、分子生物学（Molecular Biology）、老鼠生物学（Mouse Biology）、神经科学（Neuroscience）、核酸化学（Nucleic Acid Chemistry）、药理学（Pharmacology）、植物生物学（Plant Biology）、蛋白质科学（Protein Science）、干细胞生物学（Stem Cell Biology）、毒理学（Toxicology）。

Current Protocols 对内容的编辑要求非常严格,由生命科学和医学研究领域的杰出科学家组成编辑委员会,对内容进行了精心挑选和评估,所有内容都由具有科研背景的专职人员严格编辑,并定期修订和更新,同时引入新内容,以确保相关指南能准确反映相应领域在基础技术和前沿技术的最新发展。*Current Protocols* 对实验技术与流程采用简洁的分步介绍形式,详细列出每一步需要考虑的方面、实用的经验分享及可选择的步骤等,提供其他辅助的操作指南来配合不同设备及所期望的结果的需要,提供材料清单帮助研究人员做好成功实验所必需的各项准备,同时还提供注释与评注,以及关于背景、难题解答等方面的专家意见,对实验技术与流程做出进一步的解释。*Current Protocols* 在线服务除了提供实验技术与流程以外,还提供各种工具、计算器、视频和网络研讨会,为实验室内和实验室以外的研究人员提供帮助。目前 *Current Protocols* 已被 PubMed 和 Scopus 数据库收录。

（二）使用方法

Current Protocols（http：//www.currentprotocols.com/）主页面包括检索框、菜单栏[包括主页（HOME）、分类（CATEGORIES）、工具（TOOLS）、标题（TITLES）]、最新文章展示区、网站资源、常用工具栏五个部分（图 5-46）。用户可以通过检索和浏览的方法查找实验技术与流程。

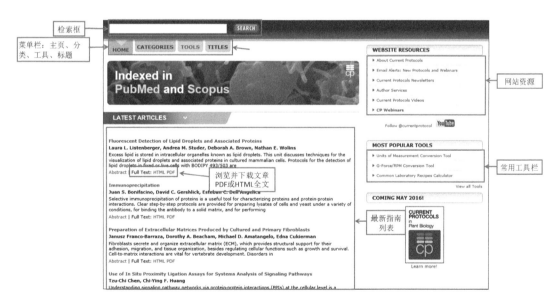

图 5-46 *Current Protocols* 主页面

1. **检索** 用户可以在输入框中输入检索词直接进行检索,结果页面中间部分显示匹配结果,默认以相关性排序,也可以选择日期和字母顺序排序。每条记录显示内容包括标题、作者、出版日期和来源。在界面的左侧显示结果的学科分类统计信息,用户可以将这些分类信息作为缩小结果范围、精炼结果的选项（图 5-47）。点击每条记录的标题,进入该指南的详细信息页面,用户可以查看指南的 PDF 或 HTML 格式文件（需要注册后登录账户才可以查看）,在页面左侧有该实验指南的内容菜单,可以选择预览摘要、内容列表、实验材料、参考文献（图 5-48）。

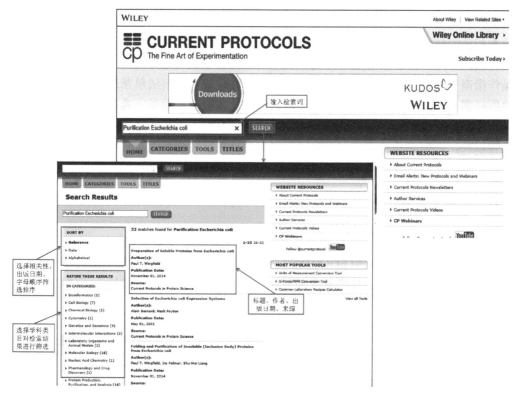

图 5-47　Current Protocols 文献检索

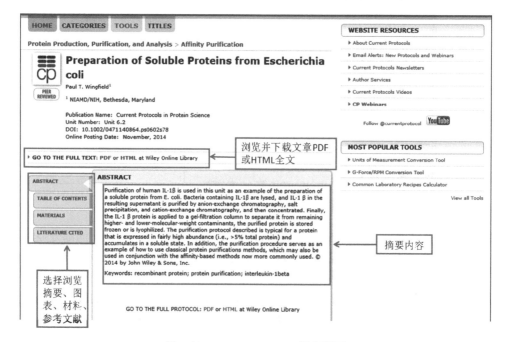

图 5-48　Current Protocols 指南页面

2. **学科分类浏览**　用户可以点击菜单栏下的学科分类（CATEGORIES），将显示学科分类列表，列表左边栏目为所有学科分类，右侧栏目为该学科分类下的二级学科分类入口。二级学科分类如点击进入 Bioinformatics（生物信息学），将显示所有生物信息学下的二级学科分类列表。用户可以点击感兴趣的二级学科分类名称，如点击 Bioinformatics Fundamentals（生物信息学基础），系统将显示在该学科下生物信息学基础相应的实验指南列表，用户可以通过出版日期，字母顺序重新排序文章列表。点击标题则进入指南详细信息页面（图 5-49）。

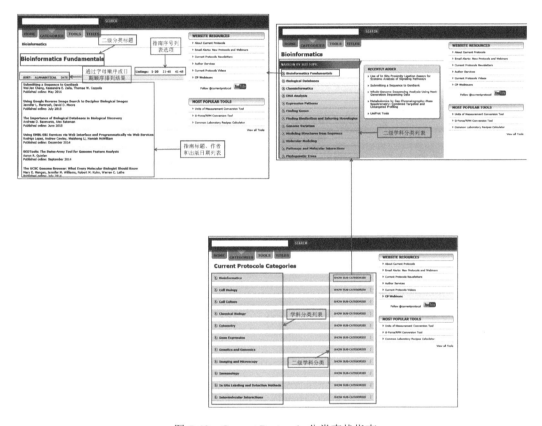

图 5-49　Current Protocols 分类查找指南

3. **工具栏**　Current Protocols 提供了实验需要的在线信息和计算工具。点击菜单栏下的工具栏（TOOLS），将显示实验相关信息工具和计算器，用户可以根据自身需要选择相应工具进行使用。如点击 DNA/RNA/Protein Molecular Weight Calculator（DNA/RNA/Protein 分子量计算器），进入计算器后，页面上部有一个输入框，需要用户输入待计算的 DNA、RNA 或蛋白序列，也可以输入分子的化学式，待输入完成，输入框下面则会显示计算结果，包括序列长度、相应类型分子量大小及基于序列长度的相应分子类型的分子量估计值（图 5-50）。

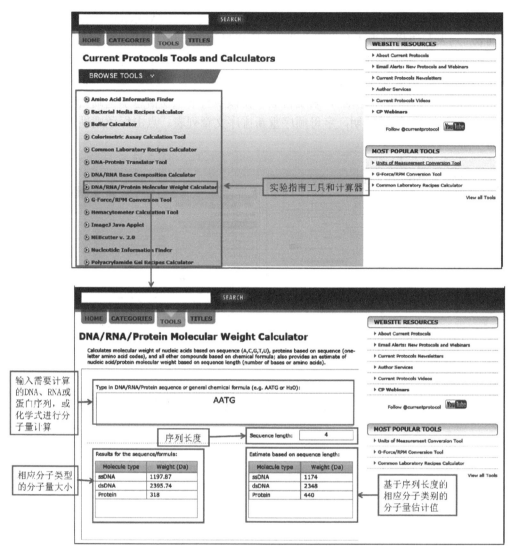

图 5-50 Current Protocols 工具使用

4. 标题浏览 用户通过点击 TITLES 进入标题（TITLES）页面，在标题页面用户可以浏览实验室指南的全部 18 册图书，并根据需要选择其中相应图书浏览实验指南。如选择浏览 *Current Protocols in Cell Biology*（细胞生物学实验指南），在 Current Protocols in Cell Biology（细胞生物学实验指南）页面可以查看该图书的详细信息，包括最近更新日期、纸质和在线图书的 ISSN，可以在 WILEY 数据库访问图书全文，也可以通过页面左侧的内容菜单选择预览图书的概述、内容目录、新指南及编者和贡献者信息（图 5-51）。

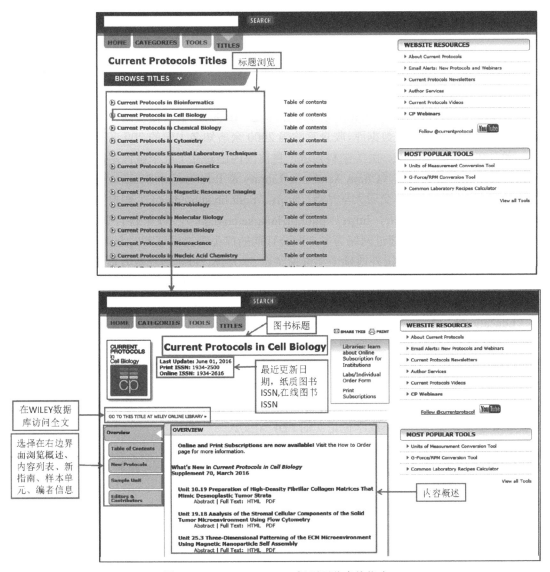

图 5-51　Current Protocols 标题浏览查找指南

Current Protocols 作为 Wiley 出版集团的一部分,也可以通过 Wiley Online Library 进行检索。此外,Springer、Scopus 数据库中也包含有实验技术及流程文献。

第四节　特种文献

除了常见的期刊和图书以外,博硕士论文、会议、专利、科技报告等特种文献也是中药研究和学习的重要资源。本节将介绍几种常见的中药相关特种文献外文数据库,包括 ProQuest 学位论文全文数据库、WorldCat Dissertations、Biosis Preview、Proceedings、Annual Reviews 及 DOE 数据库。

一、博硕士论文数据库

（一）ProQuest 博硕士论文全文数据库

1. 概述 ProQuest 博硕士论文全文数据库是 ProQuest 公司提供的、迄今为止世界上最大的国际性博硕士论文数据库,收录有欧美 2000 余所知名大学的 200 多万篇学位论文全文,涵盖文、理、工、农、医等学科领域。目前国内已建立了三个镜像站,分别是中国高等教育文献保障系统站点（China Academic Library & Information System,CALIS,http://pqdt.calis.edu.cn/）、上海交通大学站点（http://pqdt.lib.sjtu.edu.cn/）和中国科学技术信息研究所站点（简称中信所,http://pqdt.bjzhongke.com.cn/）,每年联合购买一定数量的 ProQuest 学位论文全文,通过网络为参加联合订购的成员馆提供订购的全部学位论文资源。目前,国内镜像库已收录国外博硕士学位论文逾 55 万篇,每年增加数万篇论文。数据库涵盖学科有应用科学（Applied Sciences）,生物学（Biological Sciences）,交流与艺术（Communications and the Arts）,地球与环境科学（Earth and Environmental Sciences）,教育学（Education）,健康科学（Health Sciences）,语言、文学和语言学（Language,Literature,and Linguistics）,哲学宗教与神学（Philosophy,Religion,and Theology）,心理学（Psychology）,理论科学（Pure Sciences）和社会科学（Social Sciences）。ProQuest 通过 IP 控制访问,参加联合订购的成员机构的用户可免费检索下载学位论文全文。

2. 使用方法 国内用户可以登录其中任一个镜像站点,通过检索或浏览的方式查找 ProQuest 学位论文,并可下载学位论文的 PDF 全文。

（1）检索:分为基本检索和高级检索两种方式。

1）基本检索:在 ProQuest 博硕士论文全文检索平台主页的上方有基本检索的输入框,输入关键词就可以进行检索。检索时可以使用以下技巧:

A. 使用"AND"或空格搜索全部关键词,多个关键词用空格或"AND"隔开,如"anticancer natural product"或"anticancer and natural product",检索时这两个词将同时出现在标题、正文或摘要中,但两个词的出现位置不一定相邻。

B. 使用双引号搜索词组,如果输入的关键词本身包括空格并且不希望被分割,可以在关键词两边加上双引号,检索时将视为一个完整词组,如"anticancer natural product"。

C. 使用"OR"搜索任意关键词,搜索多个关键词中的任一词,如"anticancer or natural product",这时搜索结果将包含这两个词中的任一个或全部。

D. 使用"AND NOT"排除包含指定关键词的搜索结果,如"natural product and not anticancer",这时搜索结果将包含前两个词,但不包含"anticancer"。

2）高级检索:点击输入框下方的"高级检索"进入高级检索页面。高级检索提供标题、摘要、全文、作者、学校、导师、来源、ISBN、出版号九种检索字段,用户可以指定输入的关键词在该字段检索时的逻辑关系,即 "包括所有词"、"包括任一词"、"短语",同时可以指定字段之间的逻辑运算关系,"并且（AND）"、"或者（OR）"、"排除（AND NOT）"。用户还可以通过检索框下方的检索范围选项指定出版年度、学位、语种、显示范围进一步限定检索范围（图 5-52）。

图 5-52　ProQuest 检索页面

3）检索结果：基本检索和高级检索都将进入相同的检索结果页面，每条结果记录将显示论文标题、部分摘要、作者、学校、发表时间。在记录下方有"查看详情"和"查看 PDF 全文"链接，右侧有"收藏"链接。在页面右侧是根据检索结果统计提供的精炼选项，用户可以通过选择"学科"、"出版时间"、"论文类型"进一步缩小检索结果。或者使用顶部检索框进一步在结果中进行检索。点击"查看详情"可以查看论文的出版信息、摘要、下载 PDF 全文。点击"查看 PDF 全文"则进入论文 PDF 全文页面，用户可以下载 PDF 全文。点击"收藏"可以将相应论文收入个人账户（该功能需要用户登陆才能使用）（图 5-53）。

用户可以通过复选框选择结果，并通过 E-mail 发送或以 Excel 格式输出选定结果。

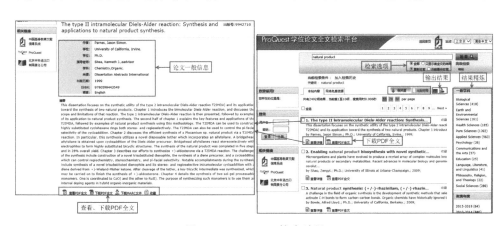

图 5-53　ProQuest 检索结果

（2）浏览：在 ProQuest 主页面的检索框下方有"学科导航"栏，列出了数据库中涉及的学科及相应的论文数。用户可以选择某一学科进入该学科相关的论文结果页面。浏览结果页面与检索结果页面类似（此时显示学科为二级学科），用户也可以进行检索结果相同的操作进一步精炼结果，或者保存、输出结果。

（二）WorldCat 硕博士论文数据库（WorldCat Dissertations）

WorldCat 硕博士论文数据库由美国文献信息服务提供机构 OCLC（Online Computer Library Center）提供，收集了 OCLC 成员图书馆中所有的博硕士论文，涉及所有学科，涵盖所有主题。WorldCat Dissertations 最突出的特点是其资源均来自世界一流高校的图书馆，如美国的哈佛大学、耶鲁大学、斯坦福大学、麻省理工学院、哥伦比亚大学、杜克大学、西北大学，以及欧洲的剑桥大学、牛津大学、帝国理工大学、欧洲工商管理学院、巴黎大学、柏林大学等，共有 800 多万条记录，其中 100 多万篇有免费全文链接，可免费下载。该数据库每日更新。WorldCat Dissertations 可以通过 OCLC 的在线服务系统 FirstSearch（http：//firstsearch.oclc.org/FSIP）进行检索。FirstSearch 提供包括中文在内的八种语言，能让用户通畅无阻地对 80 多个数据库和一千多万篇全文文章和上万种期刊进行电子检索，内容涵盖所有主题领域，且提供与其他数据资源（如 ProQuest、EBSCOhost）链接。

二、会议文献数据库

　　1. Proceedings，PapersFirst　Proceedings 是 OCLC 提供各类会议录的一个子库。该库可以检索到"大英图书馆资料提供中心"收藏的 1993 年以来的近 20 万条会议录。该库每周更新 2 次。PapersFirst 是 OCLC 提供各类会议论文的一个子库。该库可以检索到"大英图书馆资料提供中心"收藏的 650 多万篇世界各地学术会议的会议论文。该库每月更新 2 次。这两个数据库可以通过 FirstSearch 进行检索，配合使用。
　　2. **其他会议文献检索工具**　有美国的《科技会议》、英国的《未来国际科技会议预告》、日本的《日本预定举办的国际会议一览表》及国内的《西文科学技术学术会议录联合目录》、《国外国际专业会议录》等。

三、科技报告

（一）美国四大报告

　　美国是科技报告制度运作最成熟的国家，出产报告的数量和质量均位居世界第一。其中历史较久、报告量多、参考价值大的有四套：PB 报告、DOE 报告、NASA 报告和 AD 报告。
　　1. **PB 报告**　第二次世界大战结束时，美国从战败的德、日、意等国运回了数以千吨的资料与图纸。1945 年 6 月成立了商务部出版局（Office of the Publication Board，PB）来负责整理、公布这些资料，每件资料的编号前冠以"PB"字样，因此成为 PB 报告。以后，主管机构几经变更，现由美国国家技术情报服务处（National Technical Information Services，NTIS）出版发行，但 PB 报告的名称却一直沿用至今，PB 报告就其内容来说，除少量非技术性文献（如行政管理等）外，绝大部分属于各个科学技术的领域，包括理论、生产技术、工艺材料、尖端科学技术探讨等方面。近几年来，PB 报告的主要内容侧重于民用工程技术方面，如土木建筑、城市规则、环境污染、生物医学等。而航空、电子、原子能军械等方面的文献已经减少。从 1981 年起，PB 报告启用新的编号系统，即"PB-年号-序号"，如 PB-86-222965。
　　2. **DOE 报告**　美国能源部数据库（Department of Energy，DOE）是由 Office of Scientific

and Technical Information （OSTI）公开免费提供的科技报告全文服务，其前身是 1946 年起由美国原子能委员会（Atomic Energy Commission，AEC）出版的报告，1976 年改由能源研究与发展署（Energy Research and Development，ERDA）出版，称为 ERDA 报告，1977 年后由能源部（Department of Energy）出版，称 DOE 报告。1985 年起由 DOE 收集的报告开始启用统一编号："DE-年号-序号"。该报告主要涵盖理学、工学及医学三大版块内容，与中药研究相关的主题是生物医学（Biology and Medicine）。通过 SciTech Connect 检索平台（http：//www.osti.gov/scitech/），用户可以使用"语义"、"关键词"检索、高级检索或按主题浏览的方式，查阅、下载约 40 余万条 DOE 科技报告。同时，结果页面显示报告的标题、作者和报告内容，并提供原文献资源的 PDF 链接。

3. NASA 报告　它是美国国家航空和宇航局（National Aeronautics and Space Administration，NASA）收集出版的航空和空间技术领域报告。它也收集航空和宇航生物学、医学方面的文献。

4. AD 报告　1951 年 5 月美国国防部成立了武装部队技术情报局（Armed Service Technical Information Agency，ASTIA），由它负责收集、出版三军科研机构及其合同户所提出的科技报告，AD 报告的名称就是取自"ASTIA Documents"中的两个首字母。以后，出版单位屡经变动。从 1970 年 9 月起由 NTIS 出版，但仍沿用 AD 报告名称。AD 报告主要由海、陆、空军所属科研单位、公司企业、大专院校、外国科研机构及国际组织等单位提供，其报道内容为军事、航空航天、地球、物理、材料工程技术等众多技术领域，质量较高，是了解美国现代科学技术的重要情报来源。

（二）美国四大报告的主要检索工具

美国科技报告的密级分为：公开、涉限和涉密三级。涉密报告由各部委分别保存，只有解密或者公开报告才提交商务部下属的国家技术情报服务局（National Techinical Information Service， NTIS）收藏和交流。对涉密报告和涉限报告的利用一般要经过严格的授权和审批程序，从而确保科技报告的交流不损害国家安全和战略规划。

美国政府科技报告的搜集、登录、编目、标引、出版、收藏、订购、档案管理和发行工作由 NTIS 负责。美国科技报告的收集采取自下而上的形式，先由各部委收集，然后汇总到国家信息管理机构。联邦不同部委负责本系统内部科技报告的收集和发行，将公开和解密的报告提交给 NTIS。NTIS 将各部门的公开解密报告汇总收藏，纳入国家级数据库，统称 "美国政府工作报告"，并向社会公开发行。美国的科技报告目前已经成为全球性科技资源，任何用户只要能连接到 Internet，都可以通过大型国际联机数据库系统 Dialog 检索美国科技报告，继而通过订购获得原始报告。但是，Dialog 系统中的部分数据库并不对中国用户开放，如"能源科技文摘"和"航空航天数据库"。"航空航天数据库"收藏了美国从 20 世纪 70 年代开始 NASA 发布的重要消息和科技报告，该数据库只开放给美国政府部门和其他与 NASA 签订了单独合同的用户，不对公众开放。"能源科技文摘数据库"的蓝页中并没有标识其流通限定性，然而中国用户却被列入了涉限名单。

美国的科技报告还可以通过其他检索工具如《美国生物学文摘 BA》、《日本科学技术文献速报》等来查找。另外也通过网上资源检索科技报告，如美国国家技术情报服务局

（http：//www.ntis.gov/），中科院文献情报中心的《中科院实用科技成果数据库》（http：//www.las.ac.cn）等。

四、标准文献

《美国药典》简介：The United States Pharmacopeia（简称 USP），由美国政府所属美国药典委员会（The United States Pharmacopeia Convention）编辑出版，初版于 1820 年，从 1950 年以后，每五年修订一次。National Formulary（美国处方集，简称 NF），由美国药学会主编，初版于 1888 年，收载 USP 尚未收入的新药和新制剂，从 1980 年起与美国药典联合出版。目前已经出版到第 37 版（USP37 - NF 32 2013 年 12 月份出版，2014 年 5 月 1 日生效）。每一版本的《美国药典》包含 4 卷及 2 个增补版。美国药典除了印刷版外，还提供光盘版和互联网在线版。

其收载药品按英文字母顺序编排，各类药品的内容包括：贮存要求、参考标准、检定方法、含量标准等；通用章包括通用试验法及测定法、通则两部分；附表有片剂和胶囊的储存容器、药品的性状和相对溶解度、药品的近似溶解度、药品添加剂分类一览表。此外还有原子量、分子式和分子量、酒精比重表、热当量、当量和测定、口服剂量公制—英制近似换算表、抗生素、法规和总索引。目前世界上有不少国家以它作为质量检验的标准，因而其具有一定的国际性。

五、其他

1. Annual Reviews　Annual Reviews 出版社成立于 1932 年，是一家致力于向全球科学家提供高度概括、实用信息的非营利性组织，专注于出版综述期刊，回顾本学科最前沿的进展，为科学研究提供方向性指导。Annual Reviews 综述期刊内容涵盖生物学、医学、自然科学、农学和社会科学等多个学科领域。Annual Reviews 始终坚持严格的编撰标准，不接受普通投稿，编委会成员均为本学科领域权威的科学家，具有高度的专业性和权威性。Annual Reviews 在线平台（http：//www.annualreviews.org/）提供了关键词、作者、期刊检索和按期刊浏览的方式供用户查找相关综述。

2. Biosis Preview　是美国生物科学信息服务社出版，与生命科学和生物医学有关的资料，数据库涵盖生物学、生物化学、生物技术、医学、药学、动物学、农业等领域，其中包括世界上 1500 种非期刊文献如会议记录、研讨会、评论文章、美国专利、书籍、软件评论等。

用户可以通过访问 Web of Science 平台，选择"BIOSIS PREVIEWS"数据库，即可进行检索，详细使用方法请参考 Web of Science。

第五节　电子工具书

随着网络技术的发展，众多的传统工具书也都开始提供在线查阅及检索服务，提高了工具书使用的便利性。本节将介绍与中药学习和研究相关的在线工具书，包括《默克索引》（*The Merck Index*）、《天然产物辞典》（*Dictionary of Natural Products*）、《有机化合物辞典》（*Dictionary Of Organic Compounds*）以及《CRC 物理与化学手册》（*CRC.Handbook of Chemistry and Physics*）。

一、《默克索引》

（一）概要

《默克索引》（*The Merck Index*）是由美国默克公司（Merck & Co.，Inc.）编辑出版的记录化学物质、药品和生物制品的综合性百科全书。《默克索引》于 1889 年首次出版，最初为 Merck 公司的药品目录，现已成为化学物质、药品、生物制品最权威、最可靠的信息来源。现授权由英国皇家化学会（The Royal Society of Chemistry）发行并提供在线版本 *The Merck Index online*（https：//www.rsc.org/merck-index/）。

默克索引在线提供 11500 多条有关化合物、药物、生物制品的记录，包括纸制版未收录的记录。涵盖了人类和兽用药物、生物药品、抗体、医学影像用化合物、生物和天然产物、环境化合物、植物和草药等众多方面。所提供的化合物相关内容包括 CAS 号（CAS registry number）、别名（Synonyms，如俗名或 IUPAC 命名法）、化学分子式（Chemical Formula）、分子量（Molecular Weight）、成分分析（Percent Composition）、结构式（Structural Formula）、外观（Appearance）、熔点和沸点（Melting Point and Boiling Point）、溶解性（Solubility）、参考文献和资料（Reference and Literature）、治疗用途（Therapeutic Use），化学反应（Named Reaction），以及其他参考信息包括缩写表、术语表和转换表。

（二）使用方法

默克索引在线主页面主要分为菜单栏、检索栏两部分。在页面顶部的菜单栏提供首页（Home）、检索（Search）、结构检索（Structure Search）、人名反应（Named Reactions）、参考文献列表（Reference Tables）、我的记录（My Records）及帮助（Help）栏目。检索栏位于页面中间区域,包括快速检索(Quick Search)、其他检索选项[包括文本检索(Text Search)、结构检索(Structure Search)]、参考工具（Reference tools)[包括人名反应（Named Reactions）和参考文献列表（Reference Tables）]。用户可以通过菜单栏或检索栏选择快速检索、文本检索、结构检索、浏览方式查找化合物或化学反应信息（图 5-54）。

1. **快速检索**　快速检索框位于首页，用户可以使用名称（Name）、分子式（Molecular Formula）、分子量（Molecular Weight）、CAS 号（CAS Registry Number）进行检索且快速获取结果（图 5-55）。

（1）名称（Name）：可以使用任何与收录对象有关的文本标识进行检索，包括植物、食品添加剂、营养成分、矿物质、蛋白质、酶、抗体、混合物以及聚合物相关的名称。比如小分子化合物可以使用一般名、商品名、系统名、缩写或 CAS 号检索。在默认情况下，输入的名称将被作为子字符串进行检索。例如：检索 Tryptophan（色氨酸），将返回

Tryptophan（色氨酸）、Tryptophan hydrochloride（色氨酸盐酸盐）、N-Methyl tryptophan（N-甲基色氨酸）等（图 5-55）。如果要执行精确检索，可以使用等号运算符（=），如=Tryptophan。

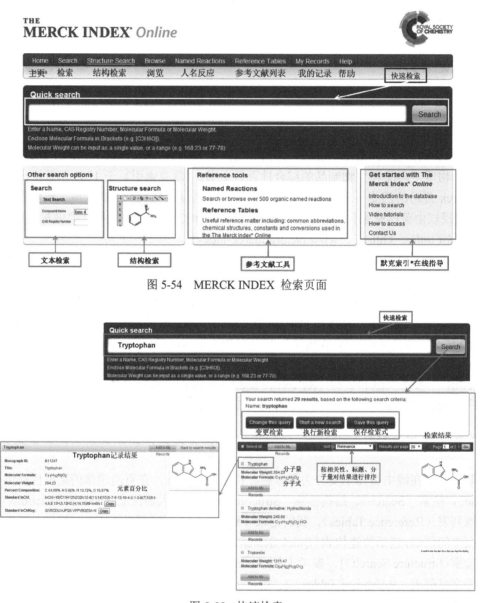

图 5-54　MERCK INDEX 检索页面

图 5-55　快速检索

（2）分子式（Molecular Formula）：分子式检索需要在括号内输入需要检索的分子式。例如，[C6H10BNaO6]返回 Sodium triacetoxyborohydride（三乙酰氧基硼氢化钠）。输入时元素的顺序不影响结果，如[NaC6H10BO6]将返回同样结果。当从快速检索窗口执行分子式检索时，检索将只返回是完全匹配的记录。对于更复杂的检索可以点击"Search"进入检索主页面进行。

（3）分子量（Molecular Weight）：快速检索也可以使用分子量检索。用户也可以选择精确的分子量或分子量的范围进行检索。

1）精确分子量：如果用户输入一个值，如 368（g/mol），用户将获得一系列重量+/-1 的匹配记录（367～369 g/mol）。

2）分子量范围：如果输入范围（用连字符'-'分隔），例如，220.25-225.90（g/mol），将获得一系列分子量落在这一范围内的记录，按分子量从低到高排列。

2. 主检索（文本检索和数值属性检索）　点击检索（Search）进入主检索界面，用户可以使用文本或数值在大量的不同类型字段中进行组合检索。例如，具有以下性质的化合物的检索：化合物名称包含：triazole（三唑）；人类治疗用途是：Antiviral（抗病毒）；分子量范围：240-250g/mol。

使用多个参数进行检索时，只有符合所有条件的记录才会返回。即化合物名称包含：三唑，且人类治疗用途是：抗病毒，且分子量范围为 240-250g/mol。

每个检索字段的旁边有一个问号图标，如果点击问号图标，将显示检索字段对应的输入数据要求的提示（图 5-56）。

（1）文本检索：文本检索部分主要检索字段包括化合物名称（Compound Name）、CAS 登录号（CAS Registry Number）、参考文献和注释（Literature References and Notes）、兽医治疗用药（Veterinary Therapeutic Use）、非医疗使用（Non-Medical Use）、人类治疗用途（Human Therapeutic Use）、制造商（Manufacturer）、全文（Full Text）。

1）化合物名称：允许使用任何名称或别名，检索方法同快速检索。但在进行名称精确检索时，所有其他字段都被忽略或禁用。

2）CAS 登录号：CAS 号字段检索时，所有其他字段都被忽略或禁用，检索结果只匹配 CAS 号。

3）参考文献和注释：该字段主要通过检索专题文章的参考文献和注释部分。有效检索词主要是刊名或作者姓名，其他也可以是参考文献的分类（如 Preparation、Isolation、Determination、Review 等）。

4）兽医治疗用途：指定兽医治疗用途。如，抗菌。

5）非医疗使用：可以使用任意文本对化合物记录中的非医疗用途部分（Use section）进行检索。例如，制造或分析过程中的溶剂、氧化剂、催化剂、染料、农药的应用等。

6）人类治疗用途：选择一个或多个人类治疗用途。例如，抗病毒。在"Human Therapeutic Use"字段，点击选择"Select Category"按钮，将弹出一个作用分类的树形视图，以供用户选择。

7）制造商：检索在专题文章中已注册商标名的制造商。

8）全文：允许用户使用任意文本检索记录所包含的所有字段。

（2）属性检索：属性检索字段主要包括分子式（Molecular Formula）、分子量（Molecular weight）、沸点（Boiling Point）、熔点（Melting Point）、pKa、Log P、密度（Density）、折射率（Index of Refraction）、旋光度（Optical Rotation）、燃点（Flash Point）、最大吸收（Absorption Max）和毒性（Toxicity）。

属性检索主要利用实验测得的数值进行检索。许多字段都接受两个输入，一个主要值加指定检索边界条件的输入值。例如，沸点：200℃±5℃ 允许检索 195～205℃范围的记录。默认情况下，边界条件是一组非零值，用户可以调整边界条件（但边界条件也有限制）。如果改变边界条件值为零，则相当于精确检索。

1）分子式：与快速检索不同，当使用此字段检索时，不只有返回完全匹配的结果。例如，"C6H10"可以返回"C6H10"，也可以是包含"C6H10"的记录如"C6H10N"、"C6H10O"、"C6H10O2"等。检索时也可以指定边界条件，从而获得一系列的分子。例如，"C10-12H22O2"，将返回"C10H22O2"、"C11H22O2"和"C12H22O2"。

2）分子量：用户既可以检索精确分子量（边界条件＝0），或者检索在一定范围的分子量。主要值和边界条件都允许输入 2d.p.精度的值。

3）沸点和熔点：可以检索确切的沸点和熔点、或指定一个范围（℃）。主要值和边界条件都允许输入 2d.p.精度的值。

4）pKa 和 Log P：可以通过指定的 pKa 值（酸解离常数）或 Log P 值范围检索。

5）密度：指定特定的密度或一个范围检索。主要值和边界条件都允许输入 3d.p.精度的值。

6）折射率：指定折射或一定范围内的特定指标检索。主要值和边界条件都允许输入 3d.p.精度的值。

7）旋光度：指定一个特定的旋光度或范围检索。数据库内的旋光度数据通常以不同的浓度和不同的溶剂列出。主要值和边界条件都允许输入 3d.p.精度的值。

8）燃点：指定一个确切的燃点或范围检索。用户可以选择℃ 或℉ 的数据。主要值和边界条件都允许输入 2d.p.精度的值。

9）最大吸收：使用最大吸收进行检索，波长为纳米级别（nm）。主要值和边界条件允许输入 3d.p.精度的值。

10）毒性：使用毒性进行检索（可以是 LC_{50} 或 LD_{50} 数据，单位为 mg/kg），检索范围可以通过改变边界条件缩小或扩大。

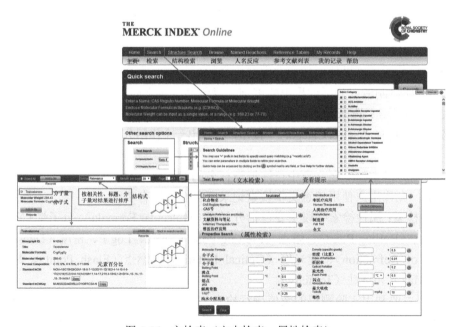

图 5-56　主检索（文本检索、属性检索）

3. **结构检索**　点击"Structure search"进入结构检索页面。结构检索允许用户执行精确结构检索，也可以进行部分结构或相似结构的检索。在进行一个部分结构或相似性结构的检索时可以与文本或属性检索结合（图 5-57）。

在结构检索页面，左侧为结构输入框，用户可以点击"编辑（Edit）"打开结构编辑器描画结构，也可以点击"转换（Convert）"输入化合物名称、SMILES 字符串或 InChI（国际化合物标识）字符串快速转换成化学结构，再执行检索或使用编辑器来修改结构。结构编辑器集成了两个编辑界面：JSDraw（http：//www.scilligence.com/Web/JSDraw.aspx 将在未运行 Java 系统上运行，如使用 iOS 系统设备）和 JChemPaint（http://jchempaint.github.com/ 在不支持 HTML5 的浏览器上运行）。其中，JChemPaint 允许其他编辑器绘制结构直接粘贴到该编辑器上，JChemPaint 也支持打开 mol、sdf、rxn 等结构格式的文件。系统默认选择 JSDraw 编辑界面。

结构输入框右侧为执行精确检索（Exact Search）、部分结构（Substructure Search）和相似性检索（Similarity Search）选项。

（1）精确检索项下可以选择"Strict"、"All tautomers"、"Allow isotopes and stereoisomers"选项。选择"Strict"，系统会检索输入结构的任何立体结构或指定的同位素。选择"All tautomers"，系统将检索输入结构的所有互变异构体，如丙二酸乙酯，将返回酮酯或烯醇酯。而 "Allow isotopes and stereoisomers"选项用于执行稍为宽泛的检索，查看是否有与输入结构相关的立体异构体或同位素异构体。

（2）部分结构检索允许检索包含所指定的结构的分子。但不支持任何特殊的结构通配符。当执行结构检索时，最好选择一个大型的、官能化的结构为出发点，然后简化查询结构逐渐扩大结果集。

（3）相似性检索可以检索与输入化合物相似（但不必匹配所有特征）的化合物。用户可以通过指定相似度计算方法（如 Tanimoto、Tversky 或 Euclidian）来选择检索结果与输入结构的匹配度（从>99％至>70％）。当执行相似性检索时，建议通过先指定较高的相似程度，然后逐渐降低相似程度获得合适化合物。

4. **检索结果及处理**　当检索执行后会显示结果页面，在此将显示检索结果数量和所指定的检索参数，以及化合物记录列表。点击记录标题（这将在同一浏览器选项卡中打开记录）或在新窗口或新选项卡中打开进入化合物完整的信息页面（授权用户）。普通用户将看到一个包含图像、分子式和分子量的基本信息页面（图 5-58）。

在结果页面，与结果相应的检索参数将排列成"标签列表"，用户可以通过点击某参数旁边的叉删除该参数，此时系统将自动执行检索，获得新的结果。用户也可以点击"标签列表"下方的"Change Query"（变更检索）按钮，返回到保留着上一次输入检索参数的检索页面，然后可以根据需要改变一个或多个参数，进行一次新的检索。

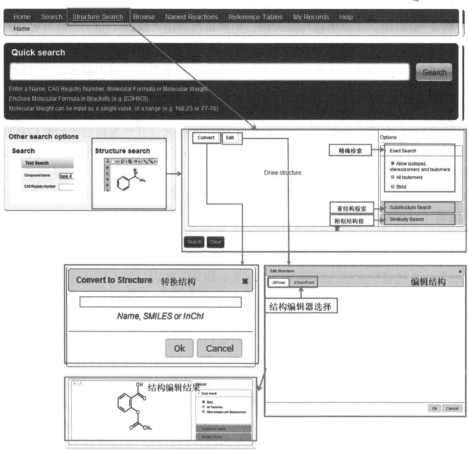

图 5-57　结构检索

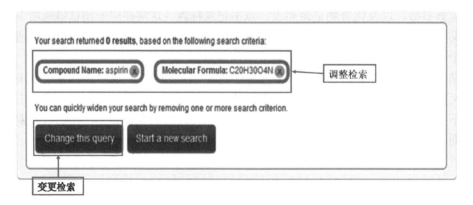

图 5-58　结果处理

5. 浏览　点击"浏览（Browse）"进入浏览页面，用户可以按首字母顺序浏览所有的记录内容。当选择了一个字母后，将显示所有该字母开头的记录列表，但立体描述符[（R）

-，（S）-等]和结构描述符（n-，sec-，tert-，等）不包括在字母排序中。例如，*N*-溴乙酰胺（*N*-bromoacetamide）和乙酸叔丁酯（tert-butyl acetate）均排在字母 B 的列表下（图 5-59）。

6. 人名反应　默克索引囊括了大量的有机人名反应（超过 500 种不同的反应）。用户可以通过两种方法来检索这个数据：

（1）按首字母浏览：从人名反应页面的首字母列表上选择一个字母，可以看到所有以该字母开头的人名反应列表。

（2）人名反应检索：可以通过人名反应页面上的检索框使用自由文本检索。也就是说，用户可以使用反应名称、试剂名、官能团名、甚至是作者姓名进行检索。但值得注意的是，由于语境的影响，有时检索返回的结果可能并不符合用户要求（图 5-59）。

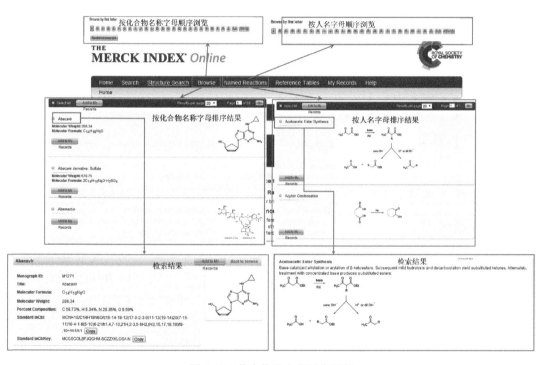

图 5-59　化合物及人名反应浏览

二、《天然产物辞典》

（一）概要

《天然产物辞典》（*Dictionary of Natural Products*，DNP）由 Chapman&Hall 在 1992 年首次出版。该辞典收集的天然产物主要有脂肪类（Aliphatic）、多酮类（Polyketides）、碳水化合物（Carbohydrates）、氧杂环化合物（Oxygen heterocycles）、芳香族（aromatic）、苯并呋喃类（Benzofuranoids）、黄酮类（Flavonoids）、单宁（Tannins）、木脂素（Lignans）、多环芳香（Polycyclic aromatic）、类固醇（Terpenoids）、萜类（Steroids）、氨基酸和肽（Aminoacids and peptides）、生物碱（Alkaloids）、聚吡咯（Polypyrroles），其中紧密相关的化合物被收

集在同一条记录里，目前已包含 170 000 余条记录。记录内容包括化学名称（Chemical names）、分子结构（Molecular structure）、分子式（Molecular formula）、分子量（molecular weight）、CAS 登记号（CAS Registry Numbers）、立体异构体（Stereochemical conventions）、数据来源（Data source）、物理性质[如外观（Appearance）、熔点和沸点（Melting points and boiling points）、旋光性（Optical rotations）、密度和折光率（Densities and refractive indexes）、溶解（Solubilities）、pKa 值、光谱数据（Spectroscopic data）]、危害和毒性信息（Hazard and toxicity information）、参考文献书目（Bibliographic references）、引用期刊缩写（Journal abbreviations）、条目审查（Entry under review）（图 5-60）。

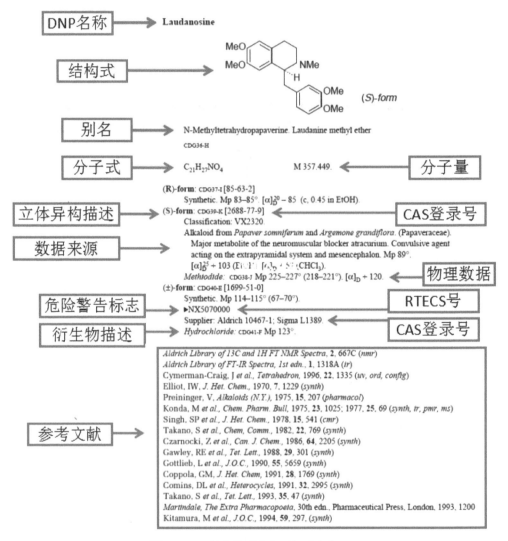

图 5-60　天然产物辞典条目记录内容

（二）使用方法

用户可以通过天然产物辞典在线平台检索天然产物相关信息（ http：

//dnp.chemnetbase.com/dictionary-search.do;jsessionid=E011256EC379FF4BA31AE2AA0B9C
C11A?method=view&id=11522246&si=）。天然产物辞典主页由三部分组成，位于页面顶部
的菜单栏包括首页（Home）、登录账户（My Account）、检索辞典（Search）和浏览之前保
存的检索（My Search）；窗口的左侧为登录（Login）入口、ChemNetBase 和 CRC press 链
接；以及中间的天然产物检索界面（Search）（图 5-61）。其中，天然产物检索界面的上半
部分为结构搜索界面，下半部分为属性检索界面。系统为用户提供了结构检索、属性检索，
以及两者结合检索的方法获取天然产物信息。

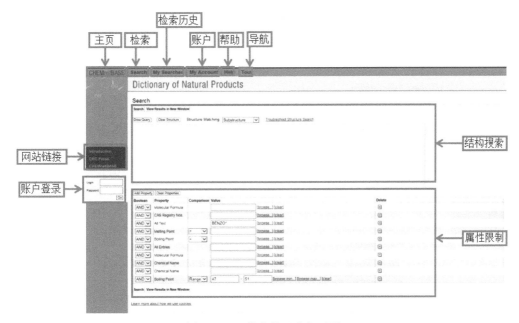

图 5-61　天然产物词典主页面

1. 天然产物属性检索　利用天然产物属性可以检索到相应的天然产物。选择某一属性（字
段）后在检索框中输入检索词，用户也可以在检索框中输入部分检索词，点击浏览，查看候选
清单，选择符合用户检索要求的精确检索词。用户可以选择多个字段进行组合，以便获得更为
准确的结果。页面默认显示的六个字段为：Chemical Name（化学名称）、Molecular Formula（分
子式）、分子式元素（Molecular Formula by Element）、CAS Registry No（CAS 登录号）、All Text
（所有文本）、Melting Point（熔点）和 Boiling Point（沸点）。用户可以点击"Add Property"
（添加属性），从属性列表中的 40 多个属性中选择增加新的检索字段（如果检索两个分子式必
须添加一个额外的分子式字段），同样，可以点击相关检索字段右侧删除按钮，删除该属性字
段。多个字段之间可以使用布尔逻辑运算符 AND 、OR、NOT 进行组合。用户还可以使用比
较关系式和通配符"*"来限定范围和扩大检索结果。

（1）截断和通配符：当用户输入一个检索词，可以使用通配符"*"来表示任意数量的
字符。通配符（右截断）可以用于所有文本字段，在化学名称字段还支持通配符用于字符
开始，如*acid。如果输入 BENZO*作为检索词，检索结果会显示用户以 BENZO 开头所有
化合物，如 benzoic acid（苯甲酸），benzophenone（苯甲酮）等（图 5-62）。

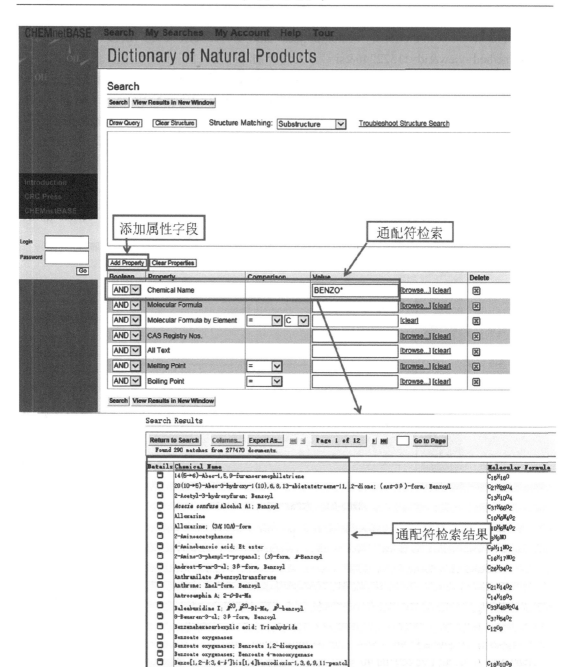

图 5-62　使用通配符检索

（2）范围检索：要检索一定范围的属性值，只需从下拉框中选择比较符号：＞（大于）；
＜（小于）；＞＝（大于或等于）；＜＝（小于或等于）。检索时，检索化合物的属性值将则落
在检索范围内，或者与检索范围重叠。如果寻找熔点在 47～51℃范围内的天然产物，将可
能获得熔点为 45～48℃或 51～56℃之间的天然产物。另外，对于负数的范围，可以加负号
按照低值在前高值在后输入。如检索所有熔点在-10～-5℃范围内的天然产物，在第一个框
中输入-10 和第二检索框-5 即可（图 5-63）。

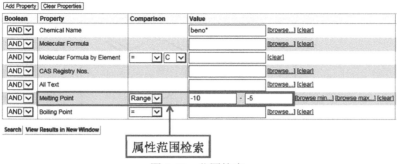

图 5-63　范围检索

2. 天然产物结构检索　在结构检索界面点击"Draw Query"将显示化合物结构编辑器，绘制化合物结构后点击绿色箭头结构返回到结构检索界面。系统默认对输入的结构进行部分结构检索（Substructure），用户可以从下拉菜单中选择精确检索（Exact Match）、或不是部分结构（Not Substructure）。点击检索按钮（Search）开始检索（图 5-64）。执行天然产物结构检索需要电脑配置 Java version 7 或更高版本。

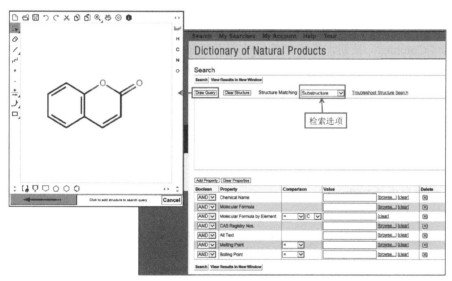

图 5-64　结构检索

3. 天然产物属性和结构结合检索　系统允许用户结合天然产物属性和结构进行更精确的检索。检索时首先利用结构编辑器绘制化合物结构，接着在天然产物属性检索框中输入相应检索词，最后选择布尔运算符"AND"。当完成输入后，点"Search"按钮开始检索（图 5-65）。

4. 检索结果与处理　执行检索后,检索结果页面将显示天然产物的名称和分子式的汇总列表（图 5-66）。每个页面可以显示 25 条记录，用户可以通过（⏮◀ ▶⏭）按钮切换页面浏览更多的化合物。点击列表中条目"Details"将显示所选天然产物记录的详细内容。用户也可以通过点击检索界面的"View Results in a New Window"（ 在一个新的窗口中打开检索）按钮选择在一个新的窗口加载用户的检索结果。

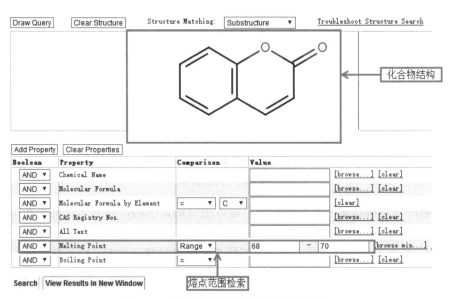

图 5-65　天然产物属性和结构结合检索

　　用户登录后，可以添加或删除结果列表显示的天然产物属性字段。单击位于检索结果列表顶部"Columns"按钮，在弹出的属性列表界面的左框列表中选择需要显示的天然产物属性字段，单击（'>'），将左框选中的天然产物属性字段转移检索结果列表中，如果单击（'>>'）框，则将左框列表中所有天然产物属性字段转移到检索结果列表中。用户也可以通过"Up"和"Down"按钮来调整天然产物属性字段在检索结果列表中的次序。如果用户需要删除检索结果列表中天然产物属性字段栏，单击（'<'）或（'<<'）按钮。

　　检索结果可以选择四种不同的格式（Microsoft Excel，Text、HTML 或 XML）保存。点击位于检索结果列表顶部的"Export As..."按钮，用户可以从下拉列表中选择相应的保存格式、指定导出的行数。

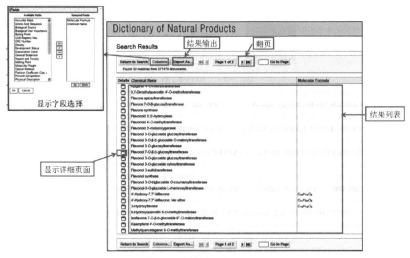

图 5-66　结果显示及处理

三、《有机化合物词典》

（一）概要

《有机化合物词典》（*Dictionary Of Organic Compounds*）由 Chapman & Hall 在 20 世纪 30 年代开始编辑出版，主要收录超过 255 000 的最重要的有机化学物质的物理、化学、生物性质，以及系统名称、一般名称、CAS 号、结构、立体异构、用途、参考文献、期刊缩写等信息，是被国际有机化学领域广泛认可的工具书。所收录的化合物的来源广泛，主要包括结构简单的基础化合物，重要的药品、农药、单体，生化制剂、实验室常用的溶剂、试剂、起始原料，一部分非常重要和常用的天然产物，以及新合成的或者结构、性质有趣的化合物。

（二）使用方法

目前《有机化合物词典》提供在线版本，内容包括第 6 版内容及附录，《有机磷化合物词典》（*Dictionary of Organophosphorus Compounds*）以及部分其他出版物内容。其检索界面及方法同《天然产物辞典》在线平台类似，请参考上述内容。

四、《CRC 化学与物理手册》

（一）概要

《CRC 化学与物理手册》（*Handbook of Chemistry and Physics*）对科学研究来说是一个综合全面的参考资源，自第一版发行以来，已历经百年，目前已经发行到第 96 版。它也被戏称为"橡胶圣经"或"橡胶书"（CRC 原来代表美国化学橡胶公司）。

《CRC 化学和物理手册》收录了大量的化学物质相关的数学、理化性质、物理常数、单位和转换因子、术语和命名、元素和无机化合物的性质、热化学、电化学和溶液化学、流体性质、生物化学、分析化学、分子结构与光谱、原子分子和光学物理、实验室数据、健康和安全信息、物理和化学数据的来源等广泛全面的信息。1962—1963 版（3604 页）还收录大量的科学和工程各方面的信息。涉及的内容不仅包括上述内容，还包括像"有毒物质的解毒剂"、"有机化合物命名规则"、"熔盐的表面张力"、"防冻液"组成配比、"火花隙电压"、"音阶"、"颜料和染料"、"扭转和钢丝绳对应表"和"海拔 160 公里处的地球大气层的性质"等通俗的题材。但是从 1964 年版开始之后各版本取消了更多的"通俗"信息，主题几乎完全集中在物理化学数据方面。

（二）使用方法

《CRC 化学与物理手册》目前提供在线版本，为信息的检索提供了便利条件（http:

//www.hbcpnetbase.com/）。在线主页可以分为三个部分：内容窗口（页面左侧）、搜索菜单（页面顶部）、数据和信息窗口（页面中间）。相应地提供了文本检索（Text Search）、结构/属性检索（Structure/Property Search）和浏览（Browsing）的方式查找化合物相关信息（图5-67）。

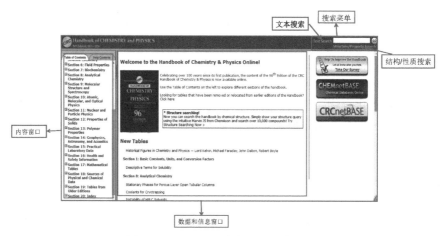

图 5-67　CRC 化学与物理手册主页面

1. 浏览　用户可以通过页面左侧的内容窗口中显示的手册的目录，浏览整个手册内容。目录的内容基于窗口资源管理器标准，用户可以点击⊞标志来显示隐藏的文件夹，或点击⊟隐藏一个打开的文件夹。每一节的每个部分的文件夹都包含一个 PDF 文档，或一个表和一个与 PDF 文档相关的 HTML 链接。当用户点击在某一节文件夹中的内容标题时，就会在数据和信息窗口显示该节文件夹的内容。显示的内容有三种类型：PDF 文本、交互式表格和与 PDF 文本相关的分段标题的 HTML 链接（如有机化合物的物理常数）。不同类型的数据格式由不同的图标来表示：PDF 由▦图标表示，而图标▦则表示交互式表格选项。用户可以通过点击不同的图标来查看每个图标对应数据。当结果中有交互表格时，PDF 除了重复表中给出的数据外，还会附加对这些数据的简介、解释和参考文献。但如果交互表格很长，PDF 文本就只会给出简介。

2. 文本检索　文本检索允许用户使用关键词来搜索《CRC 化学与物理手册》的 PDF 全文（匹配的项目会以文本高亮显示的形式返回）。同时允许使用以下通配符来实现不同的搜索目的（表 5-4）。"*"用在 PDF 文件的文本检索时，可以出现在输入关键词的左边，但是这种情况不能出现在公式搜索中。另外，可以用逻辑运算符（AND、OR）组合搜索条件，用于扩大或缩小搜索范围。例如，输入"*chlor* AND *iod*"进行文本搜索，返回的结果将会是：既含有氯，又含有碘的化合物。输入"*fluor*OR*chlor*OR*brom*OR *iod*"将检索到所有的含有卤素的化合物。检索结果将在数据和信息窗口显示。

表 5-4　《CRC 化学与物理手册》检索可用的通配符

通配符	作用	举例
?	匹配所有的单个字母	appl?可以检索到 apply 或 apple
*	匹配任意数目的字母，可以放在字符前后	appl*可以检索到 application

续表

通配符	作用	举例
～	填充	apply～可以检索到 apply，applies，applied
%	模糊检索	ba%nana 可以检索到 banana，bananna
#	读音搜索	#smith 可以检索到 smith，smythe
&	同意搜索	fast&可以检索到 quick
～～	数值范围搜索	12～～24 可以检索到 18
:	变量加权	apple：4/5 pear：1

3. **结构/属性搜索**　点击"Structure/Property Search"将进入结构/属性搜索检索页面。该页面由分子结构式输入框和属性检索栏组成。用户可以同时或单独使用结构和属性进行检索（图 5-68）。

（1）结构检索：点击"Click to add or edit Structure"分子结构输入框，将弹出一个类似于 ChemBioDraw Ultra 的分子结构编辑器（画法同 ChemBioDraw Ultra）。结构画完点击右上方的"Done"即可完成输入。

（2）属性检索：在属性检索栏通常默认显示物质名称、分子式、CAS 号、分子量、主题五种属性字段。检索方法与《天然产物词典》类似，用户可以点击"Add Another Property"，从系统提供的属性列表中选择所需属性后，点击"Apply Changes"添加至页面。同时也可以点击属性表格最后一列中对应的删除符号删除所选属性字段。多个属性字段之间可以使用布尔逻辑运算符 AND、OR 进行组合。对于部分数值型字段也可以使用比较符>=、<=等限定属性值的范围。

用户可以通过属性检索框下方的"Use Chemical Structure AND/OR Chemical Properties"选项，确定进行化学结构与属性结合检索，还是分别单独检索。

当所有搜索条件都确定好的时候，就可以点击属性设置表格下方的搜索按钮（Search）开始搜索。搜索的结果会显示在搜索按钮（Search）的下方，也可以按搜索按钮（Search）右边的清除结果按钮（Clear Search Result）来清除搜索结果。

4. **结果的显示**　当执行检索（Search）后，检索结果会显示在数据和信息窗口。首先系统只是按手册中的排列顺序显示检索结果统计条目。点击每个条目之前的显示符⊞打开条目，显示相关的 PDF 和交互表链接。要查看详细的搜索结果，就按▦显示交互表，或按▦显示 PDF 格式文本（与浏览相同）。如果是数字属性作为搜索条件，则结果只有交互表（表 5-69）。

检索的结果可以通过结果条目顶端的"email results"按钮发送给自己或者同事。邮件中包含一个静态链接，点击可以打开在线搜索的结果。但需要注意的是，这个链接只包含搜索的结果，而不是在线手册。电子邮件发送成功后，可以关闭邮件窗口继续浏览搜索结果。

5. **结果处理**　系统针对结果提供了排序、过滤、保存、打印、导出数据、查看化学结构等功能，方便用户对结果进行查阅和处理（图 5-70）。

（1）排序：交互表的每个列都可以按递增或递减顺序排序。具体的操作是：选择要排序的列，单击"列"头，该表将按递增顺序进行排序；再次点击列标题，按降阶排序；如果要回复到它的默认排序，单击"恢复默认排序"图标$^1{}_2{}_3$即可。给一个很长的表进行排序操作需要相当长的时间，但是用户可以通过使用过滤器的功能来去除一些相关连的记录，然后排序剩下的子集来提高效率。

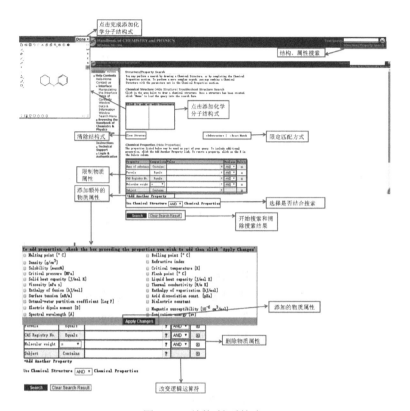

图 5-68　结构/性质检索

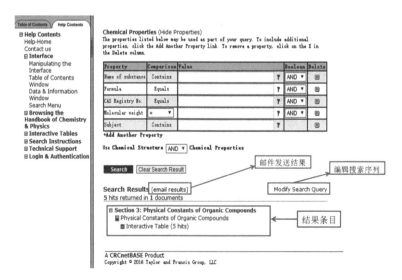

图 5-69　结果显示

（2）过滤：要在交互表中查找某个条目，可以单击表顶部的"筛选选定的字段"图标▼，进行结果过滤。在弹出的搜索窗口选择字段（如分子式），输入要查找的数据，单击搜索表单顶部的"应用筛选器"按钮执行筛选。结果将显示在右侧窗格中。如果要恢复完整的交互表内容，可以打开"过滤搜索窗口"，然后单击"清除筛选器"（图 5-71）。

（3）查看化学结构：要查看交互表中化合物结构，选择结构一列中的"View Chemical Structure"图标<img>，对应的化合物结构将会显示在单独的窗口中（图 5-72）。但有些化合物可能没有结构信息，这时该选项不可用。

（4）结果输出：如果需要打印选定的交互表，或是新创建的搜索结果的表格，可以点击表上方的打印表图标<img>，可以打印任意给定表的前 25 行。打印操作时会显示一个包含表格的新窗口，用户可以选择菜单中的"文件"，选择"页面设置"调整打印页面。

用户也可以把表格复制和粘贴到其他应用程序（如 MS Excel）中。另外，用户也可以通过单击在每个表的顶部的"导出"图标，直接把对应的表格导出到 MS Excel 中。

（5）PDF 中查看结果：如果需要在 PDF 格式文件中搜索结果，加载相关 PDF 文件，点击望远镜图标（Find），在 Acrobat Reader 的窗口内输入搜索条件，就会摘到需要搜索的结果（Adob Acrobat Reader 4 或更高版本可使用此功能）。

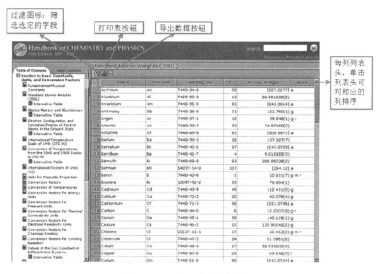

图 5-70　交互表结果处理

填写过滤内容

过滤框

应用过滤框

清除过滤框内容

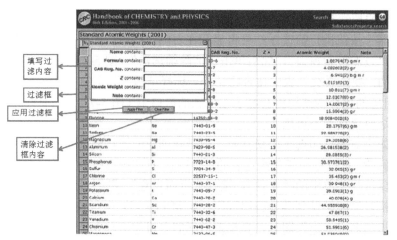

图 5-71　交互表结果过滤

结构式显示窗口

结构式显示按钮

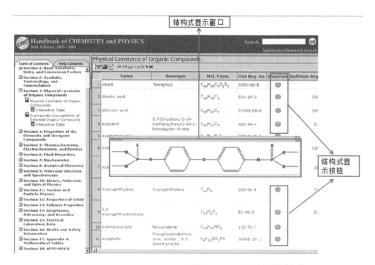

图 5-72　查看化学结构

第六章　中药文献的应用

第一节　中药文献在专业学习中的应用

中药古今文献内容丰富，数量庞大，门多类广，浩如烟海。随着中医药事业的迅猛发展，中药学科分类越来越细化，学科之间相互渗透、交叉，又产生新型学科；中药研究的不断深入，涌现出不少中药研制的新技术，发现了许多中药新活性成分。牛顿自谦其成就是因为"站在巨人的肩膀上"，对于中药学类、药学类专业的学生来说，无论是中药的古代文献，还是现代中药文献，都是有助于专业学习的"巨人的肩膀"。

一、循序渐进，文献阅读助力对专业知识的理解

宋代有名的哲学家朱熹曾说："读书之法，在循序而渐进"，"未得乎前，则不敢求其后，未通乎此，则不敢志乎彼"。他主张读书要有程序，不可杂乱无章地乱读。读书是这样，文献的阅读同样如此。当专业学习处于基础课程学习阶段，在对课堂讲解内容有所掌握的情况下，适当参阅文献可加深对基础知识的理解和补充。如《中药学》教材总论中"性能"这一章提到的"四气"、"五味"、"归经"、"升降浮沉"等内容，是具有一定归纳性的被大多数人认同的基本概念。然而这些理论的历史发展、各家学说等不会呈现在教材中，故在学习了教材中的基础知识后，若能参阅相关文献，了解历代医药各家对四气、五味等的不同看法，丰富所学知识，并加以分析思考，提出自己的见解，则会使专业课程的学习不只是停留在对课堂传授内容的理解而有所升华。同时，亦要注意文献阅读要有所选择，必须符合人的认识规律，即由易到难，由浅入深，由简单到复杂。此外，要根据所学专业及相关的边缘学科，基础课、专业基础课、专业课的不同教学阶段，为自己制订不同阶段的文献阅读计划，循序渐进地、符合学习规律地、有成效地阅读文献。

二、学以致用，实践中检验专业文献学习质量

美国总统华盛顿曾直率地说："读书而不能运用，则所读书等于废纸"。如果所学知识仅停留在书本上，即使学富五车，满腹经纶，也无益于社会。所以，专业知识的学习，必须联系实际，加强实践，在实践中进一步加深对理论的理解。对于中药学类、药学类专业的学生来说，将来所从事的职业性质，决定了其实践的重要性，这种理论联系实践应贯穿于整个专业学习之中。例如，在药用植物学或中药鉴定学的教学过程中，要通过上山采集标本或实验，才能将书本知识与实物联系在一起。其间，文献的查阅利用不可忽视。就药用植物而言，古代文献对植物来源形态的描述与现代实际利用的植物来源形态既有相同者，

亦有相异者；加之同名异物的药用植物繁多，易出现用药混乱。通过搜集整理古代文献及现代各家考证文献资料，指导实际应用。

对中药学类、药学类专业学生而言，毕业课题实践是检验学以致用的关键。专业书籍中的知识具有普遍性和规律性，实践过程常遇到许多书本上未作讲解的问题，这时需要充分利用文献。通过查阅文献可确定研究方法及技术路线；利用现有报道的文献用于实践，可少走弯路，缩短科研时间。由于中药的研究具有一定难度，故无论是提取方法、工艺条件优选，还是药效实验等，都应重视利用文献。当然，利用文献的同时，还应鉴别真伪，辨别瑕瑜，有所取舍。这样，才能使文献在实践中体现价值，使学生在利用文献中提高实际动手能力，对课本知识中的疑问或实践中遇到的新问题，加以思考、印证，在掌握巩固专业知识方面有创新、有飞跃。

三、夯实文献积累，开阔专业研究思路

作为中药学类、药学类专业的学生，在循序渐进阅读文献、联系实际利用文献的基础上，还要善于积累文献。文献的积累并非一朝一夕就能完成的，而是需要持久的、不间断的努力，才会有所收获。我国春秋战国时期的著名学者荀子曾说："不积跬步，无以至千里；不积小流，无以至江海"，说的就是积累文献的重要性。

善于积累文献表现在会阅读文献。所谓"会阅读文献"，就是在阅读文献过程中根据要求与不同目的，采用不同的阅读方式，争取在短期或少量时间内尽可能地多读文献。如对不急需用的文献，可采用浏览的方法，利用文献检索的功能，阅读摘要以了解概况，弄清大致"行情"，为今后使用作准备。若对有目的选择的文献，可采用粗读或精读的方法。在文献阅读过程中，一般内容一掠而过，重要内容或所需内容，认真领会重复阅读，此即粗读；在此基础上，细读精思，一一寻究，消化吸收，最终成为自己的积累，此为精读。

积累文献要做有心人，要善于发现有价值的文献。对中药学类、药学类专业的学生而言，所谓"有价值的文献"包括：对解答专业学习中疑难问题有用的文献；可补充教材内容不足的文献；能帮助解决实践中所遇问题的文献；研究新动态、新方法，或新的学术观点，有助于开拓视野的文献；能拓宽知识面的相关边缘学科的文献。

在科学技术迅猛发展的今天，文献信息的重要性越发凸现。作为中药学类、药学类专业的学生，应该积极利用日新月异的网络技术与计算机检索系统，获取中外最新信息，在掌握所学专业知识的基础上，跟上时代步伐，不断补充更新知识，成为顺应时代的专业人才。

第二节　中药文献在中药科学研究中的应用

中药科学研究与其他科学研究一样，具有明显的连续性和继承性，后一代的科研必须以前一代人已经达到的终点为起点，即使是同一代人，也需要不断地相互交流科研成果。没有继承就不可能有创新，中药文献承载着前人的研究成果信息，有助于后人的选题和研究，避免研究的重复和少走弯路，并能缩短研究周期，节省人力、物力、财力。以青蒿素

的发明为例，最早记载用青蒿治疗疟疾的是我国晋代（公元265～420年）的葛洪，其在《肘后备急方·卷三·治寒热诸疟方第十六》中云："青蒿一握，以水二升渍，绞取汁，尽服之。"一千多年来，人们用青蒿治疗疟疾多用煎剂，临床效果不够理想。1971年中医研究院的科研人员查阅上述记载，提出为何古人要绞汁生用而不用煎剂？经过反复实验研究，终于验证了青蒿截疟的主要有效成分是青蒿素，它的水溶性很差，而且在60℃以上就分解失效，于是便用有机溶液低温提取，终使研究获得成功。青蒿素的发明获得了国家发明二等奖，开创了用中医药治疗恶性疟疾、脑型疟疾的新路。经过不断地深入研究，青蒿素的衍生物蒿甲醚、蒿琥酯等新药的抗疟效价，比青蒿素高6～7倍，达到了国际先进水平。2015年，青蒿素的主要发现者屠呦呦获得诺贝尔生理学或医学奖。

一、中药文献贯穿中药科学研究全过程

中药文献贯穿中药科学研究全过程，在中药科研选题、中药科研过程和中药科研课题结题成果鉴定时均起着重大的作用。

（一）中药文献在中药科研选题时的作用

在进行科学研究时，第一件事就是确定研究什么，即科研选题。科研选题包含科研问题的提出和选定。它是通过文献信息搜集，弄清课题研究的相关背景、世界范围内研究的现状，决定课题的定向、创意和实际可行性，这是科研工作的起点，是研究工作关键的第一步。爱因斯坦说过，提出一个问题往往比解决一个问题更重要。可见，课题选择准确就等于成功了一半。中药科研的选题主要依据中药文献的启迪、科学的预见、创新的精神和实施的措施来完成。选题力求体现课题的先进性、科学性、实用性和新颖性。为了使选题准确、科学、切合实际，既要遵循中医药学基本理论的具体指导，又要遵循现代医学的基本原理，参照前人的认识与总结，结合研究者个人的实践，根据实际需要与可能确定选题。这一阶段要做的工作有两方面，一是从适合国内或本单位特点的实际出发，如实验室的条件、科室的专业等，确定课题研究的主攻方向；二是"查新"，即通过检索文献信息，确实证明国内外无人搞过该项研究，评价研究课题的新颖性、先进性和实用性，避免科研工作的低水平重复，节省人力、资金和时间，提高科研水平。以中药治疗癌症的研究为例，中药治疗癌症早在《黄帝内经》、《本草纲目》中就有记载，我国一直应用这些传统方法防治癌症，并传入日本一直沿用至今。现代，从植物中寻找抗癌药物，在国内外成为抗癌药物研究的重要组成部分。20世纪60年代美国国立肿瘤研究所（NCI）开始了一个从植物中寻找新的抗癌药的庞大项目。我国抗癌中药的筛选始于1958年，近年发展更加迅速，取得了更加显著的成绩。抗癌中药按其抗癌作用可分为两类：一类为来源于中药的新抗癌药，如喜树碱、靛玉红、马蔺子甲素、冬凌草甲素等；另一类是具有生物反应调节剂样作用的中药，它们常与常规手术疗法、放射疗法、化学疗法及免疫疗法合并应用，作为辅助治疗。中国医学科学院血液研究所的科学家，在掌握中药抗癌作用的国内外研究发展动态后，根据中医"清肝火"的治则，发现传统中医处方当归芦荟丸治疗慢性粒细胞白血病有明显疗效，此方由11味中药组成，经拆方研究发现，青黛为该方治疗此病的主药，经反复实验研

究，成功地从青黛分离出有效成分靛玉红。靛玉红可提高机体的细胞免疫功能，而起到抗白血病作用。靛玉红现已人工合成，供临床使用。

（二）中药文献在中药科研过程中的作用

中药科研课题中标以后，还必须不断地进行中药文献的查阅。这是因为，第一，在中药科研中必然会碰到各种具体问题，如实验试剂配方、技术参数等。通过查阅中药文献资料，了解同类研究方法，查阅前人的经验和教训，解决科研过程中的各种技术问题。第二，科学研究是动态发展的事物。定题以后，必须不断地获取新的信息，掌握相关领域研究的最新动态，不断地完善课题，使课题更富有新意。第三，在课题投标时，虽然有了主攻的方向和背景资料的了解。研究设计还仅仅是一个初步的框架。随着科研的深入，会暴露出课题设计的一些问题。此时，及时进行资料的搜集，获取针对性较强的信息，则有利于使科研课题更趋于成熟合理。总之，在科研过程中不断阅读和分析新的相关文献资料，对加深研究的深度和提高研究分析对比的水平有重要的意义。

（三）中药文献在科研课题结题，成果鉴定时的作用

课题完成后，准备成果鉴定时，也需要进行中药文献的查阅，对成果进行自我评价。此时，必须与别的研究者，特别是较权威的研究者所得的科研成果和理论解释进行对比分析。当一项科研项目完成或取得重大阶段性成果后进行成果鉴定，必须经过查新。国家卫生部于1989年正式下文规定，凡申请医药卫生科技项目的立题、成果鉴定、奖励以及有关医药卫生科技活动的评价等，均需有查新单位出具的查新报告，否则不予受理。一项成果的正确评价和成功鉴定，除参评专家外，查新工作有着不可忽视的作用。通过查新，可以摸清该成果在国内外是否已有同类研究，以及研究方案、研究结果是否具有创新性，从而为主管部门和专家提供全面、准确的事实依据，避免评审工作中凭主观而造成失真的现象，有助于提高评审工作的公正性和客观性。

二、中药文献搜集应注意的问题

中药文献的搜集要重视现代信息技术的利用，重视搜集具有独创性的国内文献和国外文献，系统检索（检索工具法）与参考文献回溯及跟踪最新文献相结合，重视科研论文与综述评论文献相结合，注意学科领域的空白点和注意文献的真实性、科学性。

1. **利用现代信息技术**　现代信息技术发展突飞猛进，在中药文献的搜集方面体现了高效率、多载体类型等多方面优势。科研人员要跟上时代的发展，充分利用信息获取现代技术，如光盘、网络、多媒体等技术，更好地为科研服务。

2. **重视搜集具有独创性的国内文献和国外文献**　在查阅中药文献时，应重视具有较强独创性的国内和国外文献，不能偏废一面，仅查国内文献，眼光短浅，思路狭窄；但只查国外文献，认为只有国外文献才最新最全，也是思路狭窄的另一种表现。

3. **系统检索与跟踪最新文献相结合**　运用检索工具查找中药资料，比较系统而全面。

在当前二次文献发展较为迅速的情况下，用检索工具查找资料已非难事。医学文献检索工具由传统的手工形式向计算机形式转移，医学科研人员应根据课题实际情况，研究选用几种文献检索工具。在选用检索工具时注意多种结合，相互补充，提高检索效率。而有些文献在查找时尚未收入检索工具，要注意浏览近期中医药核心期刊的目次，查找与课题相近或相同综述论文阅读，以及网上的电子期刊，主要医学网址上中药信息，及时更新搜集的中药文献。

4. 科研论文与综述论文相结合 科研论文是情报资料的主要搜集对象，对专题中药科研来说，针对性强，有先进性、新颖性、独创性的特点。但情报资料搜集的首选文献类型是一些综述论文。综述论文信息含量大，内容丰富，既有对学科或某专题发展历史的全面回顾总结，又论述了当前的新进展与趋势，是值得重视利用的文献。

5. 注意学科领域的空白点 在科研选题中莫过于填补空白更容易获得成果。在空白学科范围内从事某项科研工作，是平地而起，选什么题目都是新的，都是前人没有作过的工作，容易出新。找到空白点，再组织自己的科研工作。有人说："文献缝里"找题目，从狭义的观点来看，不失为一种选题方法。在这方面。中药的现代研究更具有特殊的现实意义。例如，有人经过文献检索，发现已知的抗凝蛋白都是针对内在凝血途径的，外在凝血途径的抗凝物质属于空白。于是进行攻关，终于发现了组织因子途径抑制物（tissue factor pathway inhibitor）。

6. 注意文献的真实性、科学性 在选题中查阅中药文献要注意文献的真实性、科学性，去其糟粕取其精华。据报道，目前情报污染率在50％以上。因此，从各种渠道收集到的中药文献素材，必须进行鉴别与整理。一般地说，知名专家、学者和科学技术人员撰写的论文所提供的情况比较准确；著名学府、科研机构或出版单位出版的材料可信度大；秘密或内部资料比公开资料的可靠性大；图纸、标准、专利文献比一般科技书可靠性大；科技书刊比新闻小品的可靠性大；官方来源的资料比私人来源的资料可靠性大；专业研究机构的资料比一般社团的资料可靠性大；最终报告比进展报告的可靠性大；引用率高的文献可信度高；文献本身论据充分、逻辑严谨的可信度高。

第三节 中药文献在中药新产品研发中的应用

近年来，国家加大了对中医药科技和中药产业化的投入，与此同时，中药现代化国际化的呼声亦日益高涨。中药新产品的开发势头虽然可喜，但其中所遇到的困难及存在的问题仍然不少：如低水平重复，尚未全部建立能够较为准确地反映中药新产品药效并与中医证型相符合的实验动物模型，中药新产品的剂型及质量控制问题等。

所谓的中药新产品应该包括中药新药、中成药的两次开发、中药保健食品、中药化妆品等。其中，最为引人瞩目的是中药新药的开发。任何中药新产品的开发，都应注重文献的作用，利用文献数据库，依靠信息技术，以获取新知识、新理论、新技术，使所开发的中药新产品具有科技含量高、实用性强、市场效果好的各种优点。可见，中药文献在中药新产品开发中的应用具有举足轻重的意义，中药文献在中药新产品开发中的应用大致有以下几个方面。

一、中药文献是新产品研发的宝库

首先，中药新产品的开发应顺应市场的需要。中药新产品的开发是应用性研究，它必须在大量的文献查阅、基础研究、市场调查等基础上才能实施，其中中药文献的查阅与利用，是中药新产品开发的前期最基础工作。而中药文献可以说是中药新产品开发的宝库。

我国历史悠久，药学资源极为丰富。几千年来的医药实践，前人为我们留下了极为宝贵的财富，这就是浩如烟海的古代中药文献。在中药新产品开发中，古代中药文献是宝库，从中可挖掘出不少宝藏，是开发中药新产品取之不尽、用之不竭的源泉。《神农本草经》记载的药物只有365种，而《本草纲目》收载的药物已有1892种，近代的《中华本草》收载药物数以达到8980种，说明丰富的中药资源，被源源不断地发掘出来。古代文献中有关中药的功效，目前只解读了其中的部分，还有很多潜在功效还未被发现；被研制而成为中成药应用于临床的中药复方，仅是千万首复方中微乎其微的极小部分。虽然在中药古代文献中未出现化妆品之类的名词，但可以在古代中药文献中发现很多以外用为主的，具有祛斑、驻颜、润肤等作用方药的记载，实际上这就是中药美容、化妆品的历史。有关中药保健方面的文献亦是不少，如《食疗本草》、《饮膳正要》、《食物本草》等著作，为后世提供了保健食品与养生要法。所以，在中药新产品开发中，要充分利用中药古代文献资源，为新产品的发掘提供依据。

随着中药研究的日渐深入，中药研究的手段、方法等亦产生了极大的变化，故应重视现代中药文献的查阅。如过去较为注重单味药中的成分或活性成分的提取，而现在以逐渐转向探索复方中物质基础，即研究复方在各种因素影响下化学成分的变化。为适应中药研究开发的需要，与中医证型较为相符的实验动物模型的研究亦在引起重视。另外，先进仪器设备的应用、检测手段的改变，都使中药新产品的开发有了坚实的保证，如应用于新药质量控制的高效液相色谱法，具有分离效率高、速度快、消耗低等优点的现代分析测试仪高效毛细管电泳等。但是必须看到的是，这些研究方法、检测手段、设备应用并不是一成不变的，同样随着中药新产品研制的需要而不断变化。所以，加强现代中药文献资料的检索查询可以使我们从中有所发现、有所借鉴、有所创造。

二、中药文献能为中药新产品研发提供思路

近年来，中药科学研究所取得的丰硕成果，使中药备受海内外医药界及相关学科学者的青睐和关注。无论是新药开发，还是保健食品、化妆品的开发研制，中药均成为重要的研制对象。自20世纪50年代至今，有关中药研究文献为中药新产品研制的提供了极为有价值的资料，人们可以通过这些文献去总结、寻求新的实验方法与手段，从这些成功与失败中促进思考，启迪思维，不断创新，开拓新思路。

中药复方是现代中药研究的一个重点，随着对中药复方研究的不断深入和经验的积累，有不少学者提出了建议或看法。有人提议中药复方应从多靶点、多效用角度着手，亦有人提出复方研究的"霰弹理论"等。这些建议和看法，为中药复方研究提供了研究思路。但是，单靠照搬文献思路还是不够的，还应当根据文献提供的思路，结合自身实践，提出与

现代研究相结合的新思路。如有学者在新药开发研制实践中，发现新药的开发要求研制工作的针对性和实用性要强，而且工作路线和研究思路要简捷，故提出了"直捷思路"，即以研制出治疗疾病的药物为最终目的；植化与药理配合确定有效部位，针对该药所治疾病舍弃部分成分，确定最小有效部位；完善工艺和制定质量标准。这种以出新药为目标的"直捷思路"的特点是实用、有效，它是在对众多文献思路理解、吸收的基础上，结合实际工作所产生的一种新思路。而这种新思路通过文献，又会给人以新的启示。又如，通过中药复方研究发现，复方在煎煮过程中产生各种新成分，主要有配位络合物、分子络合物、化学动力学产物。这些络合物的理化性质、药效等，与游离单体不同，甚至更有效。如黄芩中的黄芩苷与铝盐形成的络合物黄芩苷铝，兼有黄芩抗菌和铝收敛的双重作用。虽然目前只是利用金属离子与中药化学成分生成配位络合物这一性质进行药物分析、分离、鉴定，但已有学者通过对这些文献的综合思考，提出应加强中药复方水煎液中新成分形成的研究，对利用这些络合物创制中药新药应引起足够的重视。

在中药新产品开发中，中药新药的开发一直被视为重点。利用有关中药研究成果的文献，可加快新药的开发速度、合理利用中药资源、研制出中药的相关代用品。如抗菌消炎的小檗碱最初是从黄连中得到的，通过研究其理化性质，小檗碱已经可以从三颗针、黄柏等植物中得到。又如对有些濒危动植物药物，在还未找到合适的代用品时，可以通过对其所含成分的测试，用化学合成或半合成品来替代。对某些已知活性成分的结构，进行修饰或化学合成，经合理设计可研制高效低毒的新药。以上这些资源的合理利用或设想，可以说是中药文献的功劳，是浩瀚的文献大海为人们提供了思维畅游的场所。

三、中药文献是中药新产品研发的指南

新产品开发属于应用科学的范畴。任何新产品的开发，它必须有针对性，即应具有合适的目标，以及明显的实用目的。中药新产品的开发同样如此。中药文献能为中药新产品的开发提供研制信息、市场信息，是中药新产品开发的指南。

中药文献对中药新药开发来说既重要又实用。我们通过文献可以详悉中药新药品种分布情况及中药新药开发现状；可以从中药文献中获悉新药研究中存在的诸多问题，避免重蹈覆辙，少走弯路；可以从中药文献中了解现行新药申报的各项规定；可以从中药文献中得到新药研制的新方法、新思路；可以从中药文献中提高深化对某些问题的认识等等。如在新制剂开发研究中重视并应用了新工艺、新辅料、新设备而产生了一些新药，有已获得美国 FDA 认可的、可进入美国市场的复方丹参滴丸，以及胃肠分溶型的复方丹参颗粒、芫花萜药膜等。又如对多年来中药研究中争论不清的中药活性成分等学术问题，通过文献可以加以讨论，以期有个较为统一的看法。无论是中药新药研制的信息，还是有关中药开发研制中的学术问题，都是不容忽视的研究指南。

作为新产品开发还必须注重市场需求，适应经济规律。要瞄准市场，做到有的放矢，就应该利用文献信息，做好市场调查。若一窝蜂而上，则会使消费者感到无所适从，难作选择，如目前市场上形形色色的保健品。当然，亦有很多根据市场需求开发成功的例子。这些成功例子给予我们的经验是要准确利用信息，使文献信息真正成为指南。

中药新产品的开发还应重视专利文献的查询和应用。中药专利文献是中药文献的一部

分。中药专利文献对于研究国内外科研水平、制定中药新产品开发计划等有着极其重要的作用。中药新产品的开发成功，属于发明创造，是具有价值和使用价值的成果，应得到保护，并可成为商品合法转让。同时，可以利用中药专利文献，通过查询以避免无谓的重复，使得中药新产品的开发走上良性循环道路。

第四节　中药科技论文的撰写

一、科技论文

（一）概念

科技论文是指对某一学科领域中的问题进行探讨、研究，并将形成的科学研究成果进行表述的议论说理性文章。英国的奥康纳认为："科学论文应该论述一些重要的实验性、理论性或观测性的新知识；一些已知原理在实际应用中的进展情况。"因此，凡是直接阐述客观事物的本质和规律性，在理论研究和技术创新等方面表明作者的见解和学术观点的文章，都可称为科技论文。

（二）特点

科技论文不是一般的论说文，是一种论述对科技领域内具有创新意义的新成果、新见解和新知识，或者总结某种已知原理应用于实践所取得的新方法、新技术和新产品的科技文献，是论说文的高级形式。科技论文有其独特的属性，即科学性、学术性、创新性、规范性及实用性。

1. **科学性**　是科技论文的灵魂，也是对撰写者的第一要求。要求实验是周密设计的，仪器和方法是可靠的，结论是严谨而富有逻辑推理的。尽可能多地占有第一手的可信材料，以最充分的事实、可靠的数据、确凿的论据得出科学结论。从事科学研究和表述科学研究成果都需要实事求是。没有科学性，科技论文就失去任何价值。科技论文的科学性主要体现以下四个方面：①论文内容、材料、结果必须是客观存在的事实，经得起他人的重复和检验验证；②数据准确无误，引文准确及用词准确，数据、结果忠于事实和材料；③论点、论据与论证的逻辑一致性。内容先进；④论文理论和实践水平能够代表当今国内外科技发展水平。

2. **学术性**　是科技论文的本质特征。科技论文以学术文体作为论题，以学术成果作为表述对象，以学术见解作为文章的核心内容。科技论文要求运用科学的原理和方法，对科技领域中的某一文体进行抽象、概括的论述，具体地说明和严密地论证、分析，以揭示事物内在本质和发展变化的规律。学术论文的学术性不仅表现在研究内容和手段上具有明显的特色，而且表现在文章的结构、专业术语、图表、公式等方面。

3. **创新性**　是衡量论文价值的根本标准。创新是指在有意义的时空范围内率先推出有价值的新事物。科技论文的创新性体现在，揭示新现象或新事实，提出新概念或重新界定原有概念，提出新观点、新方法和新对策，对原有结论或方法的新论证，建立新的理论体系和策略体系等。但是，科学研究是一项十分复杂而艰巨的工作，不可能每一篇科技论文都有新发现、新发明或技术创新的内容，因此，一篇科技论文只要有一点"新"的内容就可以称得上有创新性了。

4. **规范性**　是科技论文传播交流并发挥作用的重要保障。不同的期刊论文虽然在语种、版面上有区别，但都具有相似的基本格式。《出版物管理条例》规定："出版物的规格、开本、版式、装帧、校对等必须符合国家标准的要求，保证出版物的质量。"世界发达国家对学术论文的撰写和编辑制定了各种国家标准。国际标准化组织也制定了一系列的国际标准，不同学科和专业的学术机构还制定了本学科和专业的国际标准。联合国教科文组织于1968年公布了《关于公开发表的科学论文和科学文摘的撰写指导》。1987年，我国国家标准局发布了《科学技术报告、学位论文和学术论文的编写格式》、《文后参考文献著录规则》、《科技学术期刊编排规则》、《文摘编写规则》等国家标准。对于这些规定，在撰写学术论文时，必须严格遵守，并且熟练地加以运用，这样写出来的学术论文才符合要求，才能起到记录、总结、贮存、传播、交流学术信息的作用。撰写科技论文时可参考的国家标准见表6-1。

表6-1　科技论文常用国家标准

国家标准编号	名称
GB3469-83	文献类型与文献载体代码
GB6447-86	文摘编写规则
GB7713-87	科学技术报告、学位论文和学术论文的编写格式
GB7714-2005	文后参考文献著录规则
GB3100-3102-86	量和单位
GB/T15834-2011	标点符号用法
GB/T 15835-2011	出版物上数字用法的规定

5. **实用性**　是指科技论文的实用价值。一篇科技论文的实用价值主要视其是否有明显的社会效益，是否能为生产实际所应用，或是否对学科理论发展有促进作用。有的论文一经发表，读者阅读后即能使用，用后即可奏效，则该论文具有较高的实用价值。但是，应该指出，有些属于基础研究的科技论文，其实用性不在一时一事，可能在将来具有深远的意义。例如，孟德尔有关植物杂交的著作发表于1866年，当时并未引起人们的注意，直到1900年被重新发现。

（三）类型

1. **按照取得原始数据的方法**　分为文献综述、实验研究论文及调查报告。

（1）文献综述：简称"综述"，也有"评述"、"述评"、"动态"、"进展"、"总览"和"概述"等说法。指利用已发表的文献资料为原始素材，对其进行分析和评价后，提出在特定时期内某一领域或某一专题的研究工作进展和发展趋势。文献综述属三次文献，它是以一次文献为素材、二次文献为工具，对众多散乱的而又相互关联的一次文献进行分析归纳，撰写出新的文献。

（2）实验研究论文：在严格的对照实验条件下获得数据，根据对实验数据的分析撰写出的科技论文。由于实验在受控制的条件下进行，尽可能排除了外界影响因素，因而有可能反映事物的本质，因此论文有较大的学术价值。

（3）调查报告：以现场调查的方法获得数据资料撰写而成的科技论文。这类论文的资料是对客观事物自发过程的观察和记录，如对中药材种植情况、对某一中药的资源分布情况、对常用中药饮片用量情况等进行调查研究。

2. 按照撰写科技论文的目的　分为学术论文和学位论文。

（1）学术论文：是对某一学术课题在实验性、理论性或观测性上具有新的研究成果或创新的记录。或者是某种已知原理应用于生产实际取得的新进展的科学记录。学术论文可在学术会议上宣读、交流或讨论，或在学术刊物上发表。学术论文重在创新、有所前进，切忌重复、模仿、抄袭前人的成果。

（2）学位论文：是表明学位申请者（本科生、硕士生、博士生或以同等学历申请学位者）从事科学研究取得创造性的结果或有了新的见解，并以此为内容撰写而成、作为提出申请授予相应的学位时评审用的学术论文。

学士论文，即本科生毕业论文。根据《中华人民共和国学位条例》第四条规定："高等学校本科毕业生，成绩优良，达到下述水平者，授予学士学位：①较好地掌握本门学科的基础理论、专门知识和基本技能；②具有从事科学研究工作或担负专门技术工作的初步能力。"

硕士论文，是硕士研究生所撰写的学位论文。根据《中华人民共和国学位条例》第五条规定："高等学校和科学研究机构的研究生，或具有研究生毕业同等学历的人员，通过硕士学位的课程考试和论文答辩，成绩合格，达到下列学术水平者，授予硕士学位：①在本门学科上掌握坚实的基础理论和系统的专门知识；②具有从事科学研究工作或独立担负专门技术工作的能力。"强调具有独立从事科研的能力。

博士论文，是博士研究生所撰写的学位论文。根据《中华人民共和国学位条例》第六条规定："高等学校和科学研究机构的研究生，或具有研究生毕业同等学历的人员，通过博士学位的课程考试和论文答辩，成绩合格，达到下列学术水平者，授予博士学位：①在本门学科上掌握坚实宽广的基础理论和系统深入的专门知识；②具有独立从事科学研究的能力；③在科学或专门技术上做出创造性的成果。"强调具有独立创新性的成果。

3. 按照科技论文的内容和形式　分为论证型论文，科技报告型论文，发现、发明型论文，计算型论文和综述性论文。

（1）论证性论文：是对数学、物理学、化学、天文学、地理学和生物学等基础性学科命题的论述和证明的论文。此类论文着重公理、定理、原理和假设的建立、论证及其适用范围和使用条件的讨论。

（2）科技报告型论文：是描述某项科学技术研究的结果或进展，或某项技术试验和评价的结果，或论述某项科学技术问题的现状及发展的论文。医学临床报告、工程方案和研究计划的可行性论证也属于这种论文类型。

（3）发现、发明型论文：有两种，①证述被发现事物或事件的背景、现象和运动规律，人类使用该发现的前景的文章。②描述被发明的装备、系统、工具、材料、工艺、配方形式，或方法的功效、性能、特点、原理及使用条件的文章。

（4）计算型论文：提出或讨论不同类型数学、物理方程的数值计算方法，其他数列或数运算，计算机辅助设计及计算机在不同领域的应用原理、数字结构、操作方法和收敛性、稳定性、精度分析等的论文。

（5）综述型论文：即前所述之文献综述。

二、中药文献综述的撰写

中药文献综述是中医药学工作者在自己所从事的专业范围内，在阅读了中医药有关专题的大量文献资料的基础上，经过分析、归纳、总结而写成的一种科技论文。

中医药文献综述可反映当前中医药学领域中某分支学科或重要专题的最新进展、学术见解等，并能反映出有关问题的新动态、新趋势、新水平、新原理和新技术。在科研工作之前，大量阅读相关文献，了解最新的科研动态和研究现状，撰写文献综述，既能避免科研工作的盲目性，又可保证科研选题的先进性。综述的撰写过程，本身就是对一次文献的深入学习和研究过程。能否撰写出一篇高质量的中医药文献综述类论文，往往作为衡量医学科技工作者实际科研能力的重要尺度之一。撰写一篇好的文献综述，不仅可为科研人员研究课题提供有价值的依据，而且能有效地进行知识更新，还可培养中医药工作者收集材料、综合分析的能力。

（一）文献综述的类型

文献综述的类型，主要有以下几种分类方法。

1. 按综述的撰写方法分

（1）文摘性综述：又名"综合性文摘"。这类综述对原始文献的内容一般不进行评价，只对其进行综合性摘述。目的是为读者提供较为详尽的资料。

（2）分析性综述：又名"评论性综述"。综述者为表达自己的意见和见解，对原始文献的内容作了一定的分析和评价。

2.按综述的内容性质分　综述的内容，一般包括历史回顾、成就概述、学术争鸣、未来展望等方面的内容，根据各方面内容所占的比例不同，可分为：

（1）动态性综述：以历史回顾为主。针对某一专题，按时代先后和学科发展的历史阶段，由远及近地进行综合分析介绍。旨在反映某专题的历史阶段性成就，强调时间上的顺序性。

（2）成就性综述：以成就概述为主。重在介绍某一专题的最新研究成果，如新观点、新方法、新技术、新进展等。对研究的历史回顾，可以从略。这种综述对科研的借鉴和指导意义较大，实用价值比较高。

（3）展望性综述：以未来展望为主。重在分析预测某一学科或某一专题研究的发展趋势，对学科的发展和专题研究有一定的导向作用。

（4）争鸣性综述：以学术争鸣为主。将针对某一问题的不同学术观点，进行广泛地搜罗、归类和总结，很少加入作者的观点。该类综述，对活跃学术气氛，开拓思路，有一定的益处。

（二）中药文献综述的撰写步骤

综述是"综"与"述"的结合。"综"是将有关资料加以整理、分析和综合；"述"是在"综"的基础上，按文章的写作程序把它表达出来的陈述过程。"综"是基础，"述"是表现。文献综述专题性强、论题往往限于一定的范围之内，文中多是以第三人称的形式进行叙述，作者必须持客观的态度，不一定照录原文，可以用自己的语言去转述，但必须忠于原意，绝不能断章取义，更不能任意歪曲。中药文献综述写作步骤一般为：选题→收集→整理→成文。

1. 精心选题　做好选题是写好文献综述的基础和关键。首先，选题要新。确定主题之前必须检索近期是否有类似综述文章发表，如果所写的主题与别人的文章重复，而和别人的文章相比又没有独到的见解和新进展应另选主题。选择近几年进展较快、知识尚未普及、原始报道积累较多、意见不一致而存在争论的新课题。最好从综述的理论研究、实验研究及临床研究实际出发，选择自己专长的、有基础的或者正在开展的研究工作的相关题目。选题要结合中医药研究特点，突出中医药特色。选择的题目可大可小，大到一个领域、一个学科，小到一个病证、一种治法或一种药物。初次撰写文献综述，所选题目尽量小而具体，不宜过大、过宽，这样查阅文献的数量相对较小，撰写时易于归纳整理。

2. 收集文献　选定题目后，就要有针对性地广泛搜集文献资料。搜集文献要求越全越好，至少几十篇，多者数百篇，应主要搜集近 5 年内的一次性文献。目前，文献搜集主要通过计算机检索的方式进行，作者可通过知网、万方数据、维普资讯网等国内优秀的科技文献全文数据库进行检索。但是由于期刊出版周期的限制，作者仍难从中获得最新的资料。加之用主题词检索的方法往往会漏掉部分相关文章，因此传统的手检方式仍不可或缺。

3. 整理材料　搜集好与文献有关的文献后，就要对这些文献进行阅读、归纳、整理。如何从这些文献中选出具有典型性、科学性和可靠性大的材料十分重要，从某种意义上讲，所阅读和选择的文献的质量高低，直接影响文献综述的水平。因此在阅读文献时，要写好"读书笔记"、"读书心得"和做好"文摘卡"。用自己的语言写下阅读时得到的启示、体会和想法，将文献的精髓摘录下来，不仅为撰写综述时提供有用的材料，而且对于训练自己的表达能力，阅读水平都有好处。特别是将文献整理成文摘卡，对撰写综述极为有利。

4. 汇总成文　在掌握了一定数量的材料后，就可以着手拟订文献综述提纲，再按这个提纲把收集到的材料分类整理、归纳，并从这些材料中挑选出可靠的、有理论和实践意义的内容，逐一述之。在写作过程中，如发现材料不足，还需要继续查阅、收集、加以补充，切忌材料不足就勉强动笔，影响综述的质量。

一般说来，文献综述的内容应包括以下几方面：①介绍某一研究的发展历史；②研究的最新进展，包括新动态、新水平、新技术和新发现；③目前存在的主要问题，争论的主要焦点；④今后的发展动向，深入研究的意义。

（三）中药文献综述的撰写格式

1. 文献综述的基本结构　文献综述一般包括以下几个部分：①题目；②作者所在单位和姓名；③摘要，关键词；④前言（引言、导言，概述）；⑤正文；⑥结语；⑦参考文献；

⑧致谢。

2. 文献综述各部分的写作方法 下面就文献综述的主要组成部分的写作方法作一简要说明：

（1）题目：应简明扼要，主题突出，一般不超过 25 个字，常由文献引用的时限、综述主题加文体标志性词语组成，有时可省去标志性词语和时限，采用"近况"、"进展"、"概况"、"研究"、"综述"等模糊词语，多属研究历史不长的课题或泛指近几年的情况，如《艾滋病中医药治疗的研究进展》等。

（2）摘要及关键词：综述摘要包括综述的目的、研究现况、存在问题、解决的方法和今后研究的方向，为陈述性摘要。关键词是自由词，可列出 3～5 个。

（3）前言：主要说明综述撰写的目的和意义，简明扼要地说明写作的目的、相关概念、所涉及的内容及时间范围、相关问题的现状及焦点，使读者对综述内容有个大概的了解。前言不宜写得过长，一般应控制在 200 字以内。

（4）正文：该部分内容是综述的主体部分。正文内容，多通过提出问题、分析问题和解决问题而展开的。正文内各段落的排列次序，因其撰写的目的和类别而异。如动态性综述，强调其时间上的顺序性，要求严格按时间顺序排列其内容。而其他类别，则对此没有严格的要求。主体部分，可围绕着几个主题的论点和论据来分别组织材料。每一论点的提出，应首先将综合归纳出来的论点放在前面，然后分别介绍各家论点，以其原始文献作为论据进行引证。引证的文字，既可以是直接取自原始文献，也可以是经过综述者加工之后的文字。但其基本观点必须与原作者保持一致。

（5）结语：对主要论点和论据加以归纳总结，并得出结论。同时对该主题的发展趋势、存在问题作展望和预测，进而适当地表明作者的学术观点和倾向性，对争论的问题发表自己的见解或作简要评论。

（6）参考文献：与一般论文相比，数量众多的参考文献，就成为综述文体结构的显著特点之一。参考文献必须是作者亲自阅读过的、最新的、最重要的文献。引用参考文献的意义在于：标明资料来源，提高综述的可信度；为读者提供查找原始资料的线索；表示对原文作者权益的保护与尊重。参考文献的排列次序与序号，要与正文中的引文次序和序号保持一致。

（四）示例

醋甘遂的研究进展

摘要： 本文通过对醋甘遂的炮制工艺、化学成分、药理作用、毒理研究、临床应用等方面研究进展的综述，探讨醋甘遂深入开发利用的前景。

关键词： 醋甘遂；炮制工艺；化学成分；药理作用；毒理研究；临床应用

前言 甘遂为大戟科植物甘遂（*Euphorbia kansui* T. N. Liou ex T. P. Wang）的干燥块根，主产于山西、甘肃、陕西、宁夏、河南等地，始载于《神农本草经》。其性寒，味苦，有毒，归肺、肾、大肠经，具有泻水逐饮、消肿散结的功效，临床多用于治疗肝硬化腹水、胸腔积液、水肿、咳喘、二便不利等症。甘遂毒性较强，中医临床历来采用醋制降低其毒性，缓解其药性。为了更好地开发利用甘遂药材资源，本文从醋甘遂的炮制工艺、化学成分、药理作用、毒理研究、临床应用等方面进行归纳，以期为其全面深入的研究和今后的应用开发提供一定的参考。

正文提纲

1 炮制工艺

2 化学成分与质量分析

3 药理作用

3.1 泻下作用

3.2 利尿作用

3.3 祛痰作用

3.4 抗肿瘤作用

4 毒理研究

5 临床应用及其他

总结与展望（略）

参考文献（略）

（引自《中成药》，2015 年 6 月第 37 卷第 6 期）

（五）撰写中药文献综述的取材原则与注意事项

1. 取材原则　　凡是与某专题有关的文献资料，都可以作为素材使用。但由于综述的篇幅和性质所限，在撰写之时，必须对其素材一定的取舍。其取材一般应遵循以下几条原则：

（1）取一次文献，舍二三次文献。一次文献是以作者依据本人的研究成果而撰写的第一手资料，属原始文献。其中往往含有前所未有的发明创造或一些新颖的观点，具有较高的参考价值。二次文献、三次文献则是在一次文献的基础上，经再次加工而产生的文献，其中可能掺入了再次整理者的某些认识和观点。

（2）取主要资料，舍次要资料。文献综述是以大量占有一手资料为前提的。但在收集到的大量原始文献资料中，难免有相互重复或与主题关系不甚密切的内容。对此均应舍去，只取其主要内容，以杜绝事无巨细的有文必录。

（3）取新舍旧，取近舍远。对于成就性综述来说，因其主要目的是以介绍某一专题的最新研究成果为主。故而其取材内容应是能够反映综述专题的新观点、新经验、新方法或新技术为原始文献为主，取新舍旧，取近舍远，以确保综述的新颖性。

通过上述对素材的取舍过程，在大量原始文献中去粗取精，去伪存真，才能确保综述的质量和学术水平，使其成为资料翔实、说理清楚而又言简意赅的学术论文。

2. 注意事项

（1）忌堆砌资料。利用查阅的中药文献资料，全面地、深入地、系统地对某一专题进行论述，而不是简单地罗列资料。中药文献综述应阐述自己的鲜明观点，指出主题的发展背景，还要有评论性的意见，指出问题所在，以及有哪些问题有待进一步解决和探索。

（2）忌妄加评论。中药文献综述多用第三人称对诸家论述进行综合评述，内容要求客观、真实。叙述和列举各种理论、观点、方法、技术及数据时要客观，必须如实反映原文献的内容。进行评议要审慎，应基于客观进行分析、评价，不能出于个人喜好、倾向进行评论，更不能出于个人情感有意偏袒或攻击。

三、中药实验研究论文的撰写

实验研究类论文是针对科技领域的一个专题，根据所进行的实验与研究，分析实验所观察的现象、实验数据或效果比较等重要的原始资料，整理而成的科技论文。这类论文不同于一般的实验报告，其写作重点应放在研究上，能揭示本实验课题研究概况、研究目的、意义及结论，并使读者能按照论文所提供的条件方法得以重复验证，在此基础上做进一步的研究。

中药实验研究论文的写作步骤一般为：选题→素材收集→成文。

（一）论文选题的原则与程序

选题的动机和灵感，来自于日常的科研活动。平时注意多读书，勤思考；多观察，勤记录；偶有所得，即随时记录。只有多读常写，勤奋不懈，才能培养出良好的写作能力和敏锐的思维能力。

1. 选题的原则　论文选题原则，主要有以下四个方面：

（1）目的性：论文的选题目的一定要明确。准备提出什么问题，解决什么问题，必须心中要有数。只有这样，才能避免研究工作的盲目性。

（2）创新性：实验研究论文要求揭示的事物的现象、属性、特点及规律等，必须是前所未有的，新颖的，首创的或部分首创的，而不是他人劳动的重复。因此，应将选题的起点应放在学科的前沿，选准那些在本学科前人没有做过，或虽已做过但尚不完备，仍值得深入探讨的专题。无论是在学术观点上，还是研究方法上，都要具备创新性，要有新的见解。既要善于发现新问题，又要能提出新观点，找出新方法。

（3）应用性：选题要根据学科发展和社会发展的需要，选择国家部委、省及有关厅局在发展中药事业急需解决的攻关课题，或实用性较高的课题。要注重实践，不要空谈。因此，选题应以当前中药学的研究热点、前沿、难点或实践急需为主。

（4）可行性：从实际出发，综合考虑主、客观条件，选择力所能及的论题。否则，选题太难或太大，力不从心，常会导致研究"搁浅"，或泛泛而谈，难以深入。

2. 选题的程序

（1）提出问题：一切发明创造都是从问题开始的。问题，就是疑点。古人云："学贵有疑，小疑则小进，大疑则大进。"对问题产生的一种困惑、探究的心理状态，能促使人不断提出问题、分析问题、解决问题。在中药科研实践中，经常遇到一些难以解释的现象、问题及矛盾，利用已掌握的科研手段，汲取国内外先进经验，从而形成自己的设想，就是提出问题。只有提出问题，才会有选题的初步线索，进一步解决问题，才有可能有所创造。

（2）查阅资料：提出问题后，围绕问题查阅资料。此举旨在弄清他人是否已有类似的研究，自己的观点是否有新意，能否找出支持自己观点成立的有关资料。即分析选题是否具有创新性和可行性。

（3）确定选题：经过初步的调研之后，可以明确提出自己的观点，确定选题。

（二）中药实验研究论文素材的收集

论文素材的收集，是写好论文的重要前提。一般来说，论文的素材主要来源于两个方面：一是研究者实践所得的第一手资料，二是吸收和借鉴前人的研究成果和经验。第一手资料的获取，需要作者亲自进行调查研究，或实验研究。在现代，实验是人们获取第一手资料的主要方法之一。从实验中，可以掌握大量实验数据。如某味中药的提取与新的有效成分的发现、新的药理作用研究等，都必须经过实验研究来获取。前人的研究成果和经验，则可以通过查阅有关的文献来获得。

（三）中药实验研究论文的撰写方法

中药实验研究论文有较为固定的结构形式，一般包括：标题、作者、摘要、关键词、引言、正文、结论、致谢、参考文献等。

（1）标题：要以最恰当、最简洁的词语表达全篇内容和研究目的。中文标题一般不超过 20 个字，英文标题不宜超过 10 个实词。标题所用每一词语必须考虑到有助于选定关键词、分类号、索引和检索，应避免使用结构式、公式，以及同行不熟悉的符号与缩写。涉及药品名称最好不用商品名。

（2）作者：是文稿的法定主权人、责任者。它表示作者拥有该论文的著作权，而且对文章内容负责。作者署名的方式主要有：个人署名、多人署名、集体署名。第一作者通常是论文的执笔者，其他作者，可按其贡献的大小或工作量的多少来排序。文稿中所列作者，还应提供其详细地址、工作单位、邮政编码等内容。作者如有 1 个单位以上时，在第一作者名字的右上角注明，其他单位作者顺序在其名字右上角标注 2 或 3，并分别将单位名称按顺序排列，各单位名称前加注相应数字。

（3）摘要：是全文主要内容的缩写，旨在向读者提供正文的创新点和基本信息。摘要一般在论文初稿完成后书写。其内容包括：研究目的、对象、方法、结果、结论和适用范围等。字数一般在 150～300 字之间。摘要应具有独立性，避免与文题、正文中的大小标题及结论部分重复。摘要应拥有与正文等量的主要信息，客观真实，用第 3 人称书写。术语使用要规范化，外文词汇可用原文或加标原文。文中不出现正文中的序号或文献编号。科技期刊要求采用报道式摘要或结构式摘要。报道式摘要，可采用完整短文式，一般限 150 字。结构式摘要，按目的、方法、结果、结论四大要素分述，一般字数限定在 200～300 字。与中文摘要内容同步的外文（多为英文）摘要，应力求准确、简明。

（4）关键词：是能表达论文内容主题的关键性词汇，取自论文的正文、摘要或标题。关键词是为快速检索文献而设，贵在确切规范。一般选择 3～5 个词。关键词的使用，可参照《医学主题词注释字顺表》、《中医中药主题词表》、《汉语主题词表》，或参阅国内外著名期刊中同类主题论文中的关键词及本学科新的专业词。关键词忌用内容全面的短语，并须译成同义外文词汇。

（5）引言：主要是用于引出正文。其内容包括：说明选题的动机、前人的研究现状、目前存在的问题、论文的理论基础及作者的意图或目标等。引言要力求简洁明了，直点主题，少用套话。字数一般不超过 250 字。注意引言与摘要不同，它不详述人们已经熟知的方法，不描述将要报道的资料和结论。引言切忌大而全。

（6）正文：是论文的主体，一般应包括研究对象、研究方法、结果与讨论。正文的撰写，要求论点突出，论据充分，层次分明，结构合理。

1）研究对象：包括人、动物、药材、试剂、仪器等。中药实验论文的实验对象多为动物，应写明动物的名称、种类（品种、品系）、数量、来源、性别、年（月）龄、饲养条件及合格证号等。药材要写明来源及规格，来源需使用拉丁文，必要时注明产地及采收季节等。中药复方应写明出处、全部药名及剂量。试剂要注明规格、批号及提供单位。主要实验仪器设备应写明国别、生产厂家、型号、精度或关键操作方法。临床研究要写明人的年龄、性别、病种、诊断标准、治疗方法、药品剂量、疗程、分组情况等。

2）研究方法：实验方法的描述要突出重点，详略得当。若采用已有方法可引用文献；若是有实质性改进的方法要写明改进之处；若是新建立的方法则要详细描述操作步骤和关键细节。

3）结果：是将实验数据、观察结果、典型病例等经必要的统计学处理后，以简洁的图、表、照片配合精炼的文字描述表达出来。其结果必须经得起科学论证和推敲，数据必须真实有效。

4）讨论：是显示研究科学性、创新性的部分，也是论文中最难写的部分。讨论应从实验结果出发，从理论上对其进行分析、阐述、推论和预测。讨论的阐述可以包括新发现的含义及其限度，实验中例外情况及论文尚难以解释或解决的问题、实验条件的不足之处，对进一步研究的启示，理由充足时可提出新的假说等。

（7）结论：又称小结、结语，是对研究成果的简要论述，这段文字一定要是在试验结果和讨论的基础上，经过严密的逻辑推理所作的最后判断，从而形成全文总的观点。结论的阐述内容通常是作者对该实验研究的认识、重要的结果、解决的科学问题及新观点等，切忌重复方法与结果项下已叙述过的内容，措辞应严谨，表述应简明。

（8）致谢：对曾经帮助或指导过自己研究工作的人，一般要在文末致谢。此项并非必备项，可视情况而定。

（9）参考文献：其作用主要是作者指出其论文的科学论据，为读者评论该论文的背景和质量、利用文中信息与资料提供参阅资料。文后参考文献越新颖、充分，就越能说明论文的科技水平已居本学科的前沿，其应用价值也就越大。参考文献的书写，应采用规范的著录格式。

（四）示例

醋甘遂泻水逐饮功效活性部位筛选

[摘要] 考察醋甘遂不同极性部位对癌性腹水模型大鼠泻水逐饮的功效。以癌性腹水模型大鼠为研究对象，呋塞米为阳性药，分组连续 7 d 灌胃醋甘遂各极性部位，考察其对癌性腹水模型大鼠尿量、腹水量、尿钠钾氯离子水平、尿液 pH、肾素-血管紧张素Ⅱ-醛固酮系统（RAAS）的影响。结果显示，与模型组比较，醋甘遂乙酸乙酯部位可显著增加癌性腹水模型大鼠尿量（$P < 0.05$），减少腹水生成，降低尿中钠钾氯离子水平（$P < 0.05$，$P < 0.01$）、尿液 pH（$P < 0.05$）及血清肾素、血管紧张素Ⅱ、醛固酮含量（$P < 0.01$）。其中石

油醚部位和正丁醇部位作用程度不及乙酸乙酯部位,水部位对模型大鼠各环节的作用较弱。结果表明,醋甘遂乙酸乙酯部位对癌性腹水模型大鼠有显著的利水作用,可缓解水液电解质紊乱和体液酸碱失衡,调节肾素-血管紧张素Ⅱ-醛固酮系统,为醋甘遂泻水逐饮的功效部位。

[关键词]　醋甘遂;癌性腹水;泻水逐饮;功效部位;筛选

前言　甘遂(Kansui Radix)为大戟科植物甘遂(*Euphorbia kansui* T. N. Liou ex T. P. Wang)的干燥块根[1],苦,寒;有毒。归肺、肾、大肠经。可泻水逐饮,消肿散结,用于治疗重症水肿,臌胀,胸腹积水,痰饮积聚,气逆咳喘,二便不利等。其峻泻力强、专于行水,故有"泄水圣药"之誉称,又因其毒性较强,中医临床多用醋制品。本实验室前期研究表明醋甘遂对癌性腹水模型大鼠有较好的治疗作用,但其功效成分及作用机制仍待揭示。本实验以癌性腹水模型大鼠为研究对象,从尿量-腹水量、尿钠钾氯离子水平、尿液pH值及对肾素-血管紧张素Ⅱ-醛固酮系统的影响等方面筛选醋甘遂泻水逐饮功效的活性部位,为研究其泻水逐饮功效的物质基础及作用机制提供一定的依据。

正文提纲

1　材料

1.1　仪器及试剂

1.2　实验药物及供试品的配制

2　实验方法

2.1　分组、造模及给药

2.2　观察方法

2.3　指标检测

2.3.1　大鼠尿量、腹水量、尿钠钾氯离子水平及尿pH

2.3.2　大鼠血清肾素、血管紧张素Ⅱ、醛固酮含量

2.4　数据分析

3　实验结果

3.1　醋甘遂不同极性部位对各组大鼠一般情况的影响

3.2　醋甘遂不同极性部位对各组大鼠尿量及腹水量的影响

3.3　醋甘遂不同极性部位对各组大鼠钠、钾、氯离子及尿液pH的影响

3.4　醋甘遂不同极性部位对各组大鼠肾素-血管紧张素Ⅱ-醛固酮系统的影响

讨论(略)

参考文献(略)

(引自《中国中药杂志》2015年9月第40卷第18期)

(五)撰写中药实验研究论文的注意事项

1. 语言简练,突出重点　实验研究论文强调语言简练,材料取舍得当,突出重点。如引言部分应特别注意提炼鲜明,简明扼要介绍与正文关系密切的资料,具有吸引力。由于实验研究论文材料与方法的内容较多,初学写作者切忌一一罗列实验过程,应记述其主要的、关键的实验步骤及操作,以能让同行读者重复试验为度。讨论突出对实验观察结果做

出的理论性分析，阐述一两个关键问题。若讨论问题较多者，应分项论述。

2. **数据准确，表达清晰**　实验研究的结果多为经统计学处理过的实验观察数据资料。撰写论文时应反复审核数据，确保真实，准确无误。用统计表说明实验结果时，应尽量列出显著性检验的结果；数据准确，"0"要列入，没有数字的空格用"-"填充，以示并非遗漏；计量单位标准化；表格设计便于排版，方便阅读。

3. **实事求是，诚信可靠**　在论文中客观地、真实地反映实验研究的结果和评价，既不要夸大，也不要缩小。实事求是，未做的实验、没进行的工作不能写进论文。将该研究与以前的工作联系起来，不炫耀自己的工作比以前的工作如何好，而是客观比较其优劣。与其他研究进行对照，切忌将自己的缺陷掩盖起来。

四、调查报告的撰写

调查报告是反映调查研究成果的一种书面报告，即对某种现象进行调查后，对其结果整理成的文字材料。其作用是就某一科研课题搜集材料、罗列现象，在整理过程中发现问题、提出问题，经过分析、归纳综合，揭示出事物的本质，探索事物内部联系及其规律，找出解决总问题的方法和途径。调查报告具有针对性、真实性、新颖性及时效性。针对性是调查报告的目的；真实性则是调查报告的基础，是针对性、新颖性和时效性赖以存在的前提；新颖性、时效性则是针对性、真实性的客观要求。

（一）调查报告的撰写格式及方法

调查报告一般由以下几个部分组成：

（1）报告封面：包括项目名称（标题）、调查单位、完成和呈报报告的日期等。

（2）标题：应以简练、概括、明确的语句反映所要调查的对象、领域、方向等问题。题目应能概括全篇，引人注目。标题通常分为直叙式标题、表明观点式标题、提出问题式标题。直叙式标题直接叙述调查地点、调查意向、调查项目，如《中药连翘种质资源调查报告》，中药类调查报告大多采用此类型标题。表明观点式标题直接阐述调查者的观点、看法或对事物的判断、评价，如《中药饮片应加快产业化步伐——甘肃省中药饮片生产企业调查报告》。提出问题式标题以设问、反问等形式，突出问题的焦点和尖锐性，吸引读者阅读，促进读者思考，如《消费者愿意在网上购买中药材吗？》。

（3）导言：亦即引言、总提、序言、前言，简短扼要地说明调查的目的、意义、任务、时间、地点、对象、范围等。要注意将调查的目的性、针对性和必要性交待清楚，使读者了解概况，初步掌握报告主旨，引起关注；调查方法要详细说明，要写明是普通调查还是非普通调查（重点调查、典型调查、抽样调查），是随机取样、机械取样、还是分层取样，调查方式是开调查会、还是访问或问卷等，以使人相信调查的科学性和真实性，体现调查报告的价值。

（4）主体：主体，是调查报告的主要、核心部分。它一般应包括以下几个方面的内容：①研究有关问题的社会背景和主要目的；②调查对象的选择及其基本情况；③调查的主要方法和过程；④调查获得的主要资料和数据；⑤研究的主要方法、过程和结论；⑥对调查研究过程及其结果的评价。在主体部分，要把调查来的大量材料，经过分析整理，归纳出若干项目，条分缕细地叙述，做到数据确凿、事例典型、材料可靠、观点明确。数据如能用图示的形式表示，可以增加说服力，一目了然。

写作安排先后有序、主次分明、详略得当。大致有如下几种写法：①按调查顺序逐点来写；②按被调查单位的人和事的产生、发展的变化的过程来写，以体现其规律性；③将两种事物加以对比，以显示其是非、优劣，找出其差异性；④按内容的特点分门别类逐一叙述。这种安排较为常见。最后，写清楚调查的结果。

（5）结束语：即讨论或建议，交待调查研究了什么问题、获得了什么结果，说明了什么问题。依据正文的科学分析，对结果作理论上的进一步阐述，深入地讨论一些问题，表明自己的观点，提出建设性的意见。从内容上看，结束语有以下几种写法：①概括全文，深化主题。即根据调查的情况，概括出主要观点，进一步深化主题，增强调查报告的说服力和感染力。②总结经验，形成结论。即根据调查的情况，总结出基本经验，形成调查的基本结论。③指出问题，提出建议。即根据调查的情况，指出存在的问题和不足，提出弥补或改进的具体建议。④说明危害，引起重视。即根据调查的情况，说明问题的严重性、危害性，以便引起有关方面的重视，有的还提出对策性的具体意见。⑤展望未来，指明意义。即根据调查的情况，由点到面、由此及彼，开扩视野、展望未来，指出有关问题的重要意义。

（6）参考文献：即在写调查研究报告过程中，参考、引用了哪些资料，目的在于对所写报告负责，并对读者提出信息，也是表示尊重资料作者的劳动。

【附】常用文献类型标识和著录格式。

（1）书或专著。

［序号］著者.书名[M].版本（第 1 版不标注）.出版地：出版者，出版年. 引文所在的起始或起止页码.

[1] 陈重名，黄胜白.本草学[M].南京：东南大学出版社，2005，2：40.

（2）期刊（连续出版物）。

［序号］著者.题（篇）名[J].刊名，出版年，卷号（期号）：引文所在的起始或起止页码.

[1] 范春燕，王家葵，何霖.《斗门方》初考[J].中医文献杂志，2010，（1）：11.

[2] Kipp J E.The role of solid nanoperticle technology in the parenteral delivery of poorly water-soluble drugs[J].Int J Pharm，2004，284：109.

（3）会议录、论文集、论文汇编中的析出文献。

［序号］析出文献著者.题（篇）名[A].见（英文用 In）：原文献著者.论文集名[C].出版地：出版者，出版年.引文所在起始或起止页码.

[1] 张玉心.重载货车高摩擦系数合成闸瓦的研制和应用[A].见：中国铁道学会编译.国际重载运输协会制动专题讨论会论文集[C].北京：中国铁道学会，1988.242.

（4）学位论文。

［序号］著者.题（篇）名[D].保存地点：保存单位，年份.引文所在起始或起止页码.

[1] 刘海萍.栀子的化学成分及其质量研究[D].北京.首都师范大学，2007：2.

（5）专利文献。

［序号］专利所有者.题名[P].专利国别：专利号，出版日期.

[1] 曾德超.常速高速通用优化犁[P].中国专利：85203720.1，1986-11-13.

（6）技术标准。

［序号］标准编号（标准顺序号-发布年），标准名称[S].

[1] GBJ111-87，铁路工程抗震设计规范[S].

（7）报纸。

［序号］主要责任者.文献题名[N].报纸名，年-月-日（版次）.

[1] 李四光.中国地震的特点[N].人民日报，1988-08-02（4）.

（8）科学技术报告。

［序号］著者.报告题名[R].出版地：出版者，出版年. 页码.

[1] 朱家荷，韩调.铁路区间通过能力计算方法的研究[R].北京：铁道部科学研究院运输及经济研究所，1989.34.

（9）电子文献。

［序号］主要责任者.电子文献题名[电子文献及载体类型标识].电子文献的出处或可获得地址，发表或更新日期/引用日期（任选）.

[1] 王明亮.关于中国学术期刊标准化数据库系统工程的进展[EB/OL].http：//www.cajcd.edu.cn/pub/wml.txt/980810-2.html，1998-08-16/1998-10-04.

[1] 万锦坤.中国大学学报论文文载（1983-1993）.英文版［DB/CD］.北京：中国大百科全书出版社，1996.

（10）其他未定义类型的文献。

［序号］主要责任者.文献题名［Z］.出版地：出版者，出版年.

（二）示例

XX县中药种植基地中药资源种类调查报告

引言（略）

一、调查目的

1. 通过对××县××镇中药资源的调查，掌握其中药资源的分布特征和特点。

2. 熟悉沿路中药的种类及其科属。

3. 了解中药种植基地气候特点及其对生物资源的影响。

二、调查任务

1. 生物群落特征。

2. 药用植物资源生态环境调查，即药用植物生长的地理位置、地形、地势、植被。

3. 药用植物种类及其分布，种类数量特征。

三、调查人员

1. 组长：（略）

2. 组员：（略）

四、调查过程

1. 调查范围

地理位置（略）

2. 调查方法

（1）踏查：即对调查地区进行全面概括了解；

（2）线路调查：在有代表性区域内选择详查样地，进行药用植物资源种类和储量的详查；

（3）样地调查：

样地选择的方法：随机抽样法

样方的设置：长方形样方及正方形样方

样方调查记载内容：调查地点、时间、样方面积、植物群落、生态环境等。

3. 调查程序

（1）出发前，通过查阅相关资料，熟悉地理环境并确定调查目的；

（2）通过老师的指导，确定调查任务，并明确分工；

（3）沿路途中，在老师的带领下，认识、复习途中中药材，采集标本，做好调查记录；

（4）小组成员收集问题，并对其村民进行访问调查及记录；

（5）整理资料，得出结论。

五、调查结果（略）

1　××县社会经济概况和自然环境条件

1.1　社会经济概况

1.2　自然环境条件

（1）地形地貌

（2）气候

（3）土壤

（4）植被

2　××药材的资源现状分析

2.1　资源种类

2.2　用途

2.3　地理分布规律

2.4　开发利用现状

2.5　采收加工

2.6　储藏养护

3　××药材的资源评价

3.1　调查资料的统计分析

3.2　总结

4　××药材的资源开发与可持续利用

4.1　开发现状

4.2　资源的发展

4.3　合理开发与可持续利用

六、总结与展望

　　通过沿途的了解以及观察，以及对当地药用植物资源的调查，我们初步了解了××药材在调查地的大体分布情况和生长情况，同时也对种植的××药材有了全面的认识。总的来说这次调查是比较成功的。

附录一 古代重要中药文献一览表

NO.	书名	朝代	作者	成书年代
1	五十二病方	先秦	/	秦汉以前
2	神农本草经	东汉	不著撰人	秦汉时期
3	李当之药录	三国	李当之	公元 3 世纪初
4	肘后备急方	晋	葛洪	约公元 306~317 年
5	名医别录	魏晋	陶弘景撰	东汉末至两晋之间
6	吴普本草	魏	吴普	公元 208~239 年
7	本草经集注	南北朝	陶弘景	约公元 480~498 年前
8	雷公炮炙论	南北朝	雷敩	南北朝刘宋时代
9	海药本草	前蜀	李珣	907~925 年
10	药性论	唐	甄权	唐贞观初年
11	食医心鉴	唐	昝殷	大中十三年己卯
12	外台秘要	唐	王焘	天宝十一年
13	药录纂要	唐	孙思邈	约公元 682 年
14	千金食治	唐	孙思邈	永徽三年
15	备急千金要方	唐	孙思邈	永徽三年
16	新修本草	唐	苏敬	显庆四年
17	食疗本草	唐	孟诜	开元二十七年
18	石药尔雅	唐	梅彪	元和丙戌
19	本草拾遗	唐	陈藏器	公元 741 年
20	丹房镜源	唐	不著撰人	三卷本成书于唐，集成本成书北宋至南宋年间
21	嘉祐补注神农本草	宋	掌禹锡	嘉祐五年
22	严氏济生方	宋	严用和	公元 1253 年
23	全生指迷方	宋	王贶	约公元 1159~1200 年
24	太平圣惠方	宋	王怀隐	公元 992 年
25	本草图经	宋	苏颂	嘉祐六年，公元 1061 年
26	经史证类备急本草	宋	唐慎微	公元 1082 年
27	大观经史证类备急本草	宋	唐慎微著 艾晟修	大观二年

续表

NO.	书名	朝代	作者	成书年代
28	政和新修经史证类备用本草	宋	唐慎微著 曹孝忠修	政和六年（公元 1116 年）
29	重修政和经史政类备用本草	宋	唐慎微著 张存惠修	淳祐九年（公元 1249 年）
30	苏沈内翰良方	宋	苏轼、沈括等	约公元 1075 年
31	梦溪笔谈·药议	宋	沈括	元丰年间（1061～1093）
32	开宝本草	宋	刘翰等	宋开宝 6～7 年
33	太平御览药部	宋	李昉	公元 983 年
34	本草衍义	宋	寇宗奭	政和六年（公元 1116 年）
35	宝庆本草折衷	宋	陈衍	淳祐八年
36	太平惠民和剂局方	宋	陈师文等	公元 1107～1110 年
37	重广补注神农本草并图经	宋	陈承	元祐七年
38	履巉岩本草	南宋	王介	嘉定庚辰年
39	绍兴校定经史证类备急本草	南宋	王继先等	绍兴二十九年
40	珍珠囊	金	张元素	金大定 26 年（公元 1186 年）
41	医学启源	金	张元素	约元初
42	脏腑标本药式	金	张元素	约元初
43	洁古老人珍珠囊	金	张元素	约元初
44	汤液本草	金	王好古	元大德二年戊戌
45	用药心法	金	李杲	约公元 1180～1251 年
46	药类法象	金	李杲	约公元 1180～1251 年
47	东垣珍珠囊	金	李杲	约公元 1180～1251 年
48	救荒本草	明	朱橚	明永乐四年
49	普济方	明	朱橚	约公元 1406 年
50	医方选要	明	周文采	公元 1495 年
51	急救良方	明	张时彻	公元 1550 年
52	本草正	明	张介宾	天启年间
53	仁术便览	明	张洁	公元 1585 年
54	食物本草	明	卢和	约公元 1550 年
55	本草真诠	明	杨崇魁	明万历三十年
56	本草约言	明	薛己	嘉靖年
57	轩岐救正论·药性微蕴	明	萧京	公元 1644 年
58	医方考	明	吴昆	公元 1548 年
59	太乙仙制本草药性大全	明	王文洁	万历年间
60	医便	明	王三才	公元 1587 年

续表

NO.	书名	朝代	作者	成书年代
61	本草集要	明	王纶	明弘治九年
62	本草汇言	明	倪朱谟	公元 1624 年
63	炮炙大法	明	缪希雍	明天启二年
64	神农本草经疏	明	缪希雍	天启三年
65	本草乘雅半偈	明	卢之颐	清顺治四年（公元 1647 年）
66	本草品汇精要	明	刘文泰等	弘治十八年乙丑
67	本草图解	明	李中梓	不详
68	雷公炮制药性解	明	李中梓编，钱允治增补	明代天启二年
69	本草通玄	明	李中梓	明末
70	本草原始	明	李中立撰	万历四十年
71	本草纲目	明	李时珍	万历六年戊寅
72	滇南本草	明	兰茂	公元 1436～1449 年
73	滇南本草图说	明	兰茂	公元 1436～1449 年
74	滇南本草图谱	明	兰茂	公元 1436～1449 年
75	药品化义	明	贾所学	明末
76	辨药指南	明	贾所学	不详
77	药性歌	明	龚廷贤	约 1522～1619 年
78	本草钞	明	方有执	不详
79	奇效良方	明	董宿原辑	公元 1465～1478 年
80	本草蒙筌	明	陈嘉谟	明嘉靖己未至乙丑之间
81	本草思辨录	清	周岩	光绪三十年
82	本草纲目拾遗	清	赵学敏	乾隆三十年（公元 1765 年）
83	串雅内编	清	赵学敏	公元 1759 年
84	串雅外编	清	赵学敏	公元 1759 年
85	本草求原	清	赵其光	道光二十八年
86	本草崇原	清	张志聪、高世栻续	清康熙二年癸卯
87	医学要诀	清	张志聪	约 1616～1674 年
88	本经逢原	清	张璐	康熙三十四年乙亥
89	药性歌括四百味	清	龚廷贤	不详
90	食治秘方	清	尤乘	不详
91	诸药出处	清	佚名	不详
92	药性通考	清	刘汉基	康熙末年
93	本草再新	清	叶桂	约 1667～1746 年

NO.	书名	朝代	作者	成书年代
94	本草经解	清	姚球	雍正二年
95	本草分经	清	姚澜	道光二十年庚子
96	得配本草	清	严洁	乾隆二十六年辛巳
97	神农本草经百种录	清	徐大椿	乾隆元年
98	药性切用	清	徐大椿	约1693～1771年
99	本草从新	清	吴仪洛	乾隆二十二年（公元1757年）
100	成方切用	清	吴仪洛	乾隆二十六年（公元1761年）
101	删补名医方论	清	吴谦等	公元1742年
102	植物名实图考	清	吴其浚	道光二十八年
103	得宜本草	清	王子接	公元1732年
104	绛雪园古方选注	清	王子接	雍正十年（1732年）
105	重庆堂随笔·论药性	清	王学权等	嘉庆十三年戊辰
106	本草品汇精要续集	清	王道纯等	康熙四十年辛巳
107	本草备要	清	汪昂	康熙甲戌三十三年
108	本草易读	清	汪昂	约公元1644年
109	医方集解	清	汪昂	公元1682年
110	本草汇纂	清	屠道和	咸丰元年辛亥
111	本草省常	清	田棉淮	同治十三年癸酉
112	本草问答	清	唐宗海	光绪十九年
113	食物本草会纂	清	沈李龙	公元1691年
114	要药分剂	清	沈金鳌	乾隆三十八年癸巳
115	古今名医方论	清	罗美	公元1675年
116	药性考	清	龙柏	乾隆六十年乙卯
117	食物考	清	龙柏	乾隆六十一年
118	本草述	清	刘若金	清康熙三年甲辰
119	广群芳谱	清	汪灏等	康熙四十七年
120	本草害利	清	凌奂	同治元年
121	医方论	清	费伯雄	公元1865年
122	图书集成草木典	清	蒋廷锡等	约公元1723年
123	本草择要纲目	清	蒋居祉	康熙十七年
124	长沙药解	清	黄元御	乾隆十八年癸酉
125	玉楸药解	清	黄元御	乾隆十九年甲戌
126	本经便读	清	黄钰	公元1869年
127	本草求真	清	黄宫绣	乾隆三十四年己丑
128	生草药性备要	清	何谏	康熙五十年辛卯

NO.	书名	朝代	作者	成书年代
129	本草汇	清	郭佩兰	康熙五年
130	急救应验良方	清	费山寿	不详
131	本草新编	清	陈士铎	康熙二十六年丁卯
132	晶珠本草	清	帝玛尔·丹增彭措	清道光十五年乙未
133	本草经读	清	陈修园	嘉庆八年
134	本草撮要	清	陈其瑞	光绪十二年
135	药症忌宜	清	陈澈	公元 1872 年

附录二 常用中药中文期刊一览表（按汉语拼音顺序排列）

NO.	刊物名	主办单位	刊期	来源	网址
1	安徽医科大学学报	安徽医科大学	月刊	中文核心、科技核心	http://www.aydxb.cn/publist.asp?second_id=2005
2	北京大学学报（医学版）	北京大学	双月刊	中文核心、科技核心、CSCD	http://xuebao.bjmu.edu.cn/CN/volumn/current.shtml
3	北京中医药大学学报	北京中医药大学	月刊	中文核心、科技核心、CSCD	http://xb.bucm.edu.cn/CN/volumn/home.shtml
4	病毒学报	中国微生物学会	双月刊	中文核心、科技核心、CSCD	http://bdxb.cbpt.cnki.net/WKC/WebPublication/index.aspx?mid=BDXB
5	重庆医科大学学报	重庆医科大学	月刊	中文核心、科技核心、CSCD	http://cyxb.alljournals.ac.cn/cqydxb/ch/index.aspx
6	重庆医学	重庆市卫生信息中心、重庆市医学会	旬刊	中文核心、科技核心	http://www.cqyxzz.com/
7	第二军医大学学报	第二军医大学	月刊	中文核心、科技核心、CSCD	http://www.ajsmmu.cn/ajsmmu/ch/index.aspx
8	第三军医大学学报	第三军医大学	半月刊	中文核心、科技核心、CSCD	http://aammt.tmmu.edu.cn/
9	东南大学学报(医学版)	东南大学	双月刊	中文核心、科技核心、CSCD	http://www.ddxbyxb.cn/
10	福建医科大学学报	福建医科大学	双月刊	中文核心、科技核心	http://lib.fjmu.edu.cn/NewsClassM.asp?BigClass=%D7%D4%C8%BB%B0%E6
11	复旦学报（医学版）	复旦大学	双月刊	中文核心、科技核心、CSCD	http://jms.fudan.edu.cn/CN/volumn/home.shtml
12	广东医学	广东省医学学术交流中心（广东省医学情报研究所）	半月刊	中文核心、科技核心	http://www.gdyx.cn/
13	国际药学研究杂志	军事医学科学院毒物药物研究所	双月刊	中文核心、科技核心、CSCD	http://www.pharmacy.ac.cn/CN/volumn/current.shtml
14	华西药学杂志	四川大学、四川省药学会	双月刊	科技核心、CSCD 核心库	http://www.sbcpa.org.cn/hxzz.asp
15	华中科技大学学报（医学版）	华中科技大学同济学院	双月刊	中文核心、科技核心、CSCD（扩展）	http://tjxb.hust.edu.cn/amusth/default.aspx

续表

NO.	刊物名	主办单位	刊期	来源	网址
16	基础医学与临床	北京生理科学会	月刊	科技核心、CSCD 核心库	http://jcyxylc.pumc.edu.cn/CN/volumn/current.shtml
17	吉林大学学报（医学版）	吉林大学	双月刊	中文核心、科技核心、CSCD（扩展）	http://xuebao.jlu.edu.cn/CN/volumn/home.shtml
18	暨南大学学报（自然科学与医学版）	暨南大学	双月刊	中文核心、科技核心、CSCD（扩展）	http://jnxb.jnu.edu.cn/CN/volumn/home.shtml
19	解放军医学杂志	人民军医出版社	月刊	中文核心、科技核心、CSCD	http://www.jfjyxzz.org.cn/
20	解剖学报	中国解剖学会	双月刊	中文核心、科技核心、CSCD	http://jpxb.bjmu.edu.cn/CN/volumn/current.shtml
21	解剖学杂志	中国解剖学会	双月刊	中文核心、科技核心、CSCD（扩展）	http://www.jpxzz.org/
22	辽宁中医杂志	辽宁中医药大学	月刊	中文核心、科技核心	http://lnzy.cbpt.cnki.net/WKC/WebPublication/index.aspx?mid=lnzy
23	临床与实验病理学杂志	安徽医科大学、中华医学会安徽分会	月刊	中文核心、科技核心、CSCD	http://www.cjcep.com/
24	免疫学杂志	中国免疫学会、第三军医大学	月刊	中文核心、科技核心、CSCD	http://myxzz.tmmu.edu.cn/
25	南方医科大学学报	南方医科大学	月刊	中文核心、科技核心、CSCD	http://www.j-smu.com/default.aspx
26	南京医科大学学报（自然科学版）	南京医科大学	月刊	中文核心、科技核心、CSCD（扩展）	http://jnmu.njmu.edu.cn/zr/ch/index.aspx
27	南京中医药大学学报	南京中医药大学	双月刊	中文核心、科技核心、CSCD（扩展）	http://xb.njutcm.edu.cn/jnutcmns/ch/index.aspx
28	山东大学学报（医学版）	山东大学	月刊	中文核心、科技核心	http://yxbwk.njournal.sdu.edu.cn/CN/volumn/current.shtml
29	山东医药	山东卫生报刊社	周刊	中文核心、科技核心	http://sdyy.cbpt.cnki.net/WKD/WebPublication/index.aspx?mid=sdyy
30	上海交通大学学报（医学版）	上海交通大学	月刊	中文核心、科技核心、CSCD	http://xuebao.shsmu.edu.cn/CN/volumn/current.shtml
31	上海医学	上海市医学会	月刊	CSCD（扩展）、科技核心	http://www.smasmj.com/
32	沈阳药科大学学报	沈阳药科大学	月刊	中文核心、科技核心、CSCD（扩展）	http://www.syyd.cbpt.cnki.net/WKC/WebPublication/index.aspx?mid=syyd
33	生理科学进展	中国生理学会、北京大学	双月刊	中文核心、科技核心、CSCD	http://www.caps-china.org/index.aspx

续表

NO.	刊物名	主办单位	刊期	来源	网址
34	生物医学工程学杂志	四川大学华西医院、四川省生物医学工程学会	双月刊	中文核心、科技核心、CSCD	http://www.swyxgcxzz.cn/
35	时珍国医国药	时珍国医国药杂志社	月刊	中文核心、CSCD（扩展）	http://www.shizhenchina.com/
36	首都医科大学学报	首都医科大学	双月刊	中文核心、科技核心	http://xuebao.ccmu.edu.cn/CN/volumn/home.shtml
37	四川大学学报（医学版）	四川大学	双月刊	中文核心、科技核心、CSCD	http://ykxb.scu.edu.cn/index.htm
38	卫生经济研究	华东卫生经济研究协作会	月刊	中文核心	http://wsjjyj.zjwst.gov.cn/
39	卫生研究	中国疾病预防控制中心	双月刊	中文核心、科技核心、CSCD	http://wsyj.cbpt.cnki.net/WKA3/WebPublication/index.aspx?mid=wsyj
40	西安交通大学学报（医学版）	西安交通大学	双月刊	中文核心、科技核心、CSCD（扩展）	http://www.jdyxb.cn/
41	细胞与分子免疫学杂志	中国免疫学会和第四军医大学	月刊	中文核心、科技核心、CSCD	http://cmi.guifeng.cc/
42	现代免疫学	上海市免疫学会	双月刊	中文核心、科技核心、CSCD（扩展）	http://www.xdmyxzz.cn/
43	药物分析杂志	中国药学会主办、中国食品药品检定研究院、药物分析杂志	月刊	中文核心、科技核心、CSCD	http://www.ywfxzz.cn/
44	药学教育	中国药科大学、广东药学院、中国医药教育协会	双月刊	科技核心、CSCD核心库	http://jiaoyu.cpu.edu.cn/Default.aspx
45	药学学报	中国药学会、中国医学科学院药物研究所	月刊	中文核心、科技核心	http://www.yxxb.com.cn/yxxb/index.htm
46	医学研究生学报	南京军区南京总院	月刊	中文核心、科技核心	http://www.yxyjsxb.com/
47	医学争鸣	第四军医大学	双月刊	中文核心	http://www.fmmuxb.cn/
48	营养学报	卫生学环境医学研究所、中国营养学会	双月刊	中文核心、科技核心、CSCD	http://yyxx.cbpt.cnki.net/WKB3/WebPublication/index.aspx?mid=yyxx
49	浙江大学学报（医学版）	浙江大学	双月刊	中文核心、科技核心、CSCD	http://www.journals.zju.edu.cn/med/CN/volumn/home.shtml
50	针刺研究	中国中医科学院院针灸研究所、中国针灸学会	双月刊	中文核心、科技核心、CSCD	http://old.cacms.ac.cn/Html/qikan/index.html
51	郑州大学学报（医学版）	郑州大学	双月刊	中文核心、科技核心	http://www12.zzu.edu.cn/xuebao/

续表

NO.	刊物名	主办单位	刊期	来源	网址
52	中草药	中国药学会、天津药物研究院	半月刊	中文核心、科技核心、CSCD	http://www.tiprpress.com/
53	中成药	国家食品药品监督管理局信息中心中成药信息站、上海中药行业协会	月刊	中文核心、科技核心、CSCD（扩展）	http://www.zcyjournal.com/
54	中国比较医学杂志	中国实验动物学会、中国医学科学院医学实验动物研究所	月刊	中文核心、科技核心	http://zgsydw.alljournal.ac.cn/zgbjyxzz/ch/index.aspx
55	中国病理生理杂志	中国病理生理学会	月刊	中文核心、科技核心、CSCD	http://www.cjpp.net/CN/volumn/home.shtml
56	中国海洋药物	中国科协主管、中国药学会	双月刊	科技核心、CSCD 核心库	http://www2.ouc.edu.cn/yiyao/news.asp?id=467
57	中国抗生素杂志	中国医药集团总公司四川抗菌素工业研究所、中国医学科学院医药生物技术研究所	月刊	CSCD（扩展）、科技核心	http://www.zgkss.com.cn/CN/volumn/home.shtml
58	中国临床解剖学杂志	中国解剖学会	双月刊	中文核心、科技核心、CSCD	http://www.chjcana.com/CN/volumn/home.shtml
59	中国临床心理学杂志	中国心理卫生协会	双月刊	中文核心、科技核心、CSCD	http://www.clinicalpsychojournal.com/
60	中国临床药理学与治疗学	中国药理学会	月刊	CSCD 核心库	http://manu41.magtech.com.cn/Jweb_clyl/CN/volumn/current.shtml
61	中国临床药理学杂志	中国药学会	月刊	中文核心、科技核心、CSCD	http://zglcylxzz715.cnzazhi.net/
62	中国免疫学杂志	中国免疫学会、吉林省医学期刊社	月刊	中文核心、科技核心、CSCD	http://www.immune99.com/CN/volumn/home.shtml
63	中国全科医学	中国医院协会	旬刊	中文核心、科技核心、CSCD（扩展）	http://www.chinagp.net/
64	中国生物医学工程学报	中国生物医学工程学会	双月刊	中文核心、科技核心、CSCD	http://www.csbme.org/csbme/ch/
65	中国实验方剂学杂志	中国中医科学院中药研究所、中国中西医结合学会中药专业委员会	半月刊	中文核心、CSCD（扩展）	http://www.syfjxzz.com/ch/index.aspx
66	中国实验血液学杂志	中国病理生理学会	双月刊	中文核心、科技核心、CSCD	http://xysy.chinajournal.net.cn/WKB3/WebPublication/index.aspx?mid=XYSY

续表

NO.	刊物名	主办单位	刊期	来源	网址
67	中国卫生经济	中国卫生经济学会、卫生部卫生经济研究所	月刊	中文核心、科技核心	http://www.cn-he.cn/
68	中国卫生事业管理	四川省卫生厅	月刊	中文核心	http://www.zgwssygl.cn/
69	中国卫生统计	中国卫生信息学会、中国医科大学	双月刊	中文核心、科技核心、CSCD（扩展）	http://zgwstj.paperonce.org/
70	中国卫生政策研究	中国医学科学院	月刊	中文核心、科技核心、CSCD（扩展）	http://journal.healthpolicy.cn/ch/index.aspx
71	中国现代医学杂志	中华人民共和国教育部主管，中南大学湘雅医院承办	旬刊	中文核心、科技核心	http://www.zgxdyx.com/CN/volumn/current.shtml
72	中国新药与临床杂志	中国药学会、上海市药品监督管理局科技情报研究所	月刊	中文核心、科技核心、CSCD	http://xyyl.chinajournal.net.cn/WKA3/WebPublication/index.aspx?mid=xyyl
73	中国新药杂志	中国药学会、中国医药集团总公司、中国医药科技出版社	半月刊	中文核心、科技核心、CSCD（扩展）	http://www.newdrug.cn/
74	中国循证儿科杂志	复旦大学	双月刊	中文核心、科技核心、CSCD	http://www.cjebp.net/CN/volumn/home.shtml
75	中国药房	中国医院协会、中国药房杂志社	周刊	中文核心、科技核心	http://www.china-pharmacy.com/
76	中国药科大学学报	中国药科大学	双月刊	中文核心、科技核心、CSCD	http://www.zgykdxxb.cn/jcpu/ch/index.aspx
77	中国药理学通报	中国药理学会	月刊	中文核心、科技核心、CSCD	http://www.zgylxtb.cn/
78	中国药理学与毒理学杂志	中国药理学会、中国毒理学会、军事医学科学院毒物药物研究所	双月刊	中文核心、科技核心、CSCD	http://www.cjpt.ac.cn/CN/volumn/current.shtml
79	中国药学杂志	中国药学会	半月刊	中文核心、科技核心、CSCD	http://www.zgyxzz.com.cn/CN/volumn/current.shtml
80	中国医科大学学报	中国医科大学	月刊	中文核心、科技核心、CSCD（扩展）	http://journal.cmu.edu.cn/CN/volumn/current.shtml
81	中国医学科学院学报	中国医学科学院、中国协和医科大学	双月刊	中文核心、科技核心、CSCD	http://www.actacams.com/Jwk_yxkxy/CN/volumn/current.shtml
82	中国医药工业杂志	上海医药工业研究院、中国化学制药工业协会	月刊	中文核心、科技核心、CSCD	http://www.cjph.com.cn/CN/volumn/home.shtml
83	中国医院药学杂志	中国科协主管、中国药学会	半月刊	中文核心、科技核心、CSCD（扩展）	http://118.145.16.219:81/Jwk_zgyyyx/CN/volumn/current.shtml

续表

NO.	刊物名	主办单位	刊期	来源	网址
84	中国应用生理学杂志	军事医学科学院卫生学环境医学研究所、中国生理学会	双月刊	科技核心、CSCD 核心库	http://www.caps-china.org/zzkw.aspx?cid=18
85	中国针灸	中国针灸学会、中国中医科学院针灸研究所	月刊	科技核心、CSCD 核心库	http://www.cjacupuncture.com/WKA/WebPublication/index.aspx?mid=zgze
86	中国中西医结合杂志	中国中西医结合学会、中国中医科学院	月刊	中文核心、科技核心、CSCD	http://www.cjim.cn/web/ch/index.aspx
87	中国中药杂志	中国药学会	半月刊	中文核心、科技核心、CSCD	http://www.cjcmm.com.cn/cjcmm/ch/index.aspx
88	中国中医基础医学杂志	中国中医研究院基础理论研究所	月刊	中文核心、科技核心、CSCD（扩展）	http://www.zyjc.ac.cn/zz/index.html
89	中华病理学杂志	中华医学会	月刊	中文核心、科技核心、CSCD	http://www.cma.org.cn/blxzz/index/index.html
90	中华实验和临床病毒学杂志	中华医学会	双月刊	科技核心、CSCD 核心库	http://zhsyhlcbdxzz.yiigle.com/
91	中华微生物学和免疫学杂志	中华医学会	月刊	中文核心、科技核心、CSCD	http://zhwswxhmyxzz.yiigle.com/
92	中华医学遗传学杂志	中华医学会	双月刊	中文核心、科技核心、CSCD	http://zhyxycxzz.yiigle.com/
93	中华医学杂志	中华医学会	周刊	中文核心、科技核心、CSCD	http://zhyxzz.yiigle.com/
94	中华中医药学刊	中华中医药学会	月刊	中文核心、科技核心	http://zhzyyxk.cbpt.cnki.net/WKB3/WebPublication/index.aspx?mid=ZYHS
95	中华中医药杂志	中国科协主管、中华中医药学会	月刊	中文核心、科技核心、CSCD（扩展）	http://www.zhzyyzz.com/CN/volumn/home.shtml
96	中南大学学报（医学版）	中南大学	月刊	中文核心、科技核心、CSCD	http://www.csumed.org/xbwk/CN/volumn/current.shtml
97	中山大学学报（医学科学版）	中山大学	双月刊	中文核心、科技核心、CSCD	http://xuebao.sysu.edu.cn/CN/volumn/home.shtml
98	中药材	国家食品药品监督管理总局中药材信息中心站	月刊	中文核心、科技核心、CSCD	http://www.zyca.cbpt.cnki.net/WKC/WebPublication/index.aspx?mid=zyca
99	中药新药与临床药理	广东中医药大学	双月刊	中文核心、科技核心、CSCD	http://www.zyxyylcyl.cn/
100	中药药理与临床	中国药理学会	双月刊	中文核心、CSCD 核心库	http://zyyl.cbpt.cnki.net/WKB3/WebPublication/index.aspx?mid=ZYYL

附录三 SCI 收录药学相关期刊一览表

1. *Aaps Journal*. Quarterly. ISSN: 1550-7416. Springer, 233 Spring St, New York, USA, NY, 10013

2. *Aaps Pharmscitech*. Quarterly. ISSN: 1530-9932. Springer, 233 Spring St, New York, USA, NY, 10013

3. *Academic Medicine*. Monthly. ISSN: 1040-2446. Hanley & Belfus Inc 2001 Market St, Philadelphia, PA, 19103

4. *Accounts of Chemical Research*. Monthly. ISSN: 0001-4842. Amer Chemical Soc, 1155 16th St, NW, Washington DC, 20036

5. *Acta Biotechnologica*. Quarterly. ISSN: 0138-4988. Wiley-VCH Verlag Gmbh, PO Box 101161, Weinheim, Germany, D-69451

6. *Acta Medica Okayama*. Bimonthly. ISSN: 0386-300X. editorial office, acta medica okayama okayama university medical school 2-5-1 shikata-cho, kita-ku, okayama, Japan, 700

7. *Acta Pharmaceutica*. Quarterly. ISSN: 1330-0075. Hrvatsko Farmaceutsko Drustov （HFD）-Croation Pharmaceutical Soc, Masarykova 2, Zagereb, Croatia, 10000

8.*Acta Pharmacologica Sinica*. Monthly. ISSN: 1671-4083. Acta Pharmacologica Sinica, CAS, 294 Tai-Yuan Road, Shanghai, People's R China, 200031

9. *Acta Poloniae Pharmaceutica*. Quarterly. ISSN: 0001-6837. Polskiego Towarzystwa Farmaceutycznego, Dluga 16, Warsaw, Poland, 00-238

10. *Advanced Drug Delivery Reviews*. Monthly. ISSN: 0169-409X. Elsevier Science Bv, PO Box 211, Amsterdam, Netherlands, 1000 AE

11. *Advances in Anatomy Embryology and Cell Biology*. Quarterly. ISSN: 0301-5556. Springer-Verlag Berlin, Heidelberger Platz 3, Berlin, Germany, D-14197

12. *Advances in Applied Microbiology*. Annual. ISSN: 0065-2164. Academic Press Inc Elsevier Science, 525 B Street, Suite 1900, San Diego, CA, 92101-4495

13. *Advances in Chromatography*. Annual. ISSN: 0065-2415. Crc Press-Taylor & Francis Group, 6000 Broken Sound Parkway Nw, Ste 300, Boca Raton, FL, USA, 33487-2742

14. *Advances in Experimental Medicine and Biology*. Irregular. ISSN: 0065-2598. Springer-Verlag Berlin, Heidelberger Platz 3, d-14197 Berlin, Germany, D-14197

15. A*dvances in Genetics Incorporating Molecular Genetic Medicine*. Annual. ISSN: 0065-2660. Academic Press Inc, 525 B Street, Suite 1900, San Diego, CA, 92101-4495

16. *Advances in Health Sciences Education*. Triennial. ISSN: 1382-4996. Kluwer Academic Publ, Van Godewijckstraat 30, Dordrecht, Netherlands, 3311 GZ

17. *Advances in Immunology*. Annual. ISSN: 0065-2776. Academic Press Inc, 525 B Street, Suite 1900, San Diego, CA, 92101-4495

18. *Advances in Therapy*. Monthly. ISSN: 0741-238X. Springer, 233 Spring St, New York, USA, NY, 10013

19.*Ageing Research Reviews*. Quarterly. ISSN: 1568-1637. Elsevier Sci Ireland Ltd, Elsevier House, Brookvale Plaza, East Park Shannon, Co, Clare 00000, Ireland

20. *Ageing Clinical and Experimental Research*. Bimonthly. ISSN: 1720-8319. Springer, 233 Spring St, New York, NY, 10013

21. *Aids*. 18 Issues/Year. ISSN: 0269-9370. Lippincott Williams & Wilkins, Two Commerce Sq., 2001 Market St, Philadelphia, PA, 19103

22. *Aids Patient Care and Stds*. Monthly. ISSN: 1087-2914. Mary Ann Liebert Inc., 140 Huguenot Street, 3RD FL, New Rochelle, USA, NY, 10801

23. *Aids Research and Human Retroviruses*. Monthly. ISSN: 0889-2229. Mary Ann Liebert Inc., 140 Huguenot Street, 3RD FL, New Rochelle, USA, NY, 10801

24. *Alcohol*. 8 Issues/Year. ISSN: 0741-8329. Elsevier Science Inc, 360 Park Ave South, New York, USA, NY, 10010-1710

25. *Alimentary Pharmacology&Therapeutics*. Semimonthly. ISSN: 0269-2813. Wiley-Blackwell Publishing, 111 River St, Hoboken, USA, NJ, 07030-5774

26. *Alternative Medicine Review*. Quarterly. ISSN: 1089-5159. Alternative Medicine Review, Llc, Po Box 555, Dover, USA, ID, 83825

27. *American Journal of Botany*. Monthly. ISSN: 0002-9122. Botanical Soc Amer Inc, Po Box 299, St Louis, USA, MO, 63166-0299

28. *American Journal of Cardiovascular Drugs*. Bimonthly. ISSN: 1175-3277. Adis Int Ltd, 5 The Warehouse Way, Northcote 0627, Auckland, New Zealand, 1311

29. *American Journal of Chinese Medicine*. Bimonthly. ISSN: 0192-415X. World Scientific Publ Co Pte Ltd, 5 Toh Tuck Link, Singapore, 596224

30. *American Journal Geriatric Pharmacotherapy*. 5 Issues/Year . ISSN: 1543-5946. Excerpta Medica Inc Elsevier Science Inc, 685 Route 202-206 Ste 3, Bridgewater, USA, NJ, 08807

31. *American Journal of Health-System Pharmacy*. Semimonthly. ISSN: 1079-2082. Amer Soc Health-System Pharmacists, 7272 Wisconsin Ave, Bethesda, USA, MD, 20814

32. *American Journal of Human Biology*. Bimonthly. ISSN: 1042-0533. Wiley-Blackwell, 111 River ST, Hoboken, USA, 07030-5774, NJ

33. *American Journal of Human Genetics*. Monthly. ISSN: 0002-9297. Cell Press, 600 Technology Square, 5Th Floor, Cambridge, USA, MA, 02139

34. *American Journal of Medical Quality*. Bimonthly. ISSN: 1062-8606. Sage Publications Inc, 2455 Teller Rd, Thousand Oaks, USA, CA, 91320

35. *American Journal of Medicine*. Monthly. ISSN: 0002-9343. Elsevier Science Inc, 360 Park Ave South, New York, USA, NY, 10010-1710

36. *American Journal of Pharmaceutical Education*. 10 Issues/Year, ISSN: 0002-9459. Amer Assoc Coll Pharmacy, 1426 Prince Street, Alexandria, USA, VA, 22314-2815

37. *American Journal of Physical Medicine and Rehabilitation*. Monthly. ISSN: 0894-9115. Lippincott Williams & Wilkins, Two Commerce Sq, 2001 Market St, Philadelphia, PA 19103

38. *American Journal of Preventive Medicine*. Monthly. ISSN: 0749-3797.Elsevier Science Inc, 360 Park Ave South, New York, USA, NY, 10010-1710

39. *American Journal of the Medical Sciences*. Monthly. ISSN: 0002-9629.Lippincott Williams & Wilkins, Two Commerce Sq, 2001 Market St, Philadelphia, PA, 19103

40. *American Journal of Therapeutics*. Bimonthly. ISSN: 1075-2765. Lippincott Williams & Wilkins, Two Commerce Sq, 2001 Market St, Philadelphia, PA, 19103

41. *Anaesthesia*. Monthly. ISSN: 0003-2409. Wiley-Blackwell Publishing, 111 River St,Hoboken, USA, 07030-5774, NJ

42. *Anaesthesia and Intensive Care*. Bimonthly. ISSN: 0310-057X. Australian Soc Anaesthetists, PO Box 600, Edgecliff, Australia, Nsw, 2027

43. *Anaesthesist*. Monthly. ISSN: 0003-2417. Springer, 233 Spring St, New York, USA, NY, 10013

44. *Analytical and Bioanalytical Chemistry*. 30 Issues/Year. ISSN: 1618-2642. Springer Heidelberg, Tiergartenstrasse 17, Heidelberg, Germany, D-69121

45. *Analytical Biochemistry*.Semimonthly. ISSN: 0003-2697. Academic Press Inc-Elsevier Science, 525 B St, Ste 1900, San Diego, CA, 92101-4495

46. *Annals Academy of Medicine Singapore*. Bimonthly. ISSN: 0304-4602. Acad Medicine Singapore, 142 Neil Rd, Singapore, 088871

47. *Annals of Clinical Biochemistry*. Bimonthly. ISSN: 0004-5632. Sage Publications Inc, 2455 Teller Rd, Thousand Oaks, CA, 91320

48. *Annals of Human Genetics*. Bimonthly. ISSN: 0003-4800. Wiley-Blackwell Publishing, 111 River St, Hoboken 07030-5774, NJ

49. *Annals of Medicine*. Bimonthly. ISSN: 0785-3890. Informa Healthcare 52 Vanderbilt Ave, New York, NY, 10017

50. *Annals of Microbiology*. Quarterly. ISSN: 1590-4261.Springer, 233 Spring St, New York, USA, NY, 10013

51.*Annals of Pharmacotherapy*. Monthly. ISSN: 1060-0280. Sage Publications Inc, 2455 Teller Rd, Thousand Oaks, CA 91320

52. *Annual Reports in Medicinal Chemistry*. Irregular. ISSN: 0065-7743. Elsevier Acadenmic Press Inc, 525 B Street, Suite 1900, San Diego, USA, CA, 92101-4495

53. *Annual Review of Biochemistry*. Annual. ISSN: 0066-4154. Annual Reviews, 4139 El Camino Way, PO Box 10139, Palo Alto, CA, 94303-0139

54. *Annual Review of Biomedical Engineering.* Annual. ISSN: 1523-9829. Annual Reviews, 4139 El Camino Way, PO Box 10139, Palo Alto, CA, 94303-0139

55. *Annual Review of Cell and Developmental Biology.* Annual. ISSN: 1081-0706. Annual Reviews, 4139 El Camino Way, PO Box 10139, Palo Alto, CA, 94303-0139

56. *Annual Review of Genetics.* Annual. ISSN: 0066-4197. Annual Reviews, 4139 El Camino Way, PO Box 10139, Palo Alto, CA, 94303-0139

57. *Annual Review of Genomics and Human Genetics.* Annual. ISSN: 1527-8204. Annual Reviews, 4139 El Camino Way, PO Box 10139, Palo Alto, CA, 94303-0139

58. *Annual Review of Medicine.* Annual. ISSN: 0066-4219. Annual Reviews, 4139 El Camino Way, PO Box 10139, Palo Alto, CA, 94303-0139

59. *Annual Review of Microbiology.* Annual. ISSN: 0066-4227. Annual Reviews, 4139 El Camino Way, PO Box 10139, Palo Alto, CA, 94303-0139

60. *Annual Review of Pharmacology and Toxicology.* Annual. ISSN: 0362-1642. Annual Reviews, 4139 El Camino Way, PO Box 10139, Palo Alto, CA, 94303-0139

61. *Anti-cancer Drugs.* 10 Issues/Year. ISSN: 0959-4973. Lippincott Williams & Wilkins, Two Commerce Sq, 2001 Market St, Philadelphia, PA 19103

62. *Antimicrobial Agents and Chemotherapy.* Monthly. ISSN: 0066-4804. Amer Soc Microbiology, 1752 N ST, USA, Washington DC, NW, 20036-290461

63. *Antiviral Research.* Monthly. ISSN: 0166-3542. Elsevier Science Bv, PO Box 211, Amsterdam, Netherlands, 1000 AE

64. *Antiviral Therapy.* Bimonthly. ISSN: 1359-6535. Int Medical Press Ltd, 2-4 Idol Lane, London, England, EC3R 5DD

65. *Applied Biochemistry and Biotechnology.* Semimonthly. ISSN: 0273-2289. Humana Press Inc, 999 Riverview Drive, Suite 208, Totowa, USA, NJ, 07512

66. *Applied Microbiology And Biotechnology.* Semimonthly. ISSN: 0175-7598. Springer, 233 Springer St, New York, USA, NY, 10013

67. *Aquaculture Nutrition.* Bimonthly. ISSN: 1353-5773. Wiley-Blackwell Publishing, Inc, 111 River St, Hoboken 07030-5774, NJ

68. *Aquatic Botany.* Bimonthly. ISSN: 0304-3770. Elsevier Science Bv, PO Box 211, Amsterdam, Netherlands, 1000 AE

69. *Archives of Microbiology.* Monthly. ISSN: 0302-8933. Springer, 233 Springer St, New York, USA, NY, 10013

70. *Archiv Der Pharmazie.* Monthly. ISSN: 0365-6233.Wiley-V C H Verlag Gmbh, Boschstrasse 12, D-69469 Weinheim, Germany

71. *Archives of Pharmacal Research.* Monthly. ISSN: 0253-6269. Pharmaceutical Society Korea, 1489-3 Suhcho-Dong, Suhcho-Ku, Seoul, South Korea, 137-071

72. *Archives of Physical Medicine and Rehabilitation.* Monthly. ISSN: 0003-9993. W B Saunders Co-Elsevier Inc, 1600 John F Kennedy Boulevard, Ste 1800, Philadelphia, USA, PA, 19103-2899

73. *Arzneimittel-Forschung-Drug Research.* Monthly. ISSN: 0004-4172. ECV-Editio Cantor Verlag Medizin Naturwissenschaften, Bandelstockweg 20, Postfach 1255, Aulendorf, Germany, D-88322

74. *Assay and Drug Development Technologies.* Bimonthly. ISSN: 1540-658X. Mary Ann Liebert Inc, 140 Huguenot Street, 3RD FL, New Rochelle, USA, NY, 10801

75. *Atla-Alternatives to Laboratory Animals.* Bimonthly. ISSN: 0261-1929. Frame, Russell & Burch House 96-98 North Sherwood St, Nottingham, England, Notts NG1 4EE

76. *Atomic Spectroscopy.* Bimonthly. ISSN: 0195-5373. Perkin-Elmer Corp, 701 Briderport Avenue, Shelton, USA, CT, 06484

77. *Bangladesh Journal of Pharmacology.* Quarterly. ISSN: 1991-007X. Bangladesh Pharmacological Soc, Bangabandhu Sheikh Mujib Med Univ, Dept Pharmacol, Shahbah, Bangladesh, Dhaka, 1000

78. *Basic & Clinical Pharmacology & Toxicology.* Monthly. ISSN: 1742-7835. Wiley-blackwell Publishing, Inc, 111 River St, Hoboken 07030-5774, NJ79. *Behavioural Pharmacology.* 8 Issues/Year. ISSN: 0955-8810. Lippincott Williams & Wilkins, Two Commerce Sq, 2001 Market St, Philadelphia, PA, 19103

80. *Biocell.* Triannial. ISSN: 0327-9545. Inst Histol Embriol-Conicet, Fac Ciencias Med-Univ Nac Cuyo Casilla De Correo 56, Mendoza, Argentina, 5500

81. *Biochemical and Biophysical Research Communications.* Weekly. ISSN: 0006-291X. Academic Press Inc Elsevier Science, 525B St, Ste 1900, San Diego, USA, CA, 92101-4495

82. *Biochemical Engineering Journal*. Monthly. ISSN: 1369-703X. Elsevier Science Sa, PO Box 211, 1000 Ae Amsterdam, Netherlands

83. *Biochemical Genetics*. Monthly. ISSN: 0006-2928. Springer/Plenum Publishers, 233 Springer St, New York, USA, NY, 10013

84. *Biochemical Journal*. Semimonthly. ISSN: 0264-6021. Portland Press Ltd, Charles Darwin House, 12 Roger Street, London Wc1N 2Ju, England

85. *Biochemical Pharmacology*. Semimonthly. ISSN: 0006-2952. Pergamon-Elsevier Science Ltd, the Boulevard, Langford Lane, Kidlington, Oxford, England, OX5 1GB

86. *Biochemistry*. Weekly. ISSN: 0006-2960. Amer Chemical Soc, 1155 16th St, Washington DC, USA, NW, 20036

87. *Biochemistry and Cell Biology-Biochimie et Biologie Cellulaire*. Bimonthly. ISSN: 0829-8211.Canadian Science Publishing, Nrc Research Press, 65 Auriga Dr, Suite 203, Ottawa, On K2E 7W6, Canada

88. *Biochemistry and Molecular Biology Education*. Bimonthly. ISSN: 1470-8175. Wiley-Blackwell, 111 River St, Hoboken, 07030, NJ, USA

89. *Biochemistry-Moscow*. Monthly. ISSN: 0006-2979. Maik Nauka/ Interperiodica/ Springer, 233 Spring St, New York, USA, NY, 10013-1578

90. *Biochimica et Biophysica Acta-Biomembranes*. Monthly. ISSN: 0005-2736. Elsevier Science Bv, PO Box 211, Amsterdam, Netherlands, 1000 AE

91. *Bioconjugate Chemistry*. Monthly. ISSN: 1043-1802. Amer Chemical Soc, 1155 16th St, NW, USA, Washington DC, 20036

92. *Biodrugs*. Bimonthly. ISSN: 1173-8804. Adis International Ltd, 5 The Warehouse Way, Northcote 0627, Auckland, New Zealand

93. *Bioelectrochemistry*. Bimonthly. ISSN: 1567-5394. Elsevier Science Sa, PO Box 564, Lausanne, Switzerland, 1001

94. *Biological and Pharmaceutical Bulletin*. Monthly. ISSN: 0918-6158. Pharmaceutical Soc Japan, 2-12-15-201 Shibuya, Shibuya-Ku, Tokyo, Japan, 150

95. *Biological Bulletin*. Bimonthly. ISSN: 0006-3185. Marine Biological Laboratory, 7 Mbl St, Woods Hole, USA, MA, 02543

96. *Biological Chemistry*. Monthly. ISSN: 1431-6730. Walter De Gruyter & Co, Genthiner Strasse 13, Berlin, Germany, D-10785

97. *Biological Conservation*. Monthly. ISSN: 0006-3207. Elsevier Sci Ltd, the Boulevard, Langford Lane, Kidlington, Oxford, England, OXON, OX5 1GB

98. *Biological Research*. Quarterly. ISSN: 0716-9760. Biomed Central Ltd, 236 Grays Inn Rd, Floor 6, London Wc1X 8Hl, England

99. *Biological Reviews*. Quarterly. ISSN: 1464-7931. Wiley-Blackwell Publishing, 111 River St, Hoboken 07030-5774, NJ

100. *Biologicals*. Bimonthly. ISSN: 1045-1056. Academic Press Ltd-Elsevier Science Ltd, 24-28 Oval Rd, London, England, NW1 7DX

101. *Biology Bulletin*. Bimonthly. ISSN: 1062-3590. Maik Nauka/Interperiodica /Springer, 233 Spring St, New York, USA, NY, 10013-1578

102. *Biology of the Cell*. Monthly. ISSN: 0248-4900. Wiley-Blackwell, 111 River St, Hoboken 07030-5774, NJ,

103. *Biomedical Chromatography*. Monthly. ISSN: 0269-3879. Wiley-Blackwell 111 River St, Hoboken 07030-5774, NJ

104. *Biomedicine&Pharmacotherapy*. Bimonthly. ISSN: 0753-3322. Elsevier France-Editions Scientifiques Medicales Elsevier, 23 Rue Linois, Paris France, 75724

105. *Bioorganic&Medicinal Chemistry*, Semimonthly. ISSN: 0968-0896. Pergamon-Elsevier Science Ltd, the Boulevard, Langford Lane, Kidlington, Oxford, England, OX5 1GB

106. *Bioorganic & Medicinal Chemistry Letters*. Semimonthly. ISSN: 0960-894X. Pergamon-Elsevier Science Ltd, the Boulevard, Langford Lane, Kidlington, Oxford, England, OX5 1GB

107. *Bioorganic Chemistry*. Bimonthly. ISSN: 0045-2068. Academic Press Inc Elsevier Science, 525 B St, Ste 1900, San Diego, USA, CA, 92101-4495

108. *Biopharmaceutics and Drug Disposition*. Monthly. ISSN: 0142-2782. Wiley-Blackwell, 111 River St, Hoboken 07030-5774, NJ

109. *Bioscience*. Monthly. ISSN: 0006-3568. Oxford Univ Press Great Clarendon St, Oxford Ox2 6Dp, England

110. *Bioscience Reports*. Bimonthly. ISSN: 0144-8463. Portland Press Ltd, Charles Darwin House, 12 Roger Street, London Wc1N 2Ju, England

111. *Biotechnology and Genetic Engineering Reviews*. Yearly. ISSN: 0264-8725. Taylor & Francis Ltd 4 Park Square, Milton Park, Abingdon Ox144Rn, Oxon, England

112. *Biotechnology Advances*. Bimonthly. ISSN: 0734-9750. Pergamon-Elsevier Science Ltd, the Boulevard, Langford Lane, Kidlington, Oxford, England, OX5 1GB

113. *Biotechnology and Applied Biochemistry*. Monthly. ISSN: 0885-4513. Wiley-Blackwell, 111 River St, Hoboken, USA, 07030-5774, NJ

114. *Biotechnology and Bioengineering*. Semimonthly. ISSN: 0006-3592. Wiley-Blackwell, 111 River St, Hoboken, USA, 07030-5774, NJ

115. *Biomolecules & Therapeutics*. Quarterly. ISSN: 1976-9148. Korean Soc Applied Pharmacology, Rm 805, Korean Federation Science & Technology B/D, 635-4 Yeoksam-Dong, Kangnam-Gu, Seoul, South Korea, 135-703

116. *Brazilian Journal of Pharmaceutical Sciences*. Quarterly. ISSN: 1984-8250.Univ Sao Paulo, Conjunto Quimicas, Servico Publicacoes E Circulacao, Caixa Postal 66083, Sao Paulo, Brazil, 00000

117. *British Journal of Pharmacology*. Semimonthly. ISSN: 0007-1188. Wiley-Blackwell Publishing, 111 River St, Hoboken, England, 07030-5774, NJ

118. *British Journal of Biomedical Science*. Quarterly. ISSN: 0967-4845. Step Publishing Ltd, Subscription Dept, North Farm RD, Tunbridge Wells, England, Kent, TN2 3DR

119. *British Journal of Clinical Pharmacology*. Monthly. ISSN: 0306-5251. Wiley-Blackwell 111 River St, Hoboken 07030-5774, NJ

120. *British Medical Bulletin*. Quarterly. ISSN: 0007-1420. Oxford Univ Press, Great Clarendon St, Oxford, England, OX2 6DP

121. *Bulletin of Experimental Biology and Medicine*. Monthly. ISSN: 0007-4888. Springer, 233 Spring St, New York, USA, NY, 10013

122. *Bulletin of the World Health Organization*. Monthly. ISSN: 0042-9686. World Health Organization, Marketing and Dissemination, Geneva 27, Switzerland, CH-1211

123. *Canadian Journal of Physiology and Pharmacology*. Monthly. ISSN: 0008-4212. Canadian Science Publishing, Nrc Research Press 65 Auriga Dr, Suite 203, Ottawa, On K2E 7W6, Canada

124. *Canadian Medical Association Journal*. Semimonthly. ISSN: 0820-3946. Cma-Canadian Medical Association, 1867 Alta Vista Dr, Ottawa, Canada, Ontario, K1G 3Y6

125. *Cancer Chemotherapy and Pharmacology*. Monthly. ISSN: 0344-5704. Springer, 233 Spring St, New York, USA, NY, 10013

126. *Cardiovascular Therapeutics*. Bimonthly. ISSN: 1755-5914. Wiley-Blackwell Publishing, 111 River St, Hoboken 07030-5774, NJ

127. *Cardiovascular Drugs and Therapy*. Bimonthly. ISSN: 0920-3206. Springer, Van Godewijckstraat 30, Dordrecht, Netherlands, 3311 GZ

128. *Cell*. Biweekly. ISSN: 0092-8674. Cell Press, 600 Technology Square, 5th Floor, Cambridge, USA, MA, 02139

129. *Cell and Tissue Research*. Monthly. ISSN: 0302-766X. Springer, 233 Spring St, New York, USA, NY, 10013

130. *Cell Biochemistry and Biophysics*. Bimonthly. ISSN: 1085-9195. Humana Press Inc, 999 Riverview Drive Suite 208, Totowa, USA, NJ, 07512

131. *Cell Biochemistry and Function*. 8 Issues/Year. ISSN: 0263-6484. Wiley-Blackwell, 111 River St, Hoboken 07030-5774, NJ, Denmark

132. *Cell Biology and Toxicology*. Bimonthly. ISSN: 0742-2091. Springer, Van Godewijckstraat 30, Dordrecht, Netherlands, 3311 GZ

133. *Cell Biology International*. Monthly. ISSN: 1065-6995. Wiley-Blackwell, 111 River St, Hoboken 07030-5774, NJ, England

134. *Cellular Microbiology*. Monthly. ISSN: 1462-5814. Wiley-Blackwell Publishing, 111 River St, Hoboken 07030-5774, NJ, England

135. *Cellular Physiology and Biochemistry*. Bimonthly. ISSN: 1015-8987. Karger, Allschwilerstrasse 10, Basel, Switzerland, CH-4009

136. *Chemical & Pharmaceutical Bulletin*. Monthly. ISSN: 0009-2363. Pharmaceutical Soc Japan, 2-12-15 Shibuya, Shibuya-Ku, Tokyo, Japan, 150-0002

137. *Chemical Journal of Chinese Universities-Chinese Edition*. Monthly. ISSN: 0251-0790. Higher Education Press, Shatanhou ST 55, Beijing, People´s R China, 100009

138. *Chemistry & Biology*. Monthly. ISSN: 1074-5521.Cell Press, 600 Technology Square, 5TH Floor, Cambridge, USA, MA, 02139

139. *Chinese Chemical Letters*. Monthly. ISSN: 1001-8417. Elsevier Science Inc 360 Park Ave South, New York, NY 10010-1710

140. *Chinese Journal of Analytical Chemistry*. Monthly. ISSN: 0253-3820. Elsevier Science Inc, 360 Park Ave South, New York, NY 10010-1710

141. *Chinese Journal of Chemistry*. Monthly.. ISSN: 1001-604X. Wiley-V C H Verlag Gmbh Boschstrasse 12, D-69469 Weinheim,　Germany

142. *Chinese Journal of Structural Chemistry*. Bimonthly. ISSN: 0254-5861. Chinese Journal Structural Chemistry Fujian Inst Res Struct Matter, Chinese Acad Sciences, Fuzhou, Fujian 350002, People's R China

143. *Chinese Medical Journal*. Monthly. ISSN: 0366-6999. Medknow Publications & Media Pvt Ltd B-9, Kanara Business Centre, Off Link Rd, Ghaktopar-E, Mumbai 400075, India

144. *ChemMedChem*. Monthly. ISSN: 1860-7179. Wiley-VCH Verlag Gmbh, PO Box 10 11 61 Weinheim, Germany, D-69451

145. *Chemotherapy*. Bimonthly. ISSN: 0009-3157. Karger, Allschwilerstasse 10, Basel, Switzerland, CH-4009

146. *Chirality*. Monthly. ISSN: 0899-0042. Wiley-Blackwell, 111 River St, Hoboken 07030-5774, NJ, USA

147. *Clinical Drug Investigation*. Monthly. ISSN: 1173-2563. Adis Int Ltd 5 the Warehouse Way, Northcote 0627, Auckland, New Zealand

148. *Clinical Neuropharmacology*. Bimonthly. ISSN: 0362-5664. Lippincott Williams & Wilkins, Two Commerce Sq, 2001 Market St, Philadelphia, PA 19103

149. *Clinical Pharmacokinetics*. Monthly. ISSN: 0312-5963. Adis International Ltd, 5 the Warehouse Way, Northcote 0627, Auckland, New Zealand

150. *Clinical Pharmacology & Therapeutics*. Monthly. ISSN: 0009-9236. Wiley-Blackwell 111 River St, Hoboken 07030-5774, NJ

151. *Clinical Therapeutics*. Monthly. ISSN: 0149-2918. Elsevier, 685 Route 202-206, Bridgewater, USA, NJ, 08807

152. *Contemporary Clinical Trials*. Bimonthly. ISSN: 1551-7144. Elsevier Science Inc, 360 Park Ave South, New York, USA, NY, 10010-1710

153. *Critical Reviews in Therapeutic Drug Carrier Systems*. Bimonthly. ISSN: 0743-4863. Begell House Inc, 50 Cross Highway, Redding, USA, CT, 06896

154. *Current Drug Targets*. 8 Issues/Year. ISSN: 1389-4501. Bentham Science Publ Ltd, Executive Ste Y26, PO Box 7917, Saif Zone, Sharjah, U Arab Emirates, 1200 BR

155. *Current Opinion in Pharmacology*. Bimonthly. ISSN: 1471-4892. Elsevier Sci Ltd, the Boulevard, Langford Lane, Kidlington, Oxford, England, OXON, OX5 1GB

156. *Current Pharmaceutical Analysis*. Quarterly. ISSN: 1573-4129. Bentham Science Publ Ltd, Executive Ste Y26, PO Box 7917, Saif Zone, Sharjah, U Arab Emirates, 1200 BR

157. *Current Topics in Nutraceutical Research*. Quarterly. ISSN: 1540-7535.New Century Health Publishers, Llc, PO Box 175, Coppell, USA, TX, 75019

158. *Current Pharmaceutical Design*. 32 Issues/Year. ISSN: 1381-6128. Bentham Science Publ Ltd, Executive Ste Y26, PO Box 7917, Saif Zone, Sharjah, U Arab Emirates, 1200 BR

159. *Daru-Journal of Faculty of Pharmacy*. Quarterly. ISSN: 1560-8115. Biomed Central Ltd 236 Grays Inn Rd, Floor 6, London Wc1X 8Hl,　England

160. *Dissolution Technologies*. Quarterly. ISSN: 1521-298X. Dissolution Technologies Inc, 9 Yorkridge Trail, Hockeesin, USA, DE, 19707-9633

161. *DNA and Cell Biology*. Monthly. ISSN: 1044-5498. Mary Ann Liebert Inc, 140 Huguenot Street, 3RD FL, New Rochelle, USA, NY, 10801

162. *Dose-Response*. Quarterly. ISSN: 1559-3258. Sage Publications Inc, 2455 Teller Rd, Thousand Oaks, Ca 91320

163. *Drugs*. 18 Issues/Year. ISSN: 0012-6667. Adis International Ltd, 5 the Warehouse Way, Northcote 0627, Auckland, New Zealand

164. *Drugs & Ageing*. Monthly. ISSN: 1170-229X. Adis International Ltd, 5 the Warehouse Way, Northcote 0627, Auckland, New Zealand

165. *Drug and Chemical Toxicology*. Quarterly. ISSN: 0148-0545. Informa Healthcare, Telephone House, 69-77 Paul Street, London Ec2a 4lq, England

166. *Drug Delivery*. 8 Issues/Year. ISSN: 1071-7544. Informa Healthcare, Telephone House, 69-77 Paul Street, London Ec2a 4lq, England

167. *Drug Development and Industrial Pharmacy*. Monthly. ISSN: 0363-9045. Informa Healthcare, Telephone House, 69-77 Paul Street, London Ec2A 4Lq, England

168. *Drug Development Research*. 8 Issues/Year.. ISSN: 0272-4391. Wiley-Liss, Div John Wiley & Sons Inc, 111 River St, Hoboken, 07030, NJ, USA

169. *Drug Discovery Today*. Monthly. ISSN: 1359-6446. Elsevier Sci Ltd, the Boulevard, Langford Lane, Kidlington, Oxford, England, OX5 1GB

170. *Drug Information Journal*. Quarterly. ISSN: 0092-8615. Sage Publications Inc 2455 Teller Rd, Thousand Oaks, CA 91320

171. *Drug Metabolism and Disposition*. Monthly. ISSN: 0090-9556. Amer Soc Pharmacology Experimental Therapeutics, 9650 Rockville Pike, Bethesda, USA, MD, 20814-3995

172. *Drug Metabolism Reviews*. Quarterly. ISSN: 0360-2532. Informa Healthcare Telephone House, 69-77 Paul Street, London Ec2A 4Lq, England

173. *Drug Metabolism and Pharmacokinetics*. Bimonthly. ISSN: 1347-4367. Jap Soc Study Xenobiotics, Int Med Inf Center Shinanomachi Rengakan, 35 Shinano-Machi Shinjuku-Ku, Tokyo, Japan, 160-0016

174. *Drugs of the Future*. Monthly. ISSN: 0377-8282. Prous Science, Sa-Thomson Reuters, PO Box 540, Provenza 398, Barcelona, Spain, 08025

175. *Drug Safety*. Monthly. ISSN: 0114-5916. Adis International Ltd, The Warehouse Way, Northcote 0627, Auckland, New Zealand

176. *Drug Resistance Updates*. Monthly. ISSN: 1368-7646. Churchill Livingstone, Journal Production Dept, Robert Stevenson House, 1-3 Baxters Place, Leith Walk, Edinburgh, Scotland, Midlothian, EH1 3AF

177. *Drug Testing and Analysis*. Bimonthly. ISSN: 1942-7603. Wiley-Blackwell 111 River St, Hoboken 07030-5774, NJ

178. *European Journal of Clinical Pharmacology*. Monthly. ISSN: 0031-6970. Springer, Heidelberg Tiergartenstrasse 17, D-69121 Heidelberg, Germany

179. *European Journal of Drug Metabolism and Pharmacokinetics*. Quarterly. ISSN: 0378-7966. Springer France 22 Rue De Palestro, Paris 75002, France

180. *European Journal of Mass Spectrometry*. Bimonthly. ISSN: 1469-0667. Im Publications, 6 Charlton Mill, Charlton, Chichester, W Sussex, England, PO18 0HY

181. *European Journal of Medical Research*. Monthly. ISSN: 0949-2321. Springer France 22 Rue De Palestro, Paris 75002, France

182. *European Journal of Medicinal Chemistry*. Monthly. ISSN: 0223-5234. Elsevier France-Editions Scientifiques Medicales Elsevier, 23 Rue Linois, France, 75724

183. *European Journal of Pharmaceutical Sciences*. 15 Issues/Year. ISSN: 0928-0987. Elsevier Science Bv, PO Box 211, Amsterdam, Netherlands, 1000 AE

184. *European Journal of Pharmaceutics and Biopharmaceutics*. 9 Issues/Year. ISSN: 0939-6411. Elsevier Science Bv, PO Box 211, Amsterdam, Netherlands, 1000 AE

185. *European Journal of Pharmacology*. Semimonthly. ISSN: 0014-2999. Elsevier Science Bv, PO Box 211, Amsterdam, Netherlands, 1000 AE

186. *European Neuropsychopharmacology*. Monthly. ISSN: 0924-977X. Elsevier Science Bv, PO Box 211, Amsterdam, Netherlands, 1000 AE

187. *European Review for Medical and Pharmacological Sciences*. Monthly. ISSN: 1128-3602. Verduci Publisher, Via Gregorio Vii, Rome, Italy, 186-00165

188. *Experimental Cell Research*. 20 Issues/Year. ISSN: 0014-4827. Elsevier Inc, 525 B Street, Ste 1900, San Diego, USA, CA, 92101-4495

189. *Expert Opinion on Drug Delivery*. Monthly. ISSN: 1742-5247. Informa Heal Thcare, Telephone House, 69-77 Paul Street, London, England, EC2A 4LQ

190. *Expert Opinion on Drug Discovery*. Bimonthly. ISSN: 1746-0441. Informa Heal Thcare, Telephone House, 69-77 Paul Street, London, England, EC2A 4LQ

191. *Expert Opinion on Drug Safety*. Bimonthly. ISSN: 1474-0338. Informa Heal Thcare, Telephone House, 69-77 Paul Street, London, England, EC2A 4LQ

192. *Expert Opinion on Emerging Drugs.* Quarterly. ISSN: 1472-8214. Informa Heal Thcare, Telephone House, 69-77 Paul Street, London, England, EC2A 4LQ

193. *Expert Opinion on Inve Stigational Drugs.* Monthly. ISSN: 1354-3784. Informa Heal Thcare, Telephone House, 69-77 Paul Street, London, England, EC2A 4LQ

194. *Expert Opinion on Pharmacotherapy.* Monthly. ISSN: 1465-6566. Informa Heal Thcare, Telephone House, 69-77 Paul Street, London, England, EC2A 4LQ

195. *Expert Opinion on Therapeutic Patents.* Monthly. ISSN: 1354-3776. Informa Heal Thcare, Telephone House, 69-77 Paul Street, London, England, EC2A 4LQ

196. *Expert Opinion on Therapeutic Targets.* Monthly. ISSN: 1472-8222. Informa Heal Thcare, Telephone House, 69-77 Paul Street, London, England, EC2A 4LQ

197. *Expert Review of Anti-Infective Therapy.* Monthly. ISSN: 1478-7210. Expert Reviews, Unitec House, 3RD FL, 2 Albert Place, Finchley Central, London, England, N3 1QB

198. *Farmacia.* Bimonthly. ISSN: 0014-8237. Soc Stinte Farmaceutice Romania, Bucuresti, Str Traian Vuia 6, Sect 1, Bucuresti, Romania 020956

199. *Fitoterapia.* 8 Issues/Year. ISSN: 0367-326X. Elsevier Science Bv, PO Box 211, Amsterdam, Netherlands, 1000 AE

200. *Free Radical Biology and Medicine.* Semimonthly. ISSN: 0891-5849. Elsevier Science Inc, 360 Park Ave South, New York, USA, NY, 10010-1710

201. *Fundamental and Clinical Pharmacology.* Bimonthly. ISSN: 0767-3981. Wiley-Blackwell Publishing, 111 River St, Hoboken 07030-5774, NJ, England

202. *Hiv Clinical Trials.* Bimonthly. ISSN: 1528-4336. Thomas Land Publishers, Inc, 255 Jefferson RD, ST Louis, USA, MO, 63119-3627

203. *Human Gene Therapy.* Monthly. ISSN: 1043-0342. Mary Ann Liebert Inc, 140 Huguenot Street, 3RD FL, New Rochelle, USA, NY, 10801

204. *Immunopharmacology and Immunotoxicology.* Quarterly. ISSN: 0892-3973. Taylor & Francis Inc, Telephone House, 69-77 Paul Street, London Ec2a 4lq, England

205. *International Immunopharmacology.* Monthly. ISSN: 1567-5769. Elsevier Science Bv, PO Box 211, Amsterdam, Netherlands, 1000 AE

206. *International Journal of Clinical Pharmacology and Therapeutics.* Monthly. ISSN: 0946-1965. Dustri-Verlag, Dr Karl Feistle, Bahnhofstrasse 9 Postfach 49, Deisenhofen-Munchen, Germany, D-82032

207. *International Journal for Quality in Health Care.* Bimonthly. ISSN: 1353-4505. Oxford Univ Press, Great Clarendon St, Oxford, England, OX2 6DP

208. *International Journal of Biochemistry & Cell Biology.* Monthly. ISSN: 1357-2725. Pergamon-Elsevier Science Ltd, the Boulevard, Langford Lane, Kidlington, Oxford, England, OX5 1GB

209. *International Journal of Biological Macromolecules.* 10 Issues/Year. ISSN: 0141-8130. Elsevier Science Bv, PO Box 211, Amsterdam, Netherlands, 1000 AE

210. *International Journal of Medical Informatics.* Monthly. ISSN: 1386-5056. Elsevier Ireland Ltd, Elsevier House, Brookvale Plaza, East Park Shannon, Co, Clare, Ireland, 00000

211. *International Journal of Medical Microbiology.* 8 Issues/Year. ISSN: 1438-4221. Elsevier Gmbh, Urban & Fischer Verlag, Office Jena, PO Box 100537, Jena, Germany, 07705

212. *International Journal of Medical Mushrooms.* Quarterly. ISSN: 1521-9437. Begell House Inc, 50 Cross Highway, Redding, USA, CT, 06896

213. *International Journal of Molecular Medicine.* Monthly. ISSN: 1107-3756. Spandidos, Publ Ltd, POB 18179, Athens, Greece, 11610

214. *International Journal of Pharmaceutics.* 38 Issues/Year. ISSN: 0378-5173. Elsevier Science Bv, PO Box 211, Amsterdam, Netherlands, 1000 AE

215. *Investigational New Drugs.* Bimonthly. ISSN: 0167-6997. Springer, Van Godewijckstraat 30, Dordrecht, Netherlands, 3311 GZ

216. Iranian Journal of Pharmaceutical Research. Quarterly. ISSN: 1735-0328. Shaheed Beheshti Univ, Sch Pharmacy, No 10 Shams Alley, Vali-E Asr St, Tehran, Iran, 00000

217. *Journal of Antibiotics.* Monthly. ISSN: 0021-8820. Japan Antibiotics Research Assoc, 2 20 8 Kamiosaki Shinagawa Ku, Tokyo, Japan, 141

218. *Journal of Antimicrobial Chemptherapy.* Monthly. ISSN: 0305-7453. Oxford Univ Press, Great Clarendon St, Oxford, England, OX2 6DP

219. *Journal of Asian Natural Products Research.* Monthly. ISSN: 1028-6020. Taylor & Francis Ltd, 4 Park Square, Milton Park, Abingdon, England, OXON, OX14 4RN

220. *Journal of Biochemical and Molecular Toxicology.* Monthly. ISSN: 1095-6670. Wiley-Blackwell 111 River St, Hoboken 07030-5774, NJ, USA

221. *Journal of Biochemistry.* Monthly. ISSN: 0021-924X. Oxford Univ Press, Great Clarendon St, Oxford, England, OX2 6DP

222. *Journal of Biological Chemistry.* 52 Issues/Year. ISSN: 0021-9258. Amer Soc Biochemistry Molecular Biology Inc, 9650 Rockville Pike, Bethesda, USA, MD, 20814-3996

223. *Journal of Biological Inorganic Chemistry.* 8 Issues/Year. ISSN: 0949-8257. Springer, 233 Spring St, New York, USA, NY, 10013

224. *Journal of Biomedical Informatics.* Bimonthly. ISSN: 1532-0464. Academic Press Inc Elsevier Science, 525 B St, Ste 1900, San Diego, USA, CA, 92101-4495

225. *Journal of Biomedical Science.* Bimonthly. ISSN: 1021-7770. Biomed Central Ltd, 236 Grays Inn Rd, Floor 6, London, England, WC1X 8HL

226. *Journal of Biomolecular NMR.* Monthly. ISSN: 0925-2738. Springer, Van Godewijckstraat 30, Dordrecht, Netherlands, 3311 GZ

227. *Journal of Biomolecular Screening.* 10 Issues/Year. ISSN: 1087-0571. Sage Publications Inc, 2455 Teller Rd, Thousand Oaks, USA, CA, 91320

228. *Journal of Cardiovascular Pharmacology.* Monthly. ISSN: 0160-2446. Lippincott Williams & Wilkins, Lippincott Williams & Wilkins Two Commerce Sq, 2001 Market St, Philadelphia, USA, PA19103.

229. *Journal of Cell Biology.* 26 Issues/Year. ISSN: 0021-9525. Rockefeller Univ Press, Rockefeller Univ Press 950 Third Ave, 2nd Flr, New York, NY, 10022

230. *Journal of Cellular Biochemistry.* Monthly. ISSN: 0730-2312. Wiley-Blackwell , 111 River St, Hoboken 07030-5774, NJ, USA

231. *Journal of Cellular Physiology.* Monthly. ISSN: 0021-9541. Wiley-Blackwell, 111 River St, Hoboken, 07030, NJ, USA

232. *Journal of Chromatography A,* 52Issues/Year. ISSN: 0021-9673. Elsevier Science Bv, PO Box 211, Amsterdam, Netherlands, 1000 AE

233. *Journal of Chromatography B-Analytical Technologies in the Biomedical and Life Sciences.* Semimonthly. ISSN: 1570-0232. Elsevier Science Bv, PO Box 211, Amsterdam, Netherlands, 1000 AE

234. *Journal of Chemotherapy.* Bimonthly. ISSN: 1120-009X. Maney Publishing Ste 1c, Josephs Well, Hanover Walk, Leeds Ls3 1ab, New Yorks, England, Italy

235.*Journal of Child and Adolescent Psychopharmacology.*10 Issues/Year. ISSN: 1044-5463. Mary Ann Liebert Inc, 140 Huguenot Street, 3RD FL, New Rochelle, USA, NY, 10801

236. *Journal of Clinical Biochemistry and Nutrition.* Bimonthly. ISSN: 0912-0009. Journal Clinical Biochemistry & Nutrition, Kyoto Prefectural Univ Medicine, Graduste Sch Medical Science, Dept Inflammation & Immunology, Kyoto, Japan, 602-8566

237. *Journal of Clinical Lipidology.* Bimonthly. ISSN: 1933-2874. Elsevier Science Inc, 360 Park Ave South, New York, USA, NY, 10010-1710

238. *Journal of Clinical Pharmacy and Therapeutics.* Bimonthly. ISSN: 0269-4727. Wiley-Blackwell Publishing, 111 River St, Hoboken 07030-5774, NJ, England

239. *Journal of Controlled Release.* Semimonthly. ISSN: 0168-3659. Elsevier Science Bv, PO Box 211, Amsterdam, Netherlands, 1000 AE

240. *Journal of Drug Delivery Science and Technology.* 5 Issues/Year. ISSN: 1773-3247. Editions Sante, 47 Rue Galilee, Paris, France, 75116

241. *Journal of Drug Targeting.* Bimonthly. ISSN: 1061-186X. Informa Healthcare, Telephone House, 69-77 Paul Street, London Ec2a 4lq, England

242. *Journal of Ethnopharmacology.* 18 Issues/Year. ISSN: 0378-8741. Elsevier Ireland Ltd, Elsevier House, Brookvale Plaza, East Park Shannon, Co, Clare, Ireland, 00000

243. *Journal of Food and Drug.* Quarterly. ISSN: 1021-9498. Food & Drug Adminstration, 161-2 Kunyang Street, Nangang, Taipei, Taiwan, 00000

244. *Journal of Gene Medicine.* Monthly. ISSN: 1099-498X. Wiley-Blackwell, 111 River St, Hoboken 07030-5774, NJ, England

245. *Journal of International Medical Research.* Bimonthly. ISSN: 0300-0605. Sage Publications Ltd, 1 Olivers Yard, 55 City Road, London Ec1y 1sp, England

246. *Journal of Liquid Chromatography and Related Technologies*. 20 Issues/Year. ISSN: 1082-6076. Taylor & Francis Inc, 530 Walnut Street, Ste 850, Philadelphia, PA 19106, USA

247. *Journal of Liposome Research*. Quarterly. ISSN: 0898-2104. Informa Healthcare, Telephone House, 69-77 Paul Street, London Ec2a 4lq, England, USA

248. *Journal of Managed Care Pharmacy*. 9 Issues/Year. ISSN: 1083-4087. Acad Managed Care Pharmacy, 100 N Pitt St, 400, Alexandria, USA, VA, 22314-3134

249. *Journal of Mass Spectrometry*. Monthly. ISSN: 1076-5174. Wiley-Blackwell, 111 River St, Hoboken 07030-5774, NJ, England

250. *Journal of Microencapsulation*. Bimonthly. ISSN: 0265-2048. Taylor & Francis Ltd, 4 Park Square, Milton Park, Abingdon, England, OXON, OX14 4RN

250. *Journal of Microencapsulation*. Bimonthly. ISSN: 0265-2048.Informa Healthcare, Telephone House, 69-77 Paul Street, London Ec2a 4lq, England.

251. *Journal of Natural Medicines*. Quarterly. ISSN: 1340-3443. Springer Tokyo, 1-11-11 Kudan-Kita, Chiyoda-Ku, Tokyo, Japan, 102-0073

252. *Journal of Natural Products*. Monthly. ISSN: 0163-3864. Amer Chemical Soc, 1155 16TH St, NW, USA, Washington DC, 20036

253. *Journal of Medical Genetics*. Monthly. ISSN: 0022-2593. Bmj Publishing Group, British Med Assoc House, Tavistock Square, London, England, WC1H 9JR

254. *Journal of Medical Microbiology*. Monthly. ISSN: 0022-2615.Soc General Microbiology, Marlborough House, Basingstoke RD, Spencers Woods, Reading, England, Berks, RG7 1AG

255. *Journal of Medicinal Chemistry*. Semimonthly. ISSN: 0022-2623. Amer Chemical Soc, 1155 16th St, NW, USA, Washington DC, 20036

256. *Journal of Molecular Medicine-Jmm*. Monthly. ISSN: 0946-2716. Springer, 233 Spring St, New York, USA, NY, 10013

257. *Journal of Molecular Microbiology and Biotechnology*. Bimonthly. ISSN: 1464-1801. Karger, Allschwilerstrasse 10, Basel, Switzerland, CH-4009

258. *Journal of Molecular Spectroscopy*. Monthly. ISSN: 0022-2852. Academic Press Inc Elsevier Science, 525 B St, Ste 1900, San Diego, USA, CA, 92101-4495

259. *Journal of Molecular Structure*. Semimonthly. ISSN: 0022-2860. Elsevier Science Bv, PO Box 211, Amsterdam, Netherlands, 1000 AE

260. *Journal of Pharmacy and Pharmaceutical Sciences*. Quarterly. ISSN: 1482-1826. Canadian Soc Pharmaceutical Sciences, 3118 Dentistry - Pharmacy Centre, Univ Alberta Campus, Edmonton, Canada, Alberta T6G2N8

261. *Journal of Pharmacy and Pharmacology*. Monthly. ISSN: 0022-3573. Wiley-Blackwell Publishing, 11 River St, Hoboken 07030-5774, NJ, England

262. *Journal of Pharmaceutical Sciences*. Monthly. ISSN: 0022-3549. Wiley-Blackwell Publishing, 111 River St, Hoboken, 07030-5774, NJ, USA

263. *Journal of Pharmaceutical and Biomedical Analysis*. 18 Issues/Year. ISSN: 0731-7085.Elsevier Science Bv, Po Box 211, Amsterdam, Netherlands, 1000 AE

264. *Journal of Pharmacokinetics and Pharmacodynamics*. Bimonthly. ISSN: 1567-567X. Springer/Plenum, 233 Spring St, New York, USA, NY, 10013

265. *Journal of Pharmacology and Experimental Therapeutics*. Monthly. ISSN: 0022-3565. Amer Soc Pharmacology Experimental Therapeutics, 9650 Rockville Pike, Bethesda, USA, MD, 20814-3995

266. *Journal of Pharmacological Sciences*. Monthly. ISSN: 1347-8613. Japanese Pharmacology Soc, Editorial Off, Kantohya Bldg Gokomachi-Ebisugawa Nakagyo-Ku, Kyoto Japan, 604

267. *Journal of Physiology and Pharmacology*. Quarterly. ISSN: 0867-5910. Polish Physiological Soc, Jagiellonian Univ School Med, Inst Physiology, 31-531 Krakow, Grzegorzecka, Poland, 16

268. *Journal of Veterinary Pharmacology and Therapeutics*. Bimonthly. ISSN: 0140-7783. Wiley-Blackwell Publishing, Inc, 111 River St, Hoboken 07030-5774, NJ, England

269. *Journal of the American Chemical Society*. Weekly. ISSN: 0002-7863. Amer Chemical Soc, 1155 16 th St, NW, Washington, USA, DC, 20036

270. *Journal of the American Medical Informatics Association*. Bimonthly. ISSN: 1067-5027. xford Univ Press, Great Clarendon St, Oxford Ox2 6dp, England.

271. *Journal of the Chinese Chemical Society*. Monthly. ISSN: 0009-4536. Wiley-V C H Verlag Gmbh, Boschstrasse 12, D-69469 Weinheim, Germany, Taiwan.

272. *Journal of Trace Elements in Medicine and Biology*. Quarterly. ISSN: 0946-672X. Elsevier Gmbh, Urban & Fischer Verlag, Office Jena, PO Box 100537, Jena, Germany, 07705

273. *Labmedicine*. Quarterly. ISSN: 0007-5027. Amer Soc Clinical Pathology, 2100 W Harrison St, Chicago, USA, Il, 60612

274. *Latin American Journal of Pharmacy*. 10 Issues/Year. ISSN: 0326-2383. Colegio Farmaceuticos Provincia DE Buenos Aires, Dept Cientifuco, Calle 5 NO 966, LA Plata, Argentina, 00000

275. *Life Sciences*. Weekly. ISSN: 0024-3205. Pergamon-Elsevier, Science Ltd, the Boulevard, Langford Lane, Kidlington, Oxford, England, OX5 1GB

276. *Medical Letter on Drugs and Therapeutics*. Biweekly. ISSN: 0025-732X. Med Letter Inc, 145 Huguenot St, Suite 312, New Rochelle, NY, 10801-7537

277. *Medicinal Research Reviews*. Bimonthly. ISSN: 0198-6325. Wiley-Blackwell, 111 River St, Hoboken, USA, 07030-5774, NJ

278. *Molecular Diagnosis & Therapy*. Bimonthly. ISSN: 1177-1062. Adis Int Ltd, 5 the Warehouse Way, Northcote, 0627, Auckland, New Zealand.

279. *Molecular Pharmaceutics*. Bimonthly. ISSN: 1543-8384. Amer Chemical Soc, 1155 16TH ST, NW, USA, Washington DC, 20036

280. *Molecular Pharmacology*. Monthly. ISSN: 0026-895X. Amer Soc Pharmacology Experimental Therapeutics, 9650 Rockville Pike, Bethesda, USA, MD, 20814-3998

281. Monthly. ISSN: 0300-8177. Springer, Van Godewijckstraat 30, Dordrecht, Netherlands, 3311 GZ

282. *Molecular and Cellular Biology*. Semimonthly. ISSN: 0270-7306. Amer Soc Microbiology, 1752 N St NW, Washington, USA, DC, 20036-2904

283. *Molecular Biology*. Bimonthly. ISSN: 0026-8933. Maik Nauka/Interperiodica/
Springer, 233 Spring St, New York, USA, NY, 10013-1578

284. *Molecular Biology of the Cell*. Semimonthly. ISSN: 1059-1524. Amer Soc Cell Biology, 8120 Woodmont Ave, Ste 750, Bethesda, USA, MD, 20814-2755

285. *Molecular Biology Reports*. Monthly. ISSN: 0301-4851. Springer, Van Godewijckstraat 30, Dordrecht, Netherlands, 3311 GZ

286. *Molecular Biotechnology*. 9 Issues/Year. ISSN: 1073-6085. Humana Press Inc, 999 Riverview Drive, Suite 208, Totowa, USA, NJ, 07512

287. *Nature*. Weekly. ISSN: 0028-0836. Nature Publishing Group, MacMillan Building, 4 Crinan St, London, England, N1 9XW

288. *Nature Biotechnology*. Monthly. ISSN: 1087-0156. Nature Publishing Group, 75 Varick St, 9TH Flr, New York, USA, NY, 10013-1917

289. *Nature Cell Biology*. Monthly. ISSN: 1465-7392. Nature Publishing Group, MacMillan Building, 4 Crinan St, London, England, N1 9XW

290. *Nature Genetics*. Monthly. ISSN: 1061-4036. Nature Publishing Group, 75 Varick St, 9TH Flr, New York, USA, NY, 10013-1917

291. *Nature Medicine*. Monthly. ISSN: 1078-8956. Nature Publishing Group, 75 Varick St, 9TH Flr, New York, USA, NY, 10013-1917

292. *Nature Revie Drug Discovery*. Monthly. ISSN: 1474-1776. Nature Publishing Group, MacMillan Building, 4 Crinan St, London, England, N1 9XW

293. *Nature Reviews Molecular Cell Biology*. Monthly. ISSN: 1471-0072. Nature Publishing Group, MacMillan Building, 4 Crinan St, London, England, N1 9XW

293. *Naunyn-Schmiedebergs Archives of Pharmacology*. Monthly. ISSN: 0028-1298. Springer, 233 Spring St, New York, USA, NY, 10013

294. *Neuropsychopharmacology*. 13 Issues/Year. ISSN: 0893-133X. Nature Publishing Group, MacMillan Building, 4 Crinan St, London, England, N1 9XW

295. *Netherlands Journal of Medicine*.10 Issues/Year. ISSN: 0300-2977. Van Zuiden Communications, Henry Dunantweg 40A, Alphen Aan De Rijn, Netherlands, 2402, NR

296. *New England Journal of Medicine*. Weekly. ISSN: 0028-4793. Massachusetts Medical Soc, Waltham Woods Center, 860 Winter St, Waltham, USA, MA, 02451-1413

297. *Pakistan Journal of Pharmaceutical Sciences*. Quarterly. ISSN: 1011-601X. Univ Karachi, Univ Campus, Fac Pharmacy, Karachi, Pakistan, 75270

298. *Peptides*. Monthly. ISSN: 0196-9781. Elsevier Science Inc, 360 Park Ave South, New York, USA, NY, 10010-1710

299. *Personalized Medicine.* 8 Issues/Year. ISSN: 1741-0541. Future Medicine Ltd, Unitec House, 3RD FL, 2 Albert Place, Finchley Central, London, England, N3 1QB

300. *Pharmaceutical Biology.* 5 Issues/Year. ISSN: 1388-0209. Informa Healthcare Telephone House, 69-77 Paul Street, London Ec2A 4Lq, England

301. *Pharmaceutical Development and Technology.* Bimonthly. ISSN: 1083-7450. Informa Healthcare Telephone House, 69-77 Paul Street, London Ec2A 4Lq,　England

302. *Pharmaceutical Research.* Monthly. ISSN: 0724-8741. Springer, 233 Spring St, New York, USA, NY, 10013

303. *Pharmacoeconomics.* Monthly. ISSN: 1170-7690. Adis Int Ltd, 5 The Warehouse Way,　Northcote 0627, Auckland,　New Zealand

304. *Pharmacoepidemiology and Drug Safety.* Monthly. ISSN: 1099-1557. John Wiley & Sons Ltd, 111 River St, Hoboken 07030-5774, NJ

305. *Pharmacogenomics.*16 Issues/Year. ISSN: 1462-2416. Future Medicne Ltd, Unitec House, 3RD FL, 2 Albert Place, Finchley Central, London, England, N3 1QB

306. *Pharmacogenomics Journal.* Quarterly. ISSN: 1470-269X. Nature Publishing Group, MacMillan Building, 4 Crinan St, London, England, N1 9XW

307. *Pharmacological Reports.* Bimonthly. ISSN: 1734-1140. Polish Acad Sciences Inst Pharmacology, Smetna 12, Krakow, Poland, 31-343

308. *Pharmacological Research.* Monthly. ISSN: 1043-6618. Academic Press Ltd-Elsevier Science Ltd, 24-28 Oval Rd, London, England, NW1 7DX

309. *Pharmacological Reviews.* Quarterly. ISSN: 0031-6997. Amer Soc Pharmacology Experimental Therapeutics, 9650 Rockville Pike, Bethesda, USA, MD, 20814-3998

310. *Pharmacology & Therapeutics.* Monthly. ISSN: 0163-7258. Pergamon-Elsevier Science Ltd, the Boulevard, Langford Lane, Kidlington, Oxford, England, OX5 1GB

311. *Pharmacology.* Monthly. ISSN: 0031-7012. Karger, Allschwilerstrasse 10, Basel, Switzerland, CH-4009

312. *Pharmacotherapy.* Monthly. ISSN: 0277-0008. Pharmacotherapy Publications Inc, Wiley-Blackwell, 111 River St, Hoboken 07030-5774, NJ

313. *Phyto*medicine. Bimonthly. ISSN: 0944-7113. Elsevier Gmbh, Urban & Fischer Verlag, Office Jena, P O Box 100537, Jena, Germany, 07705

314. *Phytotherapy Research.* Monthly. ISSN: 0951-418X. Wiley-Blackwell, 111 River St, Hoboken 07030-5774, NJ

315. *Pharmacogenomics.* 16 Issues/Year. ISSN: 1462-2416. Future Medicne Ltd, Unitec House, 3RD FL, 2 Albert Place, Finchley Central, London, England, N3 1QB

316. *Pharmacology Biochemistry and Behavior.* Monthly. ISSN: 0091-3057. Pergamon-Elsevier Science Ltd, the Boulevard, Langford Lane, Kidlington, Oxford, England, OX5 1GB

317. *Pharmacopsychiatry.* Bimonthly. ISSN: 0176-3679. Georg Thieme Verlag Kg, Rudigerstr 14, Stuttgart, Germany, D-70469

318. *Planta Medcia.* 18 Issues/Year. ISSN: 0032-0943. Georg Thieme Verlag Kg, Rudigerstr 14, Stuttgart, Germany, D-70469

319. *Phytochemical Analysis.* Bimonthly. ISSN: 0958-0344. Wiley-Blackwell, 111 River St, Hoboken 07030-5774, NJ

320. *Phytochemistry.* Semimonthly. ISSN: 0031-9422. Pergamon-Elsevier Science Ltd, the Boulevard, Langford Lane, Kidlington, Oxford, England, OX5 1GB

321. *Plant Biosystems.* Quarterly. ISSN: 1126-3504. Taylor & Francis Ltd, 4 Park Square, Milton Park, Abingdon, England, Oxon, OX14 4RN

322. *Postgraduate Medicine.* 6-8 Issues/Year. ISSN: 0032-5481. Jte Multimedia, 18 Elizabeth St, Ste 110, West Conshohocken, PA, 19428

323. *Protein Expression and Purification.* Monthly. ISSN: 1046-5928. Academic Press Inc Elsevier Science, 525 B St, Ste 1900, San Diego, USA, CA, 92101-4495

324. *Proteins-Structure Function and Genetics.* Semimonthly. ISSN: 0887-3585. Wiley-Liss, Div John Wiley & Sons Inc, 605 Third Ave, New York, NY, 10158-0012

325. *Recent Patents on Anti-Cancer Drug Discovery.* Tri-annual. ISSN: 1574-8928. Bentham Science Publ Ltd, Executive Ste Y26, PO Box 7917, Saif Zone, Sharjah, U Arab Emirates, 1200 BR

326.*Revista Espanola de Quimioterapia.* Quarterly. ISSN: 0214-3429. Sociedad Espanola Quimioterapia Univ Complutense Madrid, Microbiology Dept, School Medicine, Avda Complutense S/N, Madrid 28040, Spain

327. *Structural Chemistry.* Bimonthly. ISSN: 1040-0400. Springer, 233 Spring St, New York, USA, NY, 10013

328. *Therapie*. Bimonthly. ISSN: 0040-5957. Edp Sciences S A, 17, Ave Du Hoggar, Pa Courtaboeuf, BP 112, Les Ulis Cedex A, France, F-91944

329. *Toxicology and Applied Pharmacology*. Semimonthly. ISSN: 0041-008X. Academic Press Inc Elsevier Science, 525B ST, STE 1900, San Diego, USA, CA, 92101-4495

330. *Toxicology*. Semimonthly. ISSN: 0300-483X. Elsevier Ireland Ltd, Elsevier House, Brookvale Plaza, East Park Shannon, Co, Clare, Ireland, 00000

331. *Toxicon*. Semimonthly. ISSN: 0041-0101. Pergamon-Elsevier Science Ltd, The Boulevard, Langford Lane, Kidlington, Oxford, England, OX5 1GB

332. *Trends in Pharmacological Sciences*. Monthly. ISSN: 0165-6147. Elsevier Science London, 84 Theobalds Rd, London, England, WC1X 8RR

333. *Tropical Journal of Pharmaceutical Research*. Semimonthly. ISSN: 1596-5996. Pharmacotherapy Group, Univ Benin, Faculty Pharmacy, Benin City, Nigeria, 00000

334. *Vascular Pharmacology*. Monthly. ISSN: 1537-1891. Elsevier Science Inc, 360 Park Ave South, New York, USA, NY, 10010-1710

335. *Yakugaku ZASShi-Journal of the Pharmaceutical Society of Japan*. Monthly. ISSN: 0031-6903. Pharmaceutical Soc Japan, 2-12-15-201 Shibuya, Shibuya-Ku, Tokyo, Japan, 150-0002

附录四 重要网站域名一览表

一、搜索引擎

1. 综合性搜索引擎

http://www.163.com/；是国内最大的目录型搜索引擎之一。

http://www.google.com/；Google 是新崛起的搜索引擎，其英文引擎号称迄今已包括了 30 亿个 Web 文件。

http://www.baidu.com/；是目前世界上数据更新时间最快、中文信息量最大的中文搜索引擎。

http://www.sogou.com/；具有独立域名的专业搜索网站。

http://yahoo. com/；Yahoo 是美国斯坦福大学电子工程系研制的 www 上最著名的搜索引擎，提供免费查询服务。

http://www.excite.com/；是 Architext 软件公司的产品，收有 5000 万个网页数据，采用"ICE"（智能概念抽取）专用查询软件。

http://www.lycos.com/；Lycos 可对 1900 万 URL（包括 FTP 和 Gopher）进行检索。

2. 医药专业搜索引擎

http://www.medweb.com/；是由美国埃默里大学卫生科学中心图书馆建立的一个很有国际影响力的生物医学资源导航系统。

http://www.medscape.com/px/urlinfo；是最早的优秀医学专业门户之一，主要为临床医生和医务工作者提供高质量的专业医学信息。

http://medengine.fi/；Med Engine 是由美国 Goldberger & Associates 公司在网上建立的生物医学信息资源的专业搜索引擎。

http://www.healthatoz.info/；由美国 Medical Network 公司建立的卫生医学专业搜索引擎，其涉及的网页是在该专业搜索引擎中最多的一个。

http://www.indiana.edu/；该站点由美国印第安那大学编制，是目前化学化工类信息资源中最为详细的一个网络导航指南，包括网络论坛、讨论组群、E-mail 列表。

http://chin.csdl.ac.cn/SPT--Home.php；是国内最好的化学化工宏站点，由中国科学院化工冶金研究所建立，它的界面简单，目前提供中英文两种版本。

http://www.liv.ac.uk/Chemistry/Links/；Links for Chemists 由 Liverpool 大学化学系所建，含有 7000 多个有关化学的 Web 站点。

http://www.pharmweb.net/；是 Internet 上第一个专门提供药学信息的搜索网站，旨在服务于病人和卫生行业人员。

http://www.chemindustry.com/index.html；收集了几千万个 web 站点和全文数据，利用

该网可以搜索到全球范围内化学化工领域中各方面的信息。其检索界面有中、法、英、德四种版本。

http://www.hon.ch/med.html；MedHunt 是瑞士日内瓦非盈利组织 HON 网站所推出的免费全文医学搜索引擎。

二、文献数据库

1. 与药学相关的文献数据库

http://www.sinomed.ac.cn/；中国生物医学数据库是中国医学科学院医学信息研究所开发研制面向生物医学领域的综合性医学文献数据库检索系统。

http://www.wanfangdata.com.cn/；万方数据资源系统（WANFANG DATA Chinainfo）是由中国科技信息研究所万方数据（集团）公司建立在因特网上的大型中文网络信息资源系统。

http://www.cnki.net/；由清华同方光盘股份有限公司、清华大学光盘国家工程研究中心、中国学术期刊（光盘版）电子杂志社、清华同方光盘电子出版社、清华同方知识网络集团、清华同方教育技术研究院联合承担，收录了公开出版发行的重要期刊 6100 余种，1994 年以来的全文文献 1500 余万篇。

http://202.195.136.17/；中文科技期刊数据库是由重庆维普咨讯有限公司出品的国内最大的综合性文献数据库，从 1989 年开始收录数据，1992 年推出 CD-ROM 数据光盘。

http://www.cas.org/；美国的化学文摘服务社，是最著名的化学商业数据库，也是世界上最大、最具综合性的化学信息数据库。

http://www.proquest.com/products-services/ProQuest-Dialog.html；目前 DIALOG 系统提供服务的数据库约有 400 个，其数据库范围涉及自然科学和社会科学的 17 个学科、50 多种语言、1 亿篇以上的文献与数据。

http://www.ncbi.nlm.nih.gov/pubmed/；该系统是由美国国立医学图书馆研制、开发的当今世界上最具有权威性的医学文献数据库检索系统，可以检索出大量的药学信息。

http://www.tcmet.com.tw/；电子中医药古籍文献（TCMET），由中国台湾中医药委员会研制。可进行《黄帝内经》、《金元四大家》、《景岳全书》的全文检索。

http://www.medscape.com/px/urlinfo/Medscape；提供免费论文全文。

http://www.highwire.org/；由美国斯坦福大学开发与维护的，以生物医学为主并兼有药学和其他学科的重要学术期刊 web 版。目前共发布全文免费论文 25 万多篇，大多数杂志有免费期限

http://www.freemedicaljournals.com/；Free Medical Journal 是德国的一个医药科研机构推出的免费期刊全文下载网站。

http://scientific.thomson.com/index.html；汤姆森科技信息集团（简称汤姆森科技）是目前全球科技创新、知识产权发展以及医药研发等领域最领先的信息服务解决方案供应商之一。旗下包括 ISI、Derwent、BIOSIS、ScholarOne、Delphion、Newport Strategies、ISI ResearchSoft、Current Drugs、Techstreet、MicroPatent 等许多著名的信息服务品牌，所提供的信息资源与服务包括学术期刊、学术会议录、发明专利、技术标准、医药情报、在线学术编辑和出版系统等。

2. 网上生物信息学数据库

http://www.matrixscience.com/；生物蛋白质质谱谱图库，提供了免费的蛋白质质谱数据。

http://www.harvard.edu/；为哈佛大学的 www 节点，列举了较为广泛的生物医学资源，其文献覆盖了生物医学的全部领域。

http://www.bio.net/；为斯坦福大学的"生物科学论坛"，可提供 www 界面的医学讨论组，可直接进行全 文检索、浏览、张贴消息等。

http://www.chemistry-software.com/；提供 216 个免费化学软件链接。

3. 标准文献数据库

http://www.iso.ch/；在 ISO 主页下，通过分类或主题检索可免费获得摘要信息。

4. 事实与数值数据库

http://db.yaozh.com/chufang.html；由药智网联合重庆中药研究院共同制作，收录了我国上市的所有中成药的处方信息，共计 10 416 个药品，是从事中药相关行业专业人员必不可少的实用查询工具。

http://www.cintcm.ac.cn/；由国家中医药管理局中国中医药文献检索中心研制。收录了 5067 种获得批准文号的中成药产品。

http://www.zybh.gov.cn/；由国家中药保护品种委员会研制，该数据库收录了自我国实施中药品种保护以来所批准的所有中药保护品种。

http://www.rxlist.com/ Rxlist；是美国的一个处方药物查寻网站，其数据库含有 5000 种以上的药物。

http://Webbook.nist.gov/；NIST 的化学 WEB 手册第五版，收录了 5000 以上有机化合物和少量无机化合物的热化学数据。

http://www.nal.usda.gov/Biotech_Patents/；农业生物技术专利库，可直接进入生物技术相关专利（由美国农业局的全国农业图书馆提供该服务）。

http://www.fda.gov/Drugs/default.htm；该节点是进入 FDA 中心药物进展和研究的大门，提供了 Medwatch 的通道，可以查阅国际药品编码、药物词典、原始书籍和其余各种信息。

http://www.Cancer.org/；美国癌症协会，本库内容包括癌症的本质、产生的原因、导致癌症的危险因素、最新的预防和早期检测手段、新的诊断技术、最新疗法及一些补充治疗方法。

http://www.ashp.org/；该节点是美国医院药剂师协会（ASHP）的主页，借此主页可获取有关 ASHP 产品及其服务的有关信息。

http://www.nrc-cnrc.gc.ca/eng/index.html；加拿大科技情报所（CISTI），既是加拿大科技及医药图书馆，也是科学出版者，又是信息服务提供者。它是当今世界上科技、医学信息收藏量最多的信息单位之一。

三、特种文献网站

1. 专利网站

http://www.cnpatent.com/zljs.asp；中国专利数据库集中了我国自 1985 年实施专利制度

以来的全部发明专利和实用新型专利。

http://www.epo.org/；由欧洲专利局提供，可用于检索欧洲及欧洲各国的专利。

http://www.wipo.int/pct；PCT 国际专利由世界知识产权组织（WIPO）提供，收录了 1997 年 1 月 1 日至今的 PCT 国际专利，仅提供专利扉页、题录、文摘和图。

http://www.ibm.com/ibm/licensing/patents./；IBM 知识产权信息网（IPN）由美国 IBM 公司提供，用户可通过该网站免费检索多个专利数据库。

http://patents.uspto.gov/；艾滋病专利数据库，记录了由美国、日本和欧洲专利局批准的与艾滋病相关的专利的全文和影像文件。

http://casweb.cas.org/；化学文摘专利累积库（1975～　　）本库可免费搜索自 1971 年至今的美国专利文献全文（1993 年开始带有完整的专利页面影像文件），以及来自 CAS 的可以 JAVA 方式旋转的 3D 化学结构。

2. 科技报告网站

http://www.usa.gov/；它提供美国政府工作报告的题目、作者和主题词，无摘要。

http://www.defense.gov/ ；美国国防部（Department of Defense ）提供的科技报告，涉及国防及其相关领域，多数可以看到摘要，有些只能得到题录，个别能看到全文。

http://www.energy.gov/；能够检索并获得美国能源部（Department of Energy）提供的研究与发展报告全文，内容涉及物理、化学、材料、生物、环境、能源等领域。

四、组织机构网站

http://www.sfda.gov.cn/；国家药品监督管理局的网站，可以及时了解和掌握我国有关药品监督管理方面的动态，通过数据查询、办事指南等栏目可查询相关数据。

http://www.nhfpc.gov.cn/；中华人民共和国卫生部网站。

http://www.fda.gov/；美国食品药品监督管理局的网站。

http://www.who.org/；世界卫生组织（WHO）的网站，包括有 WHO 政策、WHO 的公告、疾病突破新闻、卫生政策依据、WHO 总部图书馆、出版资料、术语学（专业名词）服务等内容。

http://www.gm.net.cn/；中国金药网是医药卫生行业信息化产业工程，形成了覆盖全国并与世界相联的信息网络系统。

http://www.chinapharmarket.com/；中国医药市场是 BtoB 的电子商务专业性网站。

http://www.chinapharm.com.cn/；东方药网由中国医药工业公司主办，可以进行药品信息和公司信息查询，新闻文章的阅读和查询，药品名称翻译，自助网上办公室，各种医药数据库查询等等。

http://www.drugstore.com/；Drug Store 是药品销售性质的网站。

五、与医药相关的论坛和 BBS

http://www.medexplorer.com/；提供有关医学和药学方面的动态新闻和杂志的消息，并有大量的讨论专题组。

　　　http://bbs.pharmnet.com.cn/；中国医药论坛。

　　　http://www.dxy.cn/bbs/；丁香园。

　　　http://www.cpi.gov.cn/；中医药信息 BBS。

　　　http://www.51yaoshi.com/index.shtml#axzz3yntVuk6i；药师在线论坛。